생각의 힘을 키우는 초등수학 문제해결

–非구조화된 문제 및 문제해결–

김민경 · 김혜원 · 민선희 · 박은정 · 이지영 · 조미경 · 허지연 · 홍지연 지음

KM 경문사

머리말

디지털환경에서 우리 생활은 그 어느 때보다 역동적이고 빠르게 변화하고 있다. 상상하기조차 힘들만큼 방대한 양의 정보들이 생산·변화·소멸을 반복하며 다양한 형태로 표출되고 있고, 이를 분석하고 종합하여 의미 있는 지식정보를 창출해내야 하는 '빅데이터(Big Data)' 환경이 도래한 것이다. 이러한 환경에서 다양한 지식을 창의적으로 융합, 활용하는 능력은 이 시대를 살아가는 데 있어 필요불가결한 과제임에 틀림없다. 또한 개인 혼자서 문제를 해결해 나가는 데 한계가 있으므로 함께 문제를 해결하기 위해 합리적인 방법을 강구하는 의사소통 능력이 인성과 톱니바퀴처럼 맞물려 강조되고 있다. 생활 속에서 직면하는 문제들을 함께 창의적이고 합리적으로 해결해 나가고자 하는 이러한 고민은 전통적인 교육체계에도 큰 변화의 흐름을 가져오고 있다.

이러한 변화는 최근 수학 교육에서도 교육의 핵심목표와 추구하는 인간상에도 적지 않은 영향을 미치고 있다. 한 예로 미국의 National Council of Teachers of Mathematics [NCTM](2000)에서는 학생들의 '수학적 소양(Mathematical Literacy)'을 제시하여 긍정적인 수학적 태도를 바탕으로 창의적 문제해결, 추론, 의사소통을 강조하고 있다. 우리나라 역시 2009 개정교육과정에서 교과별 창의·인성 교육을 강조하며 수학적 소양 함양을 주요 목표로 제시하고 있다. 그러나 PISA(Program for International Student Assessment)의 수학 평가 결과 분석에서 우리나라 학생들의 성취도는 우수한 편이나 수학에 대한 부정적인 인식을 가지고 있으며 실생활 맥락의 과제에 대해서는 다소 낮은 성취율을 보였다는 점을 눈여겨 볼 필요가 있다. 이에 2014년 필즈상을 수상한 만줄 바르가바 교수는 수학포기자를 줄이기 위해서는 예술을 가르치듯 발견의 즐거움을 알려줘야 한다고 강조하면서 풀이과정을 이해하고 발견의 즐거움을 느낄 수 있도록 가르칠 것을 제언하였다(한국경제, 2014년 8월 14일자 기사). 장-피에르 부르귀뇽 유럽연구위원회 위원장도 수학은 배우는 것이 아니라 자연스럽게 깨닫는 것이어야 하며, 생활 속에서 자연스럽게 수학을 느끼도록 교사의 역할이 중요하다는 것을 강조하였다(디지털 타임스, 2014년 8월 18일자 기사).

이러한 교육적 요구의 방안으로 본 저서는 비구조화된 상황 맥락 문제를 다루는 교수·학습 방법을 제안하고자 한다. 이는 학생들이 서로 머리를 맞대어 문제상황을 분석해보고 해결방법을 고안해내는 기회를 줄 수 있다는 점에서 수학 교육 변화의 흐름에 부합하는 한 가지 대안이라고 할 수 있겠다. 저자 일동은 비구조화된 상황맥락적 교수·학습을 적용하기 위한 방안을 체계적으로 탐구하기 위하여, 한국연구재단의 '2010~2012년도 기초연구지원사업'의 일환으로 3년간 '창의적 인성 및 문제해결력 함양을 위한 비구조화된 상황맥락적 수학 교수·학습 프로그램의 개발 및 적용(과제번호 : NRF-2010-327-B00570)' 과제를 수행하였다.

3년의 체계적인 연구를 통해 초등학생을 위한 비구조화된 상황맥락적 수학 교수·학습의 모형 및 프로그램의 체계적 개발, 초등학교 현장에 적용·실시, 수학적 추론 및 의사소통 등 다각적으로 분석하였으며 수학학습에서의 교육적 의미를 도출하는 성과를 얻었다. 본 저서는 연구의 산출물 중 도출된 연구논문들이 부분적으로 요약, 정리되어 이론적 틀과 기술의 흐름의 토대를 제공하며, 진지한 학문의 자세로 연구에 참여한 연구원들은 물론 초등교육현장의 전문가들 간의 긴밀한 협력 연구로 수행되었다.

이제껏 고등학교 수학 수업 이후로 수학은 인생과 상관없는 학문으로 여기는 문화에서 살아왔다면 앞으로의 학생들에게는 수학이 가지고 있는 기본적인 가치인 발견의 즐거움, 규칙을 통해 논리적으로 사고하는 태도 등을 갖추도록 하여 일상생활을 살아가기 위해 수학을 적극적으로 활용하도록 하는 교육 현장이 되어야 하며 교사가 견인차 역할을 해야 할 것이다. 이에 본 저서가 작은 도움이 되기를 바란다.

그동안 본 연구를 지원해 준 한국연구재단에 감사드리며, 연구계획서 준비 단계에서부터 결과보고서 마무리 그리고 산출 단계에 이르기까지 연구에 참여하면서 호기심과 열정을 품어 매 순간 진지하게 연구에 임하며 현장 적용에 혼신의 노력을 아끼지 않음으로써 뜻있는 작업의 결실을 맺게 해준 연구참여자(김은경, 김혜원, 민선희, 박윤미, 박은정, 오유나, 이성신, 이아람, 이지영, 임세진, 조미경, 주현정, 한은아, 홍지연, 허지연 등), 개발된 비구조화된 문제의 현장 적용 타당성을 함께 진지하게 고민해 준 대학원생 및 현장교사들(김동희, 김서영, 김유경, 이경옥, 이수진, 이수현, 이지현, 최나경) 모두에게 큰 감사의 마음을 전한다. 또한 연구에서 도출된 비구조화된 문제의 개발, 적용, 교육의 의미를 교육현장 개선의 새로운 가능성으로, 그리고 교실문화 확산의 기대에 마음을 함께 해 주심으로 본 저서의 출판을 흔쾌히 수락해 주신 경문사 박문규사장님 외 관계자 여러분께도 심심한 감사의 말씀을 전한다.

2014년 8월

저자 일동

창의적 인성 및 문제해결력 함양을 위한 비구조화된 상황맥락적 수학 교수-학습 프로그램의 개발 및 적용 연구팀

차례

1 시작하면서

21세기 정보화 사회는 디지털 기술의 발달로 규모를 가늠할 수 없는 엄청난 양의 정보와 데이터, 그리고 이들의 다양한 분석이 다각적으로 활용되는 '빅데이터(Big Data)' 환경이 도래하고 있다. 시시각각 생겨나는 새로운 정보들이 다양한 형태의 자원이 되어 상상을 초월하는 부가가치가 창출되고, 이를 바탕으로 사회가 운영되고 발전되는 사회이다. 사회의 구성원으로서의 인간은 이 사회가 직면한 크고 작은 문제상황을 해결하기 위해 개인의 자율성과 창의성을 바탕으로 실생활의 여러 문제들을 창의적이며 논리적으로, 그러면서도 융통적 사고로 판단하여 최선의 결과를 도출해 낼 수 있는 능력을 필요로 하고 있다. 이러한 사회적 요구는 점차적으로 교육 현장에 '글로벌 인재 양성'이라는 화두로 전통적인 교육체제에 적잖은 파장을 일으키며 교육현장에 도전감을 이끌어내기도 하였다.

수학 교육에 있어서도 이러한 사회적 변화의 물결의 영향을 받아 교육학적 이론과 적용이 다양하게 변모하고 있다. 변화의 흐름에 중요한 전환점을 제공한 예로서 미국의 National Council of Teachers of Mathematics[NCTM](2000)은 수학교육의 목표로 수학적 소양(Mathematical Literacy)을 제시함으로써 학생들로 하여금 수학에 대한 가치 이해 및 자기 확신과 같은 긍정적인 수학적 태도를 바탕으로 수학적 문제해결, 수학적 의사소통, 수학적 추론과 같은 수학적 능력을 갖추도록 강조하고 있다. 우리나라 역시 제7차 교육과정(교육부, 1997)과 2007 개정 교육과정(교육인적자원부, 2007)의 수학과 세부 목표에서 생활 주변에서 일어나는 여러 가지 현상을 관찰하여 그 현상의 본질을 수학적으로 조직하는 활동을 통해 기초적인 개념과 원리, 법칙 등을 발견하고 이해하도록 지도해야 할 필요성을 언급하고 있다. 즉, '수학적 힘의 신장', '수학적 능력의 신장', '수학에 대한 정의적 태도 개선' 등을 초·중등학교 수학교육의 핵심 목표로 제시함으로써 수학적 소양 함양을 강조하는 시대적 요구를 반영하고 있다. 또한 '창의·인성 교육 기본방안'(교육과학기술부, 2009a)에서 제시하고 있는 2009 개정 교육과정에서의 교과별 창의인성교육 및 토론 논술교육 강화는 수학적 문제해결력을 가진 창의적 인재에 대한 교육적 요구가 증대되고 있음을 시사한다.

National Council of Teachers of Mathematics[NCTM](1980)은 문제해결을 가르쳐야 할 기초기능의 첫째 항목으로 제시하면서 수학교육과정이 문제해결을 중심으로 구성되어야 한다고 제언하였고, 그 이후로도 문제해결력을 향상시키기 위한 다양한 수학교수방법, 과정 등 이와 관련한 다각적인 연구가 이루어지고 있다. 최근 학교 수학에서 강조되는 수학적 문제해결력과 관련하여 대규모의 국제비교로 이루어지고 있는 연구들 중, PISA(Program for International Student Assessment) 2000의 수학 평가에 대한 결과 분석 연구(김성동, 2001)나 PISA 2006, 2009, 2012 결과 분석 연구(한국교육과정평가원, 2007, 2010, 2013), 그리고 국제 수학·과학 비교연구(Trends in International Mathematics and Science Study[TIMSS]) 2007, 2011에 대한 결과 분석 연구보고서(한국교육과정평가원, 2008, 2012)에 따르면, 우리나라 학생들이 상황을 동반하지 않은 순수 수학적 문항 혹은 전형적인 상황의 문항에서는 우위를 보이고 있는 반면, 일상생활의 상황을 바탕으로 하는 문항에서는 상대적으로 적잖게 낮은 응용 정도를 나타내고 있어서, 학생들이 실세계 맥락의 다양한 문제들을 접하고 해결해보는 경험이 절실하게 필요함을 시사하고 있다.

이러한 현실적 상황을 극복하고, 창의적인 융합적 인재 육성의 기반이 될 수 있는 미래 교육을 실현하기 위해서는 현실성이 낮은 문제 풀기를 반복적으로 훈련하는 한계에서 벗어나 더 나아가 학습자에게 긍정적인 학습동기를 부여하고, 고등 사고력 함양의 기회를 갖게 하는 학습환경으로의 변화가 요구된다. 이를 실현하기 위한 방안으로 Freudenthal의 수학관에 뿌리를 두고 있는 RME(Realistic Mathematics Education)에서 제시한 수학화를 통한 수학교육 방법을 고려할 수 있다. Freudenthal(1973)은 수학 학습자는 현실 세계를 수학적 수단에 의해 조직하는 것을 배워야 하고, 14세까지는 이론적 태도보다는 현실 세계를 경험하는 적극적인 태도가 중요하다고 보았다. 즉 학습자에게 적절한 현실의 현상을 제공하여 스스로 창조적 활동을 통해 현실을 수학적으로 조직하는 경험을 제공해야 함을 강조하고 있다(강문봉 외, 2013). 수학화의 중요한 요소인 맥락 문제의 중요성은 여러 학자들을 통해 강조되었다(de Lange, 1996; Treffers, 1987). 즉, 맥락문제는 학생들에게 형식적이고, 수준 높은 특정 상황의 문제해결 전략을 발전시킬 수 있는 기회를 제공하며, 학생들의 수학적 개념 확립에 도움을 주는데 활용될 수 있다(Gravemeijer & Doorman, 1999). 또한 맥락문제를 통해 새로운 개념을 학습한 학습자는 배운 지식을 실제 생활과 자연스럽게 연결하고 이를 효과적으로 활용할 수 있게 되며, 특별한 동기를 제공하지 않더라도 실제적이면 학습자의 동기를 유발할 수 있다(Petraglia, 1998). National Council of Teachers of

Mathematics [NCTM](1991) 또한 실생활 문제를 수학적으로 해결하는 능력을 개발하고 신장시키기 위해 현실 상황을 수학화하는 능력을 강조하고 있다.

현재 수학교육 현장은 이전의 전통적으로 이루어졌던 주입식 교육과 같은 형태보다는 개선되었다고 하겠으나, 아직도 학생들이 실생활의 문제상황에서 수학적으로 사고하여 창의적으로 문제를 해결하도록 하기보다 기초 연산이나 단편적인 수학적 지식의 전달에 많은 비중을 두고 있는 실정이다. 기존의 '문제 푸는 방법 찾기'라는 독립단원으로 제시되던 문제해결이 2009년 개정 교육과정(교육과학기술부, 2009b)에서는 각 단원마다 '탐구활동', '문제해결'로 포함되면서, 실세계 맥락의 문제를 제시하고자 하는 다소 개선된 모습이 나타났다. 하지만 여전히 제시된 절차에 따라 정형화된 방법으로 문제를 해결하도록 하고 있어 학생들의 창의적 문제해결력 및 수학적 사고력 함양에 다소 제한적이며, 이를 보완할 수 있는 적절한 교수·학습 방법이 절실히 요구되고 있다.

이러한 현실적 상황을 개선할 수 있는 대안으로 자신이 살고 있는 세계를 탐구하고 그 안에서 일어나는 문제를 능동적으로 대처하기 위한 방안으로의 수학적 접근이 요구되는 시점에서 이에 대한 하나의 방법으로 비구조화된(ill-structured) 문제를 교수·학습에 적용하는 방법을 생각해볼 수 있다. 비구조화된 문제는 특정한 맥락으로부터 새롭게 출현하여 상황화된 것으로, 학습자들에게 더 흥미가 있고 의미가 있으며, 학습자 스스로 문제를 정의하고 문제해결에 필요한 정보와 기술을 결정하도록 한다(Chi & Glaser, 1985). 미래를 살아가야 하는 우리 학생들의 문제해결력 신장을 위해서는 비구조화된 문제의 교수·학습에 대한 연구가 필요하다.

한편 더 이상 교과서 안의 지식으로서만 존재하는 것이 아닌 자신이 살고 있는 세계를 탐구하고 그 안에서 일어나는 문제를 능동적으로 대처하기 위한 방안으로서의 수학적 접근이 요구되고 있는 시점에서 이에 대한 하나의 방법으로 상황맥락적 교수·학습 방법을 생각해볼 수 있다. 상황맥락적 교수·학습은 학습이 반드시 실제 경험 및 특정 사회집단의 문화적 양상이 반영된 상황에서 이루어져야 한다고 보는 것으로, 다양한 정보가 담긴, 깊이 있는 사고를 요하는 문제상황에서 학습이 이루어지도록 하는 특성을 지닌다. 하루가 다르게 급변하고 있는 세계에서 미래를 살아가야 하는 우리 학생들을 자기주도적인 창의적 인재로 거듭나게 하기 위해서는 실세계를 기반으로 하여 학습자의 수학적 문제해결력을 신장시킬 수 있는 상황맥락적 교수·학습 방법에 대한 연구가 필요하다. 그러나 학교 현장에서는 학생들이 실생활의 문제상황을 접하고 깊이 있는 사고로 문제상황에서 학습이 이루어지기보다 기초연산 강조, 지식 전달 등 단편적인 사고를 유도하는 실정이다. 초등학교의 경우, 학생들의 수학적 사고력 및 실제적인 문제해결능력 향상을 위해 제시된 제7차 교육과정 수학교과서의 '문제를 해결하여 봅시다'와 '실생활에 적용하여 봅시다'의 대부분은 실세계를 기반으로 한 문제상황이라기보다는 단순히 해당 단원의 학습내용이 포함된 인위적인 문제인 경우가 많으며, 학생들 스스로 창의적인 방법으로 해결 방법을 모색하도록 하기보다는 제시된 절차에 따라 해당 단원에서 다루고 있는 수학적 지식 혹은 연산만을 활용하여 정형화된 방법으로 문제를 해결하도록 하고 있다. 이는 현 교과서의 실생활 문제해결 관련 부분이 학생들의 창의적 문제해결력 및 수학적 사고력 함양에 있어 다소 제한적임을 나타내고 있으며, 이를 보완할 수 있는 적절한 교수·학습 방법 및 프로그램이 절실히 요구됨을 시사한다.

이에 본 고는 최근의 수학교육 개혁에 부합하고, 우리나라 제7차 수학과 교육과정 및 2007 개정, 2009 개정 수학과 교육과정에서도 강조하고 있는 '수학적 문제해결력', '수학적 힘', '수학적 능력', '수학에 대한 정의적 태도 개선'과 같은 수학적 소양(Mathematical Literacy)의 함양을 위하여 초등학생을 대상으로 하는 비구조화된 상황맥락적 교수·학습을 적용하기 위한 이론적 토대를 제공하고, 교실현장에 적용 가능한 문제를 개발하여 교사와 교육전문가들이 이를 활용하며 교육적 의미를 도출해 낼 수 있도록 전반적인 활용 방안을 제공하고자 한다.

참고문헌

강문봉, 강흥규, 권석일, 김수미, 남진영 (2013). 초등수학교육의 이해. 서울: 경문사.

교육과학기술부 (2008). 초등학교 교육과정 해설(Ⅳ): 수학, 과학, 실과, 서울: 대한교과서.

교육과학기술부 (2009a). 창의와 배려의 조화를 통한 인재 육성-창의·인성 교육 기본 방안-. 교육과학기술부.

교육과학기술부 (2009b). 초등학교 교육과정. 교육과학기술부.

교육과학기술부 (2011). 수학과 교육과정. 교육과학기술부.

교육과학기술부 (2012). 보도자료, “수학교육 선진화 방안” (2012.01.10.일자).

교육부 (1997). 초등학교 교육과정해설.

교육인적자원부 (2007). 초등학교 교육과정. 교육인적자원부.

김경희, 김수진, 김남희, 박선용, 김지영, 박효희, 정송 (2008). 수학·과학 성취도 추이변화 국제비교 연구-TIMSS 2007 결과보고서(연구보고 RRE 2008-3-3). 서울: 한국교육과정평가원.

김경희, 시기자, 김미영, 옥현진, 임해미, 김선희, 정송, 정지영, 박희재 (2010). OECD 학업성취도 국제비교 연구(PISA 2009)결과 보고서. 한국교육과정평가원. 연구보고 RRE 2010-4-2.

김성동 (2001). PISA 2000 수학 평가 결과 분석 연구. 서울: 한국교육과정평가원.

김수진, 박지현, 김현경, 진의남, 이명진, 김지영, 안윤경, 서지희 (2012). 수학·과학 성취도 추이변화 국제비교 연구-TIMSS 2011 결과 보고서. 한국교육과정평가원. 연구보고 RRE 2012-4-3.

송미영, 임해미, 최혁준, 박혜영, 손수경 (2013). OECD 국제 학업성취도 평가 연구: PISA 2012 결과 보고서. 서울: 한국교육과정평가원.

Chi, M. T. H., & Glaser, R. (1985). Problem solving ability. In R. J. Sternberg (Ed.), *Human abilities: an information processing approach*. New York, NY: W. H. Freeman.

de Lange, J. (1996). Mathematics education and assessment. *Journal of the Association of Mathematics Education of South Africa, 42*, 14-20.

Freudenthal, H. (1973). *Mathematics as an educational task*. Riedel Publishing Company, Dordrecht, The Netherlands.

Gravemeijer, K., & Doorman, M. (1999). Context problems in realistic mathematics education: A calculus course as an example. *Educational Studies in Mathematics, 39*, 111-129.

National Council of Teachers of Mathematics (1980). *An agenda for action: Recommendation for elementary teachers*. Prentice Hall. Inc.

National Council of Teachers of Mathematis (1991). *Professional standards for teaching mathematics*. Reston, VA: NCTM.

National Council of Teachers of Mathematics. (2000). *Principles and standards for school mathematics*. Reston, VA: Author.

Petraglia, J. (1998). *Reality by design: The rhetoric and technology of authenticity in education.*

Mahwah, NJ: Lawrence Erlbaum.

Treffers, A. (1987). *Three dimension: A model of goal and theory description in mathematics instruction: The Wiskobas Project*. Dordrecht, Holland: Reidel Publishing Company.

Part I

非구조화된 맥락적 문제의 개념적 고찰

본 편은 연구발표(김민경, 민선희, 김혜원, 2011; 김민경, 이지영, 홍지연, 김은경, 2011 ; 김민경, 박은정, 허지연, 2012)의 일부를 요약, 수정보완하며 본 편의 내용 구성에 부합하게 종합 기술함.

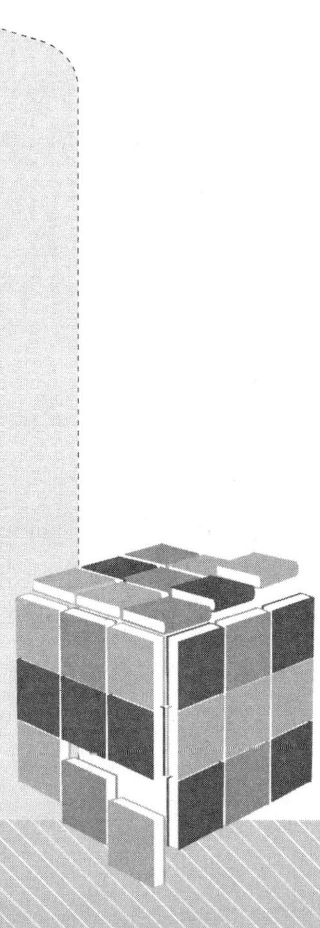

21세기의 복잡한 현대 사회에서 학생들의 고차원적 사고능력의 신장을 위한 방안으로 비구조화된 문제의 교육적 적용이 논의되고 있다. 비구조화된 문제는 일상생활 속에서 일어나는 복잡한 현상들을 학습자 스스로가 다양한 해결 방법을 계획하여 실행함으로써 해결하도록 하는 문제로, 학습자에게 의미있는 실생활 맥락의 문제를 자신이 알고 있는 수학적 개념이나 지식을 종합, 비판, 반추하는 과정을 통해 해결하도록 하는 기회를 제공한다. 이러한 비구조화된 문제는 실제성, 복잡성, 개방성의 특징을 가지는데, 이들 비구조화된 문제의 해결은 공통적으로 문제이해 및 표현, 전략 탐색 및 실행, 반성과 평가의 과정을 통해 이루어진다.

이와 같은 비구조화된 문제의 특성과 관련하여 2장에서는 비구조화된 문제의 개념을 이론적으로 살펴보았으며, 3장에서는 우리나라의 수학교과서와 미국의 수학교과서(Houghton Mifflin Mathematics, Connected Mathematics)에 나타난 문제들의 비구조성을 실제성, 복잡성, 개방성의 측면에서 분석하였다. 그 결과, 우리나라 수학교과서의 문제들은 미국 교과서에 나타난 문제들에 비해 실제성, 복잡성, 개방성의 정도가 낮게 나타났다. 이는 현재 초등학교 수학 교육과정에서 추구하는 '문제해결력', '수학적 의사소통', '수학적 소양' 등의 고차원적 수학적 능력의 신장을 위해서는 실생활과 관련된 좀 더 다양한 스펙트럼의 범주에 있는 문제들이 수학 교수·학습에 포함되어야 함을 시사한다.

한편 학생들에게 현실을 바탕으로 수학을 이끌어내어 조직화하도록 하는 경험을 강조하는 RME(Realistic Mathematics Education)는 수학학습이 실제적 상황을 담은 맥락문제를 제공함으로써 학생들로 하여금 수학화 과정을 경험하도록 이루어져야 한다고 보고 있다. 맥락문제는 학생들의 경험과 관련된 현실적 상황으로 제시됨으로써 수평적 수학화 및 수직적 수학화를 통해 여러 가지 전략으로 해결이 가능한 문제로, 학습자로 하여금 흥미와 동기를 유발시키고 학습한 수학적 지식을 실생활에 적용하는 기회를 제공한다.

이와 같은 맥락문제의 특성과 관련하여 4장에서는 맥락성 문제의 개념을 이론적으로 살펴보았으며, 5장에서는 우리나라의 수학교과서와 미국의 수학교과서(Math Connects, Everyday Mathematics, Investigation)에 나타난 맥락문제를 일상성, 다양성, 수학적 잠재성의 측면에서 분석하였다. 그 결과, 우리나라 수학교과서의 문제들은 미국교과서서보다 맥락성의 정도가 낮게 나타났다. 이는 더 높은 수준의 맥락성을 나타내는 문제상황을 개발하여 학생들에게 제공함으로써 학생들로 하여금 실세계 맥락의 상황을 수학화의 과정을 통해 의미있게 학습하도록 해야 함을 시사한다.

Part I 非구조화된 맥락적 문제의 개념적 고찰

2 非구조화된 문제의 개념

2.1 개요

복합적이고도 다원화된 사회 현상들이 발생하는 현대 사회에서 겪게 되는 여러 가지 문제들을 해결하는 데에는 합리적으로 문제를 해결하고 알맞은 해결방안을 찾을 수 있는 문제해결력이 요구된다. 이와 같은 문제해결력은 '문제'에 대한 개념적 정의, 유형 특성에 대한 고찰로부터 그 정의를 찾을 수 있다. '해답이 요구되는 물음의 형태로써 학생들이 올바르게 해를 얻기 위해 새로운 방안을 고안하고 시행하면서 탐구하는 과정'(Krulick & Rudnick, 1984) 등으로 정의되는 문제는 학자들에 따라 다양한 기준과 형태로 그 유형이 나누어지고 있으나, 공통적으로 교과서에서 접하게 되는 정형화되고 구조적인 구조화된(well-sturctured) 문제와 정형화되지 않고 비구조적이며 실생활과 관련된 상황맥락적 문제, 즉 비구조화된(ill-structured) 문제가 하나의 문제 유형으로 분류되고 있다.

먼저 구조화된 문제는 문제 속에 문제에 필요한 모든 요소 및 각 조건들 사이의 관련성이 제시되어 있고, 해결을 위해 제한된 수의 규칙과 원리가 적용되며, 알기 쉽고 이해하기 쉬운 수렴적인 답을 가지는 특징이 있다. 이처럼 구조화되고 정형화되어 있어 제한된 문제상황에서 한정된 개념과 원리를 적용하도록 유도하며 수렴적인 답을 가지는 구조화된 문제는 해결과정에 있어 관련된 여러 가지 프로세스들과 관련되어 있는데, 이들 모델들은 모두 문제에 대하여 정확하게 이해하는 단계를 시작으로 하여 개인의 기억으로부터 적절한 정보를 검색하는 단계와 가장 좋은 해를 선택하는 단계를 거쳐 해를 실행하고 평가해보는 단계를 마무리로 하는 공통요소를 지닌다.

한편, 문제상황으로 현실과 가까운 실제적 상황이 제시되고, 개방성을 지니며, 단순하기보다는 복잡성을 가지는 비구조화된 문제는 해결을 위한 요소나 조건들이 하나 이상 알려지지 않은 채로 제시되거나 일관성이 없이 모호하게 정의되고, 해결방법 및 해결을 평가하는 준거가 여러 개 존재할 뿐만 아니라, 문제의 답 역시 여러 개이거나 존재하지 않는 경우가 있으며, 학습자로 하여금 문제에 대한 판단을 하고 자신의 의견 및 신념을 표현하도록 하는 특징을 가진다. 이와 같은 비구조화된 문제의 비구조성에 대한 요소는 실제성, 복잡성, 개방성의 구성요소로도 설명될 수 있으며, 이러한 비구조화된 문제들은 정해진 해결방안이 존재하기보다는 학습자로 하여금 능동적 탐구를 통해 다양한 결론에 이르게 한다고 볼 수 있다.

비구조화된 문제는 구조화된 문제와 그 특성이 다르므로 그 해결과정 역시 구조화된 문제의 해결에 사용되는 수렴적 문제해결과정과는 다른 프로세스를 가지며, 여러 연구에서 공통적으로 제시되는 비구조화된 문제의 해결과정은 크게 문제이해 및 표현 단계, 전략 탐색 및 실행 단계, 반성과 평가의 단계로 이루어지고 있다.

이러한 비구조화된 문제는 학생들로 하여금 문제를 조직하고 다양한 해결책들 중 가장 적합한 하나를 선택하도록 함으로써 해결책을 찾기 어렵게 하지만(Bulu & Pedersen, 2010), 현실 세계의 상황에 지식을 쉽게 적용하고 전이할 수 있도록 도움을 주기 때문에(Ge & Land, 2003) 교육적으로 그 중요성이 강조되고 있다(Bransford 외, 1996).

그러나 현재 우리나라의 수학교육에서는 학생들이 이와 같은 비구조화된 문제를 경험할 수 있는 기회가 부족한 실정이다. 따라서 학생들의 수학적 문제해결능력 향상을 위해서는 비구조화된 문제를 통해 학습자에게 의미 있는 실생활 문제를 제시함으로써 스스로 문제를 해결하고자 하는 동기를 부여하고, 다양한 해결 전략을 계획하고 실행하는 과정을 통해 자신이 알고 있는 개념이나 지식을 종합, 비판, 반추할 수 있는 기회를 제공하는 것이 필요하다.

2.2 문제와 문제해결

2.2.1 문제의 정의

21세기의 복잡한 사회 현상을 대면하면서 사회구성원인 인간으로서 요구되는 능력 내지 소양은 창의적인 아이디어 창출, 정보 검색 및 재창출 능력, 문제이해 및 문제해결 능력 등 시시각각으로 변화하고 진화되어가고 있다. 우리가 직면하는 사소한 문제부터 인류가 직면한 지구의 문제에 이르기까지 이를 해결하는 데 요구되는 능력은 얼마 전 20세기에서 요구되었던 능력과는 비교 불가일 것이다. 이러한 문제해결력에 대한 정의는 먼저 '문제'에 대한 개념적 정의, 유형, 특성에서부터 시작할 수 있다.

우선 문제에 관한 정의를 살펴보면, 문제란 개인이나 집단이 해결하려는 의지가 있고 해결방법이 쉽게 떠오르지 않는 상황(강지형 외, 1999)이나 어떤 해답을 요구하는 상황으로써, 물음의 형태로 주어지는 것(Krulik & Rudnick, 1984), 그 해결에 이르는 알고리즘이 제공되지 않은 과제를 수행하도록 요구되는 상황(강옥기, 1985), 구체적·확실한 방법을 쉽게 얻을 수 없는 과제(Lester, 1978) 등으로 정의하고 있다. 또한 '해답이 요구되는 물음의 형태로써 학생들이 올바른 해를 얻기 위해 새로운 방안을 고안하고 시행하면서 탐구하는 과정'(Krulick & Rudnick, 1984)으로 정의하기도 하며, '해답을 필요로 하는 물음', '연구하거나 해결해야 할 사항' 등으로 설명하기도 한다.

2.2.2 문제의 유형

문제는 주어진 문제상황을 인식하는 학습자의 수준에 따라 질문(question: 기존의 학습내용 확인), 연습(exercise: 학습된 기술이나 알고리즘 강화), 문제(problem: 깊은 사고를 통한 과제 해결)로 구분된다(남승인, 류성림, 2004). 이와 관련하여 학교수학의 궁극적인 목적을 문제해결력 신장으로 간주한 Lenchner(1983)는 문제해결력 신장을 위해 연습(exercise)과 문제(problem)를 구별해야 한다고 언급하기도 하였다. 또한 문제는 제시되거나 발견될 수도, 잘 정의되거나 명확히 규명되지 않을 수도, 단순하거나 복잡할 수도, 장기적이거나 단기적일 수도, 익숙하거나 익숙하지 않을 수도 있는 것(Arlin, 1989)으로 구분되기도 한다.

문제의 유형에 대해서 Holmes(1985)는 초등학교 수학에서 다루는 문제를 정형문제(routine problem)와 비정형문제(non-routine problem)으로 나누었다. 정형문제가 학습한 수학적 개념이나 원리, 법칙을 적용하여 이미 알려진 절차에 따라 해결 가능한 것이라면, 비정형문제는 수학적 개념, 원리, 법칙을 복합적으로 적용하면서도 창의적인 아이디어가 요구되는 문제로 학습자 스스로 해결방법을 고안해야 하는 것을 말한다. 또한 Charles와 Lester(1982)는 알고리즘을 사용하여 반복연습의 기회를 제공하기 위한 드릴문제(drill exercise), 간단한 상황문제(simple translation problem), 계산과정이나 사고 단계가 2회 이상인 수리적 사고력을 요하는 복잡한 번역문제(complex translation problem), 순서적 사고과정이 중시되는 과정문제(process problem), 실생활의 문제 장면을 활용하여 수학적 지식이나 사고력을 활용할 기회를 제공하는 응용문제(applied problem), 통합된 수학적 지식이나 경험을 활용하여 해결해야 하는 퍼즐문제(puzzle problem)로 분류한 바 있다. 그 외 기억 확인 문제, 계산연습 문제, 응용

문제, 탐구형 문제, 문제 장면 등 5가지로 구분(Butts, 1980)한 경우가 있으며, 문제 장면을 보고 문제를 설정(problem posing)하는 것을 하나의 문제유형으로 구분하기도 하였다. 문제는 수렴적인 해를 가지는 비맥락적인 문제에서부터 여러 개의 해를 가지는 매우 맥락화된 문제에 이르기까지의 연속체를 나타내며 그 정도에 따라 퍼즐 문제, 구조화된 문제, 비구조화된 문제 세 종류로 구분 짓기도 하며(Jonassen, 1997), 특히 구조화된 문제와 비구조화된 문제에 대해, 문제해결을 위해 적용할 규칙이나 원리, 절차 등이 한정되어 있는 유형의 구조화된 문제(well-structured problem)와 실생활 상황맥락과 연결된 문제로 수렴적인 해결방안이 없고 다양한 해결책들이 포함될 수 있는 비구조화된 문제(ill-structured problem)로 분류하기도 하였다.

특히 좋은 문제에 관하여 National Council of Supervisors of Mathematics [NCSM] (1977)과 Lenchner(1983)는 학생들의 흥미를 유발하며 도전하고 싶은 문제, 문제해결을 위해 다양한 방법과 전략을 활용하도록 하는 문제, 학생들의 수준에 맞고, 다양한 사고의 기회를 제공하는 문제, 문제해결 과정에서 습득한 지식과 경험을 다른 문제상황에 전이시킬 수 있는 문제를 언급하기도 하였다.

앞에서 고찰한 여러 학자들의 의견을 종합해 볼 때, 문제의 유형을 나누는 기준 및 형태는 다양하나 공통적으로 정형화되지 않은 비구조적인 문제, 실생활과 관련된 상황맥락적 문제를 하나의 유형으로 분류하고 있으며, 이 문제들은 정해진 해결방안이 존재하기보다는 학습자의 능동적 탐구를 통해 다양한 결론에 이르게 한다고 볼 수 있다. 이런 점에서 '문제'는 수학적 문제해결을 유도해내는 '비구조적이고 비정형적인 문제'로 간주된다고 볼 수 있겠다.

앞에서 '문제'에 대한 정의가 다양하였듯이, '문제해결'이나 '문제해결력'에 대한 의미도 학자들에 따라 여러 다양한 시각으로 설명되고 있다. Gagne(1985)는 문제해결을 "이미 배운 원리를 응용하여 새로운 상황에서 직면하게 되는 문제들을 해결해내는 것"으로 보고, 이를 해결하는 능력을 문제해결력으로 정의하였다. Polya(1957)의 경우 "즉각적으로 해결되는 것이 아닌, 점진적으로 새로운 방법을 찾아나가야 하는 문제에 대하여 어떠한 것을 명확히 인식하거나, 당면한 어려움으로부터 벗어나기 위해, 그리고 학습자가 원하는 목적을 성취하기 위해 적절한 방법을 찾는 능력"이라고 정의하고 있다. 남승인과 류성림(2004)도 문제해결능력을 학습자의 문제해결과정에서 이루어지는 문제이해력, 계획수립능력, 연산능력, 검증능력, 일반화 능력을 포함하는 것으로, 수학의 개념이나 원리 등을 발견하고 이를 활용하여 창의적인 문제해결을 이루어낼 수 있는 능력으로 정의하고 있다.

이를 종합하여 보면, 문제해결력이란 그 해결에 이르는 알고리즘이 명확하게 드러나지 않으며 즉각적인 해결이 불가능하여 학습자의 선행지식 및 경험을 관련지어 탐구해야 하는 '문제'를 해결해내는 고차원적인 탐구 능력이라고 할 수 있다. 이러한 능력은 문제를 이해하고 계획을 수립하며 문제해결과정을 적용, 반성하고 새로운 상황에 다시 응용할 수 있는 일련의 과정 속에서 이루어질 수 있으며 이를 가능하게 하는 모든 능력을 포괄적으로 포함한다. 더 나아가 고차원적인 사고를 통해 실생활 속에서 흔히 겪게 되는 복잡한 현상이나 딜레마 등이 포함된 문제상황을 해결하도록 하는 비구조화된 문제를 통한 문제해결은 학생들로 하여금 문제해결에 대한 동기를 부여하고, 수학적 사고를 통하여 다양한 문제해결전략을 계획하고 실행하는 경험을 제공할 것이다.

2.3 구조화된(well-structured) 문제와 非구조화된(ill-structured) 문제

2.3.1 구조화된(well-structured) 문제와 문제해결

구조화된 문제는 학교에서 가장 흔하게 접하는 문제로, 전형적으로 교과서 단원 마지막에 나오는 응용문제들이 이에 속한다. 학생들이 제한된 문제상황에서 학습된 한정된 수의 개념과 규칙, 원리를 적용하도록 하며, 잘 정의된 초기 상태, 알려진 목적 상태, 제한된 논리적 연산 세트로 구성되어 있는 변형문제(transformation problem)로 언급되어 왔다(Greeno, 1978). Jonassen(1997)은 구조화된 문제들의 특성을 다음과 같이 제시하였다.

- 문제에 대한 모든 요소를 제시하며, 해결과정이 미리 정해져 있다.
- 있을 법한 해(문제 진술에 구체화된 문제의 한도가 나타남)를 지닌 잘 정의된 문제 형태로, 표준적이고 구조화된 개념과 규칙을 수반하고, 이해하기 쉬운 해를 지닌다(Wood, 1983).
- 제한된 한도에서 예언적이고 처방적인 방식으로 조직된 제한된 수의 규칙 및 원리의 적용을 유도하여 수렴적인 답을 가진다.
- 취사선택과 문제의 모든 상태 사이의 관련성이 이미 알려져 있거나, 개연적인 곳에서 알기 쉽고 이해하기 쉬운 해를 가진다(Wood, 1983).

구조화된 문제해결과 관련하여 몇몇 프로세스들이 제시되는데, Gick(1986)은 IDEAL (identifying, defining, exploring, acting, looking back) 모델(Bransford & Stein, 1984)과 다른 문제해결모델들(Greeno, 1978)을 종합하여 성공적인 해가 발견될 때까지 문제를 표현하고 대안적인 해결가설을 형성하여 테스트하는 과정을 계속하게 되는 구조화된 문제해결 프로세스의 단순한 도식([그림 2-1, 2-2] 참조)을 나타내었다.

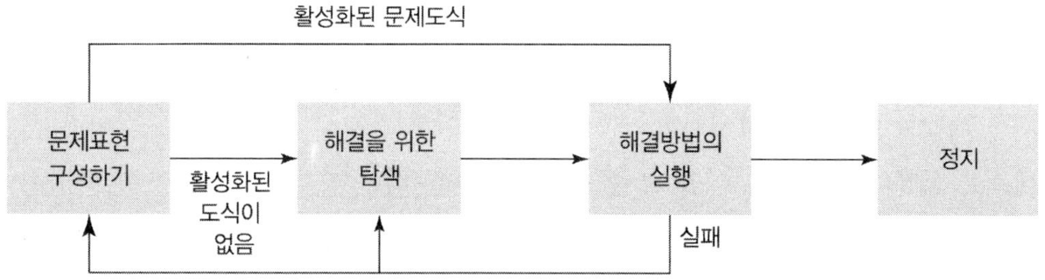

그림 2-1 | 문제해결 프로세스의 단순화된 도식(Gick, 1986; Jonassen, 1997, p.70, 재인용)

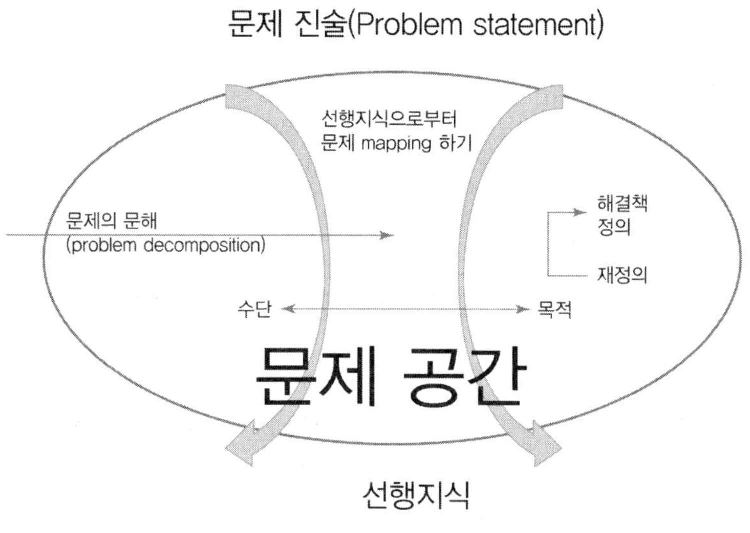

그림 2-2 | 구조화된 문제해결과정의 개념 모델(Jonassen,1997, p.71)

한편, Jonassen(1997)은 Gick(1986)의 문제해결과정을 바탕으로 각 단계를 구체적으로 설명하였는데, 첫 번째 단계인 문제표현(problem representation) 단계에서는 선행지식으로부터 문제를 그려보며 속성들을 분해하여 문제를 진술한다. 그리고 이로부터 문제의 목적이 무엇인지를 추출하게 된다. 그 다음으로 해결을 위한 탐색(search for solutions) 단계에서는 선행경험으로부터 유사한 문제 회상하기(recall analogical problems)

전략, 문제에서 현재 위치와 목표상태 간의 격차를 줄이기 위해 조작(operation)을 수행하기를 반복하는 수단-목표 분석(means-ends analysis) 전략, 분해와 단순화를 통해 하위 목표들을 찾아 문제를 해결하기 쉽게 하는(decomposing and simplifying: finding sub-goals) 전략, 해결방법을 생성하는 생성/테스트하는(generate/test) 전략을 통해 적절한 문제해결방법을 모색하게 된다. 마지막 단계인 해결방법의 실행(implement solutions)에서 탐색된 해결방법을 시험해봄으로써 해가 맞는지 확인하고, 그렇지 않을 경우 새로운 가설을 형성하거나 프로세스를 조정하여 새로운 답을 유도하게 된다.

Bransford(1994), Bransford와 Stein(1983), Newell과 Simon(1972)도 구조화된 문제의 해결과정을 문제 표현하기, 해결을 위한 탐색, 탐색에 대한 적용을 포함한 프로세스로 설명하고 있는데, 이들 모델들은 (1) 문제에 대한 정확한 이해, (2) 개인의 기억으로부터 적절한 정보 검색, (3) 가장 좋은 해 선택, (4) 해의 실행 및 평가라는 공통 요소를 포함하고 있다.

2.3.2 非구조화된(ill-structured) 문제와 문제해결

비구조화된(ill-structured) 문제는 특정 맥락에서 새롭게 출현하여 상황화된 것으로서, 상황의 측면들은 구체화되지 않고, 문제의 기술은 불명확하거나 잘 정의되어 있지 않다(Chi & Glaser, 1985). 식과 답이 명확하게 주어지는 구조화된 문제와는 달리, 비구조화된(ill-structured) 문제는 현실상황의 예를 바탕으로 비형식화된, 아직 잘 정의되지 않은 생소한 문제이다. 비구조화된 문제의 특성에 대하여 Jonassen(1997)은 다음과 같이 제시하고 있다.

- 하나 이상의 문제 요소들이 알려지지 않거나, 불확실하여 모호하게 정의되거나, 불명확한 목적과 제약(통제)을 가지며, 문제해결에 필요한 개념, 규칙, 원리들이 어떻게 조직되는지가 불확실하다.
- 여러 개의 해/해결방법을 가지거나 혹은 해를 전혀 갖지 않고, 해결을 평가하는 여러 준거를 가지며, 조작할 수 있는 것들에 대한 제한이 적다.
- 문제상황의 요소는 각각의 맥락에서 각기 다른 중요성을 가지며, 상호작용하기 때문에 전형적인 해결방법을 지니지 않는다(Spiro, Coulson, Feltovich & Anderson, 1988; Spiro, Vispoel, Schmitz, Samarapungavan & Boerger, 1987).
- 사례들 사이의 개념, 규칙, 원리들은 일관성이 없고, 일반적인 규칙이나 원리를 제공하지 않으며, 학습자가 문제에 대한 개인적 의견이나 신념을 표현하도록 하

고, 문제를 판단하고 그것에 대해 변호하도록 요구한다.

Shin, Jonassen과 McGee(2003)가 언급한 비구조화된 문제의 속성을 요약하면 다음과 같다.

- 대부분의 사례들을 기술하고 예측하기 위한 일반적인 규칙이나 원리를 제공하지 않는다.
- 모호한 정의, 명확하지 않은 목적과 문제에 드러나지 않는 제한점이 있으며(Voss, 1988), 문제해결에 필요한 개념, 규칙, 원리들이 어떻게 조직되는지 불확실하여 적절한 행동을 결정하기 위한 외현적인 수단을 가지고 있지 않다.
- 다양한 해, 해결방법을 가지거나 해를 전혀 갖지 않고, 다양한 평가준거를 가진다.
- 학습자가 문제를 판단하도록 하고, 문제해석에서 개인적인 견해나 신념을 표현하게 함으로써 자신을 방어하도록 한다(Meacham & Emont, 1989).

구조화된 문제와는 달리, 비구조화된 문제는 현실과 더 가까운 실제적 상황이 제시되고, 개방성을 지니고 있으며, 단순하기보다는 복잡한 상황이 제시되는 특징을 지닌다. 두 문제의 특징은 여러 학자들(Jonassen, 1997; Spiro, Coulson, Feltovich & Anderson, 1988; Spiro, Vispoel, Schmitz, Samarapungavan & Boerger, 1987; Wood, 1983)이 언급하였으며, 이를 요약하면 다음 <표 2-1>과 같다.

표 2-1 구조화된 문제와 비구조화된 문제의 특징

구조화된(well-structured) 문제	비구조화된(ill-structured) 문제
• 문제에 관한 모든 요소를 제시하고 있으며 해결과정이 정해져 있음(Jonassen, 1997). • 문제 진술에 구체화된 문제의 조건을 나타냄으로써 있을 법한 해를 지닌 잘 정의된 문제 형태로 제시됨. 구조화되고 예측 가능한 지식 영역에 있는 표준적이고 구조화된 개념 및 규칙을 수반하며, 문제의 모든 조건들 사이의 관련성이 이미 알려져 있거나 이해하기 쉬운 해를 가짐(Wood, 1983). • 제한된 범위에서 예언적이고 처방적인 방식으로 조직된 제한된 수의 규칙과 원리를 적용하도록 유도하며 수렴적인 답을 가짐(Jonassen, 1997).	• 문제 요소들이 하나 이상 알려지지 않거나 모호하게 정의됨. 혹은 문제해결에 필요한 개념, 규칙, 원리들이 어떻게 조직되는지 불확실함(Jonassen, 1997). • 여러 답 또는 해결방법이 존재하거나 혹은 해가 존재하지 않고, 해결을 평가하는 여러 가지 준거를 가지며, 조작할 수 있는 것들에 대한 제한이 적음(Jonassen, 1997). • 사례요소는 각기 다른 맥락에서 별도로 중요하고, 서로 상호작용하기 때문에 원형이 되는 사례가 존재하지 않음(Spiro, Vispoel, Schmitz, Samarapungavan & Boerger, 1987; Spiro, Coulson, Feltovich & Anderson, 1988).

• 문제의 모든 조건들 사이의 관련성 및 취사 선택에 대해 이미 알려져 있거나 혹은 개연적인 곳에서 알기 쉽고 이해하기 쉬운 해를 가짐(Wood, 1983).	• 사례들 사이의 개념, 규칙, 원리들은 일관성 없는 관계를 가지며 일반적인 규칙이나 원리를 제공하지 않을 뿐만 아니라 학습자로 하여금 문제에 대한 개인적 의견 및 신념을 표현하도록 하며, 문제에 관한 판단을 하고, 변호하도록 요구함(Jonassen, 1997).

문제를 구조화된 문제에서부터 비구조화된 문제에 이르는 연속체로 표현한다면 일반적으로 교과서 단원에 포함된 문제로서 제한된 수학적 지식에 기초한 응용문제를 구조화된 문제라 할 수 있다(Jonassen, 1997). 이와 관련하여 김민경, 이지영, 홍지연과 주현정(2012)은 구조화된 문제와 비구조화된 문제의 특징을 대조하여 요약하기도 하였으며, 문제의 비구조성에 대한 요소로 김민경, 이지영, 홍지연과 김은경(2011)은 실제성, 복잡성, 개방성의 구성요소로 설명하기도 하였다.

한편, 이러한 비구조화된 문제를 해결하는 과정에 대하여 초기 정보처리 이론은 비구조화된 문제의 해결 절차들을 구조화된 문제와 같은 것으로 보았다(Simon, 1978). 그러나 이와는 달리, Lave(1988)는 구조화된 문제의 해결에 사용되는 수렴적 문제해결 사고와 일상문제해결에 요구되는 사고를 명확히 구별해야 함을 역설하였는데, Dunkle, Schraw와 Bendixen(1995) 역시 구조화된 문제의 수행 과정과 잘 정의되지 않은 과제 수행을 구분지어야 한다고 강조하였다. 이와 관련하여 비구조화된 문제의 해결과정을 밝히는 연구들이 꾸준히 실행되고 있으며, 여러 형태로 모델을 제시하고 있다. 문제공간 구성 과정과 해결방안 선택 및 생성 과정을 자세히 설명하고 있는 Sinnott(1989)의 모델은 모니터, 기억, 비인지적 요소, think-aloud 과정을 포함하고 있다. Jonassen(1997)도 7단계의 비구조화된 문제의 해결과정을 제시한 바 있는데, 이를 구체적으로 설명하면 다음과 같다.

Jonassen(1997)의 비구조화된 문제해결과정 단계

Step 1 문제공간과 상황맥락을 명료하게 하기

• 주어진 문제에 대하여 다양한 이해와 표상이 요구된다. 따라서 이 단계는 다양한 사항들(상황적인 요소)을 고려하여 문제를 다각도로 이해하는 과정이며 문제상황을 좀 더 명료화하게 하는 단계라고 볼 수 있다.

Step 2 의사결정에 대한 여러 관점, 대안적인 견해를 확인하고 명확히 하기

- 문제해결을 위해 이와 관련된 스키마를 가지고 다양한 견해를 가지게 되며, 학습자가 문제 표상에 대한 반성적인 판단을 수용함으로써 자신과 다른 사람들이 이해한 다양한 관점이나 견해를 살펴볼 수 있는 기회를 마련한다.

Step 3 가능한 문제해결책을 생성하기

- 문제해결에 대한 다양한 의견을 수렴하여 문제해결안을 형성하는 단계이다.

Step 4 논의와 개인적 신념을 통해 구체화된 대안적 해결안을 평가하기

- 논의를 통해 산출된 해결안을 평가하는 단계로, 전 단계에서 형성된 해결안의 정당성 여부를 판단한다. 따라서 학습자들은 자신의 대안적 해결안이 정당화될 수 있도록 다양한 관점에 대한 근거를 마련해야 한다.

Step 5 문제공간과 해결안을 점검하기

- 고차원적인 초인지 과정을 거쳐 문제의 본질 및 해결안의 가치를 점검하는 단계이다.

Step 6 해결안 실행과 모니터

- 해결안이 정확한 해결안이 아니므로 생성된 해결안이 문제를 해결할 수 있는가를 실행하고 모니터한다.

Step 7 해결안의 적용

- 전 단계에서 모니터하여 확인된 해결안을 적용하는 단계이다. 계속적으로 해결안에 대한 피드백을 받으며 각 단계에서 최적의 해결안을 마련하게 된다.

한편, Hong(1998)은 문제에 대한 학습자의 해석이 이뤄지는 ① 문제 표상단계, 선수지식과 이전의 경험을 활용하여 해결안을 생성해 내는 ② 해결책 진술단계, 해결안에 정당한 근거를 제시함으로 해결안을 평가하는 ③ 점검 및 평가단계의 3단계로 구분하였다.

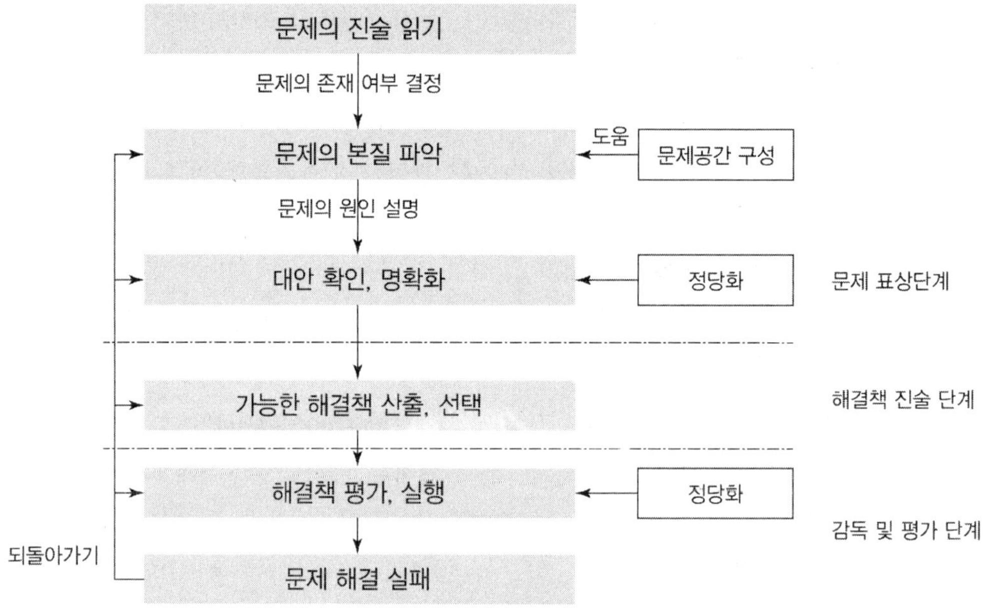

그림 2-3 | 비구조화된 문제해결과정(Hong, 1998, p.14)

이와 유사한 과정으로 비구조화된 문제의 해결절차를 ① 문제 표상단계, ② 이해한 내용을 바탕으로 한 해결안 생성 및 선정하는 단계, 해결한 것을 설명해 내는 해결안에 대한 ③ 정당화 단계, 마지막으로 ④ 점검과 평가를 하는 4단계 과정으로 설명하기도 한다(Ge & Land, 2004). Shin, Jonassen과 McGee(2003)도 비구조화된 문제해결의 프로세스를 다섯 가지로 정리하고 있다. 비구조화된 문제상황에서 해결자들은 상황 속에 숨어있는 문제가 있는지를 결정하고(Jonassen, 1997), 문제에 대한 제약과 모든 가능한 진술들을 포함하는 문제의 표현을 구성하며(Sinnott, 1989; Voss & Post, 1988), 문제공간을 구성하는 과정에서 맥락과 관련된 정보를 선택하고 활용하는 것을 시도한다(Voss & Post, 1988). 그리고 선택된 정보에 근거하여 특별한 실마리나 해결에 대한 선택을 지지하기 위한 정당화 혹은 논쟁을 발전시켜야 한다. 마지막으로 선택된 해는 상황에 대한 해결자의 해석과 처방된 행동과정에서의 긍/부정적 효과를 평가하는데(Voss, 1988), 만일 그 해가 문제해결에 실패했다면, 해결자는 적절한 대안책을 찾기 위해 문제를 다시 표현하고, 그 해를 테스트한다(Voss & Means, 1989).

한편, 비구조화된 문제의 문제해결과정은 상황학습과 연관지어 설명할 수 있는데, 상황학습은 비구조화된 문제인 상황 맥락 문제로 시작되어야 함을 강조하고 있기 때문이다. 상황학습에서 학교는 학생들이 실세계에서 부딪히게 되는 문제해결과정을 간접 경험하는 공동체이다. 따라서 학교교육 목적은 실제 생활에 적용할 수 있는 힘, 즉 지식의 전이를 경험하는 것이어야 한다. 따라서 과제는 실제적인 과제로서 학교 맥락 밖의 실제 생활에 이용할 수 있는 것이어야 하며, 상황이나 맥락과 함께 제시되어야 한다(Barab & Duffy, 2000; Willson & Myers, 2000; 한국교육공학회 2005 재인용). 상황주의자들은 학습이 반드시 실제 경험을 통해 이루어져야 한다고 보고, 관련된 지식 및 전략이 활성화될 수 있는 의미 있는 상황에서 학습이 이루어져야 한다고 하였다. 그리고 어떻게 학습과 연관지어야 할 것인가를 연구하였다(Morrison, Ross & Kemp, 2004; Cognition and Technology Group, 1992).

이와 관련하여 CTG는 비디오 활용, 이야기식 전개, 학습자 주도적 학습, 함축된 자료 제시, 복잡한 문제 활용, 유사한 개념의 다양한 응용 유도, 교육과정과의 연계성 등의 상황맥락적 학습의 구현 원리를 도입하여 5·6학년 학생들을 대상으로 수학 및 영어·사회 과목에서 문제해결 학습을 할 수 있도록 하기 위한 "Jasper series"와 "Young Sherlock" 프로그램 개발 프로젝트를 운영하였다(강인애, 1997).

본 절에서 살펴본 바, 구조화된 문제와 비구조화된 문제의 특성이 다르므로 문제해결과정 또한 차이가 있다. 또한 여러 연구에서 공통적으로 제시하고 있는 비구조화된 문제를 해결하는 과정은 크게 문제이해 및 표현, 전략 탐색 및 실행, 반성과 평가의 단계로 이루어지고 있다.

이러한 비구조화된 문제는 학생들로 하여금 문제를 조직하고, 문제의 해결책을 찾는 것을 어렵게 만드는데(Ge & Land, 2003), 학생들은 다양한 해결책 중에서 문제와 그 제한점에 근거하여 가장 적합하다고 생각하는 것을 하나 선택해야만 하기 때문이다(Bulu & Pedersen, 2010). 하지만 복잡하고, 비구조화된 문제해결은 구조화된 문제보다 실세계에서 더 자주 마주친다는 점에서 교육적으로 그 중요성이 강조되고 있다(Bransford 외, 1996). 복잡한 현실 세계의 문제와 같은 비구조화된 문제를 해결하는 것은 현실 세계의 상황에 지식을 적용하고, 지식의 전이를 쉽게 할 수 있도록 도움을 주기 때문이다(Ge & Land, 2003).

그러나 현재 우리나라의 수학교과서에서는 이와 같은 비구조성을 지닌 문제가 부족한 실정으로, 학생들의 수학적 문제해결능력 향상을 위해서는 비구조화된 문제와 같이 실세계 문제상황을 담고, 학생들이 다양한 생각을 할 수 있는 열린 문제가 교육과정에 제시되어야 할 필요가 있다(김민경 외, 2011). 특히, 김경희와 백희수(2010)는 TIMSS 2007에 대한 결과 분석을 통해 우리나라 학생들이 어려워하는 비, 비례식, 백분율을 지도할 때 수에 의한 연습을 도입하기 위한 인위적인 맥락이 아닌 이 시기 학생들의 관심사와 현실을 반영한 맥락에서 지도하는 것의 필요성을 강조한 바 있다.

비구조화된 문제는 실생활 속에서 흔히 겪게 되는 복잡한 현상이나 딜레마 등을 포함하고 있으므로(한국교육공학회, 2005, p. 168) 실생활 문제해결력의 신장에 더욱 효과적이라고 보여진다. 따라서 고차원적 능력(higher-order skill)이라 할 수 있는 문제해결력의 신장은 여러 전략과 다양한 사고의 기회가 제공되는 비구조화된 문제가 구조화된 문제보다 좀 더 유용할 것이다. 즉, 수학적 문제해결력 신장을 위해서는 학습자가 배운 내용을 회상하여 간단히 해결할 수 있는 문제, 답에 도달하기 위해 정해진 알고리즘이나 원리를 따르는 문제를 넘어 학습한 지식을 종합하여 깊은 사고를 요하는 '비구조화된 문제'가 학습자 수준에 적절하게 제공되어야 할 것이다. 학습자에게 의미 있는 실생활 문제를 제시하는 것은 스스로 문제를 해결하고자 하는 동기를 부여할 뿐 아니라, 학습자가 다양한 해결 전략을 계획하고 실행하는 과정을 통해 알고 있는 개념이나 지식을 종합, 비판, 반추하는 기회를 제공할 것이다.

3 非구조성 측면에서 본 교과서 분석: 수학 교과서를 중심으로

3.1 개요

21세기 정보화 사회는 시시각각 새로운 정보들이 자원이 되어 부가가치가 창출되고, 이를 바탕으로 사회가 운영·발전되는 사회로서 개인의 자율성과 창의성을 바탕으로 실생활의 여러 문제들을 수학적으로 사고하고 판단하여 해결하는 능력을 필요로 하고 있다. NCTM(2000)은 수학교육의 목표로 수학적 소양(Mathematical Literacy)을 제시함으로써 학생들이 긍정적인 수학적 태도를 바탕으로 수학적 문제해결, 수학적 의사소통, 수학적 추론과 같은 수학적 능력을 갖추도록 강조하고 있으며, 우리나라 역시 제7차 교육과정(교육인적 자원부, 2007)과 2007년 개정교육과정(교육과학기술부, 2008)에서 '수학적 힘의 신장', '수학적 능력의 신장', '수학에 대한 정의적 태도 개선' 등을 초·중등학교 수학 교육의 핵심 목표로 제시함으로써 수학적 소양 함양을 강조하는 시대적 요구를 반영하고 있다. 또한 '창의·인성 교육 기본방안'(교육과학기술부, 2009)에서 제시하고 있는 교과별 창의인성교육 및 토론 논술교육의 강화는 수학적 문제해결력을 가진 창의적 인재에 대한 교육적 요구가 증대되고 있음을 시사한다.

PISA 2000의 수학 평가에 대한 결과 분석 연구(김성동, 2001)나 PISA 2006 결과 분석 연구(한국교육과정평가원, 2007), 그리고 제3차 국제 수학·과학 비교연구(TIMSS)에 대한 결과 분석 연구보고서(한국교육과정평가원, 2004)에 따르면, 우리나라 학생들은 상황을 동반하지 않은 순수 수학적 문항 혹은 전형적인 상황의 문항에서는 우위를 보이고 있는 반면, 일상생활의 상황을 바탕으로 문항에서는 낮은 응용 정도를 보이는 것으로 나타났다. 이는 현재 학생들이 기계적인 계산이나 암기를 동반하는 문항에서는 강한 반면, 응용문제나 맥락이 제시되는 상황 문제에서는 어려움이 있는 것을 나타낸다. 결국 이는 학생들이 실세계 맥락의 다양한 문제들을 접하고 해결해보는 경험이 필요함을 시사하고 있다.

그러나 현재 현장의 수학교육은 학생들이 실생활의 문제상황을 접하고 스스로 수학적으로 사고하여 창의적으로 문제를 해결하도록 하기보다는 기초 연산이나 단편적인 수학적 지식의 전달에 많은 비중을 두고 있는 실정이다. 2007년 개정교육과정(교육과학기술부, 2008)에서는 기존의 '문제 푸는 방법 찾기'라는 독립단원으로 제시되던 문제해결이 각 단원마다 '탐구활동', '문제해결'로 포함되면서, 실세계 맥락의 문제를 제시하고자 하는 다소 개선된 모습이 나타났다. 하지만 여전히 제시된 절차에 따라 정형화된 방법으로 문제를 해결하도록 하고 있어 학생들의 창의적 문제해결력 및 수학적 사고력 함양에 다소 제한적이며, 이를 보완할 수 있는 적절한 교수·학습 방법이 절실히 요구되고 있다.

이에 대한 하나의 방법으로 비구조화된(ill-structured) 문제를 교수·학습에 적용하는 방법을 생각해볼 수 있다. 비구조화된(ill-structured) 문제는 특정한 맥락으로부터 새롭게 출현하여 상황화된 것으로, 학습자들에게 좀 더 흥미가 있고 의미가 있으며, 학습자 스스로 문제를 정의하고 문제해결에 필요한 정보와 기술을 결정하도록 한다(Chi & Glaser, 1985). 미래를 살아가야 하는 우리 학생들의 문제해결력을 신장시키기 위해서는 비구조화된 문제의 교수·학습에 대한 연구가 필요하다.

이에 본 연구는 최근 수학교육 개혁에 부합하고, 제7차 교육과정(교육인적자원부, 2007) 및 2007년 개정교육과정(교육과학기술부, 2008)에서도 강조하는 수학적 소양(Mathematical Literacy)의 함양을 위해 비구조화된 문제의 교수·학습 적용 방안을 살펴보고자 한다. 이를 위하여 '비구조성'에 대한 개념 및 본질을 추출하며, 우리나라 및 외국 교과서에 제시되고 있는 문제의 '비구조성'을 분석함으로써 비구조화된 문제를 활용한 교수·학습 방법에 따른 시사점을 찾고자 한다. 이로써 학생들의 수학적 소양 함양과 긍정적 수학태도를 바탕으로 실세계 문제해결력, 수학적 의사소통능력, 수학적 추론 능력 등 수학적 능력을 발휘할 수 있도록 하는 기틀을 마련하고자 한다.

3.2 분석 대상

한국과 미국 교과서에 나타난 교과서 문제의 비구조성을 면밀히 살펴보기 위해, 한국 교과서(6학년 1학기 수학교과서, 수학익힘책)와 미국 교과서 Houghton Mifflin Mathematics(이하 <미국 A>로 표기함), Connected Mathematics(이하 <미국 B>로 표기함)을 선정하였고, 대상 학년으로는 6학년을 선정하였다. 이는 초등학교에서 가장 높은 학년이면서 이미 학습한 수학적 지식을 바탕으로 비구조화된 문제를 해결할 수 있는 학년으로, 6학년에서 비구조화된 문제가 제시될 수 있는 정도가 가장 높다고 판단했기 때문이다.

한국 6학년 교과서를 바탕으로 공통되는 내용을 살펴본 결과 세 교과서에서 공통적으로 분수의 나눗셈을 볼 수 있었고, 이를 분석 내용으로 선정하였다. 문제는 도입, 연습, 문제해결문제로 구분하여 비구조성 정도를 조사하였는데, 도입문제는 학습 주제를 시작할 때 학생들에게 제시되는 문제로서, 그 뒤에 연습문제가 제시되는 형태를 볼 수 있었고, 연습문제는 대부분 도입문제와 유사한 문제로, 학생들이 안내를 받지 않고 푸는 문제였다. 문제해결문제는 반드시 도입, 연습문제의 형태와 유사하지는 않았고, 좀 더 심화, 발전된 형태로 배운 내용을 적용하는 문제였다.

3.3 분석틀 및 분석 방법

교과서 분석을 위한 분석틀은 비구조화된 문제의 특성과 관련된 Jonassen(1997), Shin, Jonassen과 McGee(2003), Palm(2008) 등의 문헌 내용을 근거로 하였다. 초등수학교육 전공 연구자 9인의 논의 결과, 기존의 여러 문헌에서 비구조화된 문제의 특성을 실제성, 복잡성, 개방성의 세 범주로 추출할 수 있었다. 각 범주의 근거는 다음과 같다.

우선 비구조성과 관련한 각 문헌 고찰 결과, 공통적으로 'authenticity'라는 핵심어를 추출할 수 있었고, 이를 '실제성'으로 해석하였다. 실제(實際)는 사실의 경우나 형편이라는 의미로, 어떤 '사실'에 초점을 둔 말로 쓰거나, 본인이 보거나 듣거나 하는 경험을 통해서 무엇인가를 직접 하거나 느끼는 것을 의미한다(네이버 국어사전). authenticity의 어원적인 의미에서 authentic은 '주인 자신으로부터'에서 진짜의 상태 혹은 본래의 것을 변질시키지 않는 것을 뜻하는데, 이러한 뜻에서 authenticity를 '실제(實際)성'으로 보았다. Palm(2008)은 실제성을 학교 밖의 현실적인 상황에 대해 묘사한 수학과제와 실생활이 일치할 때로 보았고, Fitzpatrick과 Morrison(1971)은 과제가 실제성을 가지려면, 실세계의 상황 과제를 어느 정도 다루어야 하고, 상황의 중요한 부분이 추론할 수 있을 정도로 모방되어야 한다고 하였다.

다음으로, 'complexity'라는 핵심어를 추출하였는데, 복잡성(complexity)은 '갈피를 잡기 어려울 만큼 여러 가지가 얽혀 있거나 어수선한 성질'을 의미한다(네이버 국어

사전). complexity는 일반적으로 어원상 '서로 엮는다'를 뜻한다. 이러한 의미에서 흔히 복잡성(complexity)을 많은 부분들이 복잡하게 배열되어 있는 것으로 특징짓는다. Spiro et al.(1992)은 비구조화된 지식 영역의 특징으로 다양하고 폭넓게 적용되는 개념적 구조와 상황에 걸친 불규칙성을 언급하였다. 비구조화된 지식 영역에서의 학습은 상위지식 획득과 관련되는데, 기초적인 수학은 매우 구조화된 반면 실세계 상황으로부터 얻은 '문장제'를 풀 때 수학을 적용하는 과정은 더 비구조화되므로 과제가 어느 정도 복잡성을 포함하고 있어야 비구조화된 문제라고 할 수 있다. 다른 연구에서 Jonassen(1997)은 복잡성과 관련하여 비구조화된 문제에서 다음의 특징을 언급하였는데, 이러한 내용을 토대로 '복잡성'이라는 분석 기준을 제시할 수 있겠다.

- 문제해결에 필요한 개념, 규칙, 원리 혹은 그것들이 어떻게 조직되는지에 대한 불확실성을 제시하며, 사례들 사이의 개념, 규칙, 원리들은 일관성 없는 관계를 가진다.

마지막으로, 비구조화된 문제의 특징을 여러 면에서 살펴본 결과, 문헌에 직접적으로 제시되는 바는 아니지만, 문헌에서 제시되는 여러 특징을 포괄하는 개념어로서 '개방성(openness)'을 도출하였다. 개방성은 '태도나 생각 따위가 거리낌 없고 열려 있는 상태나 성질'을 의미하는데(네이버 국어사전), 개방성(openness)의 의미를 문제에 적용할 때에 그 의미는 문제가 학생들에게 열려 있는 상태를 의미한다. Jonassen(1997)은 비구조화된 문제들의 특징 중 개방성과 관련하여 다음을 언급하였다.

- 평가준거가 여러 가지이며, 적절한 행동 결정을 위한 명백한 수단을 가지지 않는다.
- 학습자가 문제에 대한 개인적인 의견이나 신념을 표현하도록 하고, 문제를 판단하고, 그것에 대해 변호하도록 요구한다.

또한 Jonassen 외(2003)는 성공적인 문제해결자는 비구조화된 문제가 수많은 잠재적 해결책들을 지니고 있기에 자신의 판단과 해석을 정당화하는 기술이 매우 중요하다고 하였다. 즉, 비구조화된 문제는 다양한 해석을 요구하는 개방성을 지니며, 이로 인해 학생들은 자신의 해석을 정당화하는 능력이 중요한 의미를 지니게 된다.

이상의 각 문헌을 토대로 개발된 비구조화된 분석틀은 다음 <표 3-1>과 같다. 우선 한국, <미국 A>, <미국 B> 각 교과서에서 공통 주제 영역을 선정한 뒤, 주제 안에서도 공통적으로 제시되는 학습 주제를 선정하였다. 선정한 내용 안에서 교과서 문제를 도입, 연습, 문제해결문제로 나누고, 앞서 제시했던, 개발된 분석틀(<표 3-1> 참조)을 사용하여 채점자 3인이 교과서에 나타난 각 문제의 비구조성 정도를 4점 척도로 살펴보았다. 분석결과, 도입, 연습, 문제해결문제 각각의 비구조성 정도를 실제성, 복잡성, 개방성 각 영역에서의 평균의 총점으로 살펴보았다. 채점자 3인의 신뢰도 검사(<표 3-2> 참조)도 이루어졌다.

표 3-1 ∥ 비구조화된 문제의 특성 분석틀

		실제성	복잡성	개방성
구조화 ↑	1	• 상황에 대한 묘사가 없다. • 문제의 목적이 없다. • 문제의 정보가 없다. • 개념적 구조가 특수한 경우에만 적용된다.	• 문제에서 제시되는 개념 및 내용이 지나치게 단순화되어 있다. • 개념과 문제, 실생활이 서로 관련되어 있지 않다.	• 조작이 매우 제한적이다. • 한 번의 과정으로 문제에 대한 판단을 할 수 있다. • 판단에 대한 의견을 표현 할 수 없다.
	2	• 상황에 대한 묘사가 거의 없다(최소이다). • 문제의 목적을 포함하여 상황에 대한 정보가 부족하다. • 개념적 구조가 어느 정도 다른 상황에도 적용가능하나 그 경우가 제한적이다.	• 문제에서 제시되는 개념 및 내용이 규칙성을 지니고 있다. • 개념과 문제, 실생활이 서로 관련되나 그 정도가 매우 약하다.	• 조작이 제한적이다. • 한 번 이상 문제에 대해 판단해야 한다. • 판단에 대한 의견을 표현할 수 있으나 매우 제한적인 답변이 나오는 문제이다.
	3	• 과제에서 실제적 상황을 모방하려 했으나 현실과 괴리가 있다. • 상황에 대한 묘사가 어느 정도 있고 문제의 목적이 포함되었다. • 상황에 대한 정보가 어느 정도 있다. • 개념적 구조가 어느 정도 다른 상황에 적용가능하다.	• 문제에서 제시되는 개념 및 내용이 복잡성을 지니고 있으나 그 수준이 현실 세계보다 더 어렵거나 더 쉬워서 현실 세계에서 볼 수 있는 복잡성의 수준과 맞지 않다. • 상황에 걸친 불규칙성이 어느 정도 보인다.	• 비교적 조작에 제한이 없으나 어느 정도 한계가 있다. • 여러 번 생각하여 문제에 대해 판단해야 한다. • 판단에 대한 의견을 표현할 수 있으나 어느 정도 반복하면 더 이상 생각할 수 있는 여지가 없다.
↓ 비구조화	4	• 과제의 실제적인 상황 측면을 잘 모방하였다. • 상황에 대한 묘사가 많다. • 문제의 목적이 포함되었다. • 상황에 대한 정보가 많다. • 개념적 구조가 다양하고 폭넓게 적용 가능하다.	• 문제에서 제시되는 개념 및 내용이 복잡성을 지니고 있고, 다양한 관점에서 바라볼 수 있으며 현실 세계에서 볼 수 있는 복잡성의 수준과 비슷하다. • 상황에 걸친 불규칙성이 강하다.	• 다양한 조작이 가능하고, 제한이 없다. • 학습자가 끊임없이 문제를 반복·순환적으로 판단을 해야 한다. • 판단에 대한 의견을 표현할 수 있고, 여러 관점에서 생각할수록 다른 판단과 해석이 가능하다.

문제 분석 시 하나의 문제에 대해 여러 하위 문항이 나타나기도 했는데, 이 경우 각 하위 문항을 한 문제로 분석하지 않았고, 이를 총괄하여 상위 문제를 하나의 문제로 분석하였다.

비구조성 정도 채점 결과, 각 교과서에서 가장 그 정도가 높게 나타난 문제를 선정하여 해당 문제를 좀 더 면밀히 살펴보았으며, 어떠한 점에서 비구조성이 높게 나타났는지, 각 교과서에서 제시된 비구조성의 문제는 어떤 차이가 있는지 살펴보았다.

3.4 분석 결과

3.4.1 교과서 구조

교과서 분석은 수와 연산 영역의 분수의 나눗셈 단원을 하였는데, 우리나라의 경우 1단원 분수의 나눗셈을 배운 후 2단원으로 소수의 나눗셈을 배우고 있는 데 반해, <미국 A>는 1단원에서 자연수와 소수의 연산 단원으로 소수의 나눗셈을 먼저 다룬 후, 4단원 분수의 연산 단원에서 분수의 나눗셈을 다루고 있었다. <미국 B>는 Bits and Pieces라는 주제로 이곳에서 분수와 소수를 연계하여 다루고 있었다. 세 교과에서 분수를 다루더라도 한국은 분수와 소수를 나누어서, 미국은 분수 문제에서도 소수가 함께 제시되는 것을 볼 수 있었기에 좀 더 공통된 내용으로의 분석을 위해 한국 교과서를 기준으로 분수의 나눗셈만 초점을 맞추었다.

각 나라의 교과서 구조를 간략히 살펴보면, 우리나라의 경우 교과서가 도입 → 연습 → 심화의 형태로 나타났으며, <미국 A>도 비슷한 구조였으나, 학습 전에 왜 이 내용을 배워야 하는지 언급한 점, 문제해결과 관련한 단원이 우리나라 개정 전의 7차 교과서와 유사하게 별도 단원으로 제시된 점이 달랐다. <미국 B>의 경우 앞선 두 교과서와 구조가 매우 상이했으며, 스토리텔링을 이용하는 점, 단순계산보다는 문장제를 많이 제시하여 학생들의 다양한 심화 활동을 제시한다는 점이 달랐다.

3.4.2 문제 분석

문제 분석은 초등수학교육을 전공하고 있는 석박사 과정인 채점자 3인에 의해 이루어졌는데, 모두 현재 초등학교 현장에서 수학을 가르치고 있는 교사이기도 하다. 사전에 채점항목 및 채점 기준에 대해 논의 후 독립적으로 채점한 결과, 신뢰도는 <표 3-2>와 같았고, 제시된 바와 같이 세 채점자 모두가 유의확률 .000($p < .01$)으로 높은 상관을 나타내고 있다.

표 3-2 채점자 간 신뢰도

		채점자 1	채점자 2	채점자 3
채점자 1	Pearson 상관계수		.996**	.999**
	유의확률(양쪽)		.000	.000
	N		232	232
채점자 2	Pearson 상관계수	.996**		.995**
	유의확률(양쪽)	.000		.000
	N	232		232
채점자 3	Pearson 상관계수	.999**	.995**	
	유의확률(양쪽)	.000	.000	
	N	232	232	

** $p < .01$

위에서 살펴본 교과서의 구조와 더불어 각 교과서에서 공통적으로 나타나는 주제에 대해 분석한 문제를 채점자 3인이 분석해본 결과, 그 결과는 <표 3-3>과 같이 나타났고, 각 문제에 대해 비구조성 정도를 그래프로 나타내면 [그림 3-1]과 같다. 한국 교과서에서는 도입 1문항, 연습 15문항, 문제해결 5문항을, <미국 A>는 도입 1문항, 연습 23문항, 문제해결 3문항, <미국 B>는 도입 2문항, 연습 6문항, 문제해결 2문항을 분석하였다.

표 3-3 | 교과서별 분석 결과

			비구조화된 문제의 특성			
			실제성	복잡성	개방성	총점
한국 교과서		도입문제	1.0	1.0	1.0	3.0
		연습문제	1.0	1.0	1.0	3.0
		문제해결문제	1.6	1.6	1.4	4.6
		총점	3.6	3.6	3.4	10.6
미국교과서	Houghton Mifflin Mathematics (미국A)	도입문제	3.0	2.3	2.0	7.3
		연습문제	1.0	1.0	1.0	3.0
		문제해결문제	3.0	2.3	2.3	7.7
		총점	7.0	5.6	5.3	18.0
	Connected Mathematics (미국B)	도입문제	4.0	4.0	3.0	11.0
		연습문제	1.0	1.0	1.0	3.0
		문제해결문제	4.0	4.0	3.8	11.8
		총점	9.0	9.0	7.8	25.8

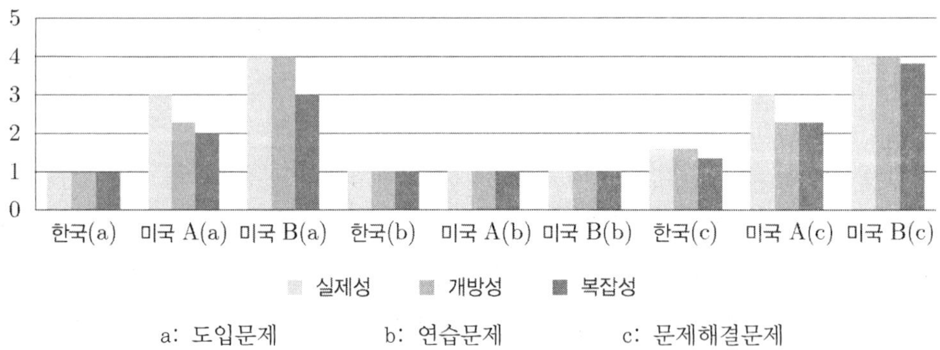

그림 3-1 | 문제의 비구조성 정도

위와 같이 교과서 문제의 비구조성을 실제성, 복잡성, 개방성으로 나누어 살펴본 결과, 먼저 실제성 측면에서 한국은 총점 3.6점, <미국 A>는 7.0점, <미국 B>는 9.0점을 나타냈다. 결과에서, 과제의 실제적인 상황 측면을 가장 잘 모방하고 있는 교과서는 <미국 B>였다. 복잡성 측면에서 한국은 총점 3.6점, <미국 A>는 5.6점, <미국 B>는 9.0점을 나타냈다. 복잡성이 가장 높은 교과서는 <미국 B>였다. 셋째, 개방성 측면에서 한국은 총점 3.4점, <미국 A>는 5.3점, <미국 B>는 7.8점을 나타냈고, 개방성이 가장 높은 교과서는 <미국 B>라고 할 수 있다.

단원의 흐름의 관점에서 도입, 연습, 문제해결문제로 나누어 살펴본 결과, 첫째, 도입문제에서 한국은 실제성 1.0점, 복잡성 1.0점, 개방성 1.0점인 총점 3.0점을 나타냈으며, <미국 A>는 실제성 3.0점, 복잡성 2.3점, 개방성 2.0점으로 총 7.3점을 나타냈고, <미국 B>는 실제성 4.0점, 복잡성 4.0점, 개방성 3.0점인 총 11.0점으로 세 교과서 중 가장 높은 비구조성을 보였다. 둘째, 연습문제의 경우, 한국, <미국 A>, <미국 B> 모두 실제성, 복잡성, 개방성이 모두 1점의 점수를 받고 있는데, 이는 연습문제가 제시되는 개념 및 내용을 단순화하고, 한 번의 과정으로 문제에 대한 판단을 하게 하여 학생들이 쉽게 풀 수 있도록 하는 성향을 가지고 있기 때문이다. 셋째, 문제해결에서 한국은 실제성 1.6점, 복잡성 1.6점, 개방성 1.4점으로 총 4.6점, <미국 A>는 실제성 3.0점, 복잡성 2.3점, 개방성 2.3점으로 총 7.7점이며, <미국 B>는 실제성 4.0점, 복잡성 4.0점, 개방성 3.8점으로 총 11.8점으로 나타났다. 세 교과서 중 문제해결문제에서 가장 높은 비구조성을 지닌 교과서는 <미국 B>였다.

모두 문제해결문제에서 비구조성이 가장 높게 나타났고, 도입, 연습문제에서는 비구조성이 상대적으로 약하게 나타났다. 도입문제는 학습을 시작하는 단계이기에 주로 비구조성이 높은 문제보다는 낮은 문제가 제시되었고, 특히 한국과 <미국A>의 연습문제는 단순 계산 문제로, 비구조성 점수에서 가장 하위 점수를 기록했다.

아래에서는 채점자 3인이 4점 척도에 따라 채점한 결과 각 교과서별로 비구조성이 높게 나타난 문제 2문항을 분석하였다. 대부분 실제성이 높으면 복잡성, 개방성 모두 비슷한 수준으로 높게 나타났다.

3.4.2.1 한국 교과서

1	$10\frac{1}{2}$L들이의 물통이 있습니다. $1\frac{1}{5}$L씩 몇 번 부으면 이 물통에 물이 가득 찰 수 있습니까?
2	$\frac{5}{6}$는 $\frac{3}{4}$의 몇 배인가?

우선 1번 문제는 한국 교과서에서 비구조성이 가장 높은 문제로, 실제성, 복잡성 모두 평균 2점, 개방성은 2.3점으로 개방성이 조금 높게 나타났다. 이 문제는 상황에 대한 묘사가 최소이나 상황에 대한 정보가 매우 부족하였고, 문제에서 제시되는 상황이 매우 단순하여 현실 상황과는 괴리가 있어 현실 세계에서 볼 수 있는 복잡성의 수

준과 맞지 않았다. 또한 조작이 제한적이어서 단순 계산으로 해결할 수 있는 문제로 제한적인 답변이 나오는 문제였는데, 학생들이 어느 정도 문제에 대해 판단하는지, 어느 정도 제한적인 답변이 나오는지 정도에 있어서는 채점자 간에 차이가 있어 개방성 평균이 조금 높게 나타났다.

2번 문제는 탐구활동에 제시된 문제로, 두 번째로 비구조성이 높게 나타난 문제였으나, 실제성, 복잡성 평균은 1점, 개방성은 1.7점 총 3.7점으로, 점수에서 나타나는 비구조성 정도는 매우 낮았다. 문제에 상황이나 정보가 없으며, 문제에서 제시되는 개념 및 내용이 지나치게 단순화되어 실생활과 관련되어 있지 않았고, 조작이 매우 제한적으로 단순한 수식 계산을 통해 푸는 문제로 학생들이 문제에 대해 어떤 고차적 사고를 할 수 없는 문제였다. 몇 배를 계산하는 과정에서 제한적인 판단을 할 수 있다고 하는 부분에 있어 채점자 간 의견 차가 있어 개방성 점수에서 차이가 있었다.

두 문제 모두 한국 교과서에서 상대적으로 비구조성이 높았을 뿐, 문제 자체가 비구조화보다는 구조화된 문제에 가까운 것을 볼 수 있었다.

3.4.2.2 Hougnton Mifflin Mathematics(미국 A)

1	엘리는 12개의 종이끈을 가지고 있는데, 종이끈을 연결하면 방을 가로지를 수 있는지 알고 싶어 한다. 각 종이끈이 $\frac{3}{4}$ 피트길이이고, 방의 폭은 $8\frac{1}{2}$ 피트라면, 각 종이끈으로 그 방을 가로질러 연결할 수 있는가?
2	조엘은 수집한 동전을 전시할 선반이 2개 필요하다. 한 선반은 $2\frac{2}{3}$ 피트 길이이고 다른 선반은 $4\frac{3}{5}$ 피트 길이어야 한다. 조엘은 7피트 길이의 판자가 있다. 이 판자는 두 선반을 만들기에 충분한가?

우선 1번 문항의 경우 문제에서 실제적 상황을 묘사하고 있고, 문제에서 요구하는 개념이 다른 상황에도 적용 가능하다는 점, 한편으로는 학생들이 실제로 이러한 경험을 한다기보다는 문제를 위한 상황이 제시된다는 점에서 실제성이 3점이 나왔다. 또한 문제에서 제시되는 내용이 앞서 살펴본 한국 문제보다는 복잡성이 있으나 그 수준이 현실에서 볼 수 있는 수준보다는 단순하여 실세계의 복잡성 수준과 맞지 않다는 점에서 복잡성이 3점, 학생들이 어느 정도 문제에 대해 생각하고 판단해야 해결할 수 있으나 어느 정도 생각하게 되면 다양한 해석에 한계가 있기 때문에 개방성도 3점이

나왔다.

2번 문항의 경우도 1번 문항과 비슷한 이유로 실제성, 복잡성, 개방성 모두 3점으로 나왔으나, 채점자에 따라서 차이가 있을 수 있다. 그럼에도 불구하고 <미국 A>의 교과서는 어느 정도 비구조성이 높은 문제가 제시되고 있음을 볼 수 있었다.

3.4.2.3 Connected Mathematics(미국 B)

1. 백화점에서는 손님을 끌기 위해 쿠폰을 발행하였다. 쿠폰은 물품의 5%, 10%, 15%, 25%를 할인해준다. (판매세와 할인가격은 원래 가격에서 계산되며, 가장 가까운 센트까지 표시된다.)
   a. 판매세 6%를 포함한 셔츠의 원가가 24.99달러일 때, 가장 최저 비용과 최고 비용은 얼마인가?
   b. 조이는 세 가지 다른 색의 셔츠를 사기로 결정했다. 계산대에서 할인권을 긁었는데, 15% 할인권이었다. 이 셔츠를 얼마에 살 수 있는가?
   c. 가게는 이 할인권이 판매에 어떤 영향을 미치는지 조사하기로 하였는데, 결국 이러한 결론을 내렸다.
      – 쿠폰 없이 구매한 것: 556
      – 쿠폰에 의해 강한 영향을 받은 것: 378
      – 쿠폰에 의해 다소 영향을 받은 것: 137
        ⅰ. 쿠폰에 의해 영향을 받은 고객은 몇 퍼센트인가?
        ⅱ. 각 범주에서 고객들의 퍼센트를 보여주는 그래프를 그려라.

위 문제는 실제성, 복잡성 평균 4점, 개방성 평균 3.7점으로 개방성 여부와 관련하여 채점자 간의 차이가 있었으나 전반적으로 비구조성이 매우 높은 문제였다. 각 하위 문항을 통해 학생들을 안내하고 있었는데, 하위 문항을 총괄하여 문제를 살펴보면 실제적인 상황과 매우 흡사하였고 문제에서 상황에 대한 정보를 많이 제공하고 있음을 볼 수 있었다. 문제에서 제시되는 개념과 내용이 현실 세계에서 볼 수 있는 복잡성 수준을 지니고 있었으며 학습자가 문제에 대해서 다양한 사고를 해야 풀 수 있는 문제였으나 그 제한점에 대해서는 채점자 간 의견 차이가 있었다.

2. 과자점은 다른 맛이 나는 젤리를 판다. 제인은 이 믹스를 요청했다.

   계피와 사과 $\frac{1}{2}$파운드　　풍선껌 $\frac{1}{6}$파운드　　레몬 $\frac{1}{3}$파운드

   코코넛 $\frac{3}{4}$파운드　　감초 $\frac{1}{4}$파운드

a. 만약 파운드당 4.98달러하는 젤리를 산다면 판매세가 포함된 제인의 고지서는 무엇인가? 사탕과 스낵에는 2%의 세금이 있다.
b. 제인의 믹스 젤리는 각각의 젤리향의 몇 퍼센트를 나타내는가?
c. 제인이 주문한 젤리의 각 향의 퍼센트를 나타내는 그래프를 나타내라.
d. 새미는 코코넛 젤리를 싫어한다. 그래서 코코넛을 제외한 제인의 믹스를 요청했다. 얼마인가?
e. 샤킬은 과일맛을 좋아해서 복숭아, 망고, 블루베리와 딸기 믹스를 원한다. 다음의 메뉴는 과자점에서 샤킬이 얼마나 주문했고, 각 맛이 얼마인지를 보여준다.

	과자점	샤킬의 주문
복숭아	$1\frac{1}{2}$ 파운드	$\frac{1}{3}$ 구매
망고	$\frac{2}{3}$ 파운드	$\frac{1}{2}$ 구매
블루베리	$\frac{3}{4}$ 파운드	$\frac{1}{4}$ 구매
딸기	$2\frac{1}{4}$ 파운드	$\frac{3}{5}$ 구매

ⅰ. 샤킬의 믹스 값은 얼마인가?
ⅱ. 샤킬의 믹스에서 딸기는 몇 퍼센트인가?

위 문제는 실제성, 복잡성, 개방성 모두 평균 4점으로 가장 높은 비구조성을 보였다. 학생별로 좋아하는 젤리의 향과 주문량 등 상황에 대한 묘사와 정보가 많고, 실제적인 측면을 잘 모방하는 실세계 상황의 과제를 제시하였기 때문에 실제성이 높았으며, 개념적 구조가 폭넓게 적용 가능한 문제로 복잡성이 높고, 계산 및 그래프를 그려보는 등 다양한 조작이 가능하여 개방성도 높다고 분석하였다. 앞서 언급했듯이 채점에 관해서는 이견이 있을 수 있으나 <미국 B>의 경우 전반적인 비구조성이 매우 높은 문제를 교과서에서 포함하고 있음을 볼 수 있었다.

앞선 교과서와 비교해볼 때, 한국, <미국 A>, <미국 B> 순으로 문제의 길이가 길어졌는데, 물론 문제의 길이가 실세계 반영을 의미하는 필수 요소라 할 수는 없지만, 짧은 문장으로 문제를 제시하는 것은 문제의 구조에서 실세계를 드러내기에는 한계가 있었다. <미국 B> 문제는 하위 문항을 계속 연결지어 제시함으로써 학생들이 여러 문제들을 관련지어 풀 수 있도록 하였는데, 이러한 문제를 참고해서 더 보완한다면 학교 현장에서 적용 가능한 비구조화된 문제를 개발할 수 있을 것으로 보인다.

3.5 논의

본 연구는 최근 학교 수학의 동향 및 시대적 요구에 비추어 비구조화된 문제의 교수·학습 적용을 위하여 '비구조성'에 대한 개념과 본질을 추출하고, 국내·외 교과서에 제시된 문제들의 '비구조성'을 분석하여 초등교육에 있어서의 비구조화된 문제 활용에 대한 시사점을 찾는 것을 목적으로 하였다.

여러 문헌들에 나타난 구조화된, 비구조화된 문제의 특성을 바탕으로 국내·외의 여러 교과서에 제시된 문제의 비구조성을 실제성, 복잡성, 개방성의 측면에서 살펴본 결과, <미국 B>, <미국 A>, 한국의 순서로 비구조성의 정도가 낮게 나타났다. 특히 한국과 <미국 B> 문제의 비구조성 정도는 매우 차이가 있었다. 구조화된 문제보다 비구조화된 문제가 학생들의 수학적 능력 신장에 더 필요하다는 앞선 문헌 분석 결과, 그리고 이들 교과서 분석을 살펴봤을 때, 국내 교과서의 경우 개정이 되었음에도 불구하고 이전의 7차 교육과정, 2007 개정 교육과정에서 추구하는 수학과 교과서는 교육과정 개정 취지 및 의도를 아직 충분히 구현하지 못하는 것으로 나타났다. 이는 국내 교과서가 MIC 교과서와 비교할 때 '생활에서 알아보기' 혹은 '실생활에 적용하여 봅시다' 등의 부분에서 현실 맥락의 문제를 제시하고자 의도는 하고 있으나 단원의 학습 개념 및 내용을 위하여 인위적으로 만들어낸 듯한 상황들이 적지 않아 학생들이 자신의 생각과 사고과정을 다양한 방법으로 표현하고, 공유하며 상호작용하도록 하는 데에는 다소 어려움과 미흡한 점이 있다고 했던 김민경, 홍지연, 김은경(2009)의 연구결과와 학생들이 문제를 어느 정도 현실적으로 생각할 수 있는지 분석한 결과 기계적인 문장제에 익숙한 한국 학생들이 현실적인 반응을 어려워했던 김민경(2003)의 연구 결과와도 맥을 같이 한다고 볼 수 있다.

<미국 A>의 경우 <미국 B>처럼 비구조성이 강한 문제가 제시되지는 않지만, 단순 계산 문제에서부터 어느 정도 비구조성을 지닌 문제까지 다양한 수의 문제를 제시했다. 우리나라의 경우 '탐구활동'과 '문제해결'에서 심화 문제가 제시되나, 문제의 수가 학생들이 다양한 실생활 문제를 경험하기에는 많이 부족하며, '문제해결'이라고 제시되는 문제가 실세계와 관련되기보다 단순 적용의 문제로 제시되는 점은 이전에 독립된 단원으로 제시되었던 '문제 푸는 방법 찾기' 단원과 크게 차이가 없어 보인다. '탐구 활동'의 경우 실세계 관련성이 어느 정도 보이는 점은 고무적인 일이나, 현재 초등학교 수학 교육과정에서 추구하는 '문제해결력', '수학적 의사소통', '수학적 소

양' 등을 학생들에게 심어주기 위해서는 실세계 문제 개발에 더 다양한 노력과 지원이 필요할 것으로 보인다. 즉, 현재 교과서는 대부분 구조화된 문제를 제시하고 있어 학생들이 고차원적인 능력을 개발하기 위해서는 교사의 역할만 너무 강조되어 왔었다. 비구조화된 문제만 중요한 것이 아니라, 좀 더 다양한 스펙트럼의 문제를 교과서가 담고 있어야 학생들이 좀 더 고차원적인 수학적 능력을 신장할 수 있을 것으로 보인다. 또한 실세계 관련 문제가 교실 현장에 들어가기 위해서는 비구조화된 문제에 관한 교사의 인식 개선이 필요할 것으로 보이며, 많은 교사들이 참고할 수 있는 프로그램의 개발 및 보급이 후속연구로 이루어져야 할 것이다.

4 맥락성 문제의 개념

4.1 개요

현실 세계, 즉 일상생활의 맥락과 연계된 수학교육의 중요성이 강조됨에 따라 현실을 바탕으로 한 수학 교수·학습과 맥락성 문제 등에 대한 연구가 이루어지고 있다. 이와 관련된 것들 중 하나로 RME(Realistic Mathematics Education)를 들 수 있다.

RME는 학생들로 하여금 실세계로부터 수학을 이끌어내어 조직화할 수 있는 경험을 할 수 있도록 해야 한다는 Freudenthal의 수학관에 뿌리를 둔 수학교육으로, 안내된 재발명, 교수학적 현상학, 수준이론 등을 핵심원리로 제시하여 학생들이 현실 세계의 문제로부터 수학의 경험을 접하고 학생들끼리 아이디어를 교환하고 전략을 세워 추상화, 내면화하여 해결해야 한다고 보았다. 또한 RME는 수학활동의 본질로 '수학화'를 강조하였는데, 수학화는 현실 세계의 현상들을 정리하고 형식화함으로써 수학적으로 조직화하는 수학적 사고활동으로써 수평적 수학화와 수직적 수학화로 세분화될 수 있다.

수평적 수학화는 현실 생활에서 경험된 것을 추상화된 기호로 표현하는 수학화 활동으로써 일상생활의 문제상황을 수학적 문제로 전환하는 것을 말하며, 실험, 관찰, 귀납적 추론, 분류 등을 수평적 수학화로 볼 수 있다. 한편 기호화, 일반화, 형식화 등 현실 세계의 문제를 수학적으로 처리하는 과정이라 할 수 있는 수직적 수학화는 좀 더 세련되고 높은 수준의 수학적 처리가 가능하도록 이해되고 반성되는 수학적 사고활동이라 할 수 있다. 이들 수평적 수학화와 수직적 수학화는 수학화 활동이 이루어짐에 있어서 교대로, 골고루 이루어지게 되는데, 이로 볼 때 수학학습은 현실 세계의 상황을 적절하고 풍부한 맥락을 통해 학생들에게 제공하여 학생들로 하여금 이러한 맥락에서 수학적 개념을 끌어내고 이를 더 추상적이고 형식적으로 세련화하여 또 다른 맥락 상황에 적용하도록 할 필요가 있다.

맥락은 어떤 구체적인 학습 과정에 있어서 학생들이 수학화를 할 수 있도록 학생들에게 제시되는 현실 세계의 영역으로 볼 수 있는데, 추상적이고 형식적인 수학은 현실적이고 구체적인 맥락 속에서 학습되어야 하며, 수학 학습에서는 이러한 맥락을 제시할 수 있는 맥락문제가 요구된다.

맥락문제는 현실 상황의 맥락을 고려한 문제로 학습자의 실생활과 관련되어 흥미, 관심, 동기를 유발하고 학습한 지식을 현실 세계에 활용하는 기회를 제공한다는 교육적 함의를 지니고 있으며, 여러 수학자들은 수학화의 핵심으로써 맥락문제의 중요성을 강조하고 있다. 이와 같은 맥락문제는 학생들의 상상 및 경험과 관련된 현실 상황으로 제시되어야 하고, 현실 세계의 다양한 부분과 연계되어 여러 방법으로 해결할 수 있으며, 문제상황에 수평적 수학화와 수직적 수학화 모두를 포함하는 다양한 수학적 활동이 포함되어야 하는 특징을 가진다.

이처럼 학습에서 현실 상황의 맥락성을 강조하는 상황맥락 관련 수학교육 연구들은 공통적으로 수학학습에 현실적이고 실제적인 소재 또는 이야기 형태의 전개를 활용하고, 이들 문제를 해결함에 있어 학생들로 하여금 능동적인 참여 및 다양한 협동활동을 유도하고 있다. 이를 통해 학습자들은 흥미와 관심을 가질 수 있는 실세계 문제들에 참여하여 수평적 수학화, 수직적 수학화의 수학화 활동을 통해 능동적으로 문제를 해결해 나감으로써 기존에 학습되고 구성된 수학적 지식을 현실 맥락의 문제상황에 적용하고, 나아가 또 다른 현실 상황 및 맥락에도 전이시킬 수 있게 된다. 그러므로 학교수학교육 현장에서는 이러한 상황맥락적 학습 혹은 맥락문제를 제공함으로써 학습자 스스로가 다양한 수학적 사고 활동을 통해 학습된 수학적 지식을 실세계 맥락에 적용하여 능동적으로 문제를 해결할 수 있도록 유도해야 할 것이다.

4.2 RME와 수학화

RME(Realistic Mathematics Education)는 수학이 기존에 구조화된 상태로 전달되어 학생들에게 의미있는 수학이 되지 못함을 반성한 결과로 네덜란드에서 시작된 수학교육으로 Freudenthal의 수학관에 그 뿌리를 두고 있다(Freudenthal, 1991). Freudenthal은 인간 활동에서 이뤄지는 수학에 기초를 두고, 학생들에게 현실을 바탕으로 수학을 이끌어내어 조직화할 수 있는 경험을 강조한다. RME의 핵심원리로는 안내된 재발명, 교수학적 현상학, 수준이론을 들 수 있다. 안내된 재발명을 통해 학생들이 수학의 발명 과정을 경험할 수 있어야 하며 어떤 현상으로 시작하여 수학의 본질을 알아내도록 교수학적 현상학이 이루어져야 한다. 또한 이러한 수학의 본질이 다시 현상으로 적용되고 이러한 과정의 반복으로 학습 수준이 상승된다는 것이 바로 수준이론이다. 즉, 학생들은 수학의 경험을 실세계 문제에서 접해야 하고, 이를 해결하는 과정 속에서 학생들의 아이디어를 교환하고 전략을 세우고 추상화하고 내면화하는 과정들을 꾸준히 반복할 수 있는 수학교육이 이뤄져야 한다는 것이다.

RME에서 수학 활동의 본질이라고 말하는 수학화는 수학적 수단에 의해 현상을 정리하고 조직하는 활동으로, 현실상황이든 수학적 상황이든 현상 가운데서 그 정리 수단인 본질을 찾는 활동, 즉 현상에 질서를 부여하는 활동이다(우정호, 2000). 수학화에 대해 Freudenthal은 현상과 경험을 조직화하고 정리하는 본질과 현상의 반복적인 불연속 과정을 거치며 수학적 사고활동이 이뤄지는 것이라 언급하고 현실을 정돈하고 형식화하는 과정을 통해 수학적으로 조직화해야 한다고 하였다. 즉 현실에서 일어나는 풍부한 상황들을 맥락으로 접해보고, 맥락 속에서 수학적 본질을 찾아가는 과정을 통해 수학화가 이뤄져야 한다는 것이다. 이러한 수학화 활동은 형식화, 국소적 조직화, 공리화뿐만이 아니라 관찰, 실험, 귀납, 유추 시행착오, 추측, 일반화, 도식화, 추상화, 기호화, 정의, 알고리즘화, 패턴화, 구조화, 추론, 분석, 증명, 반성적 사고, 관점의 전환, 재구조화, 구체화, 모델링 등의 활동 모두를 포함한다(우정호, 2000).

여러 학자들은 수학화 활동이 주어진 상황마다 다르고 더 많은 다양한 활동으로 세분화될 수 있다고 하였다. Treffers(1987)는 수학화의 경우 현실 내의 문제 장면을 형식적인 수학적 처리가 가능하도록 변환한 것을 의미하는 수평적 수학화와 좀 더 세련되고 높은 수학적 처리가 가능하도록 한 수직적 수학화가 서로 교대로 이뤄져야 한다고 했다. Freudenthal(1991)은 실험하기, 관찰하기, 귀납적 추론, 분류하기 등과 같이 현실적인 세계에서 경험한 것을 추상화된 기호로 표현하는 수평적 수학화로, 또 기호화, 일반화, 형식화와 같이 이해되고 반성되는 것을 수직적 수학화라 언급하여 이들이 수학화 과정에 고루 이뤄져야 함을 강조했다. de Lange(1996)는 현실 세계의 것을 수학적 문제로 전환하는 수평적 수학화와 현실 문제를 수학적으로 처리하는 과정의 수직적 수학화를 구분 짓고, 수평적 수학화의 수준을 대상, 정의, 기계적 기술이나 기본 알고리즘과 관련된 1단계, 두 개 이상의 개념이나 절차와 관련된 2단계, 수학적 사고와 추론, 의사소통, 비판적 태도, 창조, 숙고, 일반화 등의 복합적인 활동으로 구분되는 3단계로 구분 지었다.

이렇듯 수학화가 현실상황을 기본으로 하여 현상과 본질이 교대로 이뤄지는 과정이라 본다면, 수학학습은 경험과 실제적 상황을 적절하고 풍부한 맥락을 통해 학생들

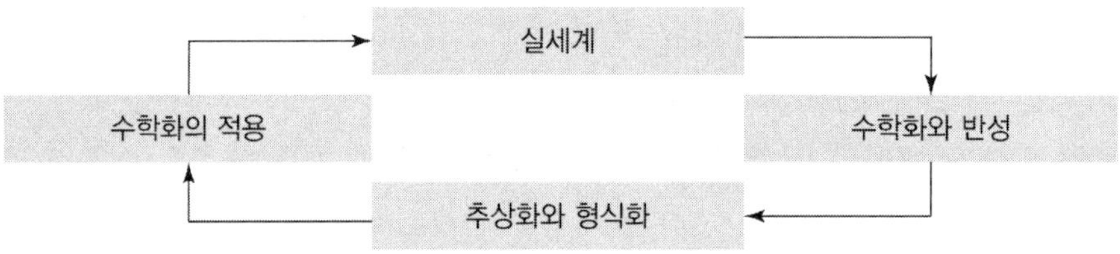

그림 4-1 ❙ 수학화 과정(de Lange, 1994)

에게 제공해야 한다. 학생들은 경험에 기초하여 수학 개념을 추출하여 반성하고, 이를 좀 더 추상적이고 형식적인 수학으로 세련화하여 다시 넓은 범위의 맥락에 적용하는 과정을 통하여 수학적으로 보지 못한 맥락들을 수학적으로 볼 수 있는 힘을 길러야 한다([그림 4-1] 참조).

4.3 맥락성과 문제

앞서 '문제'에 대하여 살펴본바, 문제의 유형은 학자들의 기준에 따라 달리 분류되고 있으나 공통적으로 '비구조화된', '비정형적인' 문제들을 하나의 유형으로 분류해 내고 있다. 이에 본 절에서는 이와 관련하여 특히 비구조화된 문제에 초점을 두고 문제의 상황맥락에 대한 의미 및 특성을 살펴보고자 한다.

'맥락(context)'은 '함께 얽혀 있다', '함께 구성되어 있다' 등의 뜻을 가진 라틴어인 'contexere'에서 온 것으로 '전체를 구성하는 부분들에게 의미를 부여하는 상호 관련된 전체'라는 의미를 지니고 있다(Cole & Cole, 1989). 학생들에게 제시된 과제의 특성으로써 맥락의 의미를 살펴보면, Van den Heuvel-Panhuizen(2005)은 학생들이 과제를 이해할 수 있는 단어와 사진 혹은 상황과 관련된 것이나 과제가 이뤄지는 사건을 맥락으로 보았고, Rogoff(1984)는 맥락을 문제의 물리적이고 개념적인 구조뿐만 아니라 행동의 목적과 행동이 내재되어 있는 사회 환경으로 보았다. 즉, '맥락'이란 어떤 일의 정황, 배경, 전후 관계를 나타내는 것을 의미하는데, Rogoff(1984)에 의하면 '행동의 목적과 행동이 내재되어 있는 사회적 환경과 문제의 물리적이고 개념적인 구조'라고 언급한 바 있다. 이에 대하여 Freudenthal(1991)은 맥락을 수학화되기 위해 학습자에게 노출된 현실 영역으로 보고, 맥락 그 자체가 수학적 메시지가 될 수 있으며 수학은 이를 해독하는 수단이 될 수 있다고 보았다. 또한 Treffers(1987)는 맥락을

'명확하게 표현되어 있지 않은 배경적 가정에 해당하는 것' 또는 '배경적 가정과 함께 이야기, 주체, 장소에 의해 명확하게 드러나는 배경'으로 설명하였다. 따라서 맥락이란 단순한 사건이나 상황과 관련된 개념, 배경뿐 아니라 분위기, 환경을 포함한다고 할 수 있다.

이처럼 '맥락'이란 용어가 교육적 상황에서 활용될 때 학자들마다 정의하는 바가 조금씩 다르기에 본 연구에서는 RME의 주요 이론에 바탕을 두고 맥락에 대해 논의하고자 한다. Freudenthal은 활동으로써의 수학의 주요한 특징 중 하나인 수학화를 강조하면서, 맥락에 대하여 어떤 구체적인 학습 과정에서 수학화하도록 학습자에게 제시하는 현실의 영역을 의미하는 것으로 정의내렸다. 이는 추상적인 수학이 현실적이고 구체적인 맥락 안에서 지도되어야 함을 의미하며, 이러한 맥락을 제시하는 문제를 맥락문제로 볼 때, 맥락문제는 형태와 기능 면에서 기존의 전통적인 문장제보다 광범위한 개념으로써 문장제의 형태가 될 수도 있고 때로는 놀이, 게임 속에 내재되어 있는 형태, 이야기의 형태로 표현될 수 있으며, 지금까지 말한 정보 자료를 결합한 형태, 혹은 다양한 예들을 담고 있는 주제나 프로젝트의 형태가 될 수도 있다(Treffers, 1987).

이러한 '맥락'을 문제와 연관지어 연구했던 Treffers(1987)는 맥락문제(contextual problems)의 중요성을 강조하면서 기존의 문장제보다 광범위한 개념이며, 이는 신문기사, 프로젝트, 게임, 이야기 등 다양한 형태로 표현될 수 있음을 언급한 바 있다. 이러한 맥락문제는 수업 초기단계에서 학생들로 하여금 동기를 유발시키며 개념을 형성시키는 역할을 하며, 모델을 형성하는 과정에서 사고과정을 돕고 이와 관련된 시각적 모델을 제공할 수 있다. 또한 연산이나 절차, 규칙 등을 학습하기 위한 기반을 마련하는 기능을 할 뿐만 아니라 맥락문제를 통해 실세계에서 지식이 적용되는 가능성을 보여주며 지식을 적용하는 연습의 기회를 제공할 수 있다(Treffers, 1987; Treffers & Goffree, 1985).

Goris와 Van der Kooij(1998)도 맥락문제를 활용한 수학 학습이 학습에 대한 자신감을 증진시키며 개념 발달의 토대를 제공하여 이해를 돕는다고 하였는데, 이들은 학습자들이 수학 학습에서 맥락문제를 다루는 과정에서 맥락과 관련된 문제해결전략을 개발하고 이를 다른 문제해결에 적용하는 경험을 갖게 된다고 언급함으로써 그 중요성을 역설하였을 뿐만 아니라, 학습자 스스로 문제해결전략을 세우고 이를 활용하여 수학수업에 대한 가치 인식을 높일 수 있음을 언급하였다. 또한 이와 관련하여 Harley(1993)는 맥락문제를 통해 학습자들이 스스로 보고 생각하고 평가한 정보들을 활용하여 맥락적인 정보를 이용하는 방법을 배우게 될 것이라고 하며 상황맥락에 대한 감각을 계발할 수 있다고 보았다.

요약하면, 상황맥락을 고려한 문제는 문장제 문제의 개념보다는 포괄적이며 학습자의 실세계 상황과 관련되어 있으므로 흥미와 동기를 유발하며 배운 지식을 실세계에 적용해보는 기회를 마련해준다는 교육적 함의를 도출할 수 있다. 이러한 맥락문제를 수학 학습에 활용하는 방안으로 '상황맥락적 학습'을 생각해볼 수 있다. 이는 기존의 추상적, 탈맥락적 학교교육과는 다른 복잡하고 다양한 정보를 포함하는 것을 의미하며 또한 학습자로 하여금 주어진 상황맥락에서 스스로 문제를 발견 및 분석하여 해결해나가는 경험을 제공하는 학습이다(한국교육공학회, 2005). 이와 관련하여 Duffy와 Jonassen(1991)은 상황맥락적 학습을 '지식이 유용하게 사용될 실제 맥락 속에서 지식과 기술을 학습하는 것'으로 보았으며, 지식이나 기술은 실제 상황맥락 속에서 활용가능하며 일반화될 때 비로소 가치가 있음을 강조하였다.

이로 보아, 상황맥락적 학습은 학습자가 습득해야 할 지식, 기능을 학습자에게 실제적인 상황맥락과 함께 제시하고, 학습자가 능동적으로 문제해결에 이르는 일련의 과정을 주도하며, 기존 지식과 새로운 지식을 결합하여 창의적으로 문제를 해결하도록 유도함을 알 수 있다.

한편, 여러 학자들은 맥락문제의 기능 및 맥락문제의 조건에 대하여서도 언급하고 있다. Petraglia(1998)는 맥락문제를 현실 세계와의 연관성 및 그 활용을 포함하고, 학습 과정을 총괄할 수 있는 과제로 통합됨으로써 적절한 복합성의 단계를 제공하며, 학습자들로 하여금 적절한 난이도 혹은 참여 정도를 선택하도록 하는 문제라 하였다. 또한 맥락문제를 통해 새로운 개념을 학습한 학습자는 배운 지식을 실제 생활과 자연스럽게 연결하고 이를 효과적으로 활용할 수 있게 되며, 특별한 동기를 제공하지 않더라도 동기를 갖는 계기가 될 수 있다고 하였으며, 이를 바탕으로 맥락문제가 지녀야 할 요소로 사실성, 복잡성과 다양성, 협동성 세 가지를 언급하였다.

정영옥(1997)의 경우, 맥락이 학습자가 수학화할 현실의 영역으로써 효과적인 것이 되기 위해서는 가능하면 학생들이 매우 다양하고 넓은 범위의 맥락들을 접할 수 있어야 한다고 보았다. 또한 수학적으로 다듬어진 문제만이 아니라 아동들의 상상력이 작용될 수 있으며, 자연스럽게 동기가 부여될 수 있는, 그리고 학생들의 지식과 개인적 경험이 의도적으로 사용될 수 있는 문제들로 학습이 구성되는 것이 바람직하다고 보았다. 한편 Stinner(1995)는 맥락문제에 대하여 질문이나 문제가 학생들의 관심을 끌 수 있어야 하고, 실제적인 것으로 보여져야 하며, 학생들이 이해할 수 있는 것이어야 한다고 언급하였는데, 이는 맥락문제가 학생들의 경험과 연관된 실제적인 것이어야 함을 의미한다고 볼 수 있다.

이와 같은 맥락문제의 조건에 대해 Jurdak(2006)은 맥락문제가 학생들의 경험과 연관된 실제적인 것이어야 한다는 것 이외에 두 가지의 조건을 더 언급하였다. 그 한 가지는 문제 자체가 다양한 접근 방법이 가능하며 다른 수준에서의 처치가 가능해야 한다는 것으로, 맥락문제가 다양한 해결방법으로 접근 가능해야 함을 의미한다. 그리고 다른 한 가지는 문제해결자가 자료를 찾고, 탐구하며 수학적 용어로 문제를 형식화하는 수학화의 과정에 참여할 수 있도록 상황맥락적으로 문제가 제시되는 것이다. 이는 맥락문제가 수학화의 기능을 하도록 제시되어야 함을 의미한다.

Treffers(1987)나 de Lange(1996) 또한 수학화의 핵심으로써 맥락문제의 중요성을 강조하였다. Treffers는 맥락문제의 기능으로 네 가지를 언급하였다. 첫째는 맥락문제가 제시되는 수업 초기 단계에서 학생들에게 수학에 대한 흥미를 부여하고 의미 있는 개념 형성이 가능하도록 함을 말한다. 둘째는 수학적 사고를 할 수 있는 여러 가지 자료나 시각적인 모델, 형식적 연산, 기호법, 규칙 등을 학습하기 위한 기반을 제공함으로써 모델을 형성하도록 하는 기능을 말한다. 셋째는 맥락문제가 응용의 근원이자 응용영역으로써의 현실을 보여주는 응용가능성을 갖는 것을 말하며, 넷째는 맥락문제가 응용 상황에서 특수한 산술 능력을 연습할 기회를 제공함을 의미한다. 즉, 맥락문제들은 수평적 그리고 수직적 수학화 기능을 모두 가지며, 한편으로 수학적 지식과 능력을 적용 가능하게 하고 다른 한편으로 형식적인 조작에 풍부한 의미를 부여할 수 있음을 말한다. 이와 관련하여 Gravemeijer와 Doorman(1999)은 또한 맥락문제가 학생들에게 형식적이고, 수준 높은 특정 상황의 문제해결전략을 발전시킬 수 있는 기회를 제공하며, 학생들의 수학적 개념 확립에 도움을 주는 데 활용될 수 있음을 제안하였다.

여러 학자들이 제시한 맥락문제의 특징들을 종합해 보면(<표 4-1> 참조), 맥락문제는 학생들의 상상력을 포함하여 학생들의 경험과 관련된 현실적 상황으로 제시되어야 한다. 그리고 현실 세계의 폭넓은 맥락을 접할 수 있도록 다양한 부분과 연계되어 여러 방법으로 해결할 수 있는 문제상황이어야 하며, 마지막으로 문제상황에 내재되어 있는 다양한 수학적 활동을 통해 수평적 수학화와 수직적 수학화의 기능을 모두 포함해야 한다.

표 4-1 | 학자별 맥락요소 비교

학자별	맥락문제의 요소
de Lange(1987, 1996) Gravemeijer & Doorman(1999) Treffers(1987)	수평적 수학화, 수직적 수학화
Freudenthal(1991)	수평적 수학화, 수직적 수학화, 다양한 매체 및 다양한 정보 이용
Jurdak(2006)	다양한 현실의 상황, 다양한 해결방법, 학습자의 실제적 경험
Petraglia(1998)	사실성, 복잡성, 다양성, 협동성
Stinner(1995)	실제적인 것
징영옥(1997)	다양한 넓은 범위의 상황, 상상력이 발휘될 수 있는 동기, 학습자의 개인적 경험과 지식

4.4 수학교육에서의 상황맥락

상황주의자들은 사고가 실생활 맥락과 밀접하게 얽혀있으므로 실제적이며 일상적인 상황 속에서 학습자들에게 적합한 상황 문제를 제시해야 한다고 말한다. Morrison, Ross와 Kemp(2004)는 학습은 반드시 실제 경험을 통해 이루어져야 한다고 보고, Cognition and Technolgy Group[CTG]은 관련된 지식 및 전략이 활성화될 수 있는 의미 있는 상황에서 학습이 이루어져야 한다고 주장하면서 실제 상황의 특성이 반영된 상황맥락적 학습의 중요성을 강조하고 있다(Cognition and Technology Group, 1992). 이렇게 학습의 맥락성이 강조되는 상황맥락적 학습은 추상적·탈맥락적 지식을 수반하는 대부분의 학교 교육과는 달리, 다양한 정보를 포함하는 동시에 깊이 있는 사고가 요구되는 문제상황에서 학교에서 습득한 지식과 기능을 새로운 상황으로 전이시켜 사용하는 기회를 제공하며, 주어진 상황에서 학습자 스스로가 문제를 발견·분석하고 작게 나누어 각각의 문제를 해결하는 경험의 장을 제공하는 특성을 지닌다(한국교육공학회, 2005). 이와 같은 특성과 관련하여 CTG는 상황맥락적 학습의 이론적 틀에 근거하고, 비디오 활용, 이야기식 전개, 학습자 주도적 학습, 함축된 자료 제시, 복잡한 문제 활용, 유사한 개념의 다양한 응용 유도, 교육과정과의 연계성 등의 상황맥락적 학습의 구현 원리를 도입하여 5·6학년 학생들을 대상으로 수학 및 영어

·사회 과목에서 문제해결 학습을 할 수 있도록 하기 위한 "Jasper series"와 "Young Sherlock" 프로그램 개발 프로젝트를 운영하였다(강인애, 1997). 상황맥락적 교수·학습에서 학교라는 맥락은 학생들이 실세계에서 부딪히게 되는 문제해결과정을 간접 경험하는 공동체이다. 따라서 학교의 목적은 구성된 지식이 실제 생활에 적극적으로 적용할 수 있는 전이에 있다. 이를 위해 학습자에게 제공되어야 하는 과제는 실제적인 과제로써 학교 맥락 밖의 실제 생활에 이용할 수 있는 것이어야 하며, 상황이나 맥락과 함께 제시되어야 한다(Barab & Duffy, 2000; Willson & Myers, 2000; 한국교육공학회 2005 재인용). 이러한 맥락에 따라 학교에서 상황맥락적인 교수·학습이 이루어질 수 있도록 상황맥락적인 문제를 개발하고, 이를 보급하는 일이 필요하다.

상황맥락과 관련된 수학교육 연구들을 살펴보면, 공통적으로 실제적 소재를 활용하거나 이야기식 전개를 통해 문제를 해결하도록 유도(장혜원, 2002; Brown 외, 1989; Herrington & Oliver, 1995; Jonassen, 1997; Young, 1993)하고 있다. 또한 이러한 상황맥락적 문제를 해결하기 위해 모둠 학습 등 다양한 협동 활동이 이루어지도록 하며 학습자의 능동적인 참여를 요구하고 있다(CTGV, 1997; Herrington & Oliver, 1995). 그 중 1970년대 네덜란드의 IOWO에서 Freudental의 이론을 근거로 연구해 온 RME(Realistic Mathematics Education)는 상황맥락을 고려한 수학교육의 일환으로 교육적 함의점을 도출하기에 적합하다고 할 수 있다. RME에서 현실은 아동들이 상황에 대해 사고하고 이를 자신의 아이디어나 경험을 구현할 수 있는 것으로 보고, 특히 현실 세계 연결성뿐 아니라 아동들 마음속에서 그려낼 수 있는 문제상황들을 제시해야 함을 강조하고 있다. 즉, RME에서 강조하는 문제상황이란 단순한 실세계 현상뿐 아니라 그것을 포함한 광범위한 개념으로 아동들이 체험하고 감정이입하여 감각적 경험과 해석의 혼합이 이루어질 수 있는 '상황'을 의미한다.

상황맥락과 관련된 사례 연구로 Lave(1988)는 쇼핑을 하거나 다이어트 프로그램에 참여하는 연구대상을 상대로 그들의 사고과정에 관하여 분석하였다. 연구 결과, 대상자들은 상황 속에서 필요한 정보를 얻고 의미를 부여하였으며 문제를 해결하기 위하여 상황과 관련된 산술적 계산을 하고 있음이 입증되었다. 즉, 학습자들은 실제 문제상황에 직면하였을 때 학교수학에서 해왔던 지필 알고리즘을 활용하기보다는 문제상황과 연관지어 통합적으로 사고하며 자신의 수학적 지식을 적용하고 있음을 밝힌 것이다. 또한 상황의 맥락성이 있고 복잡할수록 수학 과제 해결 능력이나 전이, 수학적 태도면에서 효과를 나타낸 연구(최정임, 1996)와 상황맥락에 관한 특성을 규명하고 실제 사례들을 분석하는 연구(박성익 외, 2008) 및 상황맥락문제의 해결활동에서

표 4-2 | 학자별 상황맥락적 특성

학자(연도)	상황맥락적 특성	공통된 특성
Brown 외(1989)	스토리·맥락 실제적 과제 활용, 협동학습	• 스토리 • 실제적 과제 • 다양하고 복잡한, 비구조화된 상황 • 학습자의 능동적인 참여 강조 • 협동학습
CTGV(1997)	실제 상황의 이야기식 전개, 협동학습	
Jonessen(1997)	비구조화된 상황맥락 강조	
Young(1993)	복잡하고 실제적인 다양한 상황제공, 능동적인 학습자 참여	
Herrington & Oliver(1995)	실제적 맥락 및 실제적 활동 제시, 협력적인 지식 구축, 다양한 역할과 관점	
최정임(1996)	상황의 맥락성 및 복잡성 정도에 따른 과제 해결	
장혜원(2002)	실생활신문, 동화, 수학고전 등을 이용한 다양한 상황제시, 모둠학습	
박성익 외(2008)	맥락기반 환경조성 구체적이고 다양한 사례, 실제적인 과제 제공	
송정화(2010)	상황맥락 속에서 추상화 과정 분석	

추상화 과정을 살펴본 연구(송정화, 2010) 등이 있으며, 여러 연구들에 나타난 상황맥락적 특성을 정리하면 <표 4-2>와 같다.

따라서 상황맥락에 대한 수학교육은 현실의 세계와 수학적 세계가 끊임없이 연결되고 교차될 수 있는 것이어야 한다(김원경·백경호, 2004). 이에 대한 사례로 Treffers(1987)의 '걸리버 여행기'를 들 수 있는데, Treffers(1987)는 '걸리버 여행기'를 활용해 초등학교 6학년 아동을 대상으로 실생활 속 공간에서 도형 및 측정의 개념을 통합적으로 다루며 이야기식 전개를 통해 상황맥락 속에서 문제를 해결하도록 함으로써 아동의 흥미와 관심을 높여 능동적인 참여를 유도하였으며, 이로써 학습자는 알고 있는 지식을 통합하여 상황맥락과 관련이 있는 수학적 지식을 적용해보는 기회를 갖게 되었다. 소인국에 있는 걸리버를 소재로 하여, 학생들로 하여금 소인국 마을의 건물, 음식물, 옷 등을 걸리버와 비교하면서 길이와 넓이, 부피의 비를 직관적으로 관찰하고 적용하도록 한 '걸리버 여행기' 문항과 같은 상황맥락 문제는 학생들로 하여금 다양하고 복합적인 실생활 맥락의 상황을 수학적 개념과 원리, 법칙과 연계시켜 사고하도록 하고 학습자 스스로의 능동적인 참여를 유도한다는 점에서 시사점을 가진다.

5 맥락성 측면에서 본 교과서 분석: 수학 교과서를 중심으로

5.1 개요

2007 개정(교육인적자원부, 2007) 및 2009 개정 교육과정(교육과학기술부, 2009)에서는 수학을 배우는 목적을 논리적 사고 및 합리적 문제해결 능력의 배양으로 기술하고 있다. 특히 '2009 개정 수학과 교육과정'을 살펴보면, 수학적 문제상황을 수리·논리적 사고를 통하여 합리적으로 해결하는 능력과 태도를 기르는 교과로 수학 교과의 목표 및 중요성을 기술하고 있다. 이는 단순히 계산이나 문제 풀이를 중요시하는 교육이 아닌, 문제를 해결하는 방법을 스스로 찾고 적극적으로 풀어나가는 힘을 강조하는 것이며, 현대 교육의 흐름이 창의적인 사고를 지닌 인재를 육성하려는 노력을 기울이는 점에도 뜻을 같이 하고 있다.

한편, 2012년 1월 10일 교육과학기술부는 '수학교육 선진화 방안'(교육과학기술부 보도자료, 2012.1.10.일자)을 발표하였는데, 여기에서는 현재 우리나라 수학교육의 문제점으로 수학 교과의 수업과 평가가 현실성이 낮은 수학 지식의 단순한 암기 및 반복적인 문제풀이 위주로 이루어져 있어 창의적 인재를 육성하는 데 한계가 있다는 것을 지적하고 있다. 또한, TIMSS 연구결과나 PISA 등 국제학력 비교평가(한국교육과정평가원, 2009a, 2009b, 2010)에서도 우리나라 학생들이 2위(TIMSS, 2007년 50개국 중), 3~6위(PISA, 2009년 65개국 중)를 차지하여 겉으로는 학업 성취도가 높아 보였지만, 수학 교과에 대한 학습 동기는 매우 낮은 수준으로 나타난 결과를 볼 수 있었다.

이러한 우리나라의 수학 교육의 현실 상황을 극복하기 위해서는 현실성이 낮은 단순한 문제를 반복적으로 풀이하는 것에서 벗어나 학습자에게 학습에 대한 동기를 부여하고, 고등 수학적 사고력 함양의 기회를 갖게 하는 수학 학습으로의 변화가 요구된다.

이를 실현하기 위한 방안으로 Freudenthal의 수학관에 뿌리를 두고 있는 RME (Realistic Mathematics Education)에서 제시된 수학화를 통한 수학교육 방법을 고려할 수 있다. RME는 현실성을 제시하는 하나의 수학교육 철학이라고 할 수 있는데, 여기서의 현실성은 실세계와 완전히 동일한 현실을 이야기하는 것은 아니고, 수학화하는 과정에서 현실을 포함하여 학생들이 상상 가능한 현실을 의미한다. 이러한 세계 안에서 학생들은 맥락 안에서의 다양한 수학을 접할 수 있게 된다. 수학화의 중요한 요소인 맥락문제의 중요성은 여러 학자들을 통해 강조되었다(de Lange, 1996; Treffers, 1987). 즉, 맥락문제는 학생들에게 형식적이고, 수준 높은 특정 상황의 문제해결전략을 발전시킬 수 있는 기회를 제공하며, 학생들의 수학적 개념 확립에 도움을 주는 데 활용될 수 있다(Gravemeijer& Dooman, 1999). 또한 맥락문제를 통해 새로운 개념을 학습한 학습자는 배운 지식을 실제 생활과 자연스럽게 연결하고 이를 효과적으로 활용할 수 있게 되며, 특별한 동기를 제공하지 않더라도 실제적이면 학습자의 동기를 유발할 수 있다(Petraglia, 1998). 이는 우리나라에서 취약한 것으로 나타나는 학습자의 학습 동기 문제, 단순한 문제풀이 위주로 이루어지는 현재 교육에 대해서도 다른 방향을 시사할 것으로 보인다.

이러한 점에 주목하여 본 연구에서는 선행연구를 바탕으로 문제에서의 맥락적 요소를 도출한 후, 한국 교과서와 미국의 교과서에서 나타난 문제의 맥락성을 비교, 분석해봄으로써 학습자에게 의미 있는 문제상황 개발에 대한 시사점을 제공하고자 한다.

5.2 분석 대상

교과서에 제시된 문제들의 맥락성을 분석하기 위해 한국 교과서와 3개의 미국 교과서인 실생활과의 연계를 강조한 Math Connects[1](이하 <미국 C>로 표기함)와 활동 중심의 학습을 강조하고 있는 Everyday Mathematics[2](이하 <미국 E>로 표기함)와 Investigation[3](이하 <미국 I>로 표기함)을 선택하였다. 교과서의 분석 대상을 선정하기 위해 한국과 외국 교과서의 학년별 내용 체제의 차별성을 고려하였다. 이를 바탕으로 각 교과서 내용의 상이함을 인정하고, 학년만을 기준으로 삼아 각 교과서의 4학년 전체에서 나타나는 맥락문제를 살펴보았다.

---

1), 2) Wright Group/Mcgraw-hill에서 개발한 교과서

3) TERC(Technical Education Research Centers: 수학과 과학 교육의 발전을 도모하는 비영리 회사)가 개발한 교과서

한국 교과서는 수학책(교육과학기술부, 2010a, 2010b)과 수학익힘책(교육과학기술부, 2010c, 2010d)을, <미국 C>는 교과서를, <미국 E>는 Student Math Journal, Math Master, Student Reference Book을, <미국 I>는 Student Activity, Resource Master를 중심으로 책에 제시되어 있는 맥락문제를 살펴보았다. <미국 E>와 <미국 I>의 경우 교과서만으로는 문제를 정확하게 이해할 수가 없어, 지도서를 참고하였다.

각각의 교과서는 영역과 과정별로 나누어 맥락문제를 분석하였다. 영역은 수와 연산, 도형, 측정, 확률과 통계, 규칙성과 문제해결의 5개의 영역으로 구분 지었다. <미국 E>를 제외한 나머지 교과서는 위의 5개의 영역으로 구성되어 이를 그대로 적용하여 분석하였다. 그러나 <미국 E>는 수와 연산을 따로 구분 짓고 있어 각각의 수와 연산 영역을 하나로 합하여 맥락문제를 분석하였다. 과정은 활동, 확인하기, 탐구활동, 평가의 4개로 구분 지었다. 활동은 도입 및 주요 활동들과 게임에 대한 문제가 포함되었고, 확인하기는 배운 내용을 확인하는 것과 집에서 복습하는 문제들로 구성되었다. 탐구활동에는 심화 문제 해결 및 토론이 포함되었고, 평가는 단원 처음, 중간, 끝에서 이뤄지는 모든 평가 문항으로 구성되었다.

5.3 분석틀 및 분석 방법

맥락문제의 특성을 언급한 de Lange(1987, 1996), Jurdak(2006), Petraglia(1998), Stinner(1995), Treffers(1987), 정영옥(1997) 등의 연구를 바탕으로 <표 5-1>과 같이 맥락문제의 준거로써 일상성(everydayness), 다양성(variety), 수학적 잠재성(mathematical immanence) 세 가지를 기준으로 설정하였으며, 상황맥락 과제를 분석하기 위해 상황맥락 과제의 분석틀(<표 5-2>) 참조)을 개발하였다.

일상성(everydayness)은 맥락문제에 대한 여러 선행연구에서 가장 핵심적으로 언급된 특성이다. Petraglia(1998)는 맥락문제에서의 일상성을 강조하면서 이러한 일상성이 결여되면 그것은 있을 수 없는 가상의 상황이 되어 학습자에게 흥미나 학습의 전이를 자연스럽게 일으키기 어려울 뿐만 아니라, 자신의 경험을 학습에서 자연스럽게 활용할 수도 없게 된다고 언급하였다. 또한 de Lange(1987)도 맥락문제에서 수학적인 개념의 발전을 위한 가장 핵심적인 요인이 일상성임을 언급하면서 맥락문제는 학생들에 의해 실제적인 문제로 경험되어야 함을 강조하였다. 일상성(everydayness)은

표 5-1 ▌ 상황맥락 과제 준거틀

준거	세부사항
일상성 (everydayness)	문제상황은 실제 일어날 수 있는 일인가? 문제상황은 사실적 소재를 다루고 있는가? 문제상황은 학습자의 경험과 관련이 있는가?
다양성 (variety)	문제상황은 다양한 영역/구조의 내용으로 연계되어 있는가? 문제상황은 다양한 해결방법으로 해결할 수 있는가?
수학적 잠재성 (mathematical immanence)	문제상황은 고등 수준의 사고과정을 요구하도록 구성되어 있는가? 문제상황은 문제에 내재되어 있는 요소를 통합하여 문제를 해결하도록 구성되어 있는가?

"authencity"와 그 의미를 같이하지만 본 연구에서는 정영옥(1997)과 Stinner(1995)가 언급한 바와 같이 맥락문제가 학생들의 흥미를 반영하여 학생들의 지식과 경험을 적용하여 해결할 수 있는 문제로 구성되어야 한다는 조건을 만족하기 위해서는 학생들의 일상의 경험과 관련된 것을 중요한 특성으로 보아 일상성(everydayness)로 표현하였다. 맥락문제가 이러한 일상성을 지니기 위해서는 실제 존재하는 세계에서 발생 가능한 사실적인 요소, 즉 사실적 대상이나 자료를 포함해야 한다(Petaglia, 1998). 하지만 이러한 사실적 대상이 단순히 사실적 소재의 사용만을 의미하는 것은 아니다. 이러한 사실적 대상이나 자료에는 실제 일어날 수 있는 가능성이 내포되어 있어야 한다. 이러한 실현 가능성은 학생들에게 문제해결에 대한 동기를 부여하여 학생들로 하여금 문제해결에 적극적으로 참여하도록 한다. 이를 종합하여 볼 때, 일상성을 측정하기 위해서는 학생들의 경험과 관련된 사실적 소재나 사실적 자료가 실질적으로 일어날 수 있는 문제상황으로 제시되고 있는지를 살펴보는 것이 필요하다.

다음은 다양성(variety)을 들 수 있는데, 맥락문제의 특성으로 Jurdak(2006)은 다양한 접근 방법과 다른 수준의 처치가 가능해야 함을 언급했고, Petraglia(1998)는 복잡성과 다양성을 언급하였다. Petraglia에 의하면 다양성을 지닌 맥락문제는 학생들에게 새로운 인지적 능력의 장점을 습득하거나 또 다른 새로운 인지적 능력을 구성하는 기회를 제공하며 학습자의 인지적 활동을 자극할 뿐만 아니라, 학습자에게 오히려 더욱 흥미있고 의미 있는 학습이 되도록 동기를 부여할 수 있도록 한다고 하였다. Treffers(1987)는 맥락문제가 갖추어야 할 중요한 준거로써 현실 세계 속의 수학적 현상의 다양성을 충분히 표현하고 있느냐에 두었다. 이러한 선행연구를 바탕으로 폭넓은 맥락 속에서 수학적 현상의 다양성을 충분히 표현하기 위해서는 문제상황이 다양한 영역이나 구조와 연결된 복합적인 형태를 띠어야 한다고 보았다. 그래서 이러한 복합적인 문제상황 속에서 다양한 해결방법을 활용할 수 있는 맥락문제의 특성을 다양성으로 규정하였다.

마지막으로 수학적 잠재성(mathematical immanence)으로써, 설정한 근거는 다음과 같다. 여러 학자들의 공통된 견해로 맥락문제는 수평적 수학화뿐만 아니라 수직적 수학화의 기능 또한 가져야 하며, 수학적 지식과 능력을 적용 가능하게 해야 한다고 하였다(de Lange, 1996; Gravemeijer & Doorman, 1999; Jurdak, 2006; Treffers, 1987). 이는 수직적 수학화가 수평적 수학화 이후에 따라오는 수학적 과정, 즉 문제를 풀고 일반화하고 형식화하는 것과 관련된 과정이라고 볼 때 맥락문제에는 수평적 수학화를 통해 이러한 수직적 수학화를 가능하게 하는 활동들이 내재되어 있어야 함을 의미한다. 이러한 맥락문제의 특성은 de Lange(1996)가 제시한 맥락문제의 세 번째 수준에서의 수학적 사고와 추론, 의사소통, 비판적 태도, 창조와 해석, 일반화, 수학화와 같은 복합적인 과정을 통해 새로운 수학적 개념을 발견하는 데 다양한 사고과정이 적용되는 것과 같은 의미라고 볼 수 있다. 즉, de Lange(1996)가 제시한 맥락문제의 수준에 있어서 기계적 기술이나 표준 알고리즘과 관련된 가장 낮은 단계보다는 다양하고 복합적인 사고과정이 적용되는 가장 높은 단계에 가까울수록 수학화를 가능하게 하는 맥락문제의 특성을 지녔다고 볼 수 있다. de Lange(1987)는 특히, 수직적 수학화의 특성이 강한 활동으로 관계를 공식으로 표현하는 활동, 규칙성을 증명하는 활동, 모델 자체를 다듬고 변형하는 활동, 다른 모델을 사용하는 활동, 모델을 결합하고 통합하는 활동, 새로운 수학적 개념을 명확히 표현하는 활동, 일반화 활동 등을 언급하고 있는데, 수평적 수학화뿐만 아니라 이러한 수직적 수학화의 특성이 강한 활동들이 맥락문제에 얼마나 잘 반영되어 있는지를 수학적 잠재성이라는 특성으로 정의 내렸다. 특히 이러한 수학화를 가능하게 하는 문제의 세부적인 특성으로 문제에 내재되어 있는 요소를 통합하여 문제를 해결하도록 하며 이러한 문제해결과정에서 일반화, 정당화, 형식화, 창조 활동 등의 고등 수학적 사고과정이 요구되는지를 보았다.

표 5-2 ‖ 맥락과제 분석틀

준거	평점			
	0	1	2	3
일상성	• 문제가 맥락(주제, 장면이나 이야기, 프로젝트, 발췌 등의 유형)으로 제시되어 있지 않다.	• 현실적 배경이 제시되어 있지 않으며 알고리즘을 적용하기 위해 사실적 소재를 인위적으로 도입하였다. • 문제상황이 실생활과는 무관한 게임이나 놀이 형태이다.	• 문제상황은 학습자가 경험하거나 이해할 수 있는 사실적 소재를 부분적으로 다루고 있다. • 문제상황이 실제로 일어날 수 있는 상황으로서의 당위성이 분명하게 제시되어 있지 않다.	• 문제상황은 학습자가 경험하거나 이해할 수 있는 사실적 소재를 다루고 있다. • 문제상황이 실제로 일어날 수 있는 상황으로써의 당위성이 분명하게 제시되어 있다.
다양성	• 문제가 맥락으로 제시되어 있지 않다.	• 문제상황은 다양한 영역이나 수학 내적으로 연계되어 있지 않다. • 문제상황은 단일한 해결방법을 요구하도록 제시되어 있다.	• 문제상황은 영역이나 수학적 구조 속에서의 연계가 일부분 드러나게 제시되어 있다. • 문제상황이 다양한 해결방법으로 해결되도록 제시되어 있다.	• 문제상황은 다양한 영역과 연계되어 있거나 수학 내적으로 연계되어 있다. • 문제상황은 다양한 해결방법으로 해결할 수 있다.
수학적 잠재성	• 문제가 맥락으로 제시되어 있지 않다.	• 문제상황이 지식, 정의, 기계적 기술, 표준 알고리즘처럼 간단한 사고과정으로 해결될 수 있게 제시되어 있다.	• 문제상황이 실험, 관찰, 귀납적 추론 등의 경험적 접근을 통해 도식화, 기호화하여 표현하도록 제시되는 수준이다. • 문제상황은 문제에 내재된 여러 특성을 연계하고 통합하여 문제를 해결하거나 의사결정에 대한 이유를 생각할 수 있도록 제시되어 있다.	• 문제상황이 관찰, 실험, 귀납 추론 등의 경험적 접근 방법을 통해 도식화, 기호화하도록 하며 여기에 일반화, 정당화, 형식화, 창조활동 등의 고등 수준의 사고 과정을 요구하도록 제시되어 있다.

표 5-3 | 채점자 간 상관도

	채점자 A	채점자 B	채점자 C
채점자 A		.976**	.966**
채점자 B	.		.961**
채점자 C	.	.	

** $p < .01$

이러한 분석틀에 근거하여 한국 교과서, <미국 C>, <미국 E>, <미국 I>의 각 교과서에 제시된 문제를 영역별, 과정별로 나누고, 박사과정생 2인과 석사 1인이 3점 척도로 문제별 점수를 매겼으며, 채점자 3인의 채점자 간 상관도는 <표 5-3>과 같다.

문제 분석 시, 하나의 문제에 여러 하위 문제가 나타난 경우, 이를 총괄하는 상위 문제를 하나의 문제로 분석하였으며, 그 이외에는 모두 하나의 문항으로 분류되어 분석하였다. 분석결과는 교과서별 맥락문제가 차지하는 비율과 맥락문제에 나타난 맥락성을 분석틀에 나타난 일상성, 다양성, 수학적 잠재성의 세 가지 측면으로 나누어 분석하였다. 그리고 각 항목별로 점수가 높게 나타난 문제를 선정하여 그 문제를 좀 더 자세히 살펴보았으며 교과서별 문제들 간에 어떤 차이가 있는지 살펴보았다.

5.4 분석 결과

5.4.1 교과서 구조

4개 교과서의 4학년 내용을 분석하였는데, 한국 교과서는 총 16단원, <미국 C>는 15단원, <미국 E>는 총 12단원, <미국 I>는 9단원으로 구성되어 있었다. 영역별로는 모든 교과서에서 수와 연산, 도형, 측정, 확률과 통계는 공통 영역으로 나뉘어져 있었으나 <미국 E>의 경우 수와 연산 영역이 따로 분리되어 2개의 영역으로 구분되어 있었다. 그리고 한국 교과서의 경우 규칙성과 문제해결로, <미국 C>는 대수 영역으로, <미국 E>, <미국 I>는 확률과 통계로 구성되어 한국 교과서, <미국 C>, <미국 I>는 5개의 영역으로, <미국 E>의 경우는 6개의 영역으로 나뉘어져 있었다(<표 5-4> 참조). 또한 한국 교과서와 <미국 C>는 단원별 영역구분이 뚜렷하게 제시가 되었으나,

표 5-4 ▮ 교과서별 4학년 영역 구성

교과서	영역별 구성					
한국 (16단원)	수와 연산	도형	측정	확률과 통계	규칙성과 문제해결	
〈미국 C〉 (15단원)	수와 연산	도형	측정	확률과 통계	대수	
〈미국 E〉 (12단원)	수	도형	측정	확률과 통계	패턴·대수 ·함수	연산
〈미국 I〉 (9단원)	수와 연산	도형	측정	확률과 통계	패턴·함수 ·변화	

<미국 E>는 모든 영역이 2~3개의 영역이 혼합되어 구성되어 있었고, <미국 I>는 측정과 도형이 같이 한 단원으로 구성되어 있었다.

각각의 교과서 구성 내용을 살펴보면(<표 5-5> 참조), 수와 연산에서는 모든 교과서에서 큰 수, 자연수의 사칙연산, 분수, 소수의 덧셈과 뺄셈을 다루고 있었다. 도형 영역에선 평면도형, 대칭에 대한 내용을 다루고 있었으나, <미국 I>의 경우 입체도형에 대한 큐브를 활용한 입체도형을 만들고 그려보는 활동까지 제시되었다. 측정 영역은 각도와 평면도형의 넓이와 둘레의 내용을 공통으로 다루었고, 한국 교과서의 경우는 어림하기를, <미국 C>, <미국 E>는 부피와 무게를 더 제시하였다. 확률과 통계는 정보 수집 및 그래프로 나타내기가 제시되었는데, 한국 교과서의 경우 꺾은선 그래프를, <미국 C>, <미국 E>의 경우는 막대그래프를 제시하였다. 마지막으로 한국 교과서의 규칙성과 문제해결 영역에서는 규칙을 찾고 문제해결과정을 설명하는 활동으로 구성되었으며, 패턴·대수·함수 영역에서 <미국 C>, <미국 E>에는 문자를 활용한 식을 표현하고 답을 구하는 방정식의 내용이 포함되어 있었고, <미국 E>, <미국 I>의 경우는 비와 비율이 제시되어 있었다.

각각의 교과서별 과정을 살펴본 결과, 활동, 확인하기, 탐구활동(문제해결), 평가의 4개의 큰 과정으로 범주화할 수 있었다(<표 5-6> 참조). 활동은 수업 시간에 내용을 학습하기 위해 주로 이뤄지는 활동으로 activity, 게임 등이 포함되며, 확인하기는 학습한 내용을 연습하고 다지는 활동들로 연습하기, 확인하고 다지기 등이 포함되었다. 또한 탐구활동은 다양한 사고과정을 통해 해결해야 하는 활동으로 토론활동, 생각열기, 문제해결이 포함되었고, 평가는 학습한 내용을 얼마나 알고 있는지를 알아보는

표 5-5 ‖ 교과서별 내용 구성

	수와 연산	도형	측정	확률과 통계	규칙성과 문제해결 / 패턴·대수·함수
한국	• 다섯 자리 이상의 수 • 자연수의 사칙계산 • 여러 가지 분수 • 분수와 소수의 덧셈과 뺄셈 • 소수	• 각과 여러 가지 삼각형 • 다각형의 이해	• 각도 • 평면도형의 둘레 • 직사각형과 정사각형의 넓이 • 어림하기 • 수의 범위	• 꺾은선그래프 • 자료 분석	• 규칙을 찾고, 표현하고 해결 과정 설명하기
〈미국 C〉	• 큰 수 • 자연수의 사칙계산 • 분수와 소수 • 분수와 소수의 덧셈과 뺄셈	• 평면도형 • 도형의 대칭, 회전, 이동과 선의 종류	• 각도 • 평면도형의 둘레와 넓이 • 무게와 부피	• 막대그래프 • 자료에서 중앙값 찾기	• 문자를 사용한 식 표현 • 문제해결
〈미국 E〉	• 자연수의 사칙계산 • 분수와 소수비교 • 큰 수 • 분수와 소수	• 선의 종류 • 평면도형 • 대칭	• 각도와 컴퍼스 활용 • 평면도형의 둘레와 넓이 • 부피와 무게	• 자료분석 • 막대그래프 • 확률	• 비와 비율 • 문제해결
〈미국 I〉	• 자연수의 사칙연산 • 분수와 소수 • 큰 수 • 분수와 소수의 덧셈과 뺄셈	• 평면도형 • 대칭 • 입체도형	• 각도 • 평면도형의 둘레와 넓이	• 자료수집 • 막대그래프	• 비와 비율 • 문제해결

내용으로 구분하였다. 모든 교과서의 과정별 수업 진행 순서는 비슷하였으나, 평가를 다루고 있는 시점이 교과서마다 달랐다. 한국 교과서의 경우는 평가가 첫 차시와 마지막 차시에 이뤄졌고, <미국 E>는 차시 중간과 마지막 차시에 이뤄졌다. <미국 C>는 처음, 중간, 끝으로 나누어서 제시되었고, <미국 I>의 경우는 마지막 차시에 평가가 이뤄지도록 구성되어 있었다.

표 5-6 | 교과서별 과정 구성

과정 / 맥락성 요소	활동	확인하기	탐구활동	평가
한국	활동, 놀이마당 생각열기	확인하기, 기본다지기, 확인하고 다지기	탐구활동, 문제해결하기	문제 풀어보기, 준비학습(평가)
〈미국 C〉	Get ready, Real world examples, Activity, Games, Practice and problem solving, Real world problem solving	Check, Test Practice, Spiral review, Study guide and review	Problem solving in OOO, PSI, PSS, HOT	Quick check, Mid, chapter
〈미국 E〉	Activity Playing	Math boxes Home link	Differentiation option	Assessment
〈미국 I〉	Activity Math Workshop	Daily Practice Homework	Discussion	Assessment

5.4.2 문제 분석

5.4.2.1 맥락문제 비율

각 교과서별 문제에 나타난 맥락성을 비교하기 위하여, 첫 번째로 각 교과서에서 맥락문제가 차지하는 비율을 분석하였고, 두 번째로 맥락문제에 나타난 맥락성을 일상성, 다양성, 수학적 잠재성 세 가지 측면에서 분석해 보았다. 각 교과서에 제시된 전체 문제 중에서 맥락문제가 차지하는 비율을 분석한 결과는 <표 5-7>과 같다. 맥락문제의 비율은 <미국 C>, <미국 I>, 한국 교과서, <미국 E> 교과서의 순으로 나타났다. <미국 C>의 경우 맥락문제를 가장 많이 포함하고 있었으며, <미국 E>의 경우 맥락문제의 수가 가장 적었다. 하지만 4개의 교과서 모두 맥락문제의 비율이 15%에서 30% 사이에서 나타나는 것으로 보아 교과서에 제시된 대부분의 문제들이 맥락문제가 아닌 형태로 제시되고 있음을 알 수 있다.

표 5-7 ǀ 교과서별 맥락문제

	전체 문제 수	맥락문제 수	맥락문제 비율(%)
한국	1083	203	18.74
〈미국 C〉	4760	1345	28.26
〈미국 E〉	2898	467	16.11
〈미국 I〉	1324	366	27.64

영역별로 맥락문제의 비율을 살펴보면(<표 5-8> 참조) 한국 교과서, <미국 C>, <미국 I> 모두 확률과 통계 영역의 문제들이 맥락문제로 제시되는 비율이 높고, 모든 교과서에서 도형 영역의 문제들이 맥락문제로 제시되는 비율이 낮았다. 또한 과정별로 맥락문제의 비율을 살펴보면 <미국 E>는 활동과정에서 맥락문제가 제시되는 비율이 가장 높았고, 한국 교과서와 <미국 C>와 <미국 I>는 탐구활동과정에서 맥락문제가 제시되는 비율이 가장 높았다. 그리고 모든 교과서에서 확인하기와 평가 과정에서의 맥락문제 비율이 다른 과정에 비해 낮게 나타났다.

표 5-8 ǀ 교과서별 영역별, 과정별 맥락문제 비율

	영역별 맥락문제 비율(%)					과정별 맥락문제 비율(%)			
	수와 연산	도형	측정	확률과 통계	규칙성과 문제해결 / 패턴·대수·함수	활동	확인하기	탐구활동	평가
한국	18.90	3.15	24.83	88.24	26.19	39.18	5.86	41.10	12.90
〈미국 C〉	26.72	22.92	29.16	71.66	24.55	27.09	24.30	58.56	18.83
〈미국 E〉	15.39	6.81	15.33	29.81	38.93	23.62	12.32	18.52	16.67
〈미국 I〉	30.25	10.24	14.02	49.09	34.91	32.01	25.74	50.00	22.54

각 교과서별로 선정한 맥락문제의 맥락성을 맥락성 요소와 과정별로 살펴본 결과는 <표 5-9>, <표 5-10>과 같다. 맥락성의 총점(일상성 3, 다양성 3, 수학적 잠재성 3, 합 9)을 살펴보면 <미국 I>가 4.53점으로 가장 높게 나타났고, 그 다음으로는 <미국 E>, <미국 C>, 한국 교과서의 순으로 나타났다.

표 5-9 ‖ 교과서별 맥락성 점수 비교

교과서 \ 맥락성 요소	일상성	다양성	수학적 잠재성	총점
한국	1.19	1.16	1.34	3.69
〈미국 C〉	1.55	1.10	1.23	3.87
〈미국 E〉	1.49	1.27	1.38	4.14
〈미국 I〉	1.57	1.31	1.66	4.53

표 5-10 ‖ 과정별 맥락성 점수 비교

과정 \ 맥락성 요소		일상성	다양성	수학적 잠재성	총점
한국	활동	1.32	1.26	1.47	4.05
	확인하기	0.99	0.99	1.10	3.07
	탐구활동	1.15	1.15	1.36	3.67
	평가	1.13	1.09	1.19	3.44
〈미국 C〉	활동	1.56	1.10	1.18	3.84
	확인하기	1.51	1.07	1.17	3.73
	탐구활동	1.64	1.16	1.40	4.22
	평가	1.45	1.06	1.17	3.68
〈미국 E〉	활동	1.58	1.36	1.44	4.39
	확인하기	1.33	1.11	1.15	3.59
	탐구활동	1.67	1.54	1.84	5.06
	평가	1.60	1.33	1.62	4.55
〈미국 I〉	활동	1.57	1.36	1.77	4.69
	확인하기	1.55	1.24	1.56	4.35
	탐구활동	1.76	1.73	1.94	5.42
	평가	1.67	1.63	1.92	5.21

맥락성의 총점이 가장 높은 <미국 I>의 경우 전체 문제에서 맥락문제가 차지하는 비율도 높았고, 맥락문제가 지니고 있는 맥락성도 높은 것으로 나타났다. 특히, 다른 교과서들보다 맥락성을 나타내는 일상성, 다양성, 수학적 잠재성의 모든 요소에서 가장 높은 점수를 나타냈다. 이는 <미국 I>에 있는 맥락문제가 실세계 소재만을 이용한 것이 아니라, 학습자의 흥미를 고려하여 학습자가 실세계에서 경험할 수 있는 문제상황으로 제시되어 있음을 의미한다. 이러한 맥락문제는 학습자로 하여금 스스로 문제를 해결해야 할 필요성을 느끼도록 하며, 다양한 관점에서 문제를 해결하도록 유도한다. <미국 I>에서 제시된 맥락문제의 맥락성을 과정별로 살펴보면 탐구활동이 5.42점으로 가장 높은 맥락성을 보이며 확인하기가 4.35점으로 가장 낮은 맥락성을 보였다. <미국 I>에서의 탐구활동은 Discussion에 해당하는 활동으로, 학생들의 논의가 이뤄질 수 있는 주제가 제시되고 논의 과정을 통해 어떤 합의점에 도달하게 되면, 각자 개별적 활동으로 자신의 생각을 정리해 보도록 구성되어 있다. 이는 학생들의 다양한 사고과정과 수준 높은 수학적 사고력을 통해 문제를 해결하도록 구성되어 있기에 다른 교과서에 비해 높은 맥락성을 나타낸 것으로 보인다.

두 번째로 맥락성의 총점이 높았던 <미국 E>는 맥락성의 요소를 살펴보았을 때 다양성, 수학적 잠재성이, 과정별로 살펴보았을 때 활동, 탐구활동, 평가가 다른 교과서와 비교하여 두 번째로 높은 맥락성을 나타냈다. 그리고 <미국 I>와 동일하게 탐구활동, 평가, 활동, 확인하기 순으로 맥락성이 높게 나타났다. <미국 E>는 맥락성 요소 중 일상성과 과정별 확인하기에서 <미국 I>와 <미국 C>보다 상대적으로 낮은 점수를 나타내고 있다. 하지만 <미국 E>가 전체 문제에서 맥락문제의 비율이 가장 낮음에도 불구하고 맥락성이 높게 나타난 것은 맥락 문제의 수는 적지만 맥락문제로 구성된 문제들이 알고리즘의 연습을 위한 단순한 문장제 수준 이상의 맥락성을 지니고 있음을 의미한다.

마지막으로 <미국 C>와 한국 교과서의 맥락성을 살펴보면, <미국 C>는 PSI[4]나 PSS[5] 등과 같은 문제해결활동을 별도의 차시로 구성하여 가장 많은 수의 맥락문제를 제시하고 있다. 하지만 그에 비해 맥락문제가 지닌 맥락성의 총점은 <미국 I>와 <미국 E>에 비해 낮게 나타났다. 맥락성의 요소를 고려해 보았을 때, 일상성은 <미국 I>

4) PSI는 Problem-Solving Investigation의 약자로 <미국 C>에 있는 문제해결활동 중 하나이며, 이 단계에서는 문제상황을 해결하는 데 적절한 전략을 학생들이 선택하여 해결하도록 구성되어 있다.

5) PSS는 Problem-Solving Skill의 약자로 <미국 C>에 있는 문제해결활동 중 하나이며 학생들이 문제해결과정에 맞게 제시된 문제를 해결하도록 구성되어 있다.

에 이어 두 번째로 높은 점수를 보였으나 다양성과 수학적 잠재성에 있어서는 가장 낮은 점수를 나타냈다. 이는 일상적인 소재를 바탕으로 문제를 구성하긴 하였으나 다양한 방법으로 생각을 요구하는 문제로 구성되어 있지 않음을 의미한다. 과정별로 살펴보면, PSI나 PSS 등의 문제해결활동이 포함된 탐구활동의 맥락성 점수는 4.22를 나타냈으나 나머지 과정에서는 4.0에 못 미치는 점수를 나타냈다. 특히, 활동과정의 맥락성 점수는 다른 교과서들과 비교했을 때, 가장 낮은 점수를 나타냈다.

한국 교과서는 맥락성 점수가 3.69로 네 교과서 중 가장 낮은 맥락성을 나타냈다. 생각열기가 포함된 활동과정의 맥락성 점수가 <미국 C>보다 높지만, 나머지 과정의 맥락성 점수 모두 다른 교과서보다 낮았다. 특히, 확인하기의 맥락성 점수 3.07로 모든 과정별 점수에서, 맥락성 요소인 일상성은 1.19로 모든 교과서의 맥락성 요소에서 가장 낮은 점수를 나타냈다. 이는 한국 교과서의 확인하기에서 다루어지는 문제가 거의 대부분 일상생활에서 소재만을 가지고 인위적인 상황으로 도입한 단순 익히기 문제로 제시되고 있음을 의미한다.

교과서에서 제시된 맥락성 점수를 바탕으로 각 교과서별로 맥락문제는 어떤 특징을 가지고 있는지를 알아보기 위해 교과서별 맥락문제의 점수분포도를 살펴보았다 ([그림 5-1] 참조). 한국 교과서와 <미국 C>의 경우 3점대에 주로 점수가 분포되어 있고, 6점 이상 점수를 지닌 맥락문제는 거의 없는 거의 비슷한 형태의 분포를 보인다. <미국 E>의 경우 한국 교과서와 <미국 C>처럼 3점대에서 가장 높은 분포를 보이며 점수가 높아질수록 순차적으로 감소하는 경향을 보이지만, 9점 미만까지의 폭넓은 점수 분포도를 보이고 있다. <미국 I>의 경우 다른 교과서와는 달리 가장 높은 점수분포대가 4점대이며, <미국 E>와 같이 3점에서 9점까지 폭넓은 점수 분포를 보이고 있다.

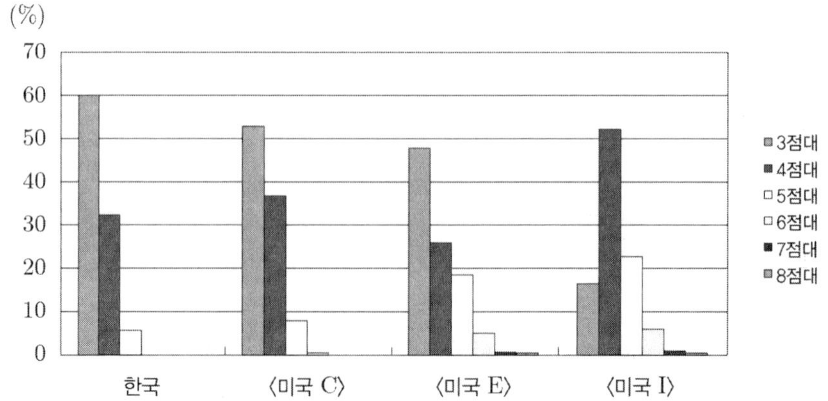

그림 5-1 ▎교과서별 맥락점수 분포의 비율 비교

이상의 두 가지 분석 결과를 비교해 보면, 한국 교과서와 <미국 C>에서 제시되고 있는 맥락문제는 <미국 E>, <미국 I>에서 제시하고 있는 맥락문제와는 다른 성향을 지니고 있음을 알 수 있다.

다음에서는 교과서별 차이가 어떻게 나타나는지를 각 교과서에 제시되어 있는 맥락문제를 맥락성의 요소의 측면에서 자세히 비교·분석하기 위해 교과서에 제시된 맥락문제에서 보이는 일상성, 다양성, 수학적 잠재성의 특성을 살펴보았다.

5.4.2.2 일상성

일상성은 학생들에게 실제 일어날 수 있는 가능성이 있는 요소를 가지고 문제상황을 제시하고 있는지를 확인하는 것으로 학생들의 경험과 관련된 소재나 사실적 자료를 다루고 있는지를 알아보는 요소이다. 따라서 일상성은 사실적 소재의 사용, 실현 가능성, 학습자의 경험과의 관련성 등을 고려하여 분석하였다.

일상성의 점수는 한국 교과서가 1.19점, <미국 C>는 1.55점, <미국 E>는 1.49점, <미국 I>은 1.57점으로, <미국 C>, <미국 E>, <미국 I>가 비교적 비슷하게 나타났으나, 한국 교과서는 다른 교과서에 비해 낮은 점수를 나타내었다. 이는 한국 교과서에서 다루는 문장제 문제는 알고리즘의 적용을 위해 인위적으로 사실적 소재만을 사용하는 경우가 대부분이지만, <미국 C>와 <미국 E>는 학습자 수준에서 학습자의 경험과 관련된 사실적 소재를 사용하고 있는 것으로 나타났다. 특히, <미국 I>의 경우 학습자에게 주어진 문제상황이 일상생활에서 겪게 되는 문제상황과 유사하여 문제를 해결해야 할 당위성이 분명하게 제시되어 학습자로 하여금 이 문제를 해결해야 할 필요성을 스스로 인식할 수 있도록 하였다.

일상성 점수에 있어서 가장 높은 한국 교과서의 문제와 일상성 점수가 가장 높은 <미국 I>의 문제를 비교하였다. [그림 5-2]는 일상성 점수가 2점인 한국 교과서에서 일상성 점수가 제일 높게 매겨진 문제로, 5단원의 혼합계산에 제시된 것이다. 이 문제는 쓰레기봉투라는 일상적 소재를 현장학습이라는 상황을 통해 제시하여 학생들의 경험에 기초하여 문제를 진술하고 있다. 하지만 문제상황 속의 '여경이가' 혹은 이 문제를 해결해야 하는 학습자가 왜 쓰레기봉투의 개수를 구해야만 하는지 공감할 수 있는 배경은 드러나지는 않는다.

<미국 I>에서 일상성 점수가 가장 높은 점수를 받은 문제는 수와 연산(addition, subtraction and the number system) 확인하기(homework)에 제시된 문제로 일상성 점수가 3점인 문제에 해당한다. 한국 교과서와 마찬가지로 식당에서 음식을 주문해야

하는 상황을 제시하여 학생들의 경험에 기초하여 일어날 수 있는 일에 대한 소재를 다루고 있다. 하지만 <미국 I>에서 제시한 문제는 학생들이 직접 해결해야 하는 상황으로 제시되어 있어 직접 메뉴를 선택하고, 음식 가격을 계산하는 내용이 자연스럽게 연결되어 있다.

> 여경이네 학교 4학년 학생 240명은 현장학습을 가기 위해 버스 한 대에 40명씩 탔습니다. 선생님께서 각 버스에 쓰레기봉투를 2장씩 놓으셨습니다. 버스에 놓은 쓰레기봉투는 모두 몇 장인지 알아봅시다.
> 1) 학생들이 탄 버스는 몇 대인지 수직선 그림으로 알아보시오.
> 2) 학생들은 버스 몇 대에 나누어 탔습니까?
> 3) 학생 240명이 버스 한 대에 40명씩 타려면 몇 대의 버스가 필요한지 알아보는 식을 세워 보시오.
> 4) 버스에 놓은 쓰레기봉투는 모두 몇 장인지 알아보는 식을 세워 보시오.
> 5) 먼저 필요한 버스의 수를 구하고, 나중에 버스에 놓은 쓰레기봉투의 수를 구할 수 있도록 두 식을 하나의 식으로 만들어 보시오.

그림 5-2 | 한국 교과서에서 일상성이 높은 문제

한국 교과서의 맥락문제가 단순히 실생활 소재를 이용하고 있다면, <미국 I>에서 일상성이 높은 맥락문제들은 실생활의 소재를 이용하는 것에서 머물지 않고 학생들의 입장에서 일상생활에서 겪게 되는 문제상황과 유사하게 제시되고 있다. 실제 일상생활 속에서 경험하게 되는 여러 가지 문제들은 반드시 해결해야 할 목적이 있고, 학생들은 여러 가지의 경우를 고려하여 합리적인 결정을 내리게 된다. 이러한 실제적 상황이 교과서 안에 문제상황으로 <미국 I>는 제시되고 있어 학생들이 스스로 문제를 해결해야만 하는 당위성을 느끼고 동기를 부여 받아 문제해결에 적극적으로 참여하도록 하는 특성을 지니고 있음을 알 수 있다.

5.4.2.3 다양성

다양성은 문제상황이 다양한 영역이나 구조와 연결된 복합적인 형태를 띠고 있는지, 다양한 해결방법으로 문제를 해결할 수 있도록 제시되어 있는지를 보는 요소이다. 따라서 다양성은 해결방법이 여러 가지로 제시될 수 있는 경우나 수학 내적, 외적으로의 연계성에 초점을 두어 분석하였다.

다양성의 총점은 한국 교과서는 1.16점, <미국 C>는 1.10점, <미국 E>는 1.27점 <미국 I>은 1.31점으로 <미국 E>와 <미국 I>가 상대적으로 높게 나타났다. 하지만 대부분 해결방법의 다양성 측면에서 분석되었고, 다른 교과 활동과의 연계나 수학 영역 내에서의 연계는 잘 드러나지 않았다.

다양성을 살펴보고자 한국 교과서와 <미국 E>의 문항을 살펴보았다. [그림 5-3]은 한국 교과서의 삼각형 단원의 활동 문제로 다양성 2점에 해당한다. 이 문제의 경우 주어진 삼각형의 분류 기준을 학생 스스로 생각하여 결정하도록 하고 있다. 분류 기준을 결정하기 위해서는 도형의 여러 가지 요소를 고려하여야 하기 때문에 다양성이 인정된다. 하지만 문제상황이나 해결하는 방법에 있어서 다른 교과와의 연계나 수학 내적인 연계가 이루어지지는 않았다.

윤지는 여러 가지 도형 퍼즐 조각을 가지고 놀다가 삼각형 모양의 퍼즐 조각들만 모아 보았습니다. 모아 놓은 삼각형 모양들을 보고 삼각형들의 모양이 매우 다양하다는 사실을 알았습니다. 윤지는 여러 가지 삼각형들을 비슷한 것끼리 분류해 보기로 하였습니다.

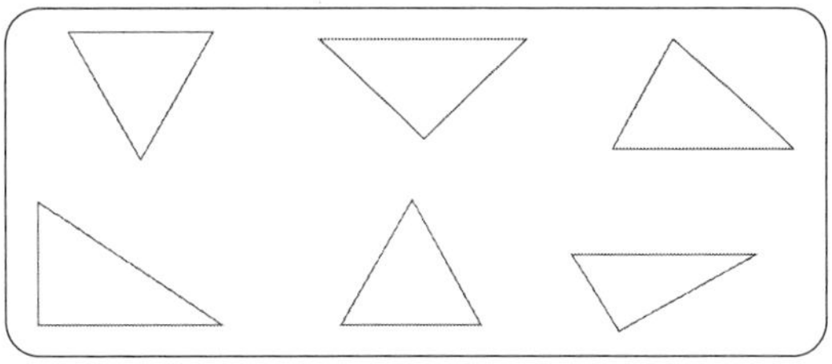

* 삼각형을 몇 가지로 분류할 수 있는지 생각해 보시오.
* 왜 그렇게 생각합니까?
* 변의 길이에 따라 삼각형을 몇 가지로 분류할 수 있는지 생각해 보시오.
* 왜 그렇게 생각합니까?

그림 5-3 | 한국 교과서에서 다양성이 높은 문제

<미국 E> 6단원(나눗셈군; Map reference frames; Measures of Angles)의 활동에서 제시되고 있는 다양성 3점인 문제는 제시된 야영장 지도를 보고, 주어진 조건의 거리를 추정하는 것이다. 이 문제는 학생들이 주어진 정보를 이용하여 자기 나름대로 하이킹 계획을 세우는 과정에서 다양한 해결방법을 통해 문제를 해결할 수 있도록 제시되어 있다는 점에서 다양성이 있다. 이는 다른 교과에서 나타나는 다양성의 특성과 유사하나 이 문제의 경우 실질적인 축척이 나타난 지도를 읽는 활동이 사회과 활동과 연계되어 수학 외적인 연계가 이루어졌다는 점에서 차이가 있다.

5.4.2.4 수학적 잠재성

수학적 잠재성은 수직적 수학화의 특성을 고려하여 문제상황이 문제에 내재되어 있는 요소를 통합하여 문제해결을 요구하는지, 일반화, 정당화, 형식화 등의 고등 수학적 사고과정이 필요한지를 알아보는 요소이다. 따라서 수학적 잠재성은 문제해결에서 요구되는 수학적 사고의 복잡성과 고등 수학적 사고의 적용 가능성을 고려하여 분석하였다.

수학적 잠재성의 총점은 한국 교과서 1.34점, <미국 C>는 1.23점, <미국 E>는 1.38점, <미국 I>은 1.66점으로 일상성이나 다양성과 같이 <미국 I>가 가장 높은 점수를 나타냈다. 한국 교과서의 경우 거의 대부분 표준 알고리즘을 적용한 간단한 사고 과정으로 해결할 수 있는 과제로 정형화되어 있었고, '왜 그렇게 생각합니까?'와 같이 문제해결방법에 대해 자신의 생각을 물어보는 경우가 대부분이었다. 하지만 <미국 E>, <미국 I>의 경우 한국 교과서에서 찾아 볼 수 없었던 일반화, 정당화와 같은 수학적 추론 능력 및 새로운 문제 만들기를 통한 수학적 창의력을 요구하는 문제상황이 제시되고 있었다.

수학적 잠재성을 살펴보고자 한국 교과서와 <미국 I>의 문항을 비교하였다. [그림 5-4]는 한국 교과서 10단원(소수의 덧셈과 뺄셈)의 탐구활동에서 제시된 문제로 수학적 잠재성이 2.33점으로 높은 수학적 잠재성을 지닌 문제이다. 이 문제는 학생들이 주어진 정보를 이용하여 문제를 해결한 이후에 학생 스스로 주어진 문제의 조건을 이용하여 해결할 수 있도록 문제를 새롭게 만들어 보는 활동으로 구성되어 있다. 창의적으로 문제를 만들어 보는 활동은 문제를 통해 학생들이 학습해야 할 수학적 원리를 생각하며 주어진 정보를 이용하여 문제상황으로 구성해야 하는 고등 수학적 사고가 요구되는 활동이다. 그렇기에 본 문제는 수학적 잠재성이 높은 문항으로 분석되었다.

용량이 720 MB인 CD에 다음 파일을 저장하려고 합니다. 물음에 답하시오.

파일이름	용량(MB)	파일이름	용량(MB)
만화영화	560.35	율동 동영상	92.12
동요모음	75.28	캐릭터 모음	67.26
가족사진	16.35	풍경 그림	0.495

CD에 최대한 많은 용량을 저장한다고 했을 경우 저장하고 남은 CD의 용량을 구해 보시오.
위에서 주어진 조건을 활용하여 창의적으로 문제를 만들어 보고 모둠 친구들과 해결해 보시오.

그림 5-4 ‖ 한국 교과서에서 수학적 잠재성이 높은 문제

<미국 I>의 확률과 통계 영역(data analysis and probability)의 탐구활동(discussion)에 제시되어 있는 수학적 잠재성 3점인 문제는 주어진 자료에 근거하여 대푯값을 결정하고, 그러한 대푯값이 자료의 어떤 특성을 반영하고 있는지 분석하여 나타내는 것이다. 이 문제상황은 학생들로 하여금 문제해결의 주체가 되도록 제시되어 있어서 자연스럽게 자신이 알고 있는 지식을 적용하여 논리적으로 판단하고, 이를 정당화하여 수학적으로 의사소통하도록 요구하고 있다. 이는 맥락을 통해 수학적 개념을 추출하여 반성하고, 형식화하여 이를 다시 맥락 상황에 적합하게 표현하도록 함으로써 수학화를 경험하도록 하는 맥락문제라고 볼 수 있다.

5.5 논의

본 연구는 RME에서 제시된 수학화를 통한 수학교육의 일환으로 학습자에게 의미 있는 문제상황을 제시하기 위해 한국 교과서와 세 종류의 미국 교과서에서 나타난 문제의 맥락성을 비교·분석하였다. 각 교과서에서 제시된 문제의 맥락성을 비교하기 위해 전체 문제에서 맥락문제가 차지하는 비율을 알아보았고, 맥락문제에서 나타난 맥락성을 일상성, 다양성, 수학적 잠재성 세 가지의 측면에서 분석하였다.

먼저 각 교과서에 제시된 맥락문제가 차지하는 비율은 <미국 C>, <미국 I>, 한국 교과서, <미국 E> 교과서의 순으로 나타났다. 그리고 각 교과서에 제시된 맥락문제의 맥락성 점수는 <미국 I>, <미국 E>, <미국 C>, 한국 교과서의 순으로 높게 나타났다. 맥락성의 요소별로 나타난 특성을 살펴보면, 일상성에 있어서는 모든 교과서에서 사실적 소재를 활용하였으며, <미국 I>, <미국 E>에서는 특히 실생활에서 경험할 수 있는 문제상황을 다양하고 자연스럽게 제시하였다. 다양성은 대부분 해결방법이 여러 가지 방법으로 가능한 측면에서 분석되었고, 다른 교과 활동과의 연계나 수학 영역 내에서의 연계는 잘 드러나지 않았다. 수학적 잠재성은 한국, <미국 C>의 경우 단순 알고리즘을 적용하여 해결할 수 있는 문제상황이 많은 반면, <미국 E>와 <미국 I>에서는 수학적 추론 및 수학적 창의성 등의 고등 수학적 사고를 요구하는 문제가 제시되고 있었다.

2007년 개정 교육과정에서는 학생이 구체적인 경험에 근거하여 여러 가지 현상을 수학적으로 해석하고 조직하는 활동, 구체적인 사실에서 추상화 단계로 점진적으로 나아가는 과정, 직관이나 구체적인 조작 활동에 바탕을 둔 통찰 등의 수학적 경험을 통해 형식이나 관계를 발견하고, 수학적 개념, 원리, 법칙 등을 이해할 수 있는 수학 교수 학습이 이루어져야 한다고 하였다(교육과학기술부, 2007). 이를 반영하여 현재 한국 수학교과서 또한 생활 주변에서 일어나는 여러 가지 현상을 관찰하여 그 현상의 본질을 수학적으로 조직할 수 있도록 '생각 열기'를 통해 실생활과 관련된 내용을 제시하고 있다. 하지만 본 연구 결과를 살펴보았을 때, 한국 교과서에서 이처럼 강조되어야 할 맥락문제의 비율이 낮을 뿐 아니라 맥락문제가 지니고 있는 맥락성 또한 <미국 E>나 <미국 I> 교과서와 비교하여 매우 낮은 것으로 나타났다. 이는 국내 교과서에 제시된 문제들의 비구조성을 실제성, 복잡성, 개방성 측면에서 분석한 결과 국내 교과서에 제시된 문제들의 실제성이 매우 낮게 나타났음을 지적한 김민경, 이지영, 홍지연, 김은경(2011)의 연구결과와 같은 맥락으로 보인다.

한국 교과서의 맥락문제 특성은 일상성의 경우 소재만을 현실 세계에서 차용하여 인위적인 상황으로 제시하는 경우가 많았고, 다양성과 수학적 잠재성의 경우 "왜 그렇게 생각합니까?"라는 동일한 발문이나 동일한 형태로 제시되는 문제가 많아 학생들의 고등 수학적 사고를 이끌어 내기에는 부족한 측면이 있었다. 즉, 한국 교과서의 맥락문제는 <미국 E>, <미국 I>에서 제시되고 있는 일상성, 다양성, 수학적 잠재성이 모두 높은 문제들과는 달리 일상성, 다양성, 수학적 잠재성 각 요소의 일부분의 내용만을 포함하고 있다. Jurdak(2006)이 맥락문제의 조건으로 일상성, 다양성, 수학적 잠재성 세 가지 모두를 제시하고 있는 것과 같이 모든 요소가 포함된 맥락문제들을 살펴보면, 일상성을 통해 다양성과 수학적 잠재성이 극대화되고, 각각의 요소가 고루 포함되었을 때 비로소 수학화의 도구로써 맥락문제의 기능을 제대로 수행할 수 있었다. 이는 맥락문제가 일상성, 다양성, 수학적 잠재성과 같은 모든 특성을 지니고 있을 때 Treffers(1987)가 제시한 개념형성, 모델형성, 응용가능성, 응용상황에서의 연습 기회 제공과 같은 맥락문제의 기능이 제대로 이루어질 수 있다는 것을 보여준다. 따라서 한국 교과서가 수학과 목표에 부합하는 맥락문제를 제시하기 위해서는 맥락문제에 대한 폭넓을 이해를 바탕으로 맥락의 요소가 고루 반영된 맥락문제의 개발이 필요할 것으로 보인다.

현실에서 일어나는 풍부한 상황들을 맥락으로 접해보고, 맥락 속에서 수학적 본질을 찾아가는 과정을 통해 수학학습을 하는 수학화는 RME의 본질이고, 이는 풍부한 맥락을 통해서 학생들에게 제공되어야 한다. 학생들은 맥락문제를 통해서 자신의 경험을 떠올리게 되고, 이를 수학적 개념과 연결지어 추상적이고 세련된 수학과 연결지으며 수학을 학습한다. 따라서 맥락문제는 학습자에게 수학학습에 대한 자연스러운 동기를 제공한다는 측면에서 맥락문제를 활용한 수학 교육은 강조되어야 하며, 이를 위해서는 학생들에게 단순히 많은 수의 맥락문제를 접할 수 있도록 하는 것보다는 맥락성이 높은 맥락문제를 통해 수학화의 과정을 경험할 수 있도록 하는 것이 중요할 것으로 보인다. 또한 교수·학습 및 평가라는 수학 교육의 일련의 과정을 통해 계속적으로 맥락문제를 경험하도록 하기 위해서는 맥락문제를 이용한 효과적인 교수·학습 방법 및 평가에서의 맥락문제의 적용과 관련된 후속 연구 또한 필요할 것으로 보인다.

강옥기 (1985). 수학 교육과 학습자료 개발 연구. 교육개발, 7(1), 59-65.

강인애 (1997). 왜 구성주의인가? -정보화시대와 학습자 중심의 교육환경-. 서울: 문음사.

강지형 외 (1999). 7차 교육과정에 의한 초등수학교육. 서울: 동명사.

교육과학기술부 (2009). 초등학교 교육과정. 교육과학기술부.

교육과학기술부 (2010a). 수학 4-1. 교육과학기술부.

교육과학기술부 (2010b). 수학 4-2. 교육과학기술부.

교육과학기술부 (2010c). 수학 익힘책 4-1. 교육과학기술부.

교육과학기술부 (2010d). 수학 익힘책 4-2. 교육과학기술부.

교육과학기술부 (2012). 보도자료, "수학교육 선진화 방안" (2012.1.10.일자).

교육인적자원부 (2007). 초등학교 교육과정. 교육인적자원부.

김민경, 민선희, 김혜원 (2011). 수학 교과에서의 상황맥락적 문제에 대한 교사의 인식. 수학교육, 50(2), 15-31.

김민경, 박은정, 허지연 (2012). '맥락성' 관점에서 본 수학교과서의 문제 분석. 한국학교수학회논문집, 15(1), 1-25.

김민경, 이지영, 홍지연, 김은경 (2011). 초등학교 수학교과서에서 나타난 '문제'의 비구조성(ill-structured)에 관한 연구. 학습자중심교과교육연구, 11(2), 1-21.

김민경, 이지영, 홍지연, 주현정 (2012). 자료분석에 관한 비구조화된 문제해결모형 적용에서 나타난 초등학교 5학년 학생들의 의사결정에 관한 연구. 수학교육논문집, 26(2), 221-247.

김원경, 백경호 (2004). 고등학교 확률과 통계영역에서 현실적 수학교육의 적용을 위한 문맥 연구. 수학교육논문집, 18(1), 137-155.

남승인, 류성림 (2004). 문제 해결 학습의 원리와 방법. 서울: 형설출판사.

박성익, 임철일, 이재경, 최정임 (2008). 교육방법의 교육공학적 이해. 서울: 교육과학사.

송정화 (2010). 상황적 추상화 과정의 고찰: 함수의 변화율을 중심으로 한 사례연구. 이화여자대학교 대학원 박사학위논문.

우정호 (2000). 수학학습-지도 원리와 방법. 서울: 서울대학교 출판부.

장혜원 (2002). 수학 학습을 위한 상황문제의 활용. 학교수학, 4(3), 483-494.

정영옥 (1997). Freudenthal의 수학화 학습-지도론 연구. 서울대학교 대학원 박사학위논문.

최정임 (1996). 상황의 맥락성과 복잡성이 학업성취와 태도. 지식의 전이에 미치는 효과: 수학적 문제해결 능력을 중심으로. 교육공학연구, 12(1), 213-230.

한국교육공학회 (2005). 교육공학 용어사전. 서울: 교육과학사.

한국교육과정평가원 (2009a). 수학·과학 성취도 추이변화 국제비교 연구-TIMSS 2007 결과 보고서. 연구보고 RRE 2008-3-3.

한국교육과정평가원 (2009b). PISA와 TIMSS 상위국과 우리나라의 교육과정 및 성취 특성 비교 분석. 연구보고 RRE 2009-7-2.

한국교육과정평가원 (2010). OECD 학업성취도 국제비교 연구(PISA 2009)결과 보고. 연구보고 RRE 2010-4-2.

Arlin, P. K. (1989). The problem of the problem. In J. D. Sinnott (Ed.), *Everyday problem solving: Theory and applications* (pp. 229-237). NY: Praeger.

Bransford, J. D. (1994). Who yz gonna call? Thoughts about teaching problem solbing. In P. Hallinger, K. Lithwood, & J. Murphy (Eds.), *Cognitive perspectives on educational leadership*. New York: Teachers College Press.

Bransford, J. D., & Stein, B. S. (1983). *The IDEAL problem solver: A guide for improving thinking, learning, and creativity*. New York: Freeman.

Bransford, J. D., Zech, L., Schwatrz, D., Barron, B., Vye, N., & The Cognition and Technology Group at Vanderbilt University (1996). Fostering mathematical thinking in middle school students: Lessons from research. In R. J. Sternberg & T. Ben-Zeev (Eds.), *The Nature of Mathematical Thinking* (pp. 203-250), Lawrence Erlbaum, Hillsdale, NJ.

Brown, J. S., Collins, A. S., & Duguid, P. (1989). Situated cognition and the culture of learning. *Educational Researcher, 18*(1), 32-42.

Bulu, S. T., & Pedersen, S. (2010). Scaffolding middle school students' content knowledge and ill-structured problem solving in a problem-based hypermedia learning environment. *Education Tech Research, 58*, 507-527.

Butts, T. (1980). *Posing problem solving in school math*. NCTM., Yearbook, 24-25.

Charles, R. I., & Lester, F. K. (1982). *Teaching problem solving-what, why & how*. Palo alto, C. A.: Dale Seymour Publishing.

Chi, M. T. H., & Glaser, R. (1985). Problem solving ability. In R. J. Sternberg (Ed.), *Human abilities: An information processing approach*. NY: W. H. Freeman.

Cognition and Technology Group (1992). Anchored instruction in science and mathematics: theoretical basis, developmental projects, and initial research findings. In R. A. Duschl, & R. J. Hamilton(Eds.), *Philosophy of science, cognitive psychology, and educational theory and practice*. Albany, NY: State University of New York Press.

Cognition and Technology Group at Vanderbilt. (1997). *The Jasper project*. Lawrence Erlbaum Associates, NJ.

Cole, M. M., & Cole, S. R. (1989). *The development of children*. San Francisco. Freeman.

de Lange, J. (1987). *Mathematics, insight and meaning*. Utrecht: Freudenthal Institute.

de Lange, J. (1994). Assessment: No Change without Problems. In T. A. Romberg (Ed), *Reform in school mathematics and authentic assessment* (pp. 87-172). Albany, NY: SUNY Press.

de Lange, J. (1996). Mathematics education and assessment. *Journal of the Association of*

Mathematics Education of South Africa, 42, 14-20.

Duffy, T. M., & Jonassen, D. H. (1991). Constructivism: New implications for instructional technology? *Educational Technology, 31*(5), 7-12.

Dunkle, M. E., Schraw, G., & Bendixen, L. D. (1995, April). *Cognitive processes in well-defined and ill-defined problem solving*. Paper presented at the annual meeting of the American Educational Research Association, San Francisco, CA.

Freudenthal, H. (1991). *Revisiting mathematics education*. Dordrecht: Kluwer.

Freudenthal, H. (1991). *Revisiting mathematics education. China Lectures*, Kluwer Academic Publishers.

Gagne, E. D. (1985). *The cognitive psychology of school learning*. Boston, MA: Little, Brown Company.

Ge, X., & Land, S. M. (2003). Scaffolding students' problem-solving processes in an ill-structured task using question prompts and peer interactions. *Educational Technology Research and Development, 51*(1), 21-38.

Ge, X., & Land, S. M. (2004). A conceptual framework for scaffolding ill-structured problem-solving process using question prompts and peer interactions. *Educational Technology Research and Development, 52*(2), 5-22.

Gick, M. L. (1986). Problem-solving strategies. *Educational Psychologist, 21*, 99-120.

Goris, T., & Van der Kooij, H. (1998). Reform in secondary math education in the Netherlands: Co-operation of research and practice. *CIEAEM 50*. Neuchatel, Switzerland. Retrieved Feb 20, 2011 from http://www.fi.uu.nl/twin/en/presentations.

Greeno, J. (1978). Natures of problem-solving abilities. In W. Estes (Ed.), *Handbook of learning and cognitive processes* (pp. 239-270). Hillsdale, NJ: Lawrence Erlbaum Associates.

Gravemeijer, K., & Doorman, M. (1999). Context problems in realistic mathematics education: A calculus course as an example. *Educational Studies in Mathematics, 39*, 111-129.

Harley, S. (1993). Situated learning and classroom instruction. *Educational Technology, 33*(3), 46-51.

Herrington, J., & Oliver, R. (1995). Critical characteristics of situated learning: Implications for the instructional design of multimedia. *Paper presented at the Twelfth annual ASCILITE-Australia Society for Computers in Tertiary Education Conference*. Melbourne, VIC. Retrieved Feb 20, 2011 from http://www.ascilite.org.au/conferences/melbourne95/smtu/papers/ herrington.pdf.

Holmes, E. E. (1985). *Children learning mathematics: A cognitive approach*. Englewood. Cliffs. NJ: Prentice-Hall.

Hong, N. S. (1998). *The relationship between well-structured and ill-structured problem solving in multimedia simulation*. Unpublished doctoral dissertation, The Pennsylvania State University.

Jonassen, D. H. (1997). Instructional design models for well-structured and ill-structured problem-solving learning outcomes. *Educational Technology Research and Development, 45*(1), 65-94.

Jurdak, M. (2006). Contrasting perspectives and performance of high school students on problem solving in real world, situated, and school contexts. *Educational Studies in Mathematics, 63*(3), 283-301.

Krulik, S., & Rudnick, J. (1984). *A source for teaching problem solving*. Allyn and Bacon, Inc.

Lave, J. (1988). *Cognition in practice*. New York: Cambridge University Press.

Lenchner, G. (1983). *Creative problem solving in school mathematics*. Boston, MA: Hougton Mifflilin Co.

Lester, F. K. (1978). Mathematical problem solving in the elementary school: Some educational and psychological considerations. In L. L. Hatfield & D. A. Bradbard (Eds.), *Mathematical problem solving: Papers from a research workshop*. Columbus, Ohio: ERIC/SMEAC.

McGraw-Hill (2007a). *Everyday mathematics Grade 4 math master*. Chicago: McGraw-Hill.

McGraw-Hill (2007b). *Everyday mathematics Grade 4 student math journal*. Chicago: McGraw-Hill.

McGraw-Hill (2007c). *Everyday mathematics Grade 4 student reference book*. Chicago: McGraw-Hill.

McGraw-Hill (2007d). *Everyday mathematics Grade 4 teacher's lesson guide*. Chicago: McGraw-Hill.

McGraw-Hill (2009). *Math connects Grade 4 teacher edition*. Singapore: McGraw-Hill.

Meacham, R. E., & Emont, N. M. (1989). The Interpersonal basis of everyday problem solving. In J. D. Sinnott (Ed.), *Everyday problem solving: Theory and applications* (pp. 7-23). NY: Praeger.

National Council of Supervisors of Mathematics [NCSM] (1977). Position statement on basic skills. *Arithmetic Teachers* (1977, Oct), 18-22.

Newell, A., & Simon, H. (1972). *Human problem solving*. Englewood Cliffs, NJ: Prentice Hall.

Petraglia, J. (1998). *Reality by design: The rhetoric and technology of authenticity in education*. Mahwah, NJ: Lawrence Erlbaum.

Polya, G. (1957). *How to solve it?* Princeton, NJ: Princeton University Press.

Rogoff, B. (1984). Introduction: Thinking and learning in social context. In B. Rogoff & J. Lave (Eds.), *Everyday cognition: Its development in social context* (pp. 1-8). Cambridge, MA: Harvard University Press.

Shin, N., Jonassen, D. H., & McGee, S. (2003). Predictors of well-structured and ill-structured problem solving in an astronomy simulation. *Journal of Research in Science Teaching, 40*(1), 6-33.

Simon, D. P. (1978). Information processing theory of human problem solving. In D. Estes (Ed.), *Handbook of learning and cognitive process*. Hillsdale, NJ: Lawrence Erlbaum.

Sinnott, J. D. (1989). A model for solution of ill-structured problems: Implications for everyday and abstract problem solving. In J. D. Sinnott (Ed.), *Everyday problem solving: Theory and applications* (pp. 72-99). NY: Praeger.

Spiro, R. J., Coulson, R. L., Feltovich, P. J., & Anderson, D. K. (1988). *Cognitive flexibility theory: Advanced knowledge acquisition in ill-structured domains*. Tech Report No. 441. Champaign, IL: University of Illinois, Center for the Study of Reading.

Spiro, R. J., Vispoel, W., Schmitz, J., Samarapungavan, A., & Boerger, A. (1987). Knowledge acquisition for application: Cognitive flexibility and transfer in complex content domains. In B. C. Britton (Ed.), *Executive contrA. processes*. Hillsdale, NJ: Lawrence Erlbaum Associates.

Stinner, A. (1995), Providing a contextual base and theoretical structure to guide the teaching of science form early years to senior years. *Science & Education, 5*, 247-266.

TERC (2008a). *Implementing investigations in grade 4*. Cambridge: Pearson Education.

TERC (2008b). *Investigations grade 4 Resource Master*. Cambridge: Pearson Education.

TERC (2008c). *Investigations grade 4 Student Book*. Cambridge: Pearson Education.

Treffers, A. (1987). *Three dimensions: A model of goal and theory description in mathematics instruction: The Wiskobas Project*. Dordrecht: D. Reidel Publishing Company.

Treffers, A., & Goffree, F. (1985). Rational analysis of realistic mathematics education. *Proceedings of the 9th International Conference for the Psychology of Mathematics Education, 2*, 97-121.

Van den Heuvel-Panhuizen, M. (2005). The role of contexts in assessment problems in mathematics. *For the Learning of Mathematics, 25*(2), 2-9.

Voss, J. F. (1988). Problem solving and reasoning in ill-structured domains. In C. Antaki (Ed.), *Analyzing everyday explanation: A casebook of methods* (pp. 74-93). London: Sage.

Voss, J. F., & Means, M. L. (1989). Toward a model of creativity based upon problem solving in the social sciences. In J. A. Glover, R. R. Ronning & C. R. Reynolds (Eds.), *Handbook of creativity* (pp. 399-410). NY: Plenum.

Voss, J. F., & Post, T. A. (1988). On the solving of Ill-structured problems. In M. T. H. Chi, R. Glaser, & M. J. Farr (Eds.), *The nature of expertise* (pp. 261-285). Hillsdale, NJ: Erlbaum.

Wood, P. K. (1983). Inquiring systems and problem structures: Implications for cognitive development. *Human Development, 26*, 249-265.

Young, F. M. (1993). Instructional design for situated learning. *Educational Research Technology and Development, 40*(1), 45-58.

Part Ⅱ

非구조화된 문제 적용을 위한 기초 조사 및 모형 개발

본 편은 연구발표(김민경, 민선희, 김혜원, 2011; 김민경, 허지연, 박은정, 2014)의 일부를 요약, 수정보완하며 본 편의 내용 구성에 부합하게 종합 기술함.

본 Part에서는 비구조화된 문제에 관한 기초 조사를 실시하여 현장 적용에 대한 요구를 분석해보고 이를 바탕으로 비구조화된 상황맥락적 모형을 개발하는 과정을 제시하였다. 모형 개발을 위하여 먼저 비구조화된 문제의 특성과 개념, 최근 연구 동향 등을 분석하였는데, 이는 본 책의 Part Ⅰ에 자세히 기술하였으므로 이를 참고하도록 한다. 그 다음으로 비구조화된 문제에 대한 교사의 인식, 비구조화 문제의 해결 과정에 관한 여러 연구들을 살펴보고 이를 바탕으로 모형을 개발하였다.

본 편의 구성은 6장 비구조화된 문제와 문제해결에 대한 교사의 인식 조사, 7장 비구조화된 문제 적용을 위한 모형 개발 : ABCDE 모형으로 이루어져 있다. 6장에서는 상황맥락이 포함된 비구조화된 문제의 특성과 활용에 대한 교사들의 인식조사 연구 결과를 분석하였다. 이는 상황맥락적이며 비구조화된 문제를 현장에 적용하기 위한 기초 연구로써, 상황맥락이 포함된 비구조화 문제에 대한 교사들의 인식을 조사하는 데 그 목적이 있다. 조사 방법은 설문조사와 심층면담방식이며 서울 지역 초등학교 교사를 대상으로 실시하였다. 조사 연구 내용은 크게 수학문제 유형에 대한 교사 인식, 수학문제의 상황맥락적 정도에 대한 교사의 인식, 상황맥락적 문제의 활용방법과 기대효과에 대한 인식이며 각각의 통계적 유의미성을 알아보고, 심층면담을 통해 통계에서 나타나지 않은 구체적 내용을 살펴보았다. 연구 결과, 교과서에 수록된 수학문제 유형과 수학문제의 상황맥락적 정도에 대한 교사의 인식이 경력에 따라 유의미한 차이가 있는 것으로 나타났다. 또한 상황맥락적 문제의 활용방법과 기대효과에 대하여 교사들은 실생활 문제로 활용, 흥미 유발에 활용 가능하며 다양한 해결책을 찾는 능력과 고등사고력 신장에 도움이 될 것으로 응답하였으나, 학생의 수준차, 수업시간의 제한, 관련자료 및 프로그램의 부족 등의 어려움을 지적하였다. 이에 본 연구에서는 상황맥락이 포함된 비구조화 문제 및 프로그램 개발, 현장 환경의 개선 및 지원 등 다양한 연구가 이루어지기를 제언한다.

7장에서는 모형의 개발 과정을 수록하였는데, 분석 → 설계 → 모형개발 → 적용과 모형의 확장 순으로 각각의 과정을 구체적으로 기술하였다. 분석 및 자료 수집 단계에 대한 구체적인 내용은 본 책의 Part Ⅰ과 Part Ⅱ의 6장에 제시하였으므로 7장에서는 설계와 모형개발, 적용의 과정만 구체화하여 기술하였다.

한편, 설계와 모형개발 부분에서는 여러 문헌들을 분석하여 비구조화된 문제해결과정의 요소에는 어떠한 것이 있는지 살펴보고 공통적 요소를 추출한 내용을 실었다. 또한 문제해결에서 전문가와 초보자의 차이가 어떠한지 살펴보고 성공적인 문제해결을 위하여 어떠한 전략이 필요한 것인지 분석하였다. 그리고 이를 토대로 모형을 개발하였으며 그 과정을 상세히 제시하고자 하였다. 적용 부분에서는 개발된 모형을 초등학생과 예비교사를 대상으로 적용하여 얻은 결과를 모형에 반영한 내용을 수록하였다.

Part Ⅱ 非구조화된 문제 적용을 위한 기초 조사 및 모형 개발

6 非구조화된 문제와 문제해결에 대한 교사의 인식 조사

6.1 개요

본 연구는 상황맥락적이며 비구조화된 문제를 현장에 적용하기 위한 기초연구로써, 상황맥락이 포함된 비구조화 문제에 대한 교사들의 인식을 조사하는 데 그 목적이 있다. 조사 방법은 설문조사와 심층면담방식이며 서울 지역 초등학교 교사를 대상으로 실시하였다. 설문지는 교육청별로 11개교에 총 220부를 배포하였고 그 중 200부가 회수되었다. 심층면담 대상자는 수학에 관심이 있는 교사 3명으로 구성하였다. 조사 연구 내용은 크게 수학문제 유형에 대한 교사 인식, 수학문제의 상황맥락적 정도에 대한 교사의 인식, 상황맥락적 문제의 활용방법과 기대효과에 대한 인식이며, 각각의 통계적 유의미성을 알아보고 심층면담을 통해 통계에서 나타나지 않은 구체적 내용을 살펴보았다.

연구 결과, 수학문제 유형에 관하여 교사들은 경력별로 상이한 인식을 가지고 있는 것으로 나타났다. 즉, 교과서에서 다루고 있는 문제들이 주로 어떤 유형인가에 대하여 교사들은 경력에 따라 다르게 보았다. 수학문제의 상황맥락적 정도에 대한 교사의 인식에서도 경력에 따라 유의미한 차이를 보였는데, 조사에서 주어진 네 가지 유형의 문제를 보고 상황맥락적 정도가 어떠하냐는 질문에 대하여 다른 의견을 제시하였다. 심층면담에서도 같은 결과를 보였는데, 문제 속에 맥락이 포함되어 있지 않더라도 문제에 활용된 소재가 실생활과 관련이 있는가에 따라 상황맥락적 정도가 높다고 인식하고 있는 경우도 있음을 알 수 있었다. 상황맥락적 문제의 활용방법과 기대효과에 대하여 교사들은 실생활 문제로 활용, 흥미 유발에 활용 가능하며 다양한 해결책을 찾는 능력과 고등사고력 신장에 도움이 될 것으로 응답하였다.

교사들은 대체로 상황맥락이 포함된 비구조화 문제에 대하여 고등사고력 신장 및 창의적 사고 함양에 도움이 된다는 긍정적 인식을 가지고 있었으나, 학생의 수준차, 수업시간의 제한, 관련자료 및 프로그램 부족 등의 어려움을 지적하였다. 이에 본 연구에서는 상황맥락이 포함된 비구조화 문제 및 프로그램 개발, 현장 환경의 개선 및 지원 등 다양한 연구가 이루어지기를 제언한다.

6.2 조사 대상

6.2.1 설문 대상

서울지역 초등학교에 재직 중인 교사들의 수학문제에 대한 인식조사를 하기 위해 교육청별로 나누어 11개교 학교에서 실시하였으며, 임의 표집하였다. 총 220부를 배포하였으며 그 중 200부가 회수되어 회수율은 90.9%이었다.

본 조사에 임한 교사의 성별, 교직경력, 담당학년, 연령별 특성, 배경변인별 분포는 <표 6-1>과 같다. 성별은 남성이 30명(15%), 여성이 168명(84%), 무응답 2명(1%)의 비율을 나타내어 여교사가 많았으며 평균 교직경력은 157.5개월(13.1년)로 나타났다. 관심교과목의 경우 수학이 123명(24.6%)으로 가장 높았으며, 국어가 100명(20%), 사회가 59명(11.8%)의 순으로 나타났다.

표 6-1 교사 배경변인별 분포(1)

	항목	빈도수	비율		항목	빈도수	비율
성별	남	30명	15%	교직	0 ~ 5년	60명	30 %
	여	168명	84%	경력	6 ~10년	42명	21 %
	무응답	2명	1%		11 ~15년	35명	17.5%
	계	200명	100%		16 ~20년	14명	7 %
					21 ~25년	18명	9 %
					26 이상	26명	13 %
					무응답	5명	2.5%
					계	200명	100 %

표 6-1 | 교사 배경변인별 분포(2)

	항목	빈도수	비율		항목	빈도수	비율
담당 학년	1학년	30명	15 %	관심 교과	국어	100명	20 %
	2학년	16명	8 %		도덕	7명	1.4%
	3학년	28명	14 %		사회	59명	11.8%
	4학년	31명	15.5%		수학	123명	24.6%
	5학년	40명	20 %		과학	57명	11.4%
	6학년	25명	12.5%		실과	4명	0.8%
	교과	27명	13.5%		체육	27명	5.4%
	특수	1명	0.5%		음악	31명	6.2%
	무응답	2명	1 %		미술	42명	8.4%
	계	200명	100 %		영어	36명	7.2%
					바른생활	0명	0 %
					슬기로운 생활	5명	1.0%
					즐거운 생활	8명	1.6%
					우리들은 1학년	1명	0.2%
					계(중복응답)	500명	100 %

6.2.2 교사 면담

설문조사 외, 본 연구에 참여한 면담 대상자의 인적 특성은 <표 6-2>와 같다. 면담자 3명 모두 석사학위 이상 소지한 현직 교사이며 수학에 관심을 가지고 있어 본 연구의 취지를 이해하고 동참하기를 원하였다. 대상자 선정은 연구자가 관심을 둔 연구 주제에 대하여 참여의사가 있고 반성적 사고 수준이 높은 사례를 의도적으로 선택하여 연구대상으로 삼는 목적 표집방법을 사용하였다. 이는 연구자가 선정한 연구문제에 대해 자신의 의견을 좀 더 자유롭고 심도 있게 제시하고 연구문제의 본질에 대해 중요한 정보를 제공해줄 수 있는 사례를 보장하기 위함이다(김영천, 2006).

표 6-2 | 심층면담 대상자의 인적 사항

면담자	교직 경력	재직 중인 초등학교 유형	직위	관심분야
A 교사	9년	공립	교사	수학, 교육과정
B 교사	3년	사립	교사	수학, 미술
C 교사	7년	공립	교사	수학

6.3 연구 도구

6.3.1 설문조사

초등 교사들의 비구조화된 상황맥락적 문제에 대한 인식을 조사하기 위해 설문지를 사용하였다. 설문 항목은 문헌 및 선행연구(장혜원, 2002; Brown 외, 1989; Jonassen, 1997; Young, 1993)를 토대로 본 연구의 목적에 따라 수정·보완하여 개발하였고 총 18개의 문항으로 구성하였다.

설문 문항의 구체적인 내용은 교사의 배경적 요인, 수학문제유형에 따른 교사의 인식 정도, 교실에서의 수학수업 등 교사의 수학수업 및 수학문제에 대한 인식을 조사하는 것으로 구성되었다. 질문의 유형은 대부분 선다형 질문이며 일부 문항 및 기타 응답이 있는 문항의 경우에는 개방형으로 서술하도록 하였다. 흥미도와 기대효과 등과 같은 질문의 경우는 '전혀 그렇지 않다(1점), 그렇지 않다(2점), 보통이다(3점), 그렇다(4점), 매우 그렇다(5점)'의 Likert 척도에 따라 응답하도록 하였다.

표 6-3 설문조사 문항내역

영역구분	세부내용	문항
인적 배경	성별, 담당학년, 교직경력, 관심교과목	기타 1, 2, 3, 4
수학 흥미도	교사 및 학생들의 흥미도	1, 2
수학수업에 대한 인식	학생들이 수학학습을 하는 이유, 좋은 수학수업의 유형, 현재 학교현장에서의 수학수업 유형	3, 4, 5
수학문제에 대한 인식	창의적 문제해결력을 위한 문제유형, 현재 초등수업에서 다루고 있는 문제유형	6-1, 6-2
비구조화된 상황맥락적 문제에 대한 인식	상황맥락적인 문제에 대한 교사의 사전경험, 상황맥락 정도에 따른 문제유형 분류, 상황맥락적 문제활용의 기대효과 및 활용방법, 수업에 대한 필요성 및 도입의향	8, 9-1, 9-2, 10, 11, 13, 14, 16
수학수업에서의 교사의 어려움	문제해결 지도 시의 어려움, 상황맥락적 문제 활용 시 어려운 점, 문제해결에 관련한 개선점	7, 12, 15

Cronbach-α의 결과에 의거, 설문지 전체 문항에 대한 신뢰도는 .787로 나타났다. 따라서 본 연구에서 사용한 설문지가 초등 교사의 수학문제유형 및 수학수업에 대한

인식을 파악하기에 적절하다고 할 수 있다. 또한 내용 타당도는 대학원 석·박사과정에서 초등수학을 전공하는 현직교사 3인과 교수 1인에게 검토받아 확보하였다. 마지막으로 현직교사들을 대상으로 사전 확인을 거쳐 질문 제기상의 오류와 미비한 점을 보완하도록 하였다.

6.3.2 교사 면담

교사들의 인식을 심층적으로 알아보기 위하여 다음 <표 6-4>와 같은 네 가지 유형의 문제를 제시하였고, 교사 면담을 시작하기 전에 문제에 대해 설명하는 시간을 가졌다. 각 대상자당 면담시간은 한 시간 정도 소요되었고, 사전에 준비된 문제를 토대로 진행하되 자유롭게 자신의 생각을 나타내도록 하였다. 또한 교사 변담 시 논의된 모든 내용은 사전에 대상자들의 동의하에 녹취하였다.

표 6-4 ∥ 교사 면담의 질문유형

질문유형	질문예시
수학문제 유형에 대한 인식	• 어떤 유형의 수학문제가 실제 수업에서 적용되고 있는가? • 학생들에게 효과적인 수학문제 유형은 무엇인가?
상황맥락적 수학문제에 대한 인식	• 상황맥락적 수학문제가 무엇이라고 생각하는가? • 수학에서 다루는 문제와 문제해결력은 무엇이라고 생각하는가?
수학수업에 대한 인식	• 수학수업에서 강조하고 있는 부분은 무엇인가? • 좋은 수학수업이란 어떠한 형태인가?
지원체계에 대한 인식	• 수학수업을 위해 필요한 지원제도 및 연수, 자료 등은 무엇인가?

6.4 자료 분석과 처리

설문분석을 위한 통계 처리는 SPSS 18.0 프로그램을 사용하였으며, 조사대상의 일반적 특성을 파악하기 위해 문항별 반응결과는 빈도수와 백분율로 표기하였다. 또한 초등 교사들의 상황맥락적 문제에 대한 경력별 비교를 위해서는 교차분석(카이검정)을 통해 처리하였다.

주관식으로 응답한 설문내용 및 심층면접의 결과에 대해서는 주제별 코딩을 통해 설문조사를 통해 나타난 결과의 심층적 의미를 찾아내고 연구결과를 다른 개념과 연관지어 개념화시킬 수 있도록 하였다(김영천, 2006). 또한 자료분석과 해석의 타당도를 높이기 위해 현직 교사 및 초등교육전문가와 함께 검토하였다.

6.5 조사 결과

6.5.1 수학문제 유형에 대한 초등 교사들의 인식

초등 교사들이 수학문제에 대하여 어떻게 인식하고 있는지 알아보기 위해 학교에서 다루고 있는 수학문제유형과 창의적인 문제해결력이 필요한 문제유형에 대해 질문하였다. 수학문제유형에 대한 초등 교사들의 응답결과는 <표 6-5>와 같다.

표 6–5 수학문제유형에 대한 초등 교사들의 인식

응답수(%)

문제유형	학교에서 주로 다루는 문제	창의적 문제해결력을 돕는 문제유형
반복적인 계산 연습문제	41(20.5)	3(1.5)
하나의 연산이 필요한 적용문제	93(46.5)	4(2)
두 가지 이상의 연산이 필요한 적용문제	55(27.1)	21(10.5)
문제해결에 필요한 정보를 스스로 판단하여 푸는 열린 문제	8(4.0)	172(86)

학교에서 주로 다루는 문제는 '하나의 연산이 필요한 적용문제(93명, 46.5%)', '두 가지 이상의 연산이 필요한 적용문제(55명, 27.1%)', '반복적인 계산 연습문제(41명, 20.5%)'의 순으로 나타났다. 이는 초등 교사들이 문제상황을 해결하기 위해 수학을 이용하는 실용적인 관점 및 수학의 기초개념 및 기능을 습득하기 위한 것(교육부, 1998)으로 문제를 인식하고 있는 것으로 보인다. 이러한 결과가 교사의 경력별 차이와 연관이 있는지 알아보기 위해 각 경력에 따라 응답한 빈도수를 살펴보고 x^2 검정을 실시하였다.

표 6-6 | 초등학교에서 다루고 있는 수학문제에 대한 초등 교사의 경력별 인식차이

	0~5년	6~10년	11~15년	16~20년	21~25년	26년 이상	무응답	계	x^2	p
반복적인 계산 연습문제	16 (26.7)	6 (14.3)	8 (22.9)	2 (14.3)	3 (16.7)	5 (19.2)	1 (20)	41 (20.5)	44.02	.008**
하나의 연산이 필요한 적용문제	32 (53.3)	23 (54.8)	17 (48.6)	7 (50)	3 (16.7)	8 (30.8)	3 (60)	93 (46.5)		
두 가지 이상의 연산이 필요한 적용문제	11 (18.3)	10 (23.8)	10 (28.6)	5 (35.7)	10 (35.7)	8 (30.8)	1 (20)	55 (27.1)		
문제해결에 필요한 정보를 스스로 판단하여 푸는 열린 문제	1 (1.7)	3 (7.1)	0	0	0	4 (15.4)	0	8 (4.0)		
무응답	0	0	0	0	2 (11.1)	1 (3.8)	0	3 (1.5)		
전체	60 (100)	42 (100)	35 (100)	14 (100)	18 (100)	26 (100)	5 (100)	200 (100)		

** $p < .01$에서 유의함

경력이 낮은 경우 '하나의 연산이 필요한 적용문제'가 많다고 응답하였으나 경력이 높아질수록 '두 가지 이상의 연산이 필요한 적용문제'와 '문제해결에 필요한 정보를 스스로 판단하여 푸는 열린 문제'에 대해 응답하는 교사 수가 증가함을 알 수 있었다. 이와 같은 결과는 교과서에 제시한 동일한 문제에 대해서도 교사의 경력에 따라 문제 유형이 어떤지 인식하는 것이 다르다는 것으로 볼 수 있다. 특히 '문제해결에 필요한 정보를 스스로 판단하여 푸는 열린 문제'에서는 경력별로 응답의 차이가 나타났는데, 경력 0~5년(1명, 1.7%) 및 6~10년(3명, 7.1%)과 26년 이상(4명, 15.4%)의 교사들이 열린 문제를 학교에서 다루고 있다고 응답한 반면, 11~25년의 경력을 가진 교사들은 없다고 응답하였다. 통계적으로 유의미한지 알아보기 위해 x^2 검정을 실시한 결과, x^2 통계값은 44.02, 유의확률은 .008로 나타나 유의수준 .05에서 경력에 따라 학교에서 다루는 문제에 대한 교사들의 인식이 유의한 차이가 있다고 할 수 있다.

이와 같은 결과는 교사 면담을 통해서도 확인할 수 있었다. 교사들은 '□ 안에 알맞은 수를 써 넣으시오. 5 : 3 = 10 : □'와 같은 유형의 문제는 단순히 계산 문제라고 할 수도 있지만 비례의 개념을 익히게 하는 중요한 문제로 보고, 실제 학생들에게 제시할 때 복잡한 형태로 변형되어 제시될 수 있다고 응답하였다. 따라서 교사들의 경력이 높아질수록 문제와 연관 짓는 지식과 경험이 많아지면서 문제유형에 대한 인식이 달라지는 것이라고 해석할 수 있다. 또한 초등 교사들은 최근 들어 문제해결력을 강조하고 있지만 교과서상에서 제공되는 문제는 응용문제가 많아진 수준 정도라고 언급하였으며 고차원적인 문제해결력을 요하는 것은 다소 무리가 있음을 지적하였다. 따라서 문제해결력 향상을 위해 좀 더 다양하고 심화된 유형의 문제가 요구되는 것으로 보인다.

6.5.2 수학문제의 상황맥락적 정도에 대한 초등 교사들의 인식

초등 교사의 상황맥락적 문제에 대한 사전 경험이 있는지 살펴보았다. 교사 200명의 응답자 중에서 98명의 교사(49%)들이 '많이 들어보았으나 내용은 모른다'고 응답하였다. 한편 '전혀 들어본 적이 없다'는 26명(13%), '들은 적이 없다'도 55명(27.5%)으로 나타났으며 '관심이 있어서 공부한 적이 있다'고 응답한 교사들도 20명(10%)에 불과하였다. 따라서 대부분의 교사가 상황맥락적 문제에 대해 경험이 없거나(40.5%), 들어본 적은 있으나 내용은 모르는 것(49%)으로 나타났다. 이와 관련하여 초등 교사들의 문제유형에 대한 인식의 차이를 구체적으로 살펴보고자 다음과 같은 네 종류의 문제를 제시하고, 상황맥락적 정도에 따라 순서대로 배열하도록 하였다.

- 문제 A : □ 안에 알맞은 수를 써 넣으시오.
  5 : 3 = 10 : □
- 문제 B : 한 개에 400원 하는 과자가 500원으로 오르고, 한 개에 1000원 하는 빵이 1200원으로 올랐습니다. 과자와 빵 중에서 오른 비율이 더 큰 것은 어느 것입니까?
- 문제 C : ★★초등학교 6학년 3반 학생들은 '우주'를 테마로 한 교내 작품 전시회를 위해 모둠별로 협동작품을 제작하려고 합니다. 학생들은 작품의 주제를 '태양계의 행성들'로 정하고, 모형 태양계를 만들려고 합니다. 학생들은 태양계 모형 제작에 앞서 태양계에 속한 여러 행성들의 크기(지름의 길이)와 태양으로부터의 거리를 조사하고, 태양계 모형 제작을 위한 태양계 모형의 설계도(구상도)를 그리기로 하였습니다. 작품 전시를

위해 모둠별로 할당된 구역이 전지 1장과 모양과 크기가 같을 때, 각 행성들의 크기 및 행성들 간의 거리 등의 비와 비율을 고려하여 전지 1장에 태양계 모형의 설계도(구상도)를 그려봅시다.

• 문제 D : 가로와 세로의 비가 3 : 7인 직사각형을 그리려고 합니다. 가로를 12cm로 했을 때, 세로는 몇 cm로 하면 됩니까?

<표 6-7>은 상황맥락 정도에 대해 응답한 교사들의 결과를 경력에 따라 나타낸 것이다. 문제 A의 경우 상황맥락 정도가 매우 약하다고 대부분 응답(183명, 91.5%)하였으나 매우 강하다고 응답한 경우도 9명(9.4%)으로 나타났다. 문제 B의 경우는 상황맥락적 정도가 강하다고 응답이 가장 많이 나왔으나(31명, 15.5%), 약하다는 응답(31명, 15.5%)도 나와 같은 문제를 바라보는 인식의 차이가 있음을 알 수 있었다. 특히 경력 11~15년(3명, 8.6%), 26년 이상(1명, 3.8%)의 경우는 문제 B의 상황맥락 정도가 매우 강하다고 응답하였다는 점에서 경력에 따라 상황맥락 정도를 바라보는 시각이 다름을 확인할 수 있다. 문제 C의 경우는 상황맥락적 정도가 매우 강하다는 응답이 많이 나왔으나(182명, 91%), 경력이 0~5년(3명, 5%), 6~10년(4명, 9.5%), 16~20년 경력의 교사들이 매우 약하다고 응답(2명, 14.3%)하여 역시 경력별로 문제의 상황맥락 정도를 인식하는 데 차이가 나타나고 있음이 보고되었다. 문제 D의 경우도 전체 결과로는 상황맥락적 정도가 약하다고 하였으나(162명, 81%) 경력별로 16~20년의 경우는 강하거나(3명, 21.4%), 매우 강하다(1명, 7.1%)라고 응답하였다. 따라서 위의 결과와 마찬가지로 상황맥락적 정도가 약하다고 응답한 교사들(경력 0~5년: 55명, 91.7%, 11~15년: 32명, 91.4%)과 인식의 차이가 있음을 보여준다.

경력에 따른 인식의 차이가 통계적으로 유의미한지 살펴보기 위하여 x^2 검정을 실시하였다. 제시된 문제의 상황맥락 정도를 인식하는 데 있어 유의수준 .05에서 경력에 따른 차이가 나타났으며 이는 동일한 문제를 제시했을 때라도 경력에 따라 상황맥락적 정도를 인식하는 데는 차이가 있다고 할 수 있다.

표 6-7 ‖ 상황맥락적 정도에 대한 초등 교사의 경력별 인식차이

단위 : 응답수(%)

문제 유형	상황맥락 정도	0~5년	6~10년	11~15년	16~20년	21~25년	26년 이상	계
문제 A	매우약함	56(93.3)	36(85.7)	33(94.3)	12(85.7)	17(94.4)	24(92.3)	183(91.5)
	약함	1(1.7)	0	0	1(7.1)	0	0	2(1.0)
	강함	0	1(2.4)	1(2.9)	0	1(5.6)	0	3(1.5)
	매우강함	3(5)	4(9.5)	0	1(7.1)	0	1(3.8)	9(4.5)
문제 B	매우약함	0	0	0	0	1(5.6)	0	1(5.0)
	약함	4(6.7)	9(21.4)	2(5.7)	3(21.4)	4(22.2)	9(34.6)	31(15.5)
	강함	55(91.7)	32(76.2)	29(82.9)	11(78.6)	13(72.2)	16(61.5)	161(80.5)
	매우강함	0	0	3(8.6)	0	0	1(3.8)	3(1.5)
문제 C	매우약함	3(5)	4(9.5)	0	2(14.3)	0	1(3.8)	10(5.0)
	약함	0	0	0	0	1(5.6)	0	2(1.0)
	강함	0	0	3(8.6)	0	0	0	3(1.5)
	매우강함	57(95)	37(88)	31(88.6)	12(85.7)	17(94.4)	24(92.3)	182(91.0)
문제 D	매우약함	1(1.7)	1(2.4)	1(2.9)	0	0	0	3(1.5)
	약함	55(91.7)	32(76.2)	32(91.4)	10(71.4)	13(72.2)	16(61.5)	162(81.0)
	강함	4(6.7)	8(19)	1(2.9)	3(21.4)	4(22.2)	9(34.6)	29(14.5)
	매우강함	0	0	0	1(7.1)	1(5.6)	0	3(1.5)
무응답	매우약함	0	1(2.4)	1(2.9)	0	0	1(3.8)	3(1.5)
	약함	0	1(2.4)	1(2.9)	0	0	1(3.8)	3(1.5)
	강함	1(1.7)	1(2.4)	1(2.9)	0	0	1(3.8)	4(2.0)
	매우강함	0	1(2.4)	1(2.9)	0	0	1(3.8)	3(1.5)

표 6-8 ‖ 상황맥락적 정도에 대한 경력별 인식 차이에 관한 통계값

상황맥락 정도	x^2	자유도	유의확률
매우 약함	22.18	$df=24$	$p=5.67$
약함	50.28		$p=.001$*
강함	37.92		$p=.035$*
매우 강함	41.54		$p=.015$*

* $p<.05$에서 유의함

한편, 제시된 네 가지 수학 문제가 어떤 특징이 있는지에 대하여 응답하도록 하였는데, 초등 교사들은 문제 A에 대해 '가장 평가하기 쉬운 문제(172명, 86%)', '본인이 가장 가르치기 쉬운 문제(139명, 69.5%)', '수업시간에 주로 다루는 문제(86명, 43%)'라고 응답하였다. 문제 B에 대해서는 '현실 세계와 가장 관련이 있는 문제(134명, 67%)', '학습자에게 가장 흥미와 동기를 유발시키는 문제(74명, 37%)'라고 응답하였다. 이는 심층면접에서 교사들에게 문제 B가 어떤 유형인지 질문하였을 때 다음과 같이 설명하여 왜 그렇게 생각하는지 알 수 있었다. 빵과 과자와 같은 소재가 학생들에게 친숙하고 실제 학생들의 일상생활에서 물건을 구매하는 것과 같은 행동 및 사건들이 많이 발생하므로 현실 세계와 관련이 높고 쉽게 흥미를 유발할 수 있다는 것이다. 그러나 문제 B의 상황맥락 정도에 대해서는 인식의 차이가 나타났다. 이는 '실세계와 연관이 있다'라는 표현이 소재의 차용인지 아니면 맥락을 고려한 것인지에 대해 교사들이 다르게 인식하고 있기 때문이라고 보여진다. 이와 관련하여 구체적인 내용이 무엇인지 살펴보고자 심층면접을 실시하였으며 교사들은 다음과 같이 응답하였다.

> 문제 B가 실생활 문제인 것 같아요. 빵이 나오니까, 과자가 나오고. 좋아하는 게 나와서. 그렇지만 아이들이 그다지 관심을 가질 것 같진 않고 어쨌든 400원에서 500원 올랐고, 1000원에서 1200원 올랐으니까 그게 익숙할 것 같아요. 명확하니까.(교사 A)

표 6-9 수학문제특성에 대한 초등 교사들의 인식

단위: 응답수(%)

문항내용	문제 A	문제 B	문제 C	문제 D	무응답
수업시간에는 주로 다루는 문제	86(43)	46(23)	1(0.5)	64(32)	3(1.5)
본인이 생각할 때 가장 가르치기 쉬운 문제	139(69.5)	25(12.5)	2(1)	31(15)	3(1.5)
가장 평가하기 쉬운 문제	172(86)	4(2)	4(2)	17(8.5)	3(1.5)
학습자의 흥미와 동기를 유발시키는 문제	7(3.5)	74(37)	99(49.5)	17(8.5)	3(1.5)
현실 세계와 가장 관련이 있는 문제	1(0.5)	134(67)	51(25.5)	12(6)	2(1)
문제해결능력 향상에 도움을 줄 수 있는 문제	3(1.5)	32(16)	138(69)	24(12)	3(1.5)
수학적 의사소통을 증진시킬 수 있는 문제	3(1.5)	22(11)	161(80.5)	11(5.5)	3(1.5)
수학적 추론능력을 증진시키는 문제	15(7.5)	0(0)	164(82)	18(9)	3(15)

문제 B 같은 경우에는 그냥 일반적으로 교과서에서 흔히 응용문제라고 하는 그런 문제인 것 같아요. 조금은 실생활의 과자라든지 빵 요런걸 도입해가지고 한 것 같은데, 일반적으로 이때까지 저희가 교과서에서 현장에서 많이 다루는 응용문제라고 생각이 들어요.(교사 B)

문제 B의 경우 과자나 빵이나 우리가 실생활에서 접하는 문제긴 하지만, 실세계 문제는 아닌 거 같아요. 우리가 생활하면서 닥칠 수 있는 문제는 굉장히 여러 가지 상황도 고려해야 하고, 변수도 많고 그렇잖아요. 그런 측면에서 보면 약한 거 같아요.(교사 C)

인터뷰 결과, 상황맥락 문제는 복잡하고 실제적인 문제를 포함하며, 다양한 상황을 제공하여 실제적 활동의 기회를 제공하는 측면에서 학생들에게 있어서 실제적인 문제가 무엇인지에 대한 교사들의 인식 차이가 있다는 것을 발견할 수 있었다. 교사 A의 경우는 상황에 대한 맥락을 고려하기보다는 학생들에게 친숙한 소재를 사용하고 학생들의 관심을 이끄는 문제를 상황맥락 정도가 강하다고 인식하고 있었다. 이에 비해, 교사 C의 경우는 다양한 상황을 고려하고 많은 변수가 있는지가 더 중요하며 단순히 친숙한 소재만을 사용한다고 상황맥락 정도가 강하다고 인식하지 않았다. 따라서 상황맥락 문제의 실제성 또는 실생활과 연계되는 것에 대해 교사마다 다양한 인식이 나타나고 있다는 것을 알 수 있었다.

문제 C에 대해서는 '수학적 추론능력을 증진(164명, 82%)'시키며, '문제해결능력 향상에 도움(138명, 69%)'을 줄 수 있고, '학습자에게 가장 흥미와 동기를 유발시키는 문제(99명, 49.5%)'라고 응답하였다. 상황맥락적 정도가 매우 강한 것으로 나타난 문제 C에 관해서 심층면담을 해본 결과, 문제 C가 비구조화된 상황맥락적 정도가 높기는 하지만 현장에서 활용하기에는 어려움이 있다는 점을 지적하였다. 한편 '우주'라는 주제가 과학에 흥미를 가지고 있는 일부 학생들에게 국한되는 주제, 특히 남학생들이 선호하는 주제이기에 학생들의 실생활과 가장 관련이 있다고 이야기하기는 어렵다는 답변도 나왔다.

문제 C는 실생활 문제라고 그건 아닌 것 같아요. 왜냐면 우주에 관심 있고 과학에 굉장히 관심 있는 그 몇 명의 아이들은 이것에 대해 호감 있고 되게 재밌어 할 수 있는데 딴 애들은 잘 이해 못할 것 같아요. (중략) 상황맥락적인 문제가 좀 더 부정적인 의미가 있는 것 같아요. 왜 이렇게 다 뭔가 이렇게 명확하지 않은데 왜 도입해야 하지? 왜냐면 체계화되어 있는 게 하나도 없잖아요. 이 문제들에서는, 그러니까 아이들이 할 수 있게 이끌어내도록 지도를 해야 하는데, 막상 실제 현장에서는 이끌어내다기보다는 전달한다는 개념이 좀 많거든요.(교사 A)

아직은 그런 쪽으로 제가 풍부하게 지식이 없으니까 상황맥락적 문제에 대해 그냥 막연하게 생각한다면, 먼저 학생들이 스스로 문제에 필요한 여기서도 제시되어 있지만 그런 것들이 확실하지 않고, 제시되어 있지 않은 거잖아요.(교사 C)

요약해 보면, 초등 교사들에 있어서 수학문제의 상황맥락적 정도가 강하다고 생각하는 경우는 친숙함과 실세계 소재를 사용함으로 인식하고 있었으며, 이는 한 가지 방법이 아닌 학생 스스로 탐구해서 찾아야 하는 다양한 방법이 필요한 문제라고 이해하고 있는 것으로 보인다. 그러나 상황맥락성이 가진 다양성과 모호함이 교사들이 학교현장에서 상황맥락적 문제를 활용하기 어렵다는 인식을 주고 있어 우선적으로 교사의 인식 전환을 유도하는 것이 필요하다. 그리고 상황맥락적인 문제를 이해할 때 소재만 실생활에서 차용하는 것이 아닌 문제상황의 맥락을 고려해야 한다는 점을 주지시킬 필요가 있으므로 이와 관련된 교사 연수나 프로그램이 개발되어야 한다. 또한 제7차 개정교육과정에서 학생 스스로 문제상황을 탐색하고 문제를 만들어 보는 활동을 추가한 것(교육과학기술부, 2009)과 같이 교사들도 교과서에 제시된 문제상황을 탐색하고 상황맥락적 문제를 만들어보는 기회를 갖도록 해야 할 것으로 보인다.

6.5.3 상황맥락적 문제의 활용방법과 기대효과에 대한 인식

상황맥락적 문제를 어떻게 활용 가능한지에 대한 중복응답을 허용한 결과 '실생활 문제로 활용 가능하다'고 가장 많이 응답(148명, 27.5%)하였고, 그 다음으로 '흥미유발에 활용 가능하다'고 응답(121명, 22.4%)하였다. 단원에서 활용방법에 대해서는 별도 단원으로 활용(46명, 8.5%)하기보다는 각 단원별로 통합적으로 지도하는 것(91명, 16.9%)이 좋다는 의견이 제시되었다. <표 6-10>은 상황맥락적 문제의 활용방법에 대한 구체적인 응답결과이다.

한편 교사들은 기존에 운영되어왔던 '문제해결'단원의 제한점을 지적하면서 통합적으로 적용할 수 있도록 교사들에게 다양한 상황문제를 제공해주는 것이 필요하다고 언급하였다. 이는 별도의 단원으로 되어 있던 문제해결단원이 2007 개정 교과서에서 단원별로 통합되어 제시되고 있는 점과 같은 맥락으로 보여지며, 상황맥락적 문제를 활용하는 것이 필요함을 제안하고 있는 것으로 판단된다. 반면, 단원에 국한될 경우 정해진 규칙대로 학생들이 접근할 것으로 우려하는 의견도 있었다.

표 6-10 ▌ 상황맥락적 문제의 활용방법

상황맥락적 문제의 활용방법	응답수(%)
흥미유발에 활용	121(22.4%)
수행평가에 활용	50(9.3%)
개념설명에 활용	36(6.7%)
재량활동시간에 활용	47(8.7%)
실생활 문제에 활용	148(27.5)
별도 단원으로 지도가능	46(8.5)
각 단원별로 통합 지도가능	91(16.9)
총	539(100)

우리가 목표로 하는 수학적인 지식 내용들을 배우는 하나하나의 상황맥락적인 그걸 적용하는 거 자체가 조금 어렵지 않을까요? 여러 가지의 것들을 고려하고 스스로 판단해서 적용해야 하는데. 사실 문장제 문제 보면요. 아이들이 덧셈을 배웠어요. 그럼 그 문장제 문제는 덧셈으로 풀잖아요. 내가 배웠던, 그건 결국에는 아이들이 스스로 문제를 해결하기 위해서 내가 필요한 지식을 끌어와서 쓰는 게 아니라 내가 배웠던 거에서 여기에 상황맥락적인 문제가 제시되어 있으니까 그걸 쓰겠죠.(교사 C)

문제해결단원이 별도로 있을 때는 뒷부분은 평가도 안하고 되게 소홀하게 넘어갔어요. 왜냐면 그게 시간적으로 뒤에 있었기 때문에 소홀하게 한 부분들이 많았기 때문에 상황맥락적 문제들도 단원 안으로 들어오면 훨씬 더 중점적으로 가르칠 수 있죠.(교사 A)

또한 실제 교실에서 적용한 사례를 구체적으로 제시하여 교사들이 상황맥락적 문제에 대해 개념적 이해뿐만 아니라 적용방법도 이해할 수 있도록 해야 한다고 지적하였다. 상황맥락적 문제만 제시하는 것이 아니라 '평가도구 및 방법'까지 제시할 수 있어야 하며, 이러한 패키지 형태의 자료 제공이 교사들로 하여금 적극적으로 상황맥락적 문제를 현장에 도입하는 데 도움이 된다고 제안하였다.

막상 현장에서는 다양하게 하진 않는데… 다양한 해결방법을 가질 수 있는, 가진 문제들이 많이 제시되면 교사가 지도는 할 수 있을 것 같아요. 그냥 애들한테 이건 어떻게 생각해 볼 수 있고, 누구처럼 어떻게 생각해 볼 수 있고… 근데 지금 현재 교과서에는 다양한 해결방법을 필요로 하는 문제들이 사실 이때까지 많이 제시되어 있는 것 같지 않거든요. 근데 제시되면 좋을 것 같아요.(교사 B)

자료만 주는 건 정말 소용이 없어요. 자료랑 그거에 해당하는 문제와 그걸 설명하고 어떻게 자료를 활용할 수 있는 방법이랑 다 주셔야지요. 평가도구든 수업에 사용할 수 있는 방법. 10분 이렇게 한 다음에 수업을 이렇게 한다. 그렇게 주셔야지 쓸 수 있어요.(교사 A)

심층면담에서 교사들은 상황맥락적 문제의 현장 도입에 관하여 학생 간 수준 차이가 많이 나기 때문에 시간의 부족이나 학습량 때문에 적용하기는 쉽지 않다는 점을 지적하였다. 그렇기 때문에 더욱 교사들의 수업준비를 도와줄 실제적인 자료와 사례들이 필요함을 강조하였고 학생들의 수준차를 고려한 다양한 유형의 상황맥락적 문제가 제공되어야 한다고 역설하였다.

상황맥락적 문제의 기대효과에 대한 응답결과는 <표 6-11>과 같으며 각 문항별 평균은 최대 4.32에서 최소 3.69까지 나타났다. 전체 11개 문항의 총 평균은 4.13으로 전체 평균 응답률을 볼 때, 4.30 이상이면 아주 높다고 할 수 있으며, 4.20 이상이면 높다고 생각할 수 있다. 4.10~4.20 미만의 경우 보통이라 할 수 있고, 4.10이라면 낮은 것으로 판단할 수 있다(권미선, 방정숙, 2009).

표 6-11 | 상황맥락적 문제의 기대효과

상황맥락적 문제의 기대효과	평균	표준편차
하나의 문제에 다양한 해결책이 있음을 경험할 수 있다.	4.32	.806
창의적으로 사고하는 능력을 함양시킬 수 있다.	4.30	.897
정보를 분석·조직·통합하는 사고를 경험할 수 있다.	4.25	.793
문제해결을 통해 새로운 수학적 지식을 구성할 수 있다.	4.24	.802
문제해결 관점에서 자신의 의견을 수학적으로 표현할 수 있다.	4.20	.821
복잡한 사고를 필요로 하는 현실적 문제해결을 경험할 수 있다.	4.18	.831
타교과와 연계할 수 있다.	4.17	.873
수학 교과의 실용성을 느낄 수 있다.	4.09	.791
학습자 중심의 활동이 가능하다.	4.05	.923
수학 학습에 대한 관심과 흥미를 유발할 수 있다.	3.92	.853
수학 학업성취도가 신장된다.	3.69	.823

초등 교사들은 상황맥락적 문제의 기대효과로 다양한 해결책을 경험하는 것이 가장 많이 기대된다고 응답(4.32)하였다. 또한 창의적 사고 및 정보에 대한 사고능력과 수학적 지식구성능력을 함양할 수 있다고 제시하였다. 결국 상황맥락적 문제를 도입하는 것은 창의적인 문제해결능력과 고등사고능력을 신장시키는 데 가장 효과적이라고 인식하고 있는 것으로 보여진다.

6.6 논의

일상생활과 직업 현장에서 수학을 이해하고 사용할 수 있어야 한다는 필요성은 점차 증대(NCTM, 2000)되고 있음에도 수학교실에서 다루어지는 문제가 현실상황보다는 인위적으로 조작된 가공의 세계를 반영하고 있으며, 주로 문제해결의 과정이 정형화되어 있다는 점이 문제점으로 제기(김수환 외, 2009)되고 있다. 바꾸어 말하면 학생들에게 다양한 상황맥락이 포함된 문제상황이 주어져야 한다는 의미로 해석할 수 있다. 상황맥락적 문제란, 실제성을 지닌 상황맥락과 함께 기능과 지식을 제시하고 학습자 스스로 문제해결에 도달할 수 있도록 하며 지식의 재구성을 통해 창의적으로 문제를 해결하도록 유도하는 문제이다. 상황맥락적 문제가 가진 이러한 특성은 최근 강조되고 있는 창의적 문제해결력을 키우기 위한 유용한 도구로 활용될 수 있음을 반증하는 것이다.

본 연구는 상황맥락적 문제의 현장 도입에 대한 기초연구로써 초등교사들이 갖고 있는 상황맥락적 수학 문제에 대한 인식을 조사하였다. 그 결과 및 시사점은 다음과 같다.

첫째, 초등 교사들은 창의적인 문제해결력을 신장시키기 위한 문제는 '문제해결에 필요한 정보를 스스로 판단하여 푸는 비구조화 문제'임을 알고 있으나 실제 학교 현장에서는 많이 다루고 있지 않다고 응답하였다. 제7차 교육과정에서 창의적인 문제해결력을 강조하고 있으나 실제 현장에서는 부족한 것으로 교사들이 인식하고 있으므로 실세계 상황을 고려한 상황맥락적 문제의 개발이 필요하다.

둘째, 교사들은 문제의 상황맥락에 대해 다르게 인식하고 있는 것으로 나타났다. 일부 교사들의 경우 실생활소재만을 사용하는 것이 상황맥락적이라고 인식한 반면, 어떤 교사들은 실생활의 다양한 변수를 고려한 다층적이고 복합적인 맥락의 고려가 상황맥락적인지를 판가름하는 기준이 된다고 응답하였다. 따라서 문제의 상황맥락에 대한 개념을 명확히 제시해 주어야 하며, 교사들이 그 특징을 파악하고 문제를 개발해보는 등의 다양한 경험을 가질 수 있도록 해주어야 할 것으로 보인다. 또한 상황맥락적 문제의 특성 및 개발 준거에 대한 교사 연수를 제공함으로써 상황맥락 문제에 대한 올바른 인식 전환이 시급하다.

셋째, 상황맥락적 문제의 활용과 기대효과에 대해서 초등 교사들은 '실생활문제'와 '흥미유발'에 활용할 수 있으며, 다양한 해결책을 찾아내는 능력과 고등사고능력을 기르는 데 도움이 될 것이라고 응답하였다. 이는 수학을 학생들의 일상생활과 타교과 및 학문영역과 연결하는 기회는 학생들이 능숙하게 수학을 활용할 수 있도록 도와줄 수 있다(NCTM, 2000)는 보고와 같은 맥락이다. 그러나 교사들은 실제 현장에서는 시간 부족, 학생의 수준차, 다양한 문제 및 관련 자료 부족 등으로 활용하기 어렵다는 점을 지적하였다. 따라서 현장에서 활용 가능한 상황맥락적 문제 및 교수·학습 프로그램의 체계적인 개발 및 보급이 요구된다고 보여진다.

7 非구조화된 문제 적용을 위한 모형 개발: ABCDE 모형

7.1 개요

비구조화된 문제를 적용하기 위한 모형은 분석 및 자료 수집 → 설계와 모형개발 → 적용의 절차에 따라 개발되었다. 분석 및 자료 수집 단계에서는 프로그램 개발에 대한 교사의 요구 분석, 과제 내용 분석(비구조화 문제의 특성, 문제의 상황맥락 분석), 최근 연구 동향 분석이 이루어졌다(이에 대한 구체적인 내용은 본 책의 Part Ⅰ 참조). 본 장에서는 설계와 모형개발, 적용 과정에 대하여 구체적으로 설명하고자 한다.

설계와 모형개발부분에서는 여러 문헌들을 분석하여 비구조화된 문제해결과정의 요소에는 어떠한 것이 있는지 살펴보고 공통적 요소를 추출한 내용을 실었다. 또한 문제해결에서 전문가와 초보자의 차이가 어떠한지 살펴보고, 성공적인 문제해결을 위하여 어떠한 전략이 필요한 것인지 분석하였다. 그리고 이를 토대로 모형을 개발하였으며 그 과정을 상세히 제시하고자 하였다.

적용 부분에서는 초등학생과 예비교사를 대상으로 개발된 모형을 적용하여 얻은 결과와 이를 모형에 반영한 내용을 수록하였다.

7.2 설계와 모형개발

7.2.1 비구조화된 문제해결과정 요소 분석

비구조화된 문제해결과정은 본 책의 Part Ⅰ 에 제시된 바와 같이 다양한 형태로 설명되고 있으며 여러 연구가 시도되었다. 이에 비구조화된 문제 적용을 위한 모형을 개발하기 위해 비구조화된 문제해결과정의 공통적인 요소를 추출하고자 <표 7-1>과 같이 정리하였다.

표 7-1 ∥ 비구조화된 문제해결과정의 공통 요소

<table>
<tr><th>학자
단계</th><th>Polya
(1957)</th><th>Jonassen
(1997)</th><th>Hong
(1998)</th><th>Ge & Land
(2004)</th></tr>
<tr><td rowspan="2">문제이해</td><td rowspan="2">문제에 대한 이해</td><td>문제공간 및 맥락적 제한 명확한 표명</td><td rowspan="2">문제 표상</td><td rowspan="2">문제 표상</td></tr>
<tr><td>대안적인 견해, 입장, 관점 확인 및 명확히 하기</td></tr>
<tr><td rowspan="2">전략 탐색 및 실행</td><td>계획의 작성</td><td>가능한 문제해결방법 생성</td><td rowspan="2">해결책 진술</td><td rowspan="2">해결안 생성 및 선정</td></tr>
<tr><td>계획의 실행</td><td>논쟁 구성하고, 개인적 신념 표명
대안적인 해결방안의 실행가능성 평가</td></tr>
<tr><td rowspan="3">검토</td><td rowspan="3">반성</td><td>문제공간과 해결대안 점검</td><td rowspan="3">점검 및 평가</td><td>정당화</td></tr>
<tr><td>해결책을 실행·점검</td><td rowspan="2">해결책 채택</td></tr>
<tr><td>해결책 채택</td></tr>
</table>

각 단계의 세부 내용에 약간의 차이가 있기는 하나, 크게 문제해결과정에서 나타나는 공통적인 요소들을 살펴보면 비구조화된 문제상황을 학습자가 어떻게 이해하는지를 볼 수 있는 ① 문제이해(이해한 내용을 바탕으로 문제를 어떻게 해결할 지에 대한 전략을 선택하는) ② 전략 탐색 및 실행(해결한 과정을 정당화하고 평가해 보는) ③ 검토의 세 단계로 구분 지을 수 있다.

한편, Jonassen(1997)은 비구조화된 문제해결을 위한 교수·학습을 설계하는 데 다음 여섯 가지 과정이 요구된다고 하였다. 설계과정과 관련하여 교수 설계자와 학습자의 실행 과정을 연관지어 설명하면 <표 7-2>와 같다.

<표 7-2>의 여섯 단계 설계과정을 살펴보면, Jonassen(1997)은 비구조화된 문제해결을 위한 교수 설계 시 특히 문제상황을 개발하는 과정을 구체적으로 설명하고 있음을 알 수 있으며 다양한 지식을 서로 연관시켜 해결해야 하는 문제, 논의 과정이 요구되는 문제가 개발되어야 함을 강조하고 있다. 또한 교수·학습과정의 설계 시 문제해결책을 평가하며 정당성을 판단할 수 있는 과정, 반성적 사고와 관련된 과정이 포함되어야 한다고 하였다.

표 7-2 ‖ 비구조화된 문제해결을 위한 교수·학습 설계과정(Jonassen, 1997)

단계	교수 설계자의 실행 내용
문제상황 정하기	상황에 함축되어 있는 요소, 문제 범위, 문제상황에 영향을 주는 요소 등을 고려해야 한다.
문제의 제한 범위 안내	문제해결의 목적과 해결책이 명료한 구조화된 문제와 달리, 비구조화된 문제는 문제상황 속에서 학습자가 이를 파악하여 문제해결의 필요성을 인지하도록 해야 한다. 그러나 문제상황 내 제한 범위가 없다면 학습의 목적이 불분명해질 수 있고 수용불가능한 해결책이 도출될 수 있다. 따라서 문제상황 내 제한 범위를 설정함으로써 문제해결에서 수용될 수 있는 제한 범위를 안내해야 한다.
문제상황 선별 및 개발	실제적 문제상황을 개발하기 위해 문제상황 내 인과관계분석을 고려해야 한다.(Jonassen et al., 1996). 이는 인과 관계 모델링 이론(causal modeling theory)을 바탕으로 하며, 문제상황에서 해결 가능한 모든 해결책을 살펴보고 시도해봄으로써 문제상황의 타당성을 검증해본다. 이 과정에서 학습자에게 요구되는 인지적 사고가 무엇인지 규명되며 문제해결에서 발생할 오류 등을 점검할 수 있다.
배경지식 구성	인지적 유연성 이론(cognitive flexibility theory)을 바탕으로 문제해결에 필요한 배경 지식을 구성한다. 이는 다양한 지식을 서로 연관짓거나 통합하면서 여러 방법과 관점을 가질 수 있도록 하는 것이다.
논의점 구성	두 가지 이상의 논의점이 구성될 수 있도록 개발하여 학습자들에게 반성적 사고를 함양시킬 수 있도록 한다.
문제해결책 평가	문제해결책의 평가는 결과뿐 아니라 학습자의 문제해결 과정도 고려해야 한다. 또한 문제해결의 근거의 정당성 및 반성적 사고에 관한 평가도 논의되어야 한다.

한편, 본 책 Part I 에서 언급한 바와 같이 비구조화된 문제해결과정은 '상황학습'에서의 문제해결과정과 연관지어 설명할 수 있다. '상황맥락'과 관련된 교수학습의 공통점을 추출해보면 실제적 과제, 스토리, 다양하고 복잡하며 비구조화된 상황이라는 문제의 특성을 도출할 수 있다. 또한 활동에서 학습자의 능동적인 참여를 강조하며 협동을 통한 문제해결을 지향하고 있다. 이에 대한 구체적인 내용은 앞 장을 참고하도록 한다.

본 장에서는 앞서 논의된 비구조화된 문제해결과정의 공통적인 요소와 교수 설계 시 고려해야 할 점을 종합하여 모형 설계의 기초를 마련하고자 하였다. 그 결과, 모형 개발 시 '문제의 이해'에서 표상과 명료화의 과정이 강조되어야 하며, 다양한 관점을 가지고 논의하게 하여 '가능한 해결책을 생성', '점검과 실행', '반성과 평가'의 단계가 드러나도록 해야 함을 알 수 있었다. 또한 비구조화된 문제해결의 교수·학습 설계에 있어서 상황맥락이 포함된 문제 개발이 중요함을 확인할 수 있었으며, 도출될 수 있는 문제해결안이 다양하여 여러 관점에서 논의할 수 있는 상호 협동 활동, 토의 활동이 포함되어야 함을 알 수 있었다. 또한 생성된 해결안을 점검하고 해결방법을 반추해보는 반성적 활동이 드러나도록 구성해야 함을 알 수 있었다.

7.2.2 비구조화된 문제해결에서의 전략

7.2.2.1 전문가의 문제해결 vs. 초보자의 문제해결

교육의 궁극적 목적은 문제해결에 있어서 초보자가 전문가가 될 수 있도록 하는 것이다. 관점을 달리하여 보면, 학습자들이 비구조화된 문제를 성공적으로 해결할 수 있도록 돕기 위해서는 먼저 전문가의 입장에서 문제를 어떻게 해결해나가는가를 살펴보는 것이 필요하다고 할 수 있겠다. 따라서 전문가와 초보자의 문제해결과정을 비교하여 문제해결방안에서 어떠한 차이점이 있는지 살펴보면 비구조화된 문제해결을 위한 교수 설계를 어떻게 해야 할 것인지에 관한 중요한 단초를 얻을 수 있을 것이다.

전문가와 초보자 간의 문제해결능력 차이는 특정 영역의 지식들을 조직하고 연결지으며 이를 종합적으로 활용할 수 있는가에 있다. 전문가는 문제해결에 대한 접근방법에 관한 스키마를 가지고 있는데 이는 문제해결에 있어 어떠한 원리를 적용할 것인지, 절차는 무엇인지를 결정하는 정신적 구조이다(Chi, Feltovich, & Glaser, 1981; Sweller, 1988).

한편, 문제를 이해하고 표현할 때 전문가는 주어진 정보와 기존에 가지고 있던 선행지식들을 어떻게 연관지을 것인가에 대하여 충분히 이해하려고 노력하므로 초보자들에 비해 시간이 오래 걸린다. 또한 문제를 해결하는 방식에서도 전문가들은 Top-down 접근방식을 사용하여 일반적인 것에서부터 세부적인 사항에 이르기까지 적용 가능한 원리, 절차, 개념 등을 규명하려고 노력한다. 그러나 해결책에 대한 전략을 실행하는 데 있어서는 빠르게 수행한다. 반면 초보자는 문제에 대한 표상 시간이 짧다. 초보자는 자신이 가지고 있는 지식을 활용하여 문제와 연관짓기보다는 문제의 목표에서부터 출발하여 현재 상태와의 격차를 줄어나가는 식으로 문제를 해결하려고 한다. 즉, 수단-목표 분석(Means-ends analysis) 방법으로 문제를 해결해나가기 때문에 해결책에 대한 전략을 실행하는 시간은 전문가에 비해 더 걸리게 되는 것이다(Larkin, 1981, 1983; Larkin, Mcdermott, Simon, & Simon, 1980; Simon & Simon, 1978).

또한 전문가와 초보자의 차이는 지식을 저장하고 연관시키며 활용하는 방법과도 연관이 있으며, 문제의 유사성을 발견해내는 것에서도 발견된다. 전문가들은 두 문제가 주어질 때 문제의 구조를 좀 더 깊고 넓게 보고 두 문제를 해결하기 위해 적용되어야 할 원리를 찾아냄으로써 문제의 유사성을 판단한다. 반면 초보자들은 문제의 표면적 특성(전문용어나 특정 대상 등)으로 문제를 본다(Chi et al., 1981; Hardiman, Dufresne, & Mestre, 1989; Hinsley, Hayes, & Simon, 1977; Schoenfeld & Herrmann, 1982).

이와 관련하여 Rowland(1992)는 전문가와 초보자의 문제해결과정 단계에 따라 각각의 차이를 설명하였다. 먼저 문제이해 단계에서 전문가는 문제를 이해하고 표현할 때 전문가들은 주어진 정보만 가지고 문제를 규명해내지 않고 추론을 통해 더욱 깊이 있는 이해를 하려고 노력한다. 반면 초보자들은 주어진 정보에 의해서만 문제를 해석하며 그 이상의 추론은 하지 않는다. 문제 분석 단계에서도 전문가는 해결책에 이르기까지 다양한 대안을 고려하며 문제와 상황에 대한 깊이 있는 분석을 하기 때문에 즉각적으로 문제를 해결하려고 하지 않는다. 그러나 초보자들은 간단한 분석을 통해 해결안을 시도 또는 실험 후 바로 결과를 도출하려고 한다. 해결책 생성 단계에서는 문제의 정황에서 나온 인과 관계들을 추적하여 인과관계망을 유지하며 문제와 해결 가능한 요소들(잠재적인 해결안)을 융통성 있게 연결짓는다. 즉, 여러 번의 고찰과 분석 등을 통해 그 관계가 바뀔 수 있는 가능성을 열어둔다. 이와는 대조적으로 초보자들은 선행지식만으로 문제의 해결안을 도출해내며, 문제와 해결책을 강하게 연결지어 고착화시킨다. 그리고 더 이상의 대안책을 찾아내려고 하지 않는다. 해결책은 초보자들이 학습을 통해서 지식을 습득하여 도출할 수 있다고 보는 반면, 전문가들은 학습은 '하나의 방법'에 불과하다고 간주한다. 즉 학습뿐 아니라 다양한 수행에 영향을 주는 여러 요소들을 추적하고 따름으로써 여러 대안을 마련할 수 있다고 본다. 따라서 내적 자원면에서도 학습자로서의 경험을 통해 얻은 지식만을 활용하는 초보자와 다양한 경험으로부터 나오는 지식의 다각적인 활용을 하는 전문가 차이가 있다. 외적 자원면에서 전문가들은 이미 다양한 경험과 풍부한 지식을 가지고 있으므로 자료들을 한번 훑으며 문제해결에 필요한 요소들을 찾는다. 따라서 앞서 여러 연구에서 제시한 바와 같이, 해결책에 대한 전략을 실행하는 데 있어서는 빠르게 수행한다. 반면 초보자들은 성급한 해결책을 도출한 후, 이를 재점검하기를 반복한다. 마지막으로 정당화에서도 다양하고 포괄적인 면에서 정당성을 고려하는 전문가와 지엽적이고 단순한 면만을 고려하는 초보자가 차이를 보인다. <표 7-3>은 이러한 차이를 정리한 것이다.

표 7-3 ‖ 전문가와 초보자의 문제해결과정(Rowland,1992)

	전문가	초보자
문제이해	명확히 규명되지 않은(열린)	명확히 규정
문제 분석	해결책에 도달하는 데 요구되는 제한점 분석, 긴 분석	간단한 분석을 가지고 바로 해결책 생성 시도
문제 표현	인과관계 분석, 다양하고 깊이 있는 이해를 표현	문제에서 주어진 표면적인 특징을 이해하고 표현
해결책 생성 방법	인과관계망 추적을 통한 여러 관점들을 유지하여 생성. 개방적이고 융통성 있는 연결성 유지	부족한 선행지식들로 강한 연결성 유지. 고착화된 방법 제시
해결책	조정의 다양성 유지 (variety of interventions)	교수적(instruction)
내적 자원	디자이너로서의 경험들 디자인 원리들 템플릿	학습자로서의 경험
외적 자원	해결책을 생성하는 단계에서는 주어진 자원 정보를 간단히 훑기	계속적인 재확인 반복
정당화	다양하고 포괄적인 요소들을 기반으로 함.	단일의, 집약적인 요소들을 기반으로 함.

본 절에서 살펴본 바와 같이, 전문가와 초보자의 문제해결방법은 문제의 이해에서부터 해결책의 정당화에 이르기까지 큰 차이가 있다. 따라서 본 연구에서 개발하고자 하는 모형에는 전문가의 문제해결방법을 유도할 수 있는 다양한 전략을 포함하여야 할 것이다. 이에 다음에 제시할 촉진질문은 이를 돕는 유용한 도구가 될 것으로 보인다.

7.2.2.2 비구조화된 문제를 해결하기 위해 필요한 촉진질문

학습자가 비구조화된 문제를 성공적으로 해결하도록 하기 위해서는 이를 돕는 촉진질문을 구성하여 교수자가 학습의 촉진자로서의 역할을 수행하도록 해야 한다. 이러한 촉진질문은 인지와 메타인지를 증진시키는 역할을 한다(Ge & Land, 2004). 따라서 이에 관하여 구체적으로 살펴보고 상황맥락적 교수·학습 모형을 개발하는 데 활용하고자 한다.

비구조화된 문제를 해결하는 각 단계별로 각기 다른 기술을 요하므로(Brabeck & Wood, 1990; Churchman, 1971) 촉진질문 또한 다른 형태로 제시되어야 한다. 이와 관련하여 Ge & Land(2004)는 Sinnott(1989), Voss & Post(1998), Voss et al.(1991)의 연구들을 바탕으로 문제해결과정에 따른 촉진질문과 예시를 <표 7-4>와 같이 정리하고 있다.

표 7-4 | 비구조화된 문제의 해결을 돕기 위한 촉진질문과 예시

문제해결 과정	촉진질문의 종류 및 구체적 기능		예시
문제 표상	정교화 촉진질문	생각의 정교화	주어진 정보에서 빠진 것은? 각각의 내용과 ~이 어떠한 연관이 있는가? 문제에서 주어진 정보들에 대해 어떻게 생각하는가?
		문제 설명하기	왜 ~이 그럴까? 설명하시오. ~이 의미하는 바는?
해결책 생성 및 선별	정교화 촉진질문	생각의 정교화	각 체계에서 해야 할 것은? 만약 ~이라면(~된다면) 어떻게 진행될까?
		해결책 설명하기	당신이 제안한 바에 대하여 설명하시오. 다른 것과 비교해서 어떻게 접근해야 할까?
정당화	정교화 촉진질문	근거 도입하기	왜 그러한 접근이 필요한지 설명하시오. 해결안 선별을 위해 근거가 무엇인지 설명하시오.
		정당화의 증진	당신의 해결안을 뒷받침할 근거는? 당신의 의견을 어떻게 정당화할 것인가?
점검 및 평가	반성적 촉진질문		대안적인 해결책은? 또다른 관점은? 다른 요소들이 모두 고려되었는가? 등

Ge & Land(2004)가 제시한 촉진질문은 크게 절차적, 정교화, 반성적으로 나눌 수 있는데 각기 다른 인지와 메타인지를 증진시킨다. 절차적 촉진질문은 특정 내용에서 인지 전략을 학습할 때 유용하다(Rosenshine et al., 1996). 절차적 촉진질문의 예로는 "~이 좋은(장점인) 또 다른 이유는 …", "이것을 예로 들면 …" 등이 있다. 정교화 촉진질문은 학습자의 사고를 명료하게 하고 설명을 도출하게 하는 데 유용하며 '언제, 왜, 어떻게'와 관련이 있다. 그 예로는 "새로운 예시는 무엇인가?", "왜 이것이 중요한가?", "~이 어떻게 영향을 미칠까?" 등이 있다. 반성적 촉진질문은 학생들로 하여금 반성적인 사고를 유도하며 해결책을 점검하고 평가하는 데 자기 성찰이 이루어질 수 있도록 메타 인지를 촉진시킨다(Davis & Linn, 2000). 그 예로는 "우리가 세운 계

획과 다른 대안적인 해결안은?" 등이 있다(King, 1991).

촉진질문을 설계하고 개발할 때 고려해야 할 다섯 가지 요소는 다음과 같다(Ge & Land, 2004).

첫째, 문제상황과 관련된 내용전문가로부터 촉진질문을 이끌어내도록 한다. 앞서 언급한 바와 같이 전문가의 해결과정으로부터 모델링하면 초보자도 성공적인 문제해결을 수행할 수 있다(Lin et al., 1999). 따라서 내용전문가가 문제를 해결할 때 어떤 질문을 가지고 이행하는가를 살펴 이를 촉진질문으로 활용하면 된다. 둘째, 학생들이 가지고 있는 오개념과 어려움을 다루는 촉진질문과 인지적 활동, 메타인지적 활동의 증진을 돕는 촉진질문을 개발해야 한다. 셋째, 학생들이 질문 전략을 내면화할 수 있도록 도와야 하며, 비계수준(levels of scaffolding)을 조정하도록 한다. 넷째, 촉진질문을 할 때 다양한 수단을 고려하면 도움이 된다. 컴퓨터 프로그램을 활용한 촉진질문 제시는 학생들의 반성적 사고를 돕는다는 여러 연구 결과들이 있다(Lajoie, 2000;

표 7-5 ‖ 비구조화된 문제의 해결을 돕기 위한 전략(Ge & Land, 2004)

문제해결 과정	동료와의 상호 담화에서 요구되는 것들	높은 수준의 담화를 유도하는 전략
문제 표상	• 분류하기 • 설명하기 • 정교화하기 • 다양한 관점 유도	• 촉진질문을 활용하여 동료 협의를 모델링하기 • 예시: 학생들이 문제해결과정을 이끌어내기 위해 〈표 7-4〉의 질문 목록에 대하여 답하게 하기
해결책 생성 및 선별	• 분류하기 • 설명하기 • 정교화하기 • 피드백 제공하기 • 다양한 관점 유도 • 결론 도출	• 동료 간 질문 기술을 활용하여 질문 생성을 증진시키기 • 예시 1: 〈표 7-4〉의 질문 목록을 활용하여 각각의 의견을 유도하기 • 예시 2: 각자의 질문 목록을 생성해 내고 이를 장려하기
정당화	• 근거 들기 • 근거의 명료화 • 논의점의 구성 • 증거 마련	• 온라인 등의 기술을 활용하여 동료 협의를 지원하기 • 예시: 이메일이나 게시판, 채팅 등을 통해 상호 협의를 지원하기
점검 및 평가	• 제언하기 • 피드백 제공 • 다양한 관점의 유도 • 반성적 사고	

Lajoie & Derry, 1993; Salomon et al., 1989; Ge & Land, 2004, p.17, 재인용). 지식 통합환경(The Knowledge Intergration Environment)은 활동 질문(자신의 해결책을 설명하고 정당화하는 질문)과 반성적 질문을 더욱 활성화시킨다(Davis & Linn, 2000). 다섯째, 다양한 도구와 전략을 활용하여 동료와의 상호 담화를 장려하도록 한다. 다음에 제시된 <표 7-5>는 이를 돕기 위한 다양한 전략을 정리한 것이다.

본 절에서 살펴본 바, 학습자의 성공적인 문제해결을 위해 이를 돕는 촉진질문들을 구성할 필요가 있음을 확인할 수 있으며 각 단계에 적합한 촉진질문의 형태는 무엇인지 살펴볼 수 있었다. 이에 이를 반영하여 각 모형의 단계를 체계화하고자 하였다.

7.2.3 모형 개발

비구조화된 문제의 해결과정과 전략 분석을 바탕으로 네 단계 모형의 토대를 구축하였다. 각 단계는 문제의 명료화 및 표상 형성, 다양한 해결책 도출, 해결책 점검 및 적용, 해결책 평가 및 반성으로 구성하였다. 비구조화된 문제 적용을 위한 모형은 무엇보다 실제적인 상황맥락 문제를 제시한다는 점이 특징적으로 부각되어야 하므로, 모형의 단계에 포함되지는 않지만 '실제적 상황맥락 문제 제시'에 대한 설명을 부가적으로 삽입하였다.

실제적 상황맥락 문제 제시

일상생활을 기반으로 한 상황맥락적 문제상황을 제시한다. 스토리식 전개, 다양하고 복잡한 비구조화된 상황과 실제적 과제를 포함한다.

단계 1 : 문제의 명료화 및 표상 형성

비구조화된 문제상황을 자신의 수학적 지식을 활용하여 좀 더 명료하고 구조적인 형태로 표상을 형성하는 단계이다. 이 단계에서는 특히 상황맥락을 고려하며 문제의 조건이나 제한점은 무엇인지 생각해보고 이에 필요한 정보를 수집하는 활동을 하게 된다.

단계 2 : 다양한 해결책 도출

모둠별 토의·토론을 통해 다른 학습자들과 다양한 관점을 서로 교환하며 문제를 해결하기 위한 여러 해결책을 모색해보는 단계이다. 이 과정에서 상황맥락적 학습의 특성인 협동학습과 인지적 도제가 이루어지게 된다.

단계 3 : 해결책 점검 및 적용

전 단계에서 도출한 여러 해결책 중 최적의 해결안을 선정하여 실제 문제상황에 적용해보는 단계이다. 이때 자신의 해결안이 정당화될 수 있도록 다양한 관점에 대한 근거를 마련해야 한다. 만약 최적의 해결안을 선정하지 못할 경우, 다시 다양한 해결책을 도출하는 단계로 돌아가거나 문제의 명료화 및 표상 형성 단계로 회귀할 수도 있다.

단계 4 : 해결책 평가 및 반성

적용해본 해결안에 대한 평가와 반성이 이루어지는 단계로, 문제상황의 조건, 해결과정, 해결안 전체에 대하여 성찰이 이루어지게 된다. 이를 통해 학습자들이 고안해낸 최적의 해결안을 다른 실세계에도 적용해볼 수 있다. 또한 최종 해결책에 대한 가치와 문제의 본질을 다시 한번 검토해보는 기회가 된다.

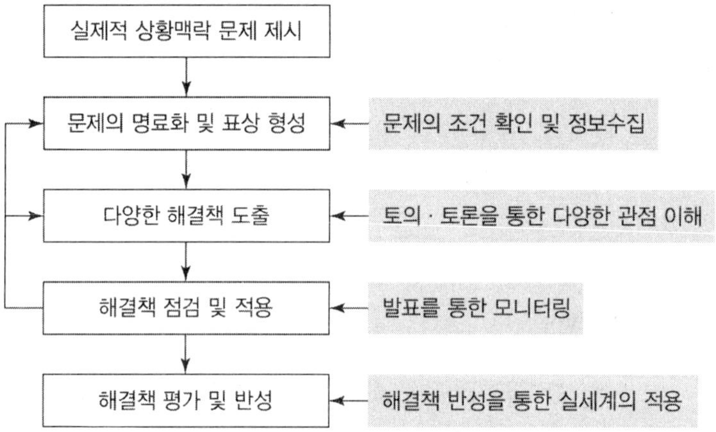

그림 7-1 비구조화된 문제의 해결을 위한 교수 학습 초기 모형

위의 내용을 토대로 각 과정에서 강조되어야 할 개념과 역할을 정하고 좀 더 명료하게 제시하기 위한 방법을 고안하였다. 또한 각 단계에서 제시될 수 있는 촉진질문을 구체화하여 모형의 효용성을 높이는 방안으로 의견을 수렴하였다. 이에 따라 각 단계별로 주안점을 둘 Keyword를 먼저 추출하고 이를 반영할 수 있는 모형의 frame을 [그림 7-2]와 같이 개발하였다.

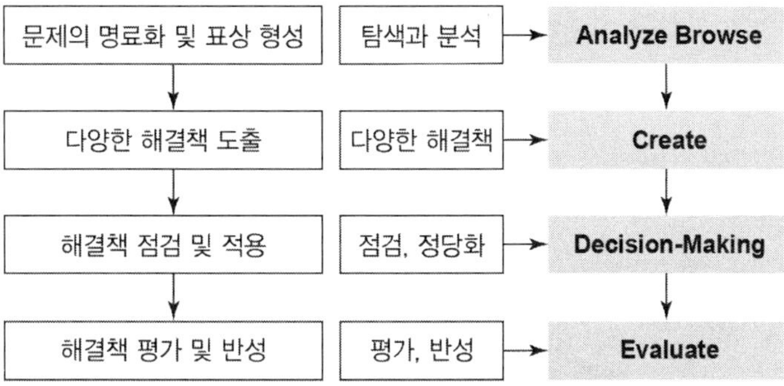

그림 7-2 | AB-C-D-E 모형

Analyze, Browse

모형의 첫 번째 단계인 문제의 명료화 및 표상 형성 단계에서는 탐색과 분석을 주요 활동으로 하고, 문제이해의 과정을 2단계(Analyze, Browse)로 다시 구분하였다. 'Analyze'에서는 비구조화된 문제상황을 명료하게 구조화하기 위해 토의하는 활동을 하게 된다. 다음 단계인 'Browse'에서는 학습자들은 문제의 조건과 제한점을 고려하여 문제해결에 필요한 정보들을 수집하도록 구성하며, 문제해결을 위해 어떠한 수학적 지식을 쓸 것인가에 대하여 함께 고려하는 단계이다.

Create

다양한 해결책 도출 단계는 해결책의 다양성을 창조하는 것을 주요 목표로 한다는 의미에서 'Create'로 명명하였다. 이 단계에서는 모둠별 토의를 통해 동료의 다양한 견해를 듣고 여러 해결책을 모색해보는 활동을 하게 된다.

Decision-Making

다음 단계인 해결책 점검 및 적용 과정에서는 점검과 정당화를 Keyword로 두고 정당화하는 활동이 목적이 되어야 한다는 의견이 모아져 'Decision-Making'으로 정하였다. 이 단계는 해결책 점검 및 적용에서는 최적의 해결책을 도출하고 적용해봄으로써 모둠에서 도출한 해결안에 대하여 정당화하는 과정이다.

Evaluate

마지막으로 해결책 반성 및 평가 단계에서는 평가가 주요 활동이 되어야 함을 강조하기 위해 'Evaluate'로 정하였다. 이 단계에서는 문제상황의 조건, 해결과정 및 해결안 전체에 대하여 성찰과 동료 평가가 이루어진다. 이 과정에서 다시 자신의 모둠의 해결안을 수정하거나 보완하게 된다.

이를 표로 정리하면 <표 7-6>과 같다.

표 7-6 ‖ 모형의 구체적 내용과 촉진질문

모형 절차	활동 내용	촉진질문
Analyze	• 문제를 분석적으로 검토 • 주어진 조건이 무엇인지 파악 • 해결해야 할 내용을 자신만의 용어/그림/표로 간단히 다시 표현하기(문제에 대한 표상의 다양성)	• 문제에서 해결해야 할 것은 무엇인가요? • 어떤 조건이 제시되었는지 설명해보세요. • 문제를 해결하기 위해 알고 있어야 할 수학적 지식은 무엇인가요? • 문제를 글이나 그림, 표 등으로 다시 표현해보세요. • 예전에 비슷한 문제를 풀어본 적이 있다면 어느 부분이 유사한가요?
Browse	• 필요한 조건이 무엇인지 파악 • 알고 있어야 할 수학적 내용이 무엇인지 파악 • 문제해결을 위해 필요한 정보나 자료 수집, 탐색	
Create	• 여러 조건을 만족시키는 문제해결책들을 생성 • 문제해결책을 다양하게 생성하기	• 문제해결에 대한 각자의 의견을 정리해서 써보세요. • 문제를 해결한 과정을 설명해보세요. • 내가 해결한 방법이 아닌 다른 방법이 있는지 알아보세요. • 더 좋은 해결방법이 있나요?
Decision-Making	• 가장 적합한 문제해결책을 결정하고 이를 수학적으로 정당화하기	• 여러 해결책 중에서 가장 적합한 것은 무엇인지 정리해보세요. 왜 그렇게 생각하나요?
Evaluate	• 다른 모둠의 해결책(아이디어)을 평가하고 나의 문제해결과정과 비교해보며 반추하기 • 다른 모둠의 더 좋은 아이디어들을 보고 나의 해결책을 수정/보완하기	• 다른 모둠에서 해결한 과정이 적절한가요? 왜 그렇게 생각합니까? • 우리 모둠보다 더 좋은 해결방법이 있나요? 그 이유는? • 우리의 해결과정을 다시 한번 되돌아보고, 수정하거나 보완해야 할 부분이 있다면 써보세요.

7.3 적용을 통한 모형의 확장

7.3.1 적용 대상 및 방법

4, 5, 6학년 초등학생 및 예비교사를 대상으로 개발된 모형 절차에 따라 프로그램을 실시하였다. 각 프로그램의 내용은 비구조화된 문제와 준-비구조화된 문제로 구성되어 있어 학습자의 수준에 맞게 진행되었으며 이에 대한 구체적인 예시는 본 책의 PartⅢ에 수록되어 있으므로 참고하도록 한다.

모형의 단계에 따라 개발된 프로그램을 적용해보고, 수행한 활동지와 결과지 분석, 수업 활동 관찰, 면담을 통해 결과를 도출하였다.

7.3.2 적용 결과

모형 절차에 따라 개발된 프로그램을 적용 후 다음 두 가지 결과를 도출하였다.

- 결과 1: 모둠 활동 전에 문제이해를 위한 개인 활동이 요구된다.
- 결과 2: 모형을 구성하고 있는 요소들(Analyze, Browse, Create, Decision-Making, Evaluate)이 개인 활동, 모둠활동, 전체 활동에서 각기 다른 강도로 나타났다.
  (본 절에서는 주요 활동 영역과 보조 활동 영역으로 구분하여 설명하였음.)

7.3.2.1 결과 1

본 연구자들은 모형의 첫째 단계인 Analyze 단계부터 모둠 활동으로 이루어지도록 계획하였으나, 학습자들은 먼저 각자가 문제를 풀어 예상하는 답을 서로 확인한 후 문제로 돌아가 함께 조건이나 상황을 분석하며 문제해결방법을 찾았다. 즉, 각 단계별 모둠 활동 외 개별 활동을 먼저 해봄으로써 토론의 준비를 먼저 하는 경향을 보였다. 면담과 활동 과정 관찰 결과, 그들의 학습 양식에 따라 문제해결 접근의 차이에 기인한다고 보여진다. 문제상황을 읽어나가며 해결해야 할 문제들이나 해결방법을 떠오르는대로 이야기하는 학습자가 있는가 하면, 문제상황을 전체적으로 훑어본 다음 연습장에 나름의 해결방안을 정리해보거나 머릿속으로 혼자 생각해보는 등 개인별 특성이 나타났다.

이러한 결과는 문제상황을 각자 나름의 방법으로 먼저 해결하거나 정리해 볼 수 있도록 하는 개별 활동이 요구되는 것으로 분석할 수 있다. 이는 비구조화된 문제를 해결함에 있어서 '문제이해'의 단계의 중요성을 강조했던 여러 연구의 결과와도 일치한다. Hong(1998)에 의하면, 비구조화된 문제에서는 문제상황에서 해결 요소들이 명확히 제시되는 것이 아니라 상황맥락에서 문제해결자가 스스로 찾아내어야 하기 때문에 문제를 이해하는 것이 가장 중요하다고 하였다. 또한 Kintsch와 Greeno(1985)는 문제를 이해할 때 텍스트보다는 상황자체로 인식하게 하여 문제를 해결하는 전략을 세우도록 하는 것이 문제해결을 잘 해내게 할 수 있음을 언급함으로써 문제이해를 어떻게 하는가에 따라 문제해결의 성공 여부가 결정될 수 있음을 강조하였다. 이는 문제 표상 단계가 잘 이뤄지면 적절한 해결책을 찾아 실행할 수 있다고 하며 문제 표상 단계의 중요성을 강조한 Voss와 Post(1988)의 연구와도 같은 맥락으로 볼 수 있다.

이러한 결과를 바탕으로 확장된 모형에서는 먼저 개인별로 문제 분석, 탐색, 가능한 해결책 모색의 활동을 해보게 함으로써 '문제이해' 과정을 충분히 경험할 수 있는 기회를 제공한다. 개인별 활동 후, 완성되지 않은 각자의 결과물을 가지고 모둠별로 토의하면서 다시 한 번 문제의 분석, 탐색, 가능한 해결책 모색, 정당화, 해결책에 대한 평가의 과정을 거치게 된다. 이러한 과정은 선형적으로 이루어지는 것이 아니라 순환적·유기적으로 이루어지며, 각 과정에서 충분한 논의가 이루어지기 힘들 경우 다시 전 단계로 가기도 한다.

각 과정의 활동 내용과 촉진질문은 앞서 제시한 바와 같으며, 추가된 개인 활동은 모둠활동에서의 Analyze → Browse → Create 내용과 동일하다. 이를 도식화하여 나타내면 [그림 7-3]과 같다.

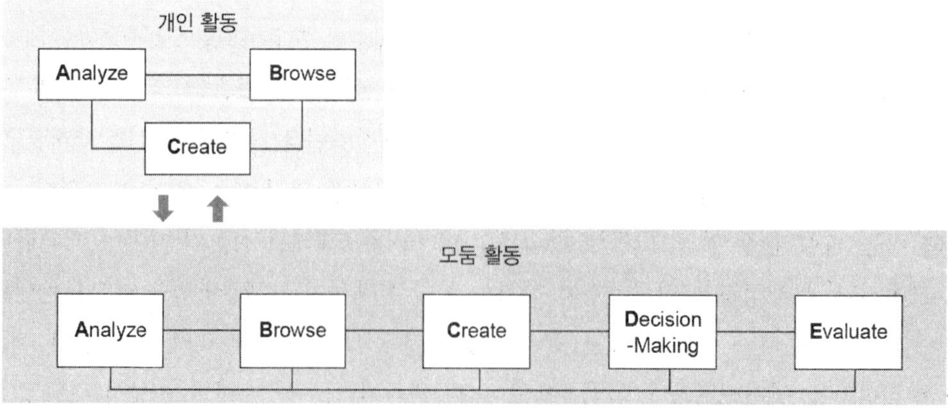

그림 7-3 | 비구조화 문제의 해결 모형: ABCDE

7.3.2.2 결과 2

수업은 크게 ① 개인 활동→② 모둠 활동→③ 전체 활동 순서로 진행되었는데, 여기서 특징적인 결과가 도출되었다. 각 활동에서는 주로 중점적으로 나타나는 '주요 활동 영역'과 개인적 특성이나 상황에 따라 나타나지 않기도 하는 '보조 활동 영역'이 있는 것으로 나타났다. '보조 활동 영역'은 주요 활동이 이루어지기 위해 보조로 나타나는 것을 의미한다.

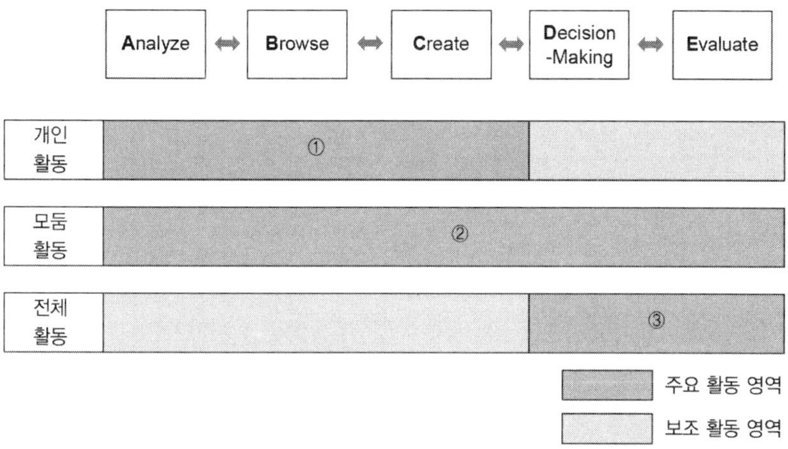

그림 7-4 | 모형 적용 후 도출된 주요 활동 영역과 보조 활동 영역

- 개인 활동

개인 활동에서는 주로 모둠 활동 전에 문제이해 단계에서 분석, 탐색, 가능한 해결안 생성을 각자 생각해보는 활동을 하게 된다. 따라서 주로 나타나는 요소는 Analyze, Browse, Create이고, Decision-Making과 Evaluate는 학습자에 따라 나타나는 여부가 달랐다. 이는 개인 활동의 주요 목적이 완전한 해결책을 도출해내는 것이 아니라 다양한 해결안을 개인별로 생성해나가는 것이므로 정당화와 평가 단계까지 나타나지 않는 경우가 많았기 때문인 것으로 보인다.

- 모둠 활동

모둠 활동에서는 모둠원 전체가 문제의 이해부터 분석, 해결책 생성, 검토, 정당화, 평가가 모두 이루어지며 Analyze, Browse, Create, Decision-Making, Evaluate 활동이 모두 주요 활동 영역이 된다.

• 전체 활동

전체 활동에서는 각 모둠에서 도출된 해결책을 발표하여 서로 비교·평가하는 것이 주요 목적이므로 주로 Decision-Making과 Evaluate 활동이 나타난다. 때에 따라서는 다시 문제를 분석하고 이해하며 새로운 해결안을 만들기도 하므로 Analyze, Browse, Create 과정이 보조 활동 영역이 된다.

Part Ⅱ 참고문헌

교육과학기술부 (2009). 창의와 배려의 조화를 통한 인재 육성-창의·인성 교육 기본 방안-. 교육과학기술부.

김민경, 민선희, 김혜원 (2011). 수학 교과에서의 상황맥락적 문제에 대한 교사의 인식. 수학교육, 50(2), 15-31.

김민경, 허지연, 박은정 (2014). 초등수학에서의 비구조화된 문제해결 모형 설계, 적용 및 그 교육적 의미. 한국초등수학교육학회지, 18(2), 189-209.

김수환, 박성택, 신준식, 이대현, 이의원, 이종영, 임문규, 정은실 (2009). 초등학교 수학과 교재연구. 서울:동명사.

김영천 (2006). 질적연구방법론. 서울: 문음사.

장혜원 (2002). 수학 학습을 위한 상황문제의 활용. 학교수학, 4(3), 483-494.

Brown, J. S., Collins, A. S., & Duguid, P. (1989). Situated cognition and the culture of learning. *Educational Researcher, 18*(1), 32-42.

Brabeck, M. M., & Wood, p. k. (1990).Cross-sectional and longitudinal evidence for differences between well-structured and ill-structured problem-solving abilities. In M. L. Commons, C. Armon, L. Kohlberg, F.A., Reichards, T. A., Grotzer, & J. D. Sinnott(Eds.), *Adult development: Vil. 2. Models nad methods in the study of adolescent and adult thought* (pp.133-146). New York: Praeger.

Chi, M. T. H., & Glaser, R. (1985). Problem solving ability. In R. J. Sternberg (Ed.), *Human abilities: An information processing approach*. NY: W. H. Freeman.

Churchman, C. W. (1971). *The design of inquiring systems: Basic concepts of systems and organizations*. New York: Basic Books.

Davis, E. A., & Linn, M. (2000). Scaffolding students' knowledge interaction: Prompts for reflection in KIE. *International Journal of Science Education, 22*(8), 819-837.

Ge, X., & Land, S. M. (2004). A conceptual framework of scaffolding ill-structured problem solving processes using question prompts and peer interactions. *Educational Technology Research and Development, 52*(2), 5-22.

Hardiman, P. T., Dufresne, R., & Mestre, J. P. (1989). The relation between problem categorization and problem solving among novices and experts. *Memory & Cognition, 17*, 627-638

Hinsley, D, A., Hayes,J. R., & Simon, H. A. (1977). From words to equations: Meanong and representation in algebra word problems. In M. A. Just & P.A. Carpenter(Eds.), *Cognitive processes on comprehension* (pp.62-88). NJ: Lawrence Erlbaum Associates, Inc.

Hong, N. S. (1998). *The relationship between well-structures and ill-structured problem solving in multimedia simulation*. Unpublished doctoral dissertation, The Pennsylvania State

University.

Jonassen, D. H. (1997). Instructional design models for well-structured and ill-structured problem-solving learning outcomes. *Educational Technology Research and Development, 45*(1), 65-94.

Jonassen, D. H., Mann, E., & Ambruso, D.J. (1996). Causal modeling for structuring case-based learning environments. *Intelligent Tutoring Media, 6*(3/4), 103-112.

King, A. (1991). Effects of training in strtegic questioning on children's problem-solving performance. *Journal of Educational psychology, 83*(3), 307-317.

Larkin, J. H. (1981). Enriching formal knowledge: A model for learning to solve problems in physics. In J. R. Anderson (Ed.), *Cognitive skills and their acquisition* (pp.311-334). Hillsdale, NJ: Lawrence Erlbaum Associates, Inc.

Larkin, J. H. (1983). The role of problem representation in physics. In D. Gentner & A. L. StevensZ (Eds.), *Mental models* (pp.75-98). Hillsdale, NJ: Lawrence Erlbaum Associates, Inc.

Larkin, J., Mcdermott, D. P., Simon, D. P., & Simon, H. A. (1980). Expert and novice performance in solving physics problems. *Science 208*, 1335-1342.

Lin, X., Hmelo, C., Kinzer, C. K., & Secules, T. J. (1999). Designing technology to supprt reflection. *Educational Technology Research and Development, 47*(3), 43-62.

National Council of Teachers of Mathematics. (2000). Principles and standards for school mathematics. Reston, VA: Author.

Polya, G. (1957). *How To solve it?*. Princeton, NJ: Princeton University Press.

Rosenshine, B., Meister, C., & Chpman, S. (1996). Teaching students to generate questions: *A review of Educational Research, 66*(2), 181-221.

Rowland, G. (1992). What do instructional designers actually do? An initial investigation of expert practice. *Performance Improvement Quarterly, 5*(2), 65-86.

Schoenfeld, A. H., & Herrmann, D. J. (1982). Problem perception and knowledge structure in expert and novice mathematical problem solvers. *Journal of Experimental Psychology: Learning, Memory, and Cognition, 8*, 484-494.

Simon, D. P., & Simon, H. A. (1978). Individual differences in solving physics problems. In R. Siegler (Ed.), *Childrens' thinking: What develops?* (pp. 325-348). Hillsdale, NJ: Lawrence Erlbaum Associates, Inc.

Sinnott, J. D. (1989). A model for solution of ill-structured problems: Implications for everyday and abstract problem solving. In J. D. Sinnott (Ed.), *Everyday problem solving: Theory and applications* (pp. 72-99). NY: Praeger.

Sweller, J. (1988). Cognitive load during problem solving: Effects on learning. *Cognitive Science, 12*, 257-285.

Voss, J. F., & Post, T. A. (1988). On the solving of Ill-structured problems. In M. T. H. Chi, R. Glaser, & M. J. Farr (Eds.), *The nature of expertise (pp. 261-285)*. Hillsdale, NJ: Erlbaum.

Voss, J. F., Wolfe, C. R., Lawrence, J. A., & Engle, R. A. (1991). From representation to decision: An analysis of problem solving in international relations. In R. J. Sternberg & P. A. French (Eds.), *Complex problem solving: Principles and mechanisms*. NJ: Lawrence Erlbaum Associates, Inc.

Young, F. M. (1993). Instructional design for situated learning. *Educational Research Technology and Development, 40*(1), 45-58.

Part III

非구조화된 문제 vs. 準(semi)-非구조화된 문제 개발의 실제

본 Part에서는 2009 개정 수학과 교육과정 중 초등학교 4학년부터 6학년까지의 교육내용을 중심으로, 비구조화된 상황맥락적 교수·학습을 위해 개발한 비구조화된 문제와 준-비구조화된 문제를 제시하였다.

본 Part의 구성은 9장 초등학교 4학년 문제 개발, 10장 초등학교 5학년 문제 개발, 11장 초등학교 6학년 문제개발로 이루어졌다. 각 장에서는 각 학년별 문제에 대한 개요를 간략하게 제시하고, 구체적인 문제상황에 대한 설명과 함께 비구조화된 문제, 준-비구조화된 문제, 문제해결 구조도, 예시답안, 각 학년별 문제해결 활동지의 순서로 제시하였다.

본 Part에서 제시하는 비구조화된 문제 또는 준-비구조화된 문제는 수학적 개념이나 원리를 적용하여 정해진 답을 찾는 단편적인 문제라기보다는 실세계와 연계된 문제상황을 읽고 문제해결에 필요한 정보들을 선택하고 문제해결에 필요한 수학적 지식들을 활용하여 다양한 해결책을 생각한 후 가장 적절한 것으로 판단되는 해결책을 선택하여 실행하는 과정으로 해결될 수 있는 문제이다. 따라서 문제해결과정에 대해 스스로 평가하고 수정 및 보완하는 절차를 계속적으로 거쳐 해결하게 된다.

문제상황은 3장에서 설명한 문제의 비구조성(상황맥락성, 복잡성, 개방성)이 드러나도록 하였다. 각 문제상황은 비구조성의 정도에 따라 비구조화된 문제와 준-비구조화된 문제로 구성된다. 학습자의 수준 또는 교실환경 등 교수학습 요소를 고려하여 비구조화된 문제 또는 준-비구조화된 문제를 선택적으로 활용할 수 있는데, 준-비구조화된 문제는 비구조화된 문제보다 비구조성의 수준이 낮기 때문에 학생들은 좀 더 쉽게 문제를 해결할 수 있다.

본 Part에서 제시하는 4, 5, 6학년 각 학년별 비구조화된 문제와 준-비구조화된 문제의 개요는 아래와 같다.

학년	문제상황		비구조화된 문제 (ill-structured)	준-비구조화된 문제 (semi-ill-structured)
4학년	4-1	어린이 북카페가 생겼어요!	√ (4-1-I)[1]	√ (4-1-SI)
	4-2	현장학습 장소는 어디?	√ (4-2-I)	√ (4-2-SI)
5학년	5-1	내가 심사위원이라면?	√ (5-1-I)	√ (5-1-SI)
	5-2	여행을 떠나요!	√ (5-2-I)	√ (5-2-SI)
6학년	6-1	현명한 피자 선택	√ (6-1-I)	√ (6-1-SI)
	6-2	탄소발자국을 줄여요.	√ (6-2-I)	√ (6-2-SI)

1) '4-1-I'는 비구조화된 문제를, '4-1-SI'는 준-비구조화된 문제를 나타내고, '학년-문항번호-비구조화된 문제 또는 준-비구조화된 문제'를 의미함.

Part Ⅲ 非구조화된 문제 vs. 準(semi)-非구조화된 문제 개발의 실제

8 초등학교 4학년 문제 개발

8.1 개요

표 8-1 | 초등학교 4학년의 문제상황에 대한 개요

문항 번호	프로그램명	관련 내용 영역	문제상황		
			비구조화된 문제	준-비구조화된 문제	준-비구조성의 point
4-1	어린이 북카페가 생겼어요!	수와 연산	(4-1-I) 미경이네 동네에 새로 생긴 북카페를 이용하기 위해 문제상황에서 제시하는 정보들을 활용하여, 이용 계획에 따라 회원으로 가입하는 것이 이익이라고 생각하며 회원의 적절한 이용 금액을 정한다.	(4-1-SI) 비구조화된 문제와 같은 문제상황 속에서 문제해결에 필요한 정보들을 알아보기 쉽도록 표로 정리하여 제시된 것을 참고하여, 이용 계획에 따라 회원으로 가입했을 때 이익이 될 수 있는 금액을 정한다.	문제상황에 내포된 정보를 간략하게 표로 제시하고, 문제해결을 돕는 세부적인 질문을 추가적으로 제시함.
4-2	현장학습 장소는 어디?	수와 연산	(4-2-I) 4학년 학생들이 합리적인 현장학습 장소를 정하기 위해 사전 조사를 실시한다. 조사 결과에 따른 주어진 정보들을 활용하여 합리적인 현장학습 장소를 최종적으로 선정한다.	(4-2-SI) 비구조화된 문제와 같은 문제상황 속에서 문제해결에 필요한 정보들 중 일부를 자세하게 제시하여 교과내용, 선호도, 소요경비의 주어진 정보들을 비교하여 합리적인 현장학습 장소를 최종적으로 선정한다.	문제상황에 내포된 정보 중에서 일부를 자세하게 제시하여, 문제해결에 필요한 내용을 비교하기 쉽도록 도움.

8.2 어린이 북카페가 생겼어요! (4-1)

표 8-2 '어린이 북카페가 생겼어요!'의 문제상황에 대한 개요

<table>
<tr><th>구분</th><th colspan="2">비구조화된 문제</th><th colspan="2">준-비구조화된 문제</th></tr>
<tr><td rowspan="2">문제상황의 개요</td><td colspan="2" rowspan="2">(4-1-I)
미경이네 동네에 북카페가 새로 생겼다. 이곳을 이용하기 위해 미경이의 주간 스케줄, 북카페 운영 시간, 세 달간의 이용 계획, 회원 가입비와 비회원의 1회 이용 요금을 제시된 정보를 통해 파악한 후, 세 달 간의 이용 계획에 따라 회원으로 가입하는 것이 이익이라고 생각하며 회원의 적절한 이용 금액을 정한다.</td><td colspan="2">(4-1-SI)
비구조화된 문제와 같은 문제상황 속에서 문제해결에 필요한 정보들을 알아보기 쉽도록 표로 정리하고 문제해결의 직접적인 실마리가 되는 질문을 제시하여 이용 계획에 따라 회원으로 가입했을 때 이익이 될 수 있는 금액을 정한다.</td></tr>
<tr><td colspan="2">비구조화된 문제상황에서 제시한 정보들을 표로 간략하게 제시하여 문제해결에 필요한 정보 탐색을 쉽게 할 수 있도록 하고, 문제해결을 돕는 세부적인 질문을 추가적으로 제시하여 문제해결 계획의 수립 방향 설정에 도움이 되도록 함.</td></tr>
<tr><td rowspan="2">비구조성 정도[2]</td><td>상황맥락성</td><td colspan="2">복잡성</td><td>개방성</td></tr>
<tr><td>★★★☆
상황에 대한 정보가 어느 정도 있고, 개념적 구조가 어느 정도 다른 상황에 적용 가능함.</td><td colspan="2">★★★☆
문제에서 제시되는 내용이 복잡성을 지니고 있고, 상황에 걸친 불규칙성이 어느 정도 보임.</td><td>★★★★
판단에 대한 의견을 표현할 수 있고, 비교적 조작에 제한이 없으나 어느 정도 한계가 있음.</td></tr>
<tr><td>교육과정과의 연계성[3]</td><td colspan="4">〈3~4학년군〉 - 수와 연산
• 다섯 자리 이상의 수
• 곱셈
• 자연수의 혼합 계산</td></tr>
<tr><td>문제해결의 적용을 위한 안내</td><td colspan="4">• 큰 수의 계산 과정에서 나타나는 실수로 인한 오차를 줄이고 계산 과정의 수행으로 인한 시간을 줄일 수 있도록 계산기를 활용할 수 있다.
• 다양한 문제해결의 결과들 중에서 한두 가지만을 골라서 답으로 제시할 수도 있고, 다양한 모든 결과를 제시할 수도 있다.</td></tr>
</table>

2) 27쪽에서 제시하는 분석 기준에 따라 비구조성 정도를 제시함.
3) 2009 개정 교육과정의 각 학년군별 학습내용 성취기준을 중심으로 기술함.

8.2.1 비구조화된 문제 (4-1-I)

미경이네 동네에 어린이 북카페가 새로 생겼습니다. 어린이 북카페에서는 입장료를 지불하면 한 가지 종류의 음료수를 마실 수 있고, 북카페 내에 있는 책을 자유롭게 볼 수 있습니다. 어린이 북카페는 도서관처럼 다양한 분야의 많은 책들을 소장하고 있는데, 도서관과는 달리 음료수도 마실 수 있고 좀 더 자유로운 분위기 속에서 책을 읽을 수 있어 많은 어린이들이 이곳을 방문합니다.

어린이 북카페는 매 입장 시 입장료 1200원을 지불하여야 합니다. 그런데 회원으로 가입하면 처음에 가입비 5000원을 지불하고 매회 입장료를 할인된 금액으로 이용할 수 있습니다. 이 북카페는 매일 오전 9시부터 오후 5시까지 이용가능하며, 공휴일과 매달 첫 번째 월요일에는 운영하지 않습니다.

미경이의 주간 스케줄은 아래와 같습니다. 월요일부터 금요일까지는 학교에서 하교 후 아래와 같이 방과 후 교실의 스케줄이 있으며, 토요일에는 수영교실에 참여하고 12시에 끝납니다. 일요일에는 주로 양가 조부모님댁을 방문하거나 주말농장에 다녀옵니다.

	월요일	화요일	수요일	목요일	금요일
하교 시각	오후 1시 30분	오후 2시 20분	오후 1시 30분	오후 2시 20분	오후 1시 30분
방과 후 교실	자유시간	바이올린	태권도	자유시간	도자기
방과 후 교실 종료 시각		오후 4시 30분	오후 4시 30분		오후 4시 30분

미경이는 달력을 보면서 2014년 3월 1일부터 북카페를 세 달간 이용하기 위해, 회원가입을 하여 할인된 금액으로 이용하는 것이 비회원으로 이용하는 것보다 이익이라고 판단하였습니다.

미경이의 판단이 옳다면, 회원의 이용금액은 얼마여야 적절하다고 생각하나요? (단, 입장료는 100원 단위까지만 생각하세요.)

2014. 03.

일	월	화	수	목	금	토
						1 삼일절
2	3	4	5	6	7	8
9	10	11	12	13	14	15
16	17	18	19	20	21	22
23	24	25	26	27	28	29

2014. 04.

일	월	화	수	목	금	토
		1	2	3	4	5 식목일
6	7	8	9	10	11	12
13	14	15	16	17	18	19
20	21	22	23	24	25	26
27	28	29	30			

2014. 05.

일	월	화	수	목	금	토
				1 근로자의날	2	3
4	5 어린이날	6 석가탄신일	7	8 어버이날	9	10
11	12	13	14	15 스승의날	16	17
18	19	20	21	22	23	24
25	26	27	28	29	30	31

8.2.2 준-비구조화된 문제 (4-1-SI)

미경이네 동네에 어린이 북카페가 새로 생겼습니다. 어린이 북카페에서는 입장료를 지불하면 한 가지 종류의 음료수를 마실 수 있고, 북카페 내에 있는 책을 자유롭게 볼 수 있습니다. 어린이 북카페는 도서관처럼 다양한 분야의 많은 책들을 소장하고 있는데, 도서관과는 달리 음료수도 마실 수 있고 좀 더 자유로운 분위기 속에서 책을 읽을 수 있어 많은 어린이들이 이곳을 방문합니다.

어린이 북카페는 매 입장 시 입장료 1200원을 지불하여야 합니다. 그런데 회원으로 가입하면 처음에 가입비 5000원을 지불하고 매회 입장료를 할인된 금액으로 이용할 수 있습니다. 이 북카페는 매일 오전 9시부터 오후 5시까지 이용가능하며, 공휴일과 매달 첫 번째 월요일에는 운영하지 않습니다.

미경이의 주간 스케줄은 아래와 같습니다. 월요일부터 금요일까지는 학교에서 하교 후 아래와 같이 방과 후 교실의 스케줄이 있으며, 토요일에는 수영교실에 참여하고 12시에 끝납니다. 일요일에는 주로 양가 조부모님댁을 방문하거나 주말농장에 다녀옵니다.

	월요일	화요일	수요일	목요일	금요일	토요일	일요일
하교 시각	오후 1시 30분	오후 2시 20분	오후 1시 30분	오후 2시 20분	오후 1시 30분	수영교실 12시 종료	조부모님 댁 방문 또는 주말농장
방과 후 교실	자유 시간	바이올린	태권도	자유 시간	도자기		
방과 후 교실 종료 시각		오후 4시 30분	오후 4시 30분		오후 4시 30분		

미경이는 달력을 보면서 2014년 3월 1일부터 북카페를 세 달간 이용하기 위해, 회원가입을 하여 할인된 금액으로 이용하는 것이 비회원으로 이용하는 것보다 이익이라고 판단하였습니다.

2014. 03.

일	월	화	수	목	금	토
						1 삼일절
2	3	4	5	6	7	8
9	10	11	12	13	14	15
16	17	18	19	20	21	22
23	24	25	26	27	28	29

2014. 04.

일	월	화	수	목	금	토
		1	2	3	4	5 식목일
6	7	8	9	10	11	12
13	14	15	16	17	18	19
20	21	22	23	24	25	26
27	28	29	30			

2014. 05.

일	월	화	수	목	금	토
				1 근로자의날	2	3
4	5 어린이날	6 석가탄신일	7	8 어버이날	9	10
11	12	13	14	15 스승의날	16	17
18	19	20	21	22	23	24
25	26	27	28	29	30	31

미경이의 판단이 옳다면, 회원의 이용금액은 얼마여야 적절하다고 생각하나요?

미경이의 주간 스케줄에 따라 북카페를 이용할 수 있는 요일을 선정하고, 매주 어느 요일에 북카페를 이용할 것인지를 선택하여 문제를 해결해 보세요.

(단, 입장료는 100원 단위까지만 생각하세요.)

8.2.3 문제해결 구조도

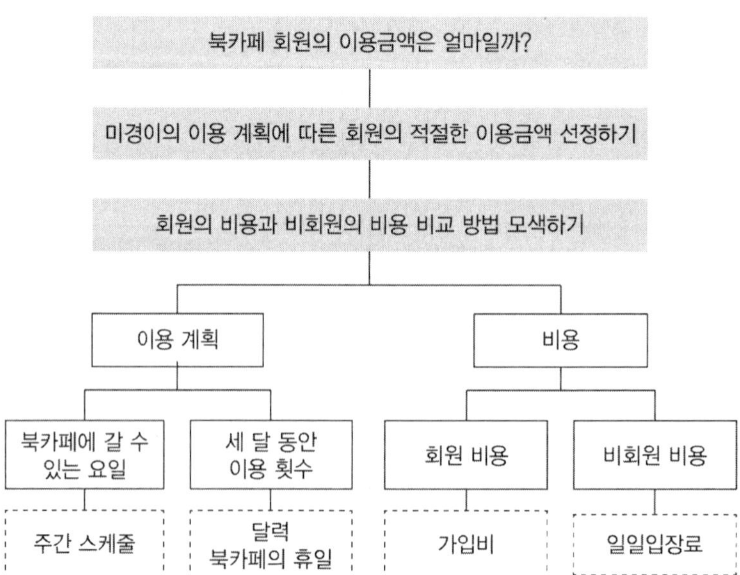

그림 8-1 | '어린이 북카페가 생겼어요!'의 문제해결 구조도

8.2.4 예시답안 (4-1)

이 문제는 북카페를 이용하기 위해 회원으로 가입하는 것이 비회원으로 이용하는 것보다 이익이 된다는 미경이의 판단이 옳을 수 있는 회원의 적절한 이용금액을 결정함으로써 해결할 수 있다.

회원의 적절한 이용금액을 결정하여 문제를 해결하기 위해서는

첫째, 문제에서 제시된 정보들 중에서 미경이의 주간 스케줄에 따라 북카페를 이용할 수 있는 요일을 찾고, 그 요일들 중에서 어느 요일을 선택하여 북카페를 이용할 것인지를 결정하여야 한다. 주간 스케줄을 보면, 화요일, 수요일, 금요일에는 방과 후 교실에 참여하여 4시 30분에 끝나기 때문에 5시까지 운영하는 북카페를 이용하기에 어려울 것으로 판단되며, 월요일과 목요일에는 하교 후부터 5시까지 약 3시간 정도의 여유 시간이 있기 때문에 북카페를 이용할 수 있을 것으로 판단된다. 또한 토요일에는 수영교실에 참여한 후 12시에 끝나면, 점심식사를 천천히 하더라도 1시부터 5시까지 약 4시간 정도의 여유 시간이 있어 북카페를 이용할 수 있을 것이다. 그러나 일요일에는 조부모님댁에 방문하거나 주말농장에 다녀오는 경우 시간이 오래 걸리기 때문에 5시에 문을 닫는 북카페를 이용하는 것은 어려울 것이다. 따라서 미경이의 주간 스케줄에 따르면 북카페를 이용할 수 있는 요일은 월요일, 목요일, 토요일이다.

둘째, 북카페를 이용할 수 있는 요일들 중에서 어느 요일을 이용할 것인지에 따른 금액 비용을 비교하여 적절한 회원 금액을 결정하여야 한다. 일주일에 사흘(월요일, 목요일, 토요일)을 이용하는 경우, 일주일에 이틀(월요일과 목요일 또는 월요일과 토요일 또는 목요일과 토요일)을 이용하는 경우, 일주일에 하루(월요일 또는 목요일 또는 토요일)를 이용하는 경우로 나누어 생각해 볼 수 있다. 일주일 동안의 이용 요일 수, 이용 요일에 따른 세 달간 총 이용 횟수를 정리하면 <표 8-3>과 같다.

회원의 적절한 이용금액을 찾기 위해 일주일 동안의 이용 요일 수에 따른 비회원과 회원의 총 비용을 비교하여 문제를 해결하면 아래와 같다.

비회원의 총 비용은 1200원×(세 달간 이용 횟수)의 방법으로, 회원의 총 비용은 5000원+(회원의 가능 금액)×(세 달간 이용 횟수)의 방법으로 구할 수 있다. 먼저 일주일에 사흘을 이용하는 경우로 문제를 해결하면 <표 8-4>와 같다.

표 8-3 ∥ 이용 계획에 따른 세 달간의 이용 횟수

		3월	4월	5월	합계
일주일에 사흘을 이용하는 경우		11번	11번	13번	35번
일주일에 이틀을 이용하는 경우	월요일 목요일	7번	7번	8번	22번
	월요일 토요일	7번	7번	8번	22번
	목요일 토요일	8번	8번	10번	26번
일주일에 하루를 이용하는 경우	월요일	3번	3번	3번	9번
	목요일	4번	4번	5번	13번
	토요일	4번	4번	5번	13번

표 8-4 ∥ 일주일에 사흘을 이용한다는 계획에 따른 문제해결

구분	내용
비회원	• 1200원 × 35회 = 42,000원
회원	• 1100원인 경우 : 5000원 + (1100원 × 35회) = 43500원 • 1000원인 경우 : 5000원 + (1000원 × 35회) = 40000원 • 900원인 경우 : 5000원 + (900원 × 35회) = 36500원 위와 같은 계산 방법의 원리에 따라 회원 비용이 100원~1100원인 경우에 따라 총 비용을 구하면 아래와 같다.

(원)

회원	100	200	300	400	500	600	700	800	900	1000	1100
총 비용	8500	12000	15500	19000	22500	26000	29500	33000	36500	40000	43500

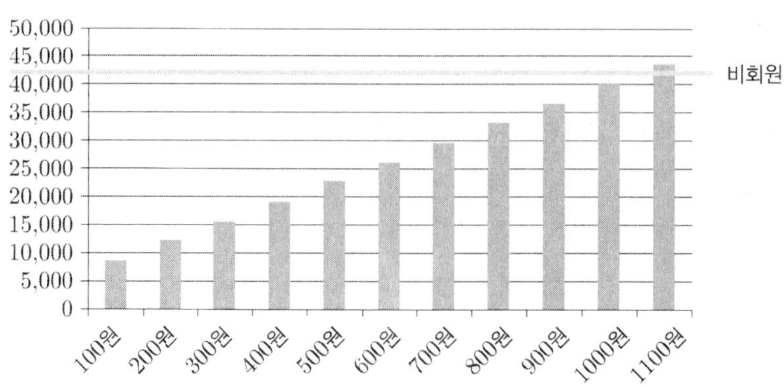

그림 8-2 ∥ 일주일에 사흘을 이용한다는 계획에 따른 문제해결 결과 비교

비회원의 총 비용과 회원의 총 비용을 한눈에 알아보기 쉽도록 그래프로 나타내보면 [그림 8-2]와 같다.

일주일에 사흘을 이용하는 경우, 회원일 때의 총 비용이 비회원일 때의 총 비용보다 적은 경우는 회원의 금액이 100원~1000원의 범위에서 가능하다.

위의 방법을 일주일에 이틀을 이용하는 경우, 일주일에 하루를 이용하는 경우에 똑같이 적용하여 그 결과를 정리하면 <표 8-5>와 같다.

표 8-5 ▎ 이용계획에 따른 비용 비교

조건		세 달간 이용횟수(회)	비회원 총 비용(원)	가능한 회원의 이용금액 범위(원)
일주일에 사흘 이용하는 경우	월, 목, 토	35	42000	100~1000
일주일에 이틀 이용하는 경우	월, 목	22	26400	100~900
	월, 토	22	26400	100~900
	목, 토	26	31200	100~1000
일주일에 하루 이용하는 경우	월	9	10800	100~600
	목	13	15600	100~800
	토	13	15600	100~800

8.2.5 문제해결 활동지

Analyze / Browse 어린이 북카페가 생겼어요!

★ 문제를 자세하게 읽어보세요. 그 후, 아래에 주어진 질문에 대한 답을 글이나 그림, 표 등으로 다시 나타내 보세요.

- 문제에서 해결해야 할 것은 무엇입니까?
- 문제에서는 어떤 조건이 제시되어 있나요?
- 문제를 해결하기 위해서 어떤 방법으로 해결해야 할까요?

Create 어린이 북카페가 생겼어요!

★ 문제를 해결한 과정을 아래의 내용들을 생각하면서, 다른 사람이 이해하기 쉽게 설명해 보세요.

- 문제를 해결한 과정(계산결과 포함)을 정리해 보세요.
- 내가 해결한 방법이 아닌 다른 방법으로 해결할 수 있다면 도전해 보세요.
- 계산 과정에서 틀린 부분이 있어도 지우지 말고, 빈 공간에 다시 정리해 보세요.
- 내가 결정한 결과가 맞다고 생각하나요? 왜 그런가요? 그 이유를 자세히 정리해 보세요.

Decision-Making / Evaluation 어린이 북카페가 생겼어요!

★ 다른 조에서 해결한 방법과 우리 조에서 해결한 방법을 비교해 보세요. 다른 조의 발표를 듣고, 아래의 질문에 대해 생각해 보세요.

- 다른 조는 문제를 잘 이해하고 있습니까?
- 다른 조에서 제시한 해결과정 중에서 부적절하다고 여겨지는 부분은 없었나요? 왜 그렇게 생각하나요?
- 우리 조에서 제시한 해결방법보다 더 나은 해결방법이 있다고 생각합니까? 그렇게 생각한 이유는 무엇입니까?

8.3 현장학습 장소는 어디? (4-2)

표 8-6 ‖ '현장학습 장소는 어디?'의 문제상황에 대한 개요

<table>
<tr><th>구분</th><th colspan="2">비구조화된 문제</th><th colspan="2">준-비구조화된 문제</th></tr>
<tr><td rowspan="2">문제상황의 개요</td><td colspan="2" rowspan="2">(4-2-I)
4학년 4개 반 학생이 합리적인 현장학습 장소를 정하기 위해 4곳에 대한 사전 조사를 실시한다. 조사 결과인 교과내용, 선호도, 경비 등의 주어진 정보들을 확인하여 비교한 후, 합리적인 현장학습 장소를 최종적으로 선정한다.</td><td colspan="2">(4-2-SI)
비구조화된 문제와 같은 문제상황 속에서 문제해결에 필요한 정보들 중 일부를 자세하게 제시하여 교과내용, 선호도, 소요경비의 주어진 정보들을 비교하여 합리적인 현장학습 장소를 최종적으로 선정한다.</td></tr>
<tr><td colspan="2">비구조화된 문제상황에서 제시한 정보들을 추가적으로 제시하여 문제해결에 필요한 정보를 쉽게 탐색할 수 있도록 하여 문제해결계획의 수립 방향 설정에 도움이 되도록 함.</td></tr>
<tr><td rowspan="2">비구조성 정도</td><td>상황맥락성</td><td colspan="2">복잡성</td><td>개방성</td></tr>
<tr><td>★★★★
상황에 대한 정보가 충분히 제시되어 있고, 개념적 구조가 다양하고, 다른 상황에 적용 가능함.</td><td colspan="2">★★★☆
문제에서 제시되는 내용이 복잡성을 지니고 있으며 상황에 걸친 불규칙성이 보임.</td><td>★★★☆
판단에 대한 의견을 표현할 수 있고, 비교적 조작에 제한이 없으나 어느 정도 한계가 있음.</td></tr>
<tr><td>교육과정과의 연계성</td><td colspan="2">〈3~4학년군〉 - 수와 연산
• 다섯 자리 이상의 수
• 나눗셈
• 곱셈
• 자연수의 혼합 계산</td><td colspan="2">〈3~4학년군〉 - 측정
• 수의 범위</td></tr>
<tr><td>문제해결의 적용을 위한 안내</td><td colspan="4">• 계산 과정에서 나타나는 실수로 인한 오차를 줄이고 계산 과정의 수행으로 인한 시간을 줄일 수 있도록 계산기를 활용할 수 있다.</td></tr>
</table>

8.3.1 비구조화된 문제 (4-2-I)

○○초등학교 4학년 4개 반 학생들은 봄에 갈 현장학습 장소를 스스로 결정하기로 하였습니다. 현장학습 장소를 결정하기 위해 각 반 대표들과 선생님들이 함께 모여

여러 해 동안 4학년들이 현장학습을 간 장소를 바탕으로 놀이동산, 도자기 엑스포, 민속촌, 과학관의 4개의 장소 중 하나를 선택하기로 하였습니다. 4곳 중 올해 4학년 학생들이 현장학습을 가게 될 장소를 어떤 방법으로 선정하면 좋을지 각 반별로 결정한 후, 사전 조사를 해 오기로 하였습니다. 며칠 후, 각 반별 대표들과 선생님들이 모여 사전 조사 결과를 살펴보았습니다.

1반과 2반은 현장학습은 교과와 관련하여 학교 내에서 경험하기 어려운 것을 체험할 수 있는 곳으로 가야 한다며 현재 4학년에서 배우고 있는 내용들을 아래와 같이 정리하였습니다.

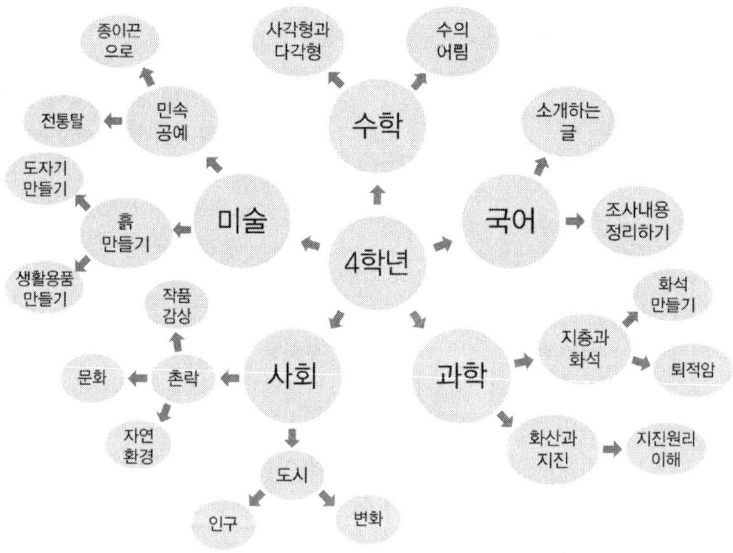

3반은 현장학습은 4학년 학생들이 원하는 곳으로 가야 한다고 생각하여 4학년 모든 학생들을 대상으로 설문조사를 실시하였습니다. 반별로 나온 조사 결과는 아래와 같습니다.

(명)

장소	1반	2반	3반	4반
놀이동산	11	10	8	7
민속촌	9	6	6	11
도자기 엑스포	6	6	9	7
과학관	4	7	5	4

4반은 현장학습을 가는 비용을 고려해야 한다며, 4개의 장소를 정하고 각 장소별 비용을 조사하였습니다(단, 교사는 활동비 및 입장료가 모두 무료임).

〈놀이동산〉

★ 자유이용권 이용요금 ★ (원)

	개인	단체 (100명 이상)
성인(만 19세 이상)	38000	요금의 반값 할인
청소년(만 13세~만 18세)	32000	
어린이 (36개월 이상~만12세)	29000	
36개월 미만은 무료		

★ 버스비 ★
40명 기준으로 1대당 450000원

〈민속촌〉

★ 입장료 ★ (원)

	개인	단체 (20명 이상)
성인(만 19세 이상)	18000	15000
청소년(만 13세~만 18세)	15000	12000
어린이 (36개월 이상~만12세)	12000	10000
36개월 미만은 무료		

★ 체험비 ★
인절미 만들기 : 1인당 1000원
★ 버스비 ★
40명 기준으로 1대당 300000원

〈과학관〉

★ 입장료 ★ (원)

	요금
성인(만 19세 이상)	4000
청소년 및 어린이 (36개월~만 18세)	2000
36개월 미만은 무료	

★ 체험비 ★
- 3D 영화 관람 : 1인당 5000원
- 화석 만들기 : 20명씩 한 반에 50000원 (정원이 차지 않아도 수업료는 동일하게 지불해야 함.)

★ 버스비 ★
40명 기준으로 1대당 400000원

〈도자기 엑스포〉

★ 입장료 ★ (원)

	개인	단체 (20명 이상)
성인(만 19세~만 64세)	6000	4000
청소년(만 13세~만 18세)	4000	3000
어린이 및 노약자 (만 4세~만 12세, 만 64세 이상)	3000	없음
36개월 미만은 무료		

★ 체험비 ★
- 흙체험 : 10명씩 60000원
- 타일공예 : 15명씩 60000원 (정원이 차지 않아도 수업료는 동일하게 지불해야 함.)

★ 버스비 ★
40명 기준으로 1대당 400000원

각 반 대표들이 가져온 사전 조사 결과를 모두 고려하여 4학년 현장체험학습 장소를 결정하려고 합니다. 여러분이 4학년 대부분의 학생들이 만족할 수 있도록 각 대표들이 조사해 온 내용을 모두 고려하여 현장학습 장소를 결정해야 한다면, 어느 곳으로 현장학습을 가는 것이 합리적일까요?

8.3.2 준-비구조화된 문제 (4-2-SI)

○○초등학교 4학년 4개 반 학생들은 봄에 갈 현장학습 장소를 스스로 결정하기로 하였습니다. 현장학습 장소를 결정하기 위해 각 반 대표들과 선생님들이 함께 모여 여러 해 동안 4학년들이 현장학습을 간 장소를 바탕으로 놀이동산, 도자기 엑스포, 민속촌, 과학관의 4개의 장소 중 하나를 선택하기로 하였습니다. 4곳 중 올해 4학년 학생들이 현장학습을 가게 될 장소를 어떤 방법으로 선정하면 좋을지 각 반별로 결정한 후, 사전 조사를 해 오기로 하였습니다. 며칠 후, 각 반별 대표들과 선생님들이 모여 사전 조사 결과를 살펴보았습니다.

1반과 2반은 현장학습은 교과와 관련하여 학교 내에서 경험하기 어려운 것을 체험할 수 있는 곳으로 가야 한다며 현재 4학년에서 배우고 있는 내용들을 아래와 같이 정리하였습니다. 그 결과 과학관을 가게 되면 현재 배우고 있는 화석을 만들 수 있으며, 도자기 체험을 한다면 미술교과와도 많은 관련성이 있는 것으로 조사되었습니다.

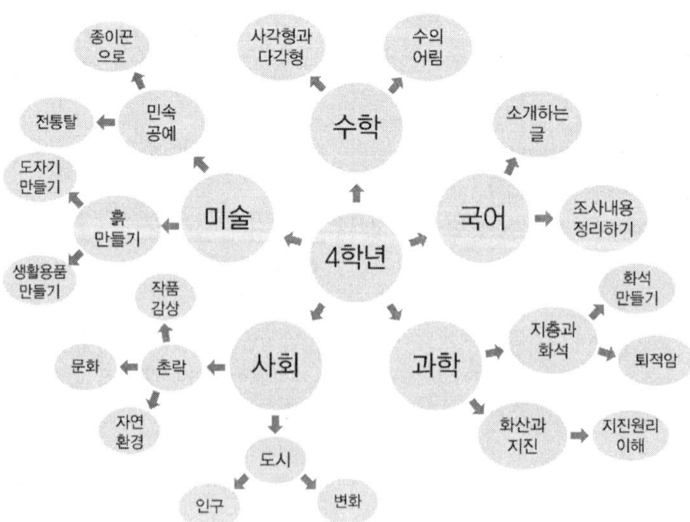

3반은 현장학습은 4학년 116명의 학생들이 원하는 곳으로 가야 한다고 생각하여 4학년 모든 학생들을 대상으로 설문조사를 실시하였습니다. 반별로 나온 조사 결과는 아래와 같이 놀이동산은 36명, 민속촌은 32명, 도자기 엑스포는 28명, 과학관은 20명이 희망하는 것으로 나타났습니다.

(명)

장소	1반	2반	3반	4반	계
놀이동산	11	10	8	7	36
민속촌	9	6	6	11	32
도자기 엑스포	6	6	9	7	28
과학관	4	7	5	4	20
계	30	29	28	29	116

4반은 현장학습을 가는 비용을 고려해야 한다며, 4개의 장소를 정하고 각 장소별 비용을 조사하였습니다(단, 교사는 활동비 및 입장료가 모두 무료임).

〈놀이동산〉

★ 자유이용권 이용요금 ★ (원)

	개인	단체 (100명 이상)
성인(만 19세 이상)	38000	19000
청소년(만 13세~만 18세)	32000	16000
어린이 (36개월 이상~만12세)	29000	14500
36개월 미만은 무료		

★ 버스비 ★

총 18000000원

〈민속촌〉

★ 입장료 ★ (원)

	개인	단체 (20명 이상)
성인(만 19세 이상)	18000	15000
청소년(만 13세~만 18세)	15000	12000
어린이 (36개월 이상~만12세)	12000	10000
36개월 미만은 무료		

★ 체험비 ★

인절미 만들기

– 1인당 1000원으로 총 116000원

★ 버스비

– 총 1200000원

〈과학관〉

★ 입장료 ★ (원)

	요금
성인(만 19세 이상)	4000
청소년 및 어린이 (36개월~만 18세)	2000
36개월 미만은 무료	

★ 체험비 ★

• 3D 영화 관람
1인당 5000원으로 총 580000원

• 화석 만들기
– 20명씩 한 반에 50000원으로 총 300000원

★ 버스비 – 총 1600000원

〈도자기 엑스포〉

★ 입장료 ★ (원)

	개인	단체 (20명 이상)
성인(만 19세~만 64세)	6000	4000
청소년(만 13세~만 18세)	4000	3000
어린이 및 노약자 (만 4세~만 12세, 만 64세 이상)	3000	없음
36개월 미만은 무료		

★ 체험비 ★

• 흙체험 : 10명씩 60000원으로 총 720000원

• 타일공예 : 15명씩 60000으로 총 480000원

★ 버스비 : 총 1600000원

각 반 대표들이 가져온 사전 조사 결과를 모두 고려하여 4학년 현장체험학습 장소를 결정하려고 합니다. 여러분이 4학년 대부분의 학생들이 만족할 수 있도록 각 대표들이 조사해 온 내용을 모두 고려하여 현장학습 장소를 결정해야 한다면, 어느 곳으로 현장학습을 가는 것이 합리적일까요?

8.3.3 문제해결 구조도

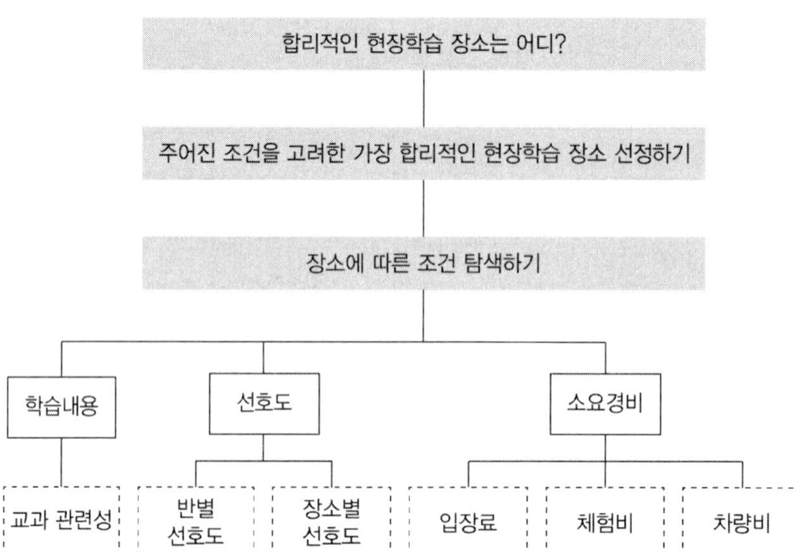

그림 8-3 | '현장학습 장소는 어디?'의 문제해결 구조도

8.3.4 예시답안 (4-2)

이 문제는 각 반에서 사전 조사한 3개의 기준(학습내용, 학생들의 선호도, 소요경비)을 바탕으로 합리적인 현장학습 장소를 선정하는 것이다. 3개의 기준에 따라 각각 살펴보면 다음과 같다.

첫째, 학습내용을 기준으로 할 때, 과학의 화석 만들기나 지진의 발생 원리 등의 학습은 과학관의 견학에서 미술의 도자기 만들기의 경험도 도자기 엑스포의 체험을 통해 충분히 학습될 수 있기 때문에 교과와 밀접한 관계가 있다고 볼 수 있다. 민속촌의 경우, 촌락의 생활이나 국어에서의 조사 학습의 내용과 연결지어 볼 수 있으나 직접적인 관련성이 부족하며, 놀이동산의 경우는 교과와의 관련성이 많이 부족하다.

둘째, 학생들의 선호도를 기준으로 할 때, 학생들이 현장학습 장소로 가고 싶은 곳을 선택하는 설문조사에서 놀이동산은 36명, 민속촌은 32명, 도자기 엑스포는 28명, 과학관은 20명으로, 놀이동산을 가장 많이 선호하고 있는 것으로 나타났다.

셋째, 총 학생 수 116명, 교사 4명의 소요경비를 과학관이 2312000원으로 가장 경비가 적게 들며, 놀이동산이 3482000원으로 가장 많은 비용이 든다.

표 8-7 | 소요경비에 따른 장소별 비용 비교

	입장료	체험비	버스비	총 경비
놀이동산	어린이이고, 단체이기에 14500원×116명=1682000원		450000×4 =1800000원	1682000원 +1800000원 =3482000원
도자기 엑스포	어린이이고 단체이므로 3000원×116명=348000원	흙체험 : 60000원×12팀 =720000원 타일공예 : 60000원×8팀 =480000원	400000×4 =1600000원	348000원 +720000원 +480000원 +1600000원 =3148000원
민속촌	어린이이고 단체이므로 10000원×116명=1160000원	·	300000×4 =1200000원	1160000원 +1200000원 =2360000원
과학관	어린이이므로 2000원×116명=232000원	3D 관람 5000원×116명 =580000원 화석만들기 50000원×6팀 =300000원	400000×4 =1600000원	232000원 +580000원 +300000원 +1600000원 =2712000원

세 가지 기준에 따른 내용을 종합하여 순위로 나타내면 다음과 같다.

표 8-8 ∥ 세 가지 기준에 따른 장소별 순위

장소	학습내용 관련성	학생들의 선호도	소요 경비 (적은 비용이 1)
놀이동산	4	1	4
도자기 엑스포	1	3	3
과학관	1	4	2
민속촌	3	2	1

학생들에게 나올 수 있는 예상 답안은 다음과 같다.

- 학생들의 선호도는 낮지만, 학습내용과 관련성이 많고 소요 경비도 적게 드는 과학관으로 현장학습 장소를 선정하는 것이 합리적이라고 생각된다.
- 학습내용과는 관련성이 높지는 않지만, 학생들이 선호하기도 하고 소요 경비도 가장 적게 드는 민속촌으로 결정하는 것이 합리적이라고 생각된다.

9 초등학교 5학년 문제 개발

9.1 개요

표 9-1 | 초등학교 5학년의 문제상황에 대한 개요

문항 번호	프로그램명	관련 내용 영역	문제상황		
			비구조화된 문제	준-비구조화된 문제	준-비구조성의 point
1	내가 심사위원이라면?	확률과 통계	(5-1-I) 아이스쇼에 참가할 한 팀을 선정하는 서바이벌 대회에서 이번 경연의 1등을 가리기 위해, 5명 심사위원의 채점 결과를 보고 어떠한 방법으로 한 팀을 선정해야 가장 공정한 결과가 나올지 선정방법을 정하여 설명하고, 이 방법을 통해 어떤 팀이 1등을 하게 되는지 설명한다.	(5-1-SI) 비구조화된 문제와 같은 문제상황에서 문제해결에 도움을 줄 수 있는 다양한 선정방법에 대한 학생들의 토의 내용을 구체적으로 제시하여 각 선정방법에 따라 어떤 팀이 1등을 하게 되고, 가장 공정한 방법은 어떤 방법이 될 수 있을지 찾는다.	문제해결에 도움이 되도록 공정한 방법에 관하여 학생들이 논의할만한 내용을 추가적으로 제시함.
2	여행을 떠나요!	수와 연산	(5-2-I) 유럽에서 배낭여행을 하고 있는 은혁이와 준호가 스위스 여행 안내 책자에 나온 정보들을 바탕으로 다음 날의 여행일정과 여행경비를 계획하고 있다. 하루 경비 중 최소한의 비용으로 가장 재미난 여행을 할 수 있는 일정을 세우고 소요되는 여행경비를 우리나라 돈으로 환산하여 계산한다.	(5-2-SI) 유럽에서 배낭여행을 하고 있는 은혁이와 준호가 그날 사용한 여행경비를 되돌아보고 합리적인 지출을 하였는지 반성하며 최대한 여행경비를 줄이려고 노력한다. 은혁이와 준호는 하루 동안 지출한 돈을 계산하고 자신들이 최소한의 금액으로 하루 여행을 마쳤음을 확인한다. 여행경비 지출내역을 참고하여 은혁이와 준호가 하루 동안 지출한 여행경비를 우리나라 돈으로 환산하여 계산한다.	문제상황에 나타난 여러 가지 정보들 중 일부를 제시함으로써 문제해결에 필요한 정보들의 수집 및 선택의 과정을 간소화함.

9.2 내가 심사위원이라면? (5-1)

표 9-2 ‖ '내가 심사위원이라면?'의 문제상황에 대한 개요

<table>
<tr><th>구분</th><th colspan="2">비구조화된 문제</th><th colspan="2">준-비구조화된 문제</th></tr>
<tr><td rowspan="2">문제상황의 개요</td><td colspan="2" rowspan="2">(5-1-I)
아이스쇼에 참가할 한 팀을 선정하는 서바이벌 대회에서 이번 경연의 1등을 가리기 위해, 참가한 8개 팀을 총 5명의 심사위원이 채점하였다. 5명 심사위원의 채점 결과를 보고 어떠한 방법으로 1등에 해딩하는 한 팀을 선정해야 가장 공정한 결과가 나올지 선정방법을 정하여 설명하고, 이 방법을 통해 어떤 팀이 1등을 하게 되는지 설명한다.</td><td colspan="2">(5-1-SI)
비구조화된 문제와 같은 문제상황에서 문제해결에 도움을 줄 수 있는 다양한 선정방법에 대한 학생들의 토의 내용을 제시하여 각 선정방법에 따라 어떤 팀이 1등을 하게 되고, 가장 공정한 방법은 어떤 방법이 될 수 있을지 찾는다.</td></tr>
<tr><td colspan="2">비구조화된 문제상황에서 요구하는 공정한 방법에 관하여 학생들이 논의할만한 내용을 추가적으로 제시하여 문제해결에서 요구하는 방향이 무엇인지 알 수 있도록 하고, 문제해결을 위한 계획수립에 도움이 되도록 함.</td></tr>
<tr><td rowspan="2">비구조성 정도</td><td>상황맥락성</td><td colspan="2">복잡성</td><td>개방성</td></tr>
<tr><td>★★★☆
상황에 대한 정보가 어느 정도 포함되어 있고, 다른 상황에 적용 가능한 개념적 구조가 포함됨.</td><td colspan="2">★★★☆
문제에서 제시된 내용이 어느 정도 복잡성을 지니고 있고, 논의 방향에 따라 불규칙성을 내포하고 있음.</td><td>★★★★
판단과 논의의 방향에 따라 다양한 결과가 나올 수 있으며, 비교적 조작에 제한이 없음.</td></tr>
<tr><td>교육과정과의 연계성</td><td colspan="2">〈5~6학년군〉 - 확률과 통계
• 가능성과 평균</td><td colspan="2">〈5~6학년군〉 - 수와 연산
• 소수의 곱셈과 나눗셈</td></tr>
<tr><td>문제해결의 적용을 위한 안내</td><td colspan="4">• 다양한 자료가 수치로 주어지기 때문에 계산 과정에서 나타나는 실수나 오차, 혹은 계산으로 인한 시간 손실을 줄일 수 있도록 계산기를 활용할 수 있다.
• 대푯값을 구하는 방법과 관련하여 심사 방법에 관한 다양한 방법 중 생각할 수 있는 가능한 결과를 모두 제시하고, 자신이 선택한 방법에 대해 정당화하는 과정을 설명할 수 있도록 배려한다.
• 스포츠 경기에서 쓰이는 다양한 심사 방법에 관한 안내를 제공할 수 있다.</td></tr>
</table>

9.2.1 비구조화된 문제 (5-1-I)

아이스쇼에 참가할 1팀을 선정하는 서바이벌 대회에서 이번 경연의 1등을 가리고자 합니다. 이번 대회에는 다음과 같이 총 8개의 팀이 참가하였습니다.

1	2	3	4	5	6	7	8
민오 팀	가히 팀	보라 팀	형아 팀	문히준 팀	유새윤 팀	김쑥 팀	전형무 팀

공정한 심사를 위하여 총 5명의 심사위원이 채점하였습니다. 심사위원은 고상희(스케이트 심판), 김유나(스케이트 선수), 데이비드 윙스(안무가), 김장운(가수), 박애미(연기자)로, 각각의 팀의 공연을 보고 10점 만점으로 채점하였습니다. 5명 심사위원의 채점 결과는 다음과 같습니다.

	고상희	김유나	데이비드 윙스	김장운	박애미
1. 민오 팀	9.1	9.0	9.3	9.0	9.7
2. 가히 팀	9.3	8.9	9.4	9.5	8.7
3. 보라 팀	8.7	9.1	8.9	9.7	9.0
4. 형아 팀	8.5	8.8	9.0	9.2	8.9
5. 문히준 팀	9.0	9.2	9.1	9.6	9.3
6. 유새윤 팀	9.2	9.4	9.2	9.5	9.6
7. 김쑥 팀	8.6	8.7	9.0	9.4	9.2
8. 전형무 팀	8.3	8.8	9.1	9.8	9.3

위의 채점 결과를 보고, 어떠한 방법으로 1등 한 팀을 선정해야 가장 공정한 결과가 나올지 선정방법을 정하여 설명하고, 이 방법을 통해 어떤 팀이 1등을 하게 되는지 설명해봅시다(단, 방청객의 점수는 무시하고 5명의 심사위원 점수만 고려하도록 합니다.).

9.2.2 준-비구조화된 문제 (5-1-SI)

순위를 어떻게 선정할지에 대하여 영은이네 모둠은 고민에 빠졌습니다. 다음은 영은이네 모둠이 순위를 매기는 방법에 대하여 대화를 나누는 장면입니다. 다음 내용을 참고하여 어떤 방법으로 순위를 선정할 수 있을지 생각해보고, 그러한 방법을 사용했을 경우 어떠한 팀이 1등을 하게 되는지 설명하여 봅시다.

영은 : 순위를 매기는 방법은 한 가지만은 아닐 것 같아. 심사위원 5명이 모두 똑같은 생각을 하는 것은 아니잖아. 점수를 공정하게 하려면 5명 점수를 모두 더해서 나누면 되지 않을까?

민수 : 5명 점수를 그냥 모두 더하는 것이 공정하다고 생각하지는 않아. 만약에 어떤 심사위원이 한 팀에게 다른 심사위원들에 비해 특별히 더 낮은 점수를 줄 수도 있고, 특별히 더 높은 점수를 줄 수도 있잖아. 그러면 점수 차이가 좀 나올 텐데……. 그 점수까지 더하게 되면 공정하지는 않을 것 같아.

수영 : 생각해보니, 올림픽 같은 스포츠 경기를 봤을 때, 심사위원 점수에서 제일 높은 점수와 제일 낮은 점수를 빼는 것도 봤었어. 그런 방법도 고려해봐야 하지 않을까?

찬호 : 그런데 내 생각에는 이 심사위원 점수들 점수가 크게 차이가 나지는 않는 것 같은데……. 어차피 최고 점수와 최저 점수 평균을 내면 비슷하지 않을까? 굳이 점수를 뺄 필요가 있을까? 난 영은이처럼 해도 될 것 같은데…….

혜원 : 음……. 나는 그냥 어렵게 생각하지 말고, 심사위원의 최고 점수와 최저 점수를 쓰고, 그 중간 점수를 가지고 순위를 매기는 것도 좋을 것 같은데…….

영은 : 아, 정말 쉽지 않은 것 같아. 우리가 말한 방법대로 해보면 순위가 달라질까? 아무래도 각자 말한 방법대로 한번 순위를 매겨보면 좋을 것 같아. 우리 직접 해 보면서, 다시 어떤 방법으로 할지 생각해보자.

9.2.3 문제해결 구조도

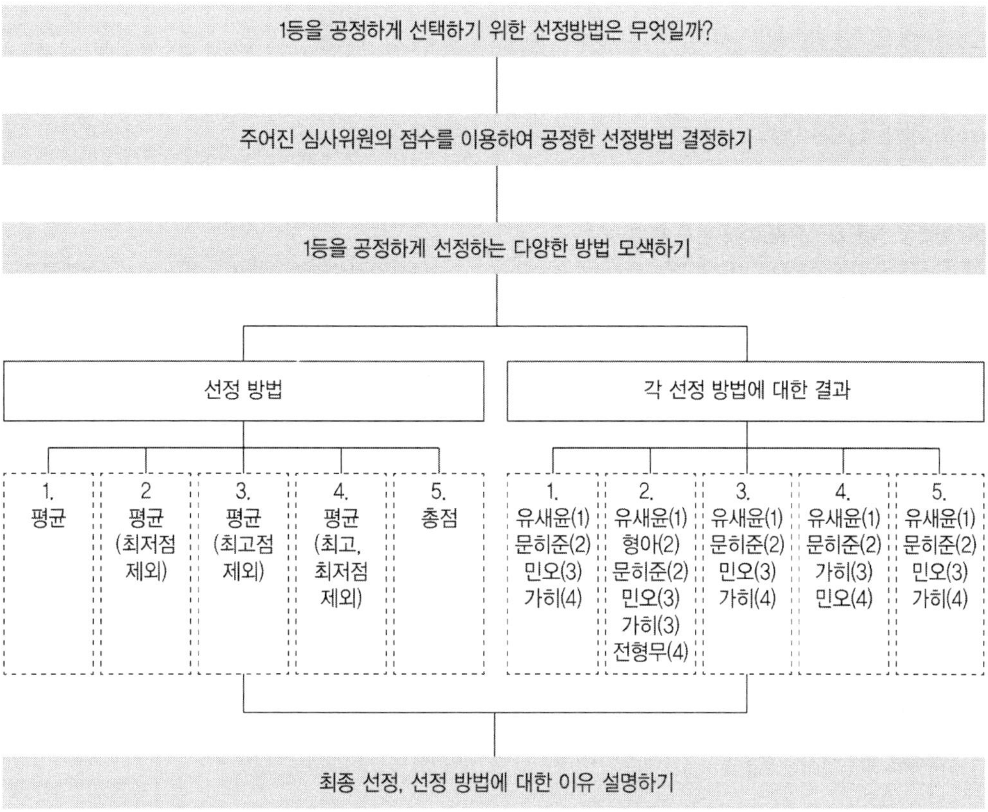

그림 9-1 ‘내가 심사위원이라면?’의 문제해결 구조도

9.2.4 예시답안

이 문제는 아이스쇼에 참가할 1등 팀을 선정하기 위해 제시된 심사위원들의 점수를 토대로 어떤 선정방법을 선택하는 것이 가장 공정한지에 대해 여러 가지 현실적인 여건을 고려하고 수학적으로 의사결정함으로써 해결해야 하는 문제이다.

첫째, 문제에서 제시된 정보로 가능한 1등 선정방법을 다양하게 생각해 보아야 한다. 즉, 어떻게 대푯값을 선정할 수 있는지 생각해야 하는데, 가능한 방법에는 평균을 이용하여 구하는 방법, 평균을 이용하되 최저 점수를 배제하는 방법 혹은 최고 점수를 배제하는 방법, 두 점수 모두 배제하는 방법, 평균이 아니라 연산을 단순화하기 위해서 총점으로 구하는 방법이 있다. 이외에도 심사위원의 점수 분포에서 편파적인 성향으로 생각되는 심사위원을 배제한 평균 점수를 구하는 방법, 그 평균 점수에서도 최저점과 최고점을 배제하는 방법 등도 가능하다. 여러 가지 방법들 중에서 1번 평균을 구하는 방법, 2번 최저점을 제외한 평균을 구하는 방법, 3번 최고점을 제외한 평균을 구하는 방법, 4번 최저, 최고점을 제외한 평균을 구하는 방법, 5번 총점을 구하는 방법에 따라 다섯 팀의 점수를 계산하여 비교하고자 한다. 소수점은 반올림하여 둘째 자리까지 나타내었다.

표 9-3 ‖ 대푯값 선정방법에 따른 팀별 점수

방법 / 팀	1. 평균	2. 평균 (최저점제외)	3. 평균 (최고점제외)	4. 평균 (최고, 최저점제외)	5. 총점
민오 팀	9.22	9.28	9.10	9.13	46.1
가히 팀	9.16	9.28	9.08	9.20	45.8
보라 팀	9.08	9.18	8.93	9.00	45.4
형아 팀	8.88	9.30	8.80	8.90	44.4
문히준 팀	9.24	9.30	9.15	9.20	46.2
유새윤 팀	9.38	9.43	9.33	9.37	46.9
김쑥 팀	8.98	9.08	8.88	8.97	44.9
전형무 팀	9.06	9.25	8.88	9.07	45.3

위에서 제시한 각 방법별 점수에 따라 등수별로 정리하면 <표 9-4>와 같다.

표 9-4 ‖ 대푯값 선정방법에 따른 순위

방법 / 등수	1. 평균	2. 평균 (최저점 제외)	3. 평균 (최고점 제외)	4. 평균(최고, 최저점 제외)	5. 총점
1등	유새윤 팀	유새윤 팀	유새윤 팀	유새윤 팀	유새윤 팀
2등	문히준 팀	형아 팀(공동) 문히준 팀(공동)	문히준 팀	문히준 팀	문히준 팀
3등	민오 팀	민오 팀(공동) 가히 팀(공동)	민오 팀	가히 팀	민오 팀
4등	가히 팀	전형무 팀	가히 팀	민오 팀	가히 팀

둘째, 위의 방법들 중에서 어떤 방법이 공정한지를 설명해야 한다. 위의 표에 제시된 결과들을 보면, 1등은 모두 유새윤 팀으로 같은 결과이지만, 2등~4등은 방법별로 다른 결과이다. 또한, 평균과 총점만을 사용하는 경우는 결과값으로 나온 수치는 다르더라도 동일한 방법이다. 가능한 방법 중 공정한 방법을 제시하기 위해서는 등수를 나눌 때 공동 순위가 나온다거나, 최고점과 최저점에 대해서 어떻게 생각하는지를 반영해야 한다. 2번 방법은 공동 순위가 많이 나오기 때문에 좀 더 순위에 대한 문제가 생길 수 있다. 1~3번 방법은 3등의 결과가 다르게 나타났는데, 심사위원의 주관에 따라 같은 대상에 대한 점수 결과가 다를 수 있기 때문에 최고점과 최저점은 제외하는 것이 더 공정한 방법으로 생각된다.

9.2.5 문제해결 활동지

Analyze **내가 심사위원이라면?**

★ 문제에서 해결해야 할 것은 무엇인지, 주어진 조건은 무엇인지 등 문제를 분석하여 여러분만의 글이나 그림, 표 등으로 다시 표현해 보세요.

Browse 내가 심사위원이라면?

★ 문제를 해결하려면 어떤 것을 더 알아야 할까요? 예전에 비슷한 문제들을 풀어본 적이 있다면 어떤 부분이 유사할까요? 문제를 해결하기 위해 필요한 수학적 지식은? 내가 알고 있는 수학적 지식을 모두 활용하여 아래에 자유롭게 써 보세요!

Create 내가 심사위원이라면?

★ 문제를 해결한 순서대로 그 과정을 적어 보세요. 그리고 결과도 정리해 보세요. 여러분이 만든 해결책들을 가능한 많이 써 보세요.

Decision-Making 내가 심사위원이라면?

★ 여러분이 만든 해결책 중에서 가장 적합하다고 생각되는 것을 정리해 보세요. 그리고 왜 그렇게 생각했는지 여러분의 주장을 수학적으로 정당화 해보세요.

Evaluate 내가 심사위원이라면?

★ 다른 모둠이 발표하는 동안, 여러분은 각각의 의견이 정당한지 평가해보세요. 만약, 적절하지 못하다면 왜 그런지 이유도 써 보세요. 다른 모둠의 의견 중 좋은 부분과 부족한 부분도 함께 써 보세요.

모둠	모둠의 의견에 대한 평가 내용

9.3 여행을 떠나요! (5–2)

표 9–5 | '여행을 떠나요!'의 문제상황에 대한 개요

<table>
<tr><th>구분</th><th colspan="2">비구조화된 문제</th><th colspan="2">준–비구조화된 문제</th></tr>
<tr><td rowspan="2">문제상황의 개요</td><td colspan="2" rowspan="2">(5-2-I)
유럽에서 배낭여행을 하고 있는 은혁이와 준호가 매일 저녁 숙소에 돌아와 그날 사용한 여행경비를 되돌아보고 합리적인 지출을 하였는지 반성하며 최대한 여행경비를 줄이려고 노력 중이다. 숙소에 도착한 두 사람은 오늘 하루 동안 지출한 돈을 계산해보고는 스위스 여행 안내 책자에 나온 정보들을 바탕으로 다음 날의 여행일정과 여행경비를 계획한다. 은혁이와 준호는 내일 하루 동안 최대 1200스위스프랑(CHF)까지 쓸 수 있다고 할 때, 최소한의 경비로 여행을 할 수 있는 내일 하루의 일정을 세우고, 소요되는 여행경비는 얼마인지 우리나라 돈으로 환산한다.</td><td colspan="2">(5-2-SI)
유럽에서 배낭여행을 하고 있는 은혁이와 준호는 매일 저녁 숙소에 돌아와 그날 사용한 여행경비를 되돌아보고 합리적인 지출을 하였는지 반성하며 최대한 여행경비를 줄이려고 노력한다. 숙소에 도착한 두 사람은 오늘 하루 동안 지출한 돈을 계산해보고는 자신들이 최소한의 금액으로 하루 여행을 마쳤음을 확인한다. 주어진 여행경비 지출 내역을 참고하여 은혁이와 준호가 하루 동안 지출한 여행경비를 우리나라 돈으로 환산한다.</td></tr>
<tr><td colspan="2">비구조화된 문제상황에서 제시된 일정과 소요 경비 관련 정보들을 여행경비 지출 내역으로 간략하게 제시함으로써 문제해결에 요구되는 정보들을 수집하고 선택하여 활용하는 과정을 간소화하고, 문제해결에 적절한 전략을 쉽게 세울 수 있도록 함.</td></tr>
<tr><td rowspan="2">비구조성 정도</td><td>상황맥락성</td><td colspan="2">복잡성</td><td>개방성</td></tr>
<tr><td>★★★★
실제적인 상황 측면을 잘 모방하고 상황에 대한 묘사가 많으며, 상황에 대한 정보가 많고 개념적 구조가 다양하고 다른 상황에 폭넓게 적용 가능함.</td><td colspan="2">★★★☆
문제에서 제시되는 내용이 현실 세계에서 볼 수 있는 복잡성의 수준과 비슷하며, 상황에 걸친 불규칙성이 어느 정도 보임.</td><td>★★★☆
여러 번 생각하여 문제에 대해 판단해야 하고 판단에 대한 의견을 표현할 수 있으며, 비교적 조작에 제한이 없으나 어느 정도 한계가 있음.</td></tr>
<tr><td>교육과정과의 연계성</td><td colspan="4">〈5~6학년군〉 – 수와 연산
• 소수의 곱셈과 나눗셈</td></tr>
<tr><td>문제해결의 적용을 위한 안내</td><td colspan="4">• 여러 나라의 화폐 가치를 원화로 바꾸는 과정에서 나타날 수 있는 사소한 계산 실수 및 오류를 줄이고 계산 과정의 수행으로 인한 시간을 줄일 수 있도록 계산기를 활용할 수 있도록 한다.
• 문제상황에서 얻을 수 있는 다양한 여행경비들 중 어떤 경우에 여행경비가 최소가 될 수 있을지 논리적으로 따져보고 여행일정을 세운 후, 여행경비를 계산하여 알맞은 답을 선택하도록 한다.</td></tr>
</table>

9.3.1 비구조화된 문제 (5-2-I)

은혁이와 준호는 유럽에서 배낭여행을 하고 있습니다. 은혁이와 준호는 매일 저녁 숙소에 돌아와 그날 사용한 여행경비를 되돌아보고 합리적인 지출을 하였는지 반성하며 최대한 여행경비를 줄이려고 노력하고 있습니다. 숙소에 도착한 두 사람은 보고 느꼈던 멋진 모습들을 떠올리며 하루 동안 지출한 돈을 계산해보고는 스위스 여행 안내 책자에 나온 정보들을 바탕으로 다음 날의 여행일정과 여행경비를 계획하고 있습니다. 내일부터 4일간 스위스를 여행하게 될 은혁이와 준호는 숙박비와 교통비, 입장료 등의 정보를 꼼꼼하게 살펴보고 있습니다. 은혁이와 준호는 4일간 쓰게 될 스위스패스를 살 계획이며, 패러글라이딩을 필수 일정으로 넣으려고 합니다. 은혁이와 준호는 내일 하루 동안 최대 1200스위스프랑(CHF)까지 쓸 수 있습니다. 최소한의 경비로 여행을 할 수 있는 내일 하루의 일정을 세우고, 여행경비는 우리나라 돈으로 얼마인지 구해봅시다(단, 은혁이와 준호는 종류별 화폐를 충분히 가지고 있으며, 어디서나 환전도 가능함.).

● **필수 포함 경비**

1) 숙박비(CHF, €, $ 세 가지 화폐로 지불 가능)
   - 2인 기준 : 65스위스프랑(CHF) / 50유로(€) / 68달러($)
2) 아침식사비(CHF로만 지불 가능)
   - 1인당 3스위스프랑(CHF)
3) 기념품구입(열쇠고리 10개)

스위스 여행 안내 책자에서 찾은 정보들

- 스위스패스
  - 20,000km 이상의 열차, 버스, 보트로 운행되는 국영 교통망을 제한없이 이용 가능
  - 스위스 38개 도시의 공공 교통 시스템에서 모두 유효
  - 스위스 내에서 운행되는 대부분의 기차, 버스, 보트의 무제한 탑승 가능 (기차, 버스, 트램, 퓨니큘러, 유람선을 무료로 탑승 가능)
  - 다양한 박물관과 각종 산악철도, 케이블카, 스키장비 대여료 등의 요금 할인 가능
  - 연속사용권과 선택사용권이 있으며, 연속사용권은 정해진 기간 동안 횟수에 관계없이 무제한 탑승 가능하고, 선택사용권은 유효기간 동안 선택한 기간만큼 횟수에 관계없이 무제한 탑승 가능함.

연속사용권 금액(CHF) 〈1인 기준〉			선택사용권(CHF) 〈1인 기준〉		
기간	1등석	2등석	기간	1등석	2등석
4일	266	166	3일	338	211
8일	384	240	4일	410	256
15일	464	290	5일	473	296
22일	539	337	6일	538	337
1개월	592	370			

• 추천코스 1 : 쉴트호른

– 인터라켄 오스트역 → 라우터부르넨 → 뮈렌[기차 : 스위스패스 소지자 무료]

– 뮈렌 ↔ 쉴트호른[※ 왕복케이블카 : 스위스패스 소지자 50% 할인]

구분 〈1인 기준〉	뮈렌 ↔ 쉴트호른 왕복권 금액	
	CHF	€
일반	74.00	84
스위스패스(50% 할인금액)	37.00	42
유레일패스	55.60	66

– 쉴트호른 피츠글로리아(식당)

메뉴 〈1인분 기준〉	가격(CHF)
콜라/스프라이트	5
스파게티	22.5
브라트부르스트(소시지)	25.5

– 이용 가능한 레포츠 : 캐니어닝, 패러글라이딩

구분 〈1인 기준〉	CHF	€	$
캐니어닝	150	182	180
패러글라이딩	220	266	260

• 추천코스 2 : 피르스트

– 인터라켄 오스트 역 → 그린델발트[기차 : 스위스패스 소지자 무료]

– 그린델발트 ↔ 피르스트[※ 왕복케이블카 : 스위스패스 소지자 50% 할인]

구분	그린델발트 ↔ 피르스트 왕복권 금액(CHF)
일반	42
스위스패스(50% 할인금액)	21.5
유레일패스	30.5

– 이용 가능한 레포츠 : 피르스트 플라이어, 트로티 바이크

구분 〈1인 기준〉	가격(CHF)
피르스트 플라이어	25
트로티 바이크	18

• 추천코스 3 : 융프라우요흐

– (왕복) 인터라켄 오스트역 – 라우터부르넨 – 클라이네샤이덱 – 융프라우요흐[※ 산악열차 : 스위스패스 소지자 50% 할인]

구분 〈1인 기준〉	인터라켄 오스트 ↔ 융프라우요흐 왕복권 금액(CHF)
일반	140
스위스패스(50% 할인금액)	70
유레일패스	105

– 융프라우요흐 매점

메뉴 〈1인용 기준〉	CHF	€
컵라면	9	9
뜨거운 물	4	3.7
나무젓가락	1.5	1.4

– 이용 가능한 레포츠 : 번지점프(80m/121m), 패러글라이딩

구분 〈1인 기준〉		CHF	€	$
번지점프	80m	125	150	145
	121m	165	200	195
패러글라이딩		200	246	240

• 추천음식 : 퐁듀[인터라켄 노이 레스토랑]

구분 〈1인분 기준〉	CHF	€	$
치즈 퐁듀	35	35	35
미트 퐁듀	45	40	40
믹스 퐁듀(2인용)	60	70	70

• 기념품점

구분	€	$
열쇠고리(10개 포장)	20	18
엽서(10개 포장)	15	13

※ 환율 관련 정보

1스위스프랑(CHF)	1유로(€)	1달러($)
1254.51원	1052.82원	1082.86원

9.3.2 준-비구조화된 문제 (5-2-SI)

은혁이와 준호는 유럽에서 배낭여행을 하고 있습니다. 은혁이와 준호는 매일 저녁 숙소에 돌아와 그날 사용한 여행경비를 되돌아보고 합리적인 지출을 하였는지 반성하며 최대한 여행경비를 줄이려고 노력하고 있습니다. 숙소에 도착한 두 사람은 오늘 보고 느꼈던 스위스의 멋진 모습들을 떠올리며 하루 동안 지출한 돈을 계산해보고는 자신들이 최소한의 금액으로 하루 여행을 마쳤다는 것을 알았습니다. 다음의 여행경비 지출내역을 참고하여 은혁이와 준호가 하루 동안 지출한 여행경비는 우리나라 돈으로 얼마였을지 구해봅시다(단, 은혁이와 준호는 종류별 화폐를 충분히 가지고 있었으며, 어디서나 환전도 가능하였음.).

은혁이와 준호의 여행경비 지출내역

1. 숙박비
   : 65스위스프랑 또는 70유로 또는 68달러
   ▶ 65스위스프랑은 81543.15원, 70유로는 73697.4원, 68달러는 73634.48원이므로 68달러를 지불하였음.

2. 아침식사
   : 3스위스프랑 × 2명
   ▶

3. 스위스패스 구매(기차, 버스, 트램, 퓨니큘러, 유람선 무료 탑승) – 유스(4일연속사용) 2등석
   : [126유로 또는 130달러] × 2명
   ▶

4. Coop에서 간식 구매
   : 5스위스프랑
   ▶

5. 점심식사(융프라우요흐에서 컵라면)
   : [7스위스프랑 또는 9유로] × 2명
   ▶

6. 패러글라이딩
   : [200스위스프랑 또는 246유로 또는 240달러] × 2명
   ▶

7. 저녁식사(치즈퐁듀+미트퐁듀)
   : 60스위스프랑 또는 70유로 또는 70달러
   ▶

8. 기념품 구입
   : 20유로 또는 18달러
   ▶

※ 환율 관련 정보

1스위스프랑(CHF)	1유로(€)	1달러($)
1254.51원	1052.82원	1082.86원

9.3.3 문제해결 구조도

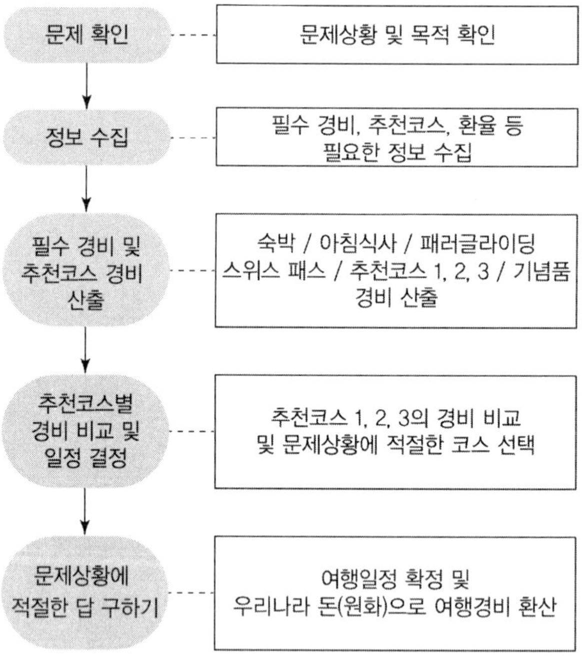

그림 9-2 ‖ '여행을 떠나요!'의 문제해결 구조도

9.3.4 예시답안 (5-2)

9.3.4.1 비구조화된 문제 (5-2-I)

문제 확인 : 문제상황 및 목적 확인

1200스위스프랑(CHF)이 넘지 않는 범위에서 최소한의 경비가 드는 스위스 여행일정을 짜고, 최소 여행경비를 구하여 우리나라 돈(원화)으로 여행경비를 환산하기

정보 수집 : 필수 경비, 추천 코스, 환율 등 필요한 정보 수집

* 필수 경비
  1) 숙박비 : 2인 기준 65스위스프랑(CHF) 또는 50유로(€) 또는 68달러($)
  2) 아침식사비 : 1인당 3스위스프랑(CHF)
  3) 기념품 구입비(열쇠고리 10개) : 20€ 또는 18$

* 환율
  1CHF=1254.51원 / 1€=1052.82원 / 1$=1082.86원

* 스위스패스 구입
  연속사용권 4일 2등석 : 1인 기준 166CHF × 2인=332CHF

* 추천코스 1(쉴트호른) 경비
  1) 케이블카 왕복권 : 37CHF 또는 42€
  2) 점심식사 : 스파게티 22.5CHF × 2명=45CHF
  3) 레포츠(패러글라이딩) : 220CHF 또는 266€ 또는 260$

* 추천코스 2(피르스트) 경비
  1) 케이블카 왕복권 : 21.5CHF × 2명=43CHF
  2) 점심식사 : 식당 없음
  3) 레포츠 : 패러글라이딩 없음

* 추천코스 3(융프라우요흐) 경비
  1) 산악열차 왕복권 : 70CHF × 2명=140CHF
  2) 점심식사(신라면+뜨거운 물+나무젓가락)
     (9+4+1.5) × 2명=29CHF 또는 (9+3.7+1.4) × 2명=28.2$
  3) 레포츠(패러글라이딩) : 200CHF 또는 246€ 또는 240$

필수 경비 및 추천 코스 경비 산출

숙박 / 아침, 점심, 저녁식사 / 스위스패스 / 추천 코스 1, 2, 3 / 기념품 경비 산출

* 필수 경비

1) 숙박비

65CHF = 65×1254.51 = 81543.15원,

50€ = 50×1052.82 = 52641원,

68$ = 68×1082.86 = 73634.48원이므로,

∴ 유로(50€ = 52641원)로 지불하는 것이 최소경비

2) 아침식사비

1인당 3CHF×2명 = 6CHF = 6×1254.51 = 7527.06원

∴ 6CHF = 7527.06원 지불 필요

3) 기념품 구입비(열쇠고리 10개)

20€ = 20×1052.82 = 21056.4원 또는 18$ = 18×1082.86 = 19491.48원이므로,

∴ 달러(18$=19491.48원)로 지불하는 것이 최소경비

* 스위스패스 구입

연속사용권 4일 2등석 : 166CHF×2명 = 332CHF=332×1254.51 = 416497.32원

∴ 332CHF = 416497.32원 지불 필요

* 추천코스 1(쉴트호른) 경비

1) 인터라켄 오스트 ↔ 라우터부르넨 ↔ 뮈렌 [기차] : 무료(스위스패스 소지)

2) 뮈렌 ↔ 쉴트호른 케이블카 왕복권

37CHF = 37×1254.51 = 46416.87원 또는 42€ = 42×1052.82 = 44218.44원이므로,

∴ 최소경비는 42€×2명 = 84€ = 84×1052.82 = 88436.88원이 된다.

3) 점식식사 : 쉴트호른 피츠글로리아(식당)

스파게티는 22.5CHF, 브라트부르스트는 25.5CHF이므로,

스파게티를 먹는 것이 최소경비이며,

스파게티 2 : 22.5CHF×2명 = 45CHF, 45CHF = 45×1254.51 = 56452.95원

∴ 점심식사 최소경비는 56452.95원이 된다.

4) 레포츠 : 패러글라이딩 [필수일정]

패러글라이딩 가격은 220CHF, 266€, 260$이므로,

220CHF = 220×1254.51 = 275992.2원

266€ = 266×1052.82 = 280050.12원

260$ = 260×1082.86 = 281543.6원

∴ 220CHF×2명=440CHF=440×1254.51 = 551984.4원이 최소경비가 된다.

▶ 따라서 추천코스 1에 드는 최소경비는

84€ + 45CHF + 440CHF = 88436.88원 + 56452.95원 + 551984.4원 = 696874.23원이 된다.

* 추천코스 2(피르스트) 경비

추천코스 2에는 필수일정인 패러글라이딩이 없으므로, 여행 계획에서 추천코스 2는 제외되어야 함.

* 추천코스 3(융프라우요흐) 경비

1) 인터라켄 오스트 ↔ 라우터브루넨 ↔ 클라이네샤이덱 ↔ 융프라우요흐 [산악열차] : 70CHF(스위스패스 소지자 50% 할인)

70CHF×2명 = 140CHF = 140×1254.51=175631.4원 지불 필요

2) 점심식사 : 융프라우요흐 매점

– 컵라면 : 9CHF 또는 9€이므로,

9CHF = 9×1254.51 = 11290.59원, 9€ = 9×1052.82 = 9475.38원

∴ 9€×2명 = 18€ = 18×1052.82=18950.76원이 최소경비가 된다.

– 뜨거운 물 : 4CHF 또는 3.7€이므로,

4CHF = 4×1254.51 = 5018.04원, 3.7€ = 3.7×1052.82 = 3895.434원

∴ 3.7€×2명 = 7.4€ = 7.4×1052.82=7790.868원이 최소경비가 된다.

– 나무젓가락 : 1.5CHF 또는 1.4€이므로,

1.5CHF = 1.5×1254.51 = 1881.765원, 1.4€ = 1.4×1052.82 = 1473.948원

∴ 1.4€×2명 = 2.8€ = 2.8×1052.82=2947.896원이 최소경비가 된다.

⇒ 점심식사 최소경비 : 18€ + 7.4€ + 2.8€ = 28.2€ = 28.2×1052.82
= 29689.524원

3) 레포츠 : 패러글라이딩 [필수일정]

200CHF 또는 246€ 또는 240$이므로,

200CHF = 200×1254.51 = 250902원

246€ = 246×1052.82 = 258993.72원

240$ = 240×1082.86 = 259886.4원

∴ 200CHF×2명=400CHF=400×1254.51=501804원이 최소경비가 된다.

▶ 따라서 추천코스 3에 드는 최소경비는
140CHF+28.1€+400CHF=175631.4원+29689.524원+501804원
=707124.924원이 된다.

* 저녁식사 : 인터라켄 노이 레스토랑
2명이 식사하는 경우
치즈 퐁듀 2 : 70CHF / 70€ / 70$
미트 퐁듀 2 : 90CHF / 80€ / 80$
믹스 퐁듀(2인용) : 60CHF / 70€ / 70$
치즈 퐁듀 2, 미트 퐁듀, 2, 믹스 퐁듀 2 중 미트 퐁듀 2가 가장 비싸므로, 최소경비가 들도록 하려면 치즈 퐁듀 2와 믹스 퐁듀 2 중에서 선택해야 한다.
70CHF=70×1254.51=87815.7원
70€=70×1052.82=73697.4원
70$=70×1082.86=75800.2원
60CHF=60×1254.51=75270.6원이므로,
∴ 믹스 퐁듀(2인용)를 스위스프랑(60CHF=75270.6원)으로 지불하는 것이 최소경비

추천 코스별 경비 비교 및 일정 결정

: 추천코스 1, 2, 3의 경비 비교 및 문제상황에 적절한 코스 선택하기

표 9-6 ‖ 추천 코스별 경비 비교

코스	경비		선택 여부
	내역	총액	
1	• 뮈렌 ↔ 쉴트호른 케이블카 왕복권 : 84€=88436.88원 • 점심식사 : 45CHF=56452.95원 • 패러글라이딩 : 440CHF=551984.4원	696874.23원 ≒555.495CHF	×
2	필수 일정인 패러글라이딩이 불가하므로 여행 일정에서 제외시킴.		×
3	• 인터라켄 오스트 ↔ 융프라우요흐[산악열차] : 140CHF=175631.4원 • 점심식사 : 28.2€=29689.524원 • 패러글라이딩 : 400CHF=501804원	707124.924원 ≒563.666CHF	◎

문제상황에 적절한 답 구하기

구해야 할 항목 : 여행일정 세우기 & 여행경비 총액이 우리나라 돈으로 몇 원(₩) 인지 구하기

1) 여행일정 : 추천코스 1 선택
   아침식사 → 인터라켄 오스트 역 → 뮈렌 → 쉴트호른 → 점심식사(피츠글로리아 식당 : 스파게티) → 패러글라이딩 → 인터라켄 오스트 → 저녁식사(인터라켄 노이 레스토랑 : 퐁듀) → 기념품 구입

2) 여행경비 총액
   숙박비 : 50€ = 52641원
   아침식사비 : 6CHF = 7527.06원
   스위스패스구입비 : 332CHF = 416497.32원
   추천코스 1 경비(점심식사, 패러글라이딩 포함) : 696874.23원
   저녁식사비 : 60CHF = 75270.6원
   기념품구입비 : 18$ = 19491.48원
   ∴ 여행경비 총액 = 52641원 + 7527.06원 + 416497.32원 + 696874.23원 + 75270.6원 + 19491.48원 = 1268301.69원(≒1010.994CHF)

9.3.4.2 준-비구조화된 문제 (5-2-SI)

이 문제는 은혁이와 준호가 지출한 최소 금액의 여행경비가 우리나라 돈으로 얼마인지를 찾는 문제로, 다양한 상황에서 여행경비를 최소한으로 줄일 수 있는 금액을 선택함으로써 알맞은 답을 구할 수 있다.

여행경비를 최소한으로 줄일 수 있는 선택을 하기 위해서는

첫째, 은혁이와 준호가 어떤 상황들에 여행경비를 지출하였는지를 따져보아야 한다. 은혁이이와 준호는 숙박비, 아침식사, 스위스패스 구매, Coop에서의 간식 구매, 점심식사, 패러글라이딩, 저녁식사, 기념품 구입에서 여행경비를 지출하였다.

둘째, 은혁이의 일기에 제시된 각각의 상황들에서 어떤 금액을 선택하여 지출할 것인지를 결정하여야 한다. 이때 각각의 상황들에서 지출한 금액들이 우리나라 돈으로는 몇 원(₩)이 되는지 계산하여 가장 적은 금액을 선택하여야 한다. 각각의 상황들을 따져보면,

1) 숙박비로 선택할 수 있는 65스위스프랑 또는 70유로 또는 68달러 중

   65스위스프랑=1254.51×65=81543.15원

   70유로=1052.82×70=73697.4원

   68달러=1082.86×68=73634.48원이므로,

   68달러(73634.48원)를 선택해야 한다.

2) 아침식사의 경우, 스위스프랑만 가능하였으므로

   3스위스프랑×2명=6스위스프랑, 6스위스프랑=1254.51×6=7527.06원

   7527.06원을 선택해야 한다.

3) 스위스패스 구매의 경우, 126유로 또는 130달러 중

   126유로=1052.82×126=132655.32원

   130달러=1082.86×130=140771.8원이므로,

   126유로를 선택하고, 은혁이와 준호 2명 모두 스위스패스를 구매해야 하므로,

   126유로×2인=1052.82×126×2=265310.64원을 선택해야 한다.

4) Coop에서의 간식 구매의 경우, 5스위스프랑을 지불하였으므로,

   5스위스프랑=1254.51×5=6272.55원을 선택해야 한다.

5) 점심식사의 경우, 7스위스프랑 또는 9유로 중

   7스위스프랑=1254.51×7=8781.57원, 9유로=1052.82×9=9475.38원이므로,

   7스위스프랑(8781.57원)을 선택해야 한다.

6) 패러글라이딩의 경우, 200스위스프랑 또는 246유로 또는 240달러 중

   200스위스프랑=1254.51×200=250902원

   246유로=1052.82×246=258993.72원

   240달러=1082.86×240=259886.4원이므로,

   200스위스프랑(250902원)을 선택해야 한다.

7) 저녁식사의 경우, 60스위스프랑 또는 70유로 또는 70달러 중

   60스위스프랑=1254.51×60=75270.6원

   70유로=1052.82×70=73679.4원

   70달러=1082.86×70=75800.2원이므로,

   70유로(73679.4원)을 선택해야 한다.

8) 기념품 구입의 경우, 20유로 또는 18달러 중

   20유로=1052.82×20=21056.4원

   18달러=1082.86×18=19491.48원이므로,

18달러(19491.48원)을 선택해야 한다.

셋째, 각각의 상황들에서 지출한 금액들을 모두 합하여 은혁이와 준호가 하루 동안 지출한 최소한의 여행경비가 우리나라 돈으로 몇 원(₩)인지를 구해야 한다. 각각의 상황들에서 지출한 금액 및 합계를 정리하면 <표 9-7>과 같다.

표 9-7 | 지출상황별 지출내역과 합계

순	지출상황	지출내역	지출금액
1	숙박비	68달러=1082.86×68=73634.48원	73634.48원
2	아침식사	6스위스프랑=1254.51×6=7527.06원	7527.06원
3	스위스패스 구매	126유로×2명=1052.82×126×2=265310.64원	265310.64원
4	Coop에서의 간식 구매	5스위스프랑=1254.51×5=6272.55원	6272.55원
5	점심식사	7스위스프랑=1254.51×7=8781.57원	8781.57원
6	패러글라이딩	200스위스프랑=1254.51×200=250902원	250902원
7	저녁식사	70유로=1052.82×70=73679.4원	73679.4원
8	기념품 구입	18달러=1082.86×18=19491.48원	19491.48원
합계	73634.48원+7527.06원+265310.64원+6272.55원+8781.57원+250902원+73679.4원+19491.48원=705599.18원		705599.18원

따라서 이 문제에서 구하고자 하는 답은 약 705600원(705599.18원)이 된다.

10 초등학교 6학년 문제 개발

10.1 개요

표 10-1 ‖ 초등학교 6학년의 문제상황에 대한 개요

문항 번호	프로 그램명	관련 내용 영역	문제상황		
			비구조화된 문제	준-비구조화된 문제	준-비구조성의 point
1	현명한 피자 선택	규칙성	(6-1-I) 문제상황에서 제시하는 피자가게의 전단지에 있는 피자의 크기와 가격을 비교하여 가장 싸고 양이 많은 피자를 선택하여 문제를 해결한다. 이때, 친구들이 이해할 수 있도록 근거를 들어 설명한다.	(6-1-SI) 현우의 생일파티를 위해 피자파티를 하려고 한다. 한 피자 가게의 오픈 기념 전단지를 보고 피자의 크기와 가격을 비교하여 가장 합리적인 가격의 피자를 선택하려고 한다. 엄마를 설득할 수 있도록 근거를 들어 설명한다.	비구조화된 문제에 비해 고려해야 할 정보의 양을 줄여 문제해결과정을 간소화함.
2	탄소 발자국을 줄여요!	규칙성	(6-2-I) 체험부스에서 자신의 탄소발자국을 계산할 수 있도록 주어진 자료(메모)를 바탕으로 자동으로 탄소발자국이 계산되는 '탄소발자국 계산기'를 만들고자 한다. 또한 체험 부스에 방문하는 어린이들에게 기념품을 주기 위해 정해진 시간 동안 최대 수용 인원이 얼마인지 예상한다.	(6-2-SI) 민주는 과학잡지에 실린 탄소발자국을 보고, 자신의 탄소발자국을 계산해 보려고 한다. 민주가 하루 동안 남긴 탄소발자국을 계산하고, 탄소발자국을 없애기 위해서는 대략 몇 그루의 소나무를 심어야 하는지 근거를 들어 설명한다.	탄소발자국 식의 일반화된 알고리즘을 주고 특정값을 대입하여 구하게 하여 문제해결안의 복잡성과 개방성을 줄임.

10.2 현명한 피자 선택

표 10-2 | '현명한 피자 선택'의 문제상황에 대한 개요

<table>
<tr><th>구분</th><th>비구조화된 문제</th><th colspan="2">준-비구조화된 문제</th></tr>
<tr><td rowspan="2">문제상황의 개요</td><td rowspan="2">(6-1-I)
UCC공모전 수상 기념으로 학급파티에서 선생님께서 피자를 사주신다고 한다. 피자가게 3곳의 전단지를 비교하여 각각의 피자의 크기, 가격을 고려하여 가장 싸고 양이 많은 피자를 선택해야 한다. 어떤 피자가게에서 어떤 크기의 피자를 선택하는 것이 좋을지 근거를 들어 설명하여 문제를 해결한다.</td><td colspan="2">(6-1-SI)
현우의 생일파티를 위해 피자파티를 하려고 한다. 마침 새로 오픈한 피자 가게의 전단지를 보고 피자의 크기와 가격을 비교하여 가장 합리적인 가격의 피자를 선택하려고 한다. 엄마를 설득할 수 있도록 근거를 들어 설명한다.</td></tr>
<tr><td colspan="2">준-비구조화 문제는 비구조화된 문제상황에서 제시하였던 조건 중 한 가지 조건(피자가게 1곳)만을 활용하여 해결하는 문제로, 초보학습자의 경우 이를 해결해보게 함으로써 추후 비구조화된 문제해결 전략과 계획을 구상하는 데 도움이 되도록 함.</td></tr>
<tr><td rowspan="2">비구조성 정도</td><td>상황맥락성</td><td>복잡성</td><td>개방성</td></tr>
<tr><td>★★★☆
실제적인 상황 측면을 모방하고 상황에 대하여 묘사가 있으나, 현실 상황보다 구체화하여 제시함.</td><td>★★☆☆
문제에서 제시되는 내용이 복잡성을 지니고 있으나 문제상황에서 제시되는 개념이 다소 규칙성을 지니고 있음.</td><td>★★☆☆
여러 번 생각하여 문제에 대해 판단해야 하고 판단에 대한 의견을 표현할 수 있으나, 다소 제한적인 답변이 나올 수 있음.</td></tr>
<tr><td>교육과정과의 연계성</td><td>〈5~6학년군〉 - 규칙성
• 비례식과 비례배분</td><td colspan="2">〈5~6학년군〉 - 측정
• 원주율과 원의 넓이</td></tr>
<tr><td>문제해결의 적용을 위한 안내</td><td colspan="3">• 문제해결방법으로 피자의 넓이당 가격을 구할 수도 있고, 가격(원)당 피자의 넓이를 구할 수도 있다.
• 답안작성에서 문제해결과정과 정당화 과정이 모두 포함되며 수학적 근거가 타당한 글이 제시되어 있으면 옳은 답으로 인정할 수 있다. 또한 문제를 해결하다 보면 해에 이르는 길을 더욱 쉽고 편리하게 구하는 방법을 발견할 수도 있다. 교사가 세운 지도 계획 및 채점 근거에 따라, 답을 구하는 방법 측면에서 추가 점수를 줄 수도 있다.</td></tr>
</table>

10.2.1 비구조화된 문제 (6-1-I)

"다음 주에 있을 우리반 파티 때 선생님이 피자를 쏜다!"

우리 학급친구들이 힘을 모아 수학짱 UCC 공모전에 작품을 출품했는데 대상을 받았습니다. 선생님께서는 무엇보다도 단합된 우리 반 친구들이 자랑스럽다며 피자 파티를 하시겠다고 하셨습니다. 우리는 환호성을 지르며 파티에 대한 회의를 했고, 결국 포테이토 피자를 골랐습니다.

"자, 이제 그럼 피자를 시켜볼까? 어느 가게에서 시키면 좋을까?"

그러자 우리반 급식을 늘 1등으로 먹는 현우가 대답했어요.

"저는 '아이피자'가 좋을 것 같아요. 거긴 값에 비해 양이 많거든요. 헤헤."

"어?! '맛짱피자'가 더 싸지 않나? 양도 많고. 지난번 생일 파티 때 거기서 시켰더니 애들이 배부르다고 남겼단 말이야."

민석이가 고개를 갸우뚱하며 말했습니다. 순식간에 교실은 자신이 생각하는 피자 가게가 더 낫다며 웅성대는 아이들의 소리로 시끌벅적해졌습니다.

"피자리오가 새로 오픈해서 레귤러 사이즈 1판을 사면 추가 1판은 50%래. 그러니 피자리오가 어때?"

"레귤러 사이즈 여러 개를 시키는 것보다 라지 사이즈 한두 판 시키는 게 더 좋나?"

회의를 진행하던 회장 희정이가 조용히 시키며 말했습니다.

"자자, 모두 조용히 해봐. 다들 의견이 많은데, 서로 의견을 정리해보자. 아까 현우가 말했던 값에 비해 양이 많다고 했는데, 다른 가게보다 싸다고 생각하는 이유를 발표해 주세요."

"음, 그러니까 아이피자는 라지는 22000원이고, 레귤러는 19000원이야. 다른 곳은 라지가 24000원이라구. 그러니까 아이피자가 2000원이나 더 싸다는 말씀이지."

"모든 피자 가게에서 라지 사이즈, 레귤러 사이즈는 모두 같아!"

"아니야. 여기 전단지를 좀 보라구!"

민석이와 현우의 이야기를 들은 친구들은 다시 웅성거리기 시작했습니다. 어떤 피자 가게에서, 어떤 사이즈로 구입하면 가장 합리적일까요? 무엇을 고려해야 할까요? 그리고 그 이유는 무엇인지 우리반 친구들이 납득할만한 근거를 들어보세요.

(단, 모든 가게의 포테이토 피자는 두께와 토핑이 모두 같다고 가정한다. 또한 소수점 이하 반올림한다.)

그림 10–1 ‖ 피자 가게 전단지

10.2.2 준-비구조화된 문제 (6-1-SI)

피자리오 가게를 새로 오픈하여 전단지를 나누어주고 있습니다. 전단지에는 다음과 같이 쓰여 있습니다.

SIZE	단위	피자리오	비고
R 레귤러	지름(cm)	24	가게 오픈 파격세일! 레귤러 사이즈 1판 구입 시 1판 가격은 50%! (한 판 구매는 가능하나, 그 이상으로는 짝수로만 주문가능)
	가격(원)	18000	
L 라지	지름(cm)	30	
	가격(원)	24000	
F 패밀리	지름(cm)	36	
	가격(원)	30000	

생일을 맞은 현우가 생일파티를 위해 엄마께 피자파티를 하고 싶다고 말씀드리려 합니다. 어떤 사이즈의 피자를 선택하는 것이 이익일까요? 그 이유는 무엇인지 엄마를 설득하는 글을 써 보세요.

10.2.3 문제해결 구조도

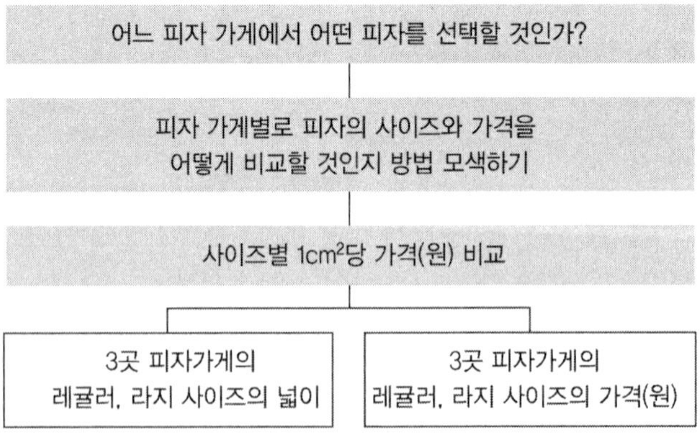

그림 10-2 ‖ '현명한 피자 선택'의 문제해결 구조도

10.2.4 예시답안 (6-1)

10.2.4.1 비구조화된 문제 (6-1-I)

이 문제를 해결하기 위해서는 피자가게 3곳의 피자 크기(레귤러, 라지)와 가격을 각각 비교해야 한다. 이때 모든 피자 가게의 레귤러, 라지의 사이즈는 같지 않음을 주의해야 하고, 피자리오 가게의 경우, 가게 오픈 기념 이벤트로 레귤러 사이즈 2판 구입 시, 1판은 50% 세일이므로 이를 잘 고려하여 문제를 해결해야 한다. 이때, 문제에서 레귤러 사이즈 1판은 구입가능하나, 그 이상은 짝수 개수로만 주문해야 한다.

문제해결방법으로 피자의 넓이당 가격을 구할 수도 있고, 가격(원)당 피자의 넓이를 구할 수도 있다. 다음 예시는 피자 $1cm^2$당 가격(원)으로 계산하였다.

표 10-3 피자 사이즈별 $1cm^2$당 가격 비교

<table>
<tr><th>SIZE</th><th>단위</th><th colspan="2">피자리오</th><th>맛짱피자</th><th>아이피자</th></tr>
<tr><td rowspan="5">R
레귤러</td><td rowspan="2">반지름(cm)</td><td>1판</td><td>※2판</td><td rowspan="2">11</td><td rowspan="2">13</td></tr>
<tr><td>12</td><td>1판당 12</td></tr>
<tr><td>피자의 넓이(cm²)</td><td>452.16</td><td>904.32</td><td>379.94</td><td>530.66</td></tr>
<tr><td>가격(원)</td><td>18000</td><td>27000</td><td>17000</td><td>19000</td></tr>
<tr><td>1cm²당 가격(원)</td><td>39.8</td><td>29.8</td><td>44.7</td><td>35.7</td></tr>
<tr><td rowspan="4">L
라지</td><td>반지름(cm)</td><td colspan="2">16</td><td>15</td><td>16</td></tr>
<tr><td>피자의 넓이(cm)</td><td colspan="2">803.84</td><td>706.5</td><td>803.84</td></tr>
<tr><td>가격(원)</td><td colspan="2">23000</td><td>24000</td><td>22000</td></tr>
<tr><td>1cm²당 가격(원)</td><td colspan="2">28.6</td><td>33.9</td><td>27.4</td></tr>
</table>

※ π값을 3.14로 계산하였다.

※ 추가 조건 : 피자리오에서 레귤러 사이즈 2판 구매 시 1판은 50% 세일 (레귤러 사이즈 2판의 총 넓이는 $904cm^2$, 가격은 27000원이다. 따라서 단위면적당 가격은 29.8원이 된다. 반드시 짝수 개수로만 구입해야 하므로 단위면적당 가격은 변하지 않는다.)

위의 결과로 볼 때, 단위면적당 가격이 가장 싼 '아이피자의 라지 사이즈'를 구입하는 것이 가장 합리적인 결정으로 볼 수 있다.

10.2.4.2 준-비구조화된 문제 (6-1-SI)

'피자리오'가게에서 각 사이즈별 가격을 비교하면 된다. 이때 주의할 점은, 제시된 피자의 크기가 반지름이 아니라 지름이라는 점이다. 이로 보아, 1cm^{2}당 가격(원)이 가장 저렴한 패밀리 사이즈 피자를 구매하는 것이 가장 합리적으로 볼 수 있다.

표 10-4 ‖ '피자리오' 가게의 피자 사이즈별 1cm^{2}당 가격 비교

	레귤러		라지	패밀리
	1판	※2판		
반지름(cm)	12	1판당 12	15	18
피자의 넓이(cm^2)	452.16	904.32	706.5	1017.36
가격(원)	18000	27000	24000	30000
1cm^{2}당 가격(원)	39.8	29.8	33.9	29.4

10.2.5 문제해결 활동지

Analyze **현명한 피자 선택**

★ 문제에서 해결해야 할 것은 무엇인지, 주어진 조건은 무엇인지 등 문제를 분석하여 여러분만의 글이나 그림, 표 등으로 다시 표현해 보세요.

Browse 현명한 피자 선택

★ 문제를 해결하려면 어떤 것을 더 알아야 할까요? 예전에 비슷한 문제들을 풀어본 적이 있다면 어떤 부분이 유사할까요? 문제를 해결하기 위해 필요한 수학적 지식은? 내가 알고 있는 수학 지식을 모두 활용해 볼까요?

Create 현명한 피자 선택

★ 문제를 해결하기 위한 방법에 대한 모둠원 각자의 의견을 모두 적어보세요. 친구들 간에 의견이 같거나 다를 경우 생략하지 않고 모두 적어 보세요. 그리고 각각의 방법에 대한 결과도 적어 보세요.

Decision-Making 현명한 피자 선택

★ 여러분이 만든 여러 해결책 중에서 가장 적합하다고 생각되는 것을 모둠의 의견으로 정리해 보세요. 그리고 왜 그렇게 생각했는지 여러분의 주장을 수학적으로 정당화해 보세요.

Evaluate

현명한 피자 선택

★ 다른 모둠이 발표하는 동안, 여러분은 각각의 의견이 정당한지 평가해보세요. 만약, 적절하지 못하다면 왜 그런지 이유도 써 보세요. 다른 모둠의 의견 중 좋은 부분과 부족한 부분도 함께 써 보세요. 수학적인 내용에 대해 쓰세요.

10.3 탄소발자국을 줄여요.

표 10-5 ‖ '탄소발자국을 줄여요'의 문제상황에 대한 개요

<table>
<tr><th>구분</th><th colspan="2">비구조화된 문제</th><th colspan="2">준-비구조화된 문제</th></tr>
<tr><td rowspan="2">문제상황의 개요</td><td colspan="2" rowspan="2">(6-1-I)
전시회에서 '탄소발자국' 체험 부스를 만들어 운영하려 한다. 여러 친구들의 생활패턴에 따라 만들어진 탄소배출량 카드를 보고, 흔히 사용하는 물건이나 생활습관에 따라 탄소가 얼마나 발생할지 계산할 수 있는 일반화된 식을 도출해야 한다. 또한 발생한 탄소를 없애기 위해 몇 그루의 소나무가 필요한지를 계산할 수 있는 알고리즘도 생각해야 한다.
그리고 환경 보호 활동 체험을 좀 더 재미있게 운영하기 위해 탄소발자국 카드 게임을 함께 준비하고자 한다. 탄소발자국 카드 게임은 주어진 소나무 카드 30장을 소비해야 하는 것이 최종 목표이며 각 활동을 할 때마다 일정량의 탄소발자국 카드를 없앨 수 있다. 모든 탄소발자국 카드를 제거하면 선물로 환경사랑 배지가 제공되는데, 이를 준비하기 위해서 체험부스에서 최대 수용 가능한 인원을 예상하고 구해야 한다.</td><td colspan="2">(6-1-SI)
민주는 오늘 하루 동안 자신이 얼마나 탄소발자국을 남겼는지 계산하고, 필요한 소나무 그루 수를 알아보려고 함. 하루 스케줄을 참고하여 민주가 사용한 물건이나 생활 습관, 활동에서 자신이 남긴 탄소발자국을 계산 그리고 이를 제거하기 위해서는 몇 그루의 소나무가 필요한지 계산하는 문제임.</td></tr>
<tr><td colspan="2">비구조화 문제가 식의 알고리즘을 구하는 것인 반면 이 문제는 특정 값을 구할 수 있도록 한 것임. 준-비구조화된 문제는 몇 가지 경우만 적용하여 비례식으로 문제를 해결할 수 있는 것으로 이를 초보 학습자에게 먼저 적용하여 문제를 익숙히 풀게 하면 비구조화된 문제 해결 전략 수립에 도움이 될 것임.</td></tr>
<tr><td rowspan="2">비구조성 정도</td><td>상황맥락성</td><td colspan="2">복잡성</td><td>개방성</td></tr>
<tr><td>★★★★
실제적인 상황 측면을 잘 고려하여 반영하고 있으며, 상황에 대한 정보가 많음. 또한 개념적 구조가 폭넓게 적용 가능함.</td><td colspan="2">★★★★
문제에서 제시되는 내용이 현실세계에서 볼 수 있는 복잡성의 수준과 비슷하며 결과를 예측할 때 상황의 불규칙성을 고려해야 함.</td><td>★★★☆
여러 번 생각하여 문제에 대해 판단해야 하며 이에 대한 의견이 다양하게 나올 수 있음.</td></tr>
<tr><td>교육과정과의 연계성</td><td colspan="2">〈5~6학년군〉 - 규칙성
• 비와 비율
• 비례식과 비례배분</td><td colspan="2">〈5~6학년군〉 - 수와 연산
• 약수와 배수</td></tr>
<tr><td>문제해결의 적용을 위한 안내</td><td colspan="4">• 비구조화된 문제는 탄소발자국을 계산해내는 계산 알고리즘을 만들어야 하는 과정이 포함되어 있다. 따라서 여러 계산을 반복적으로 해야 하는 지루한 계산 문제가 될 수 있으므로 간단한 엑셀작업을 할 수 있도록 해주는 것도 좋은 방법이다.
• 체험부스에서 최대 수용 가능 인원을 구할 때 다양한 변수를 고려해야 하므로 학생들의 수준에 따라 주어진 정보를 잘 활용할 수 있도록 교사가 팁을 제공할 수도 있다.</td></tr>
</table>

10.3.1 비구조화된 문제 (6-2-I)

> 탄소발자국이란 2006년 영국의회 과학기술처에서 처음 사용한 용어입니다. 이는 소비되는 제품들에 이산화탄소가 얼마나 발생하는지를 표시하도록 하여 생활속에서 우리가 남기는 탄소량을 알 수 있도록 한 것입니다. 표시 단위는 무게단위인 kg나 g으로 나타냅니다.

평소 환경문제와 기후변화에 관심이 많았던 아림이와 친구들은 과학 잡지에 소개된 탄소발자국 설명을 보았습니다. 그래서 이번 전시회 때 '탄소발자국'에 대한 체험 부스를 만들려고 합니다.

"학생들이 자기 생활 속에서 얼마나 탄소발자국을 남기는지 계산하게 해보면 어떨까?"

"그거 좋은 생각인데! 그리고 나서 내가 남긴 발자국을 없애려면 소나무가 몇 그루 필요할지도 계산해보면 좋을 것 같다."

"그런데 일일이 계산하게 하면 우리 체험부스는 인기가 없어질 거야. 수학 시험 같잖아."

"그러면 우리가 미리 엑셀 프로그램으로 '탄소발자국 계산기'를 만들어 두면 어때? 우리가 많이 소비하는 생활용품이나 생활 습관 등을 정리해서 그림카드로 제시해주고, 선택된 것들에 대해 자동으로 계산되는 것 말이야."

"그렇다면 탄소발자국 계산기를 위해 우리가 미리 식을 만들어야겠네. 종이컵 계산기, 형광등 사용 계산기......"

체험부스에서 친구들이 직접 자신의 탄소발자국을 계산할 수 있도록 탄소발자국 계산기를 제시하자는 의견이 모아졌습니다. 탄소발자국 계산기는 학생들의 소비 패턴이나 소비한 용품의 종류와 개수, 시간 등만 입력하면 탄소발자국이 몇 g인지 자동으로 계산되도록 하려 합니다. 그리고 발생된 탄소를 없애는 여러 체험활동을 탄소발자국 카드 게임으로 진행하려고 합니다.

"환경 보호 체험 활동을 하면, 각자 가지고 있는 탄소발자국 카드를 얼마씩 없애주는 것으로 하면 어떨까? 게임처럼 꾸며서 말이야."

"그래, 그거 좋겠다. 탄소발자국 카드가 모두 없어지면 미션 완성으로 해서 환경 사랑 배지를 선물로 주는 거야."

"1인당 탄소발자국 카드는 30장을 주자. 그 정도면 여러 활동을 하는데 적당할 것 같아."

"그렇다면, 우리가 준비해야할 환경 사랑 배지는 몇 개쯤이 필요하지? 전시 시간 안에 학생들이 얼마나 참여할 수 있을까?"

"음… 그렇다면……"

게시판에 남겨진 메모를 보고 각각의 종류에 대하여 탄소발자국을 계산할 수 있는 탄소발자국 계산기 식을 써 보세요. 발생된 탄소량을 없애기 위해서는 소나무 몇 그루를 심어야 하는지 알 수 있도록 탄소발자국 계산기와 함께 식을 제시해 주세요(소나무 그루 수는 소수 첫째 자리에서 올림하세요.). 그리고 전시회 포스터를 참고하여 환경 사랑 배지는 얼마나 필요할지 예상하여 보세요.

게시판에 남겨 놓은 메모

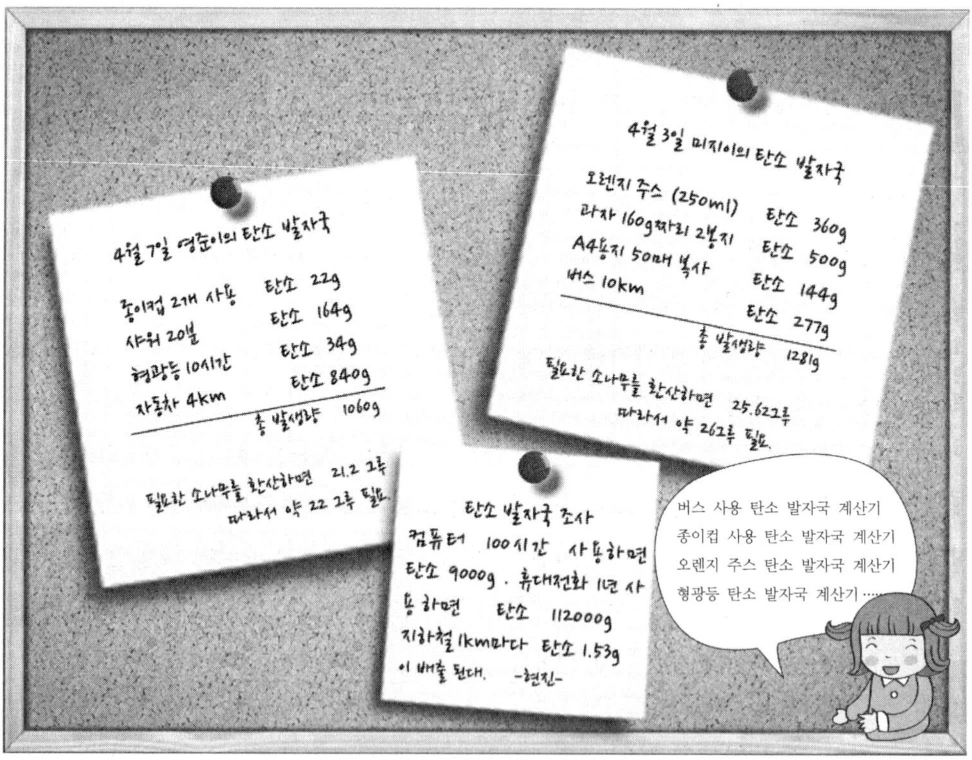

전시회 포스터

탄소발자국을 줄여요

장소 : 운동장
시간 : 5월 5일 오전 9:00~오후 3:00까지

각 활동의 소요시간은 모두 10분씩입니다.
모든 활동은 동시에 진행 가능합니다.
탄소발자국 카드 30장을 모두 없애면 환경 사랑 배지 선물을 받을 수 있습니다.

활동	동시에 활동 가능한 인원	없앨 수 있는 탄소발자국 카드
1.에코 수첩 만들기	2명	15장
2.자전거 발전 체험	2명	20장
3.재활용 화분 만들기	2명	5장
4.캠페인 참여	2명	20장
5.쓰레기 분리 수거방법 ○× 판 꾸미기	4명	10장
6.기후변화 체험 활동	2명	10장

10.3.2 준-비구조화된 문제 (6-2-SI)

민주는 과학 잡지에서 탄소발자국에 대해 읽고 내가 남긴 탄소발자국은 얼마인지 궁금하였습니다. 그래서 내가 하루 동안 했던 일에 대해 생각해 보았습니다. 그리고 내가 남긴 탄소발자국을 없애려면 몇 그루의 소나무가 필요한지 계산해보기로 했습니다.

〈어린이 과학 잡지 환경을 살려요〉
탄소발자국이란 2006년 영국의회 과학기술처에서 처음 사용한 용어입니다. 이는 소비되는 제품들에 이산화탄소가 얼마나 발생하는지를 표시하도록 하여 생활 속에서 우리가 남기는 탄소량을 알 수 있도록 한 것입니다. 표시 단위는 무게단위인 kg, g으로 나타냅니다.

영역	종류	이산화탄소 배출량(g)
생활용품	종이컵 1개	11
	오렌지주스 250mL	360
	과자 1봉지(160g)	250
	A4 용지 250매	720
생활패턴	컴퓨터 100시간사용	9000
	휴대전화 1년 사용	112000
	형광등 1000시간사용	3400
	샤워 10분(140L)	82
교통수단	버스로 1km 이동시	27.7
	지하철로 1km 이동시	1.53
	자가용으로 1km 이동시	210
이산화탄소 50g을 없애기 위해서는 소나무 1그루를 심어야 합니다.		

민주의 하루

하루 동안 한 일	사용량/시간/거리
아침에 마신 오렌지 주스	200mL
학교 갈 때 지각해서 엄마가 자가용으로 데려다주심	집에서 학교까지는 3km
간식으로 과자 2봉지를 사먹음	과자 한봉지는 160g
학원버스 타고 학원에 감	집에서 학원까지는 5km
집에 돌아와 샤워를 함	20분
컴퓨터를 함	2시간
학교 과제를 위해 A4용지로 프린트를 함	10장
학원에서 돌아와 잘 때까지 형광등을 켜고 있었음	4시간

민주가 하루 동안 남긴 탄소발자국을 없애기 위해서는 대략 소나무 몇 그루를 심어야 할까요? 그렇게 생각하는 이유를 함께 설명해 보세요.

10.3.3 문제해결 구조도

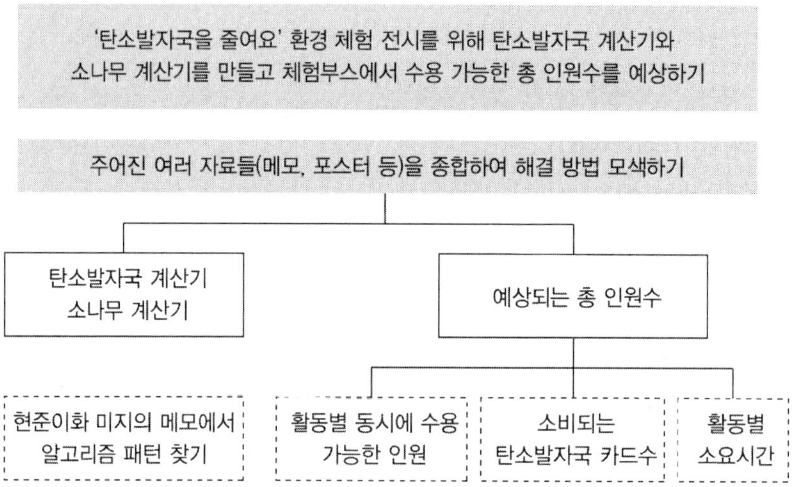

그림 10-3 ‖ '탄소발자국을 줄여요'의 문제해결 구조도

10.3.4 예시답안 (6-2)

10.3.4.1 비구조화된 문제 (6-2-I)

본 문제는 크게 두 가지를 구해야 하는 문제이다.

① 탄소발자국 계산기와 소나무 계산기 구하기
② 환경 사랑 배지 개수 구하기

① 탄소발자국 계산기와 소나무 계산기 구하기

문제를 해결하기 위해서는 단순히 특정 값을 대입하여 문제를 해결할 수 있는 것이 아니라, 각각의 값을 계산해낼 수 있는 식의 알고리즘을 이해해야 문제를 해결할 수 있다. 주어진 메모를 보고 각각의 종류에 대하여 먼저 패턴을 구한다음, 알고리즘을 만들어낼 수 있다. 이를 위해 먼저 각 영역을 다음의 표와 같이 정리해보고 각각에 알맞은 탄소발자국 계산기를 구하면 된다. 그러나 이는 모범 예시일 뿐 기준량은 학생들이 정할 수 있다.(예를 들어 컴퓨터 1시간 사용 시 이산화탄소 배출량으로 계산할 수도 있다.)

표 10-6 ∥ 생활용품 및 생활패턴에 따른 탄소 배출량 기준표

종류	이산화탄소 배출량(g)
종이컵 1개	11
오렌지주스 250mL	360
과자 1봉지(160g)	250
A4 용지 250매	720
컴퓨터 100시간 사용	9000
휴대전화 1년 사용	112000
형광등 1000시간 사용	3400
샤워 10분(140L)	82
버스로 1km 이동시	27.7
지하철로 1km 이동시	1.53
자가용으로 1km 이동시	210
이산화탄소 50g을 없애기 위해서는 소나무 1그루를 심어야 합니다.	

표 10-7 ∥ 생활용품 및 생활 패턴에 따른 탄소발자국 계산기와 소나무 계산기

종류	탄소발자국 계산기	심어야 할 소나무 수
종이컵 1개	① (개)×11=탄소발생량(개당)	구한 탄소발생량 ÷50=( )그루 (소수점 이하 올림)
오렌지주스 250mL	② (ml)×$\frac{360}{250}$=탄소발생량(1mL 당)	
과자 1봉지(160g)	③ (g)×$\frac{250}{160}$=탄소발생량(g 당)	
A4 용지 250매	④ (매)×$\frac{720}{250}$=탄소발생량(매 당)	
컴퓨터 100시간 사용	⑤ (시간)×$\frac{9000}{100}$=탄소발생량(시간 당)	
휴대전화 1년 사용	⑥ (년)×112000=탄소발생량(년 당)	
형광등 1000시간 사용	⑦ (시간)×$\frac{3400}{1000}$=탄소발생량(시간 당)	
샤워 10분(140L)	⑧ (분)×$\frac{1}{10}$×$\frac{82}{140}$=탄소발생량(분 당)	
버스로 1km 이동시	⑨ (km)×27.7=탄소발생량(km 당)	
지하철로 1km 이동시	⑩ (km)×1.53=탄소발생량(km 당)	
자가용으로 1km 이동시	⑪ (km)×210=탄소발생량(km 당)	

② 환경 사랑 배지 개수 구하기

환경 사랑 배지 개수를 구할 때 시간 내 소비되는 탄소발자국 카드를 기준으로 할지, 아니면 없앨 수 있는 탄소발자국 카드의 개수가 30장이 되는 활동들을 기준으로 할 것인지에 따라 다양한 문제 해결 방법이 나올 수 있다. 모범 답안 예시로 두 가지를 모두 제시하였다.

• 시간 내 최대로 소비될 수 있는 탄소발자국 카드 수를 기준으로 할 때

환경 사랑 배지는 30장의 탄소발자국 카드를 모두 없애야 받을 수 있는 기념품이므로, 정해진 전시 시간 내 최대 얼마의 탄소발자국 카드가 소비될 수 있을지 예상해 보면 된다. 이를 위해서는

표 10-8 | 각 활동별 조건

활동	동시에 활동 가능한 인원	없앨 수 있는 탄소발자국 카드
1. 에코 수첩 만들기	2명	15장
2. 자전거 발전 체험	2명	20장
3. 재활용 화분 만들기	2명	5장
4. 캠페인 참여	2명	20장
5. 쓰레기 분리 수거방법 ○× 판 꾸미기	4명	10장
6. 기후변화 체험 활동	2명	10장

10분간 없앨 수 있는 탄소발자국 카드의 최대 개수

$2\times15+2\times20+2\times5+2\times20+4\times10+2\times10=180$

환경 사랑 배지는 탄소발자국 카드 30장당 1개가 발급되므로

$180\div30=6$개

따라서 10분당 6개의 환경 사랑 배지가 발급되어야 한다. 전시시간이 6시간이므로 36×6개$=216$개가 필요하다.

• 탄소발자국 카드 30장을 소비할 수 있는 활동들끼리 묶어 계산할 때

환경 사랑 배지는 탄소발자국 30장당 1개씩 발급되어야 하므로 탄소발자국 30장을 소비할 수 있는 활동들을 묶어 계산하면 된다. 이는 활동시간이 모두 10분이고 동시

에 활동 가능한 인원이 서로 같기 때문에 가능한 전략이다.

각 활동에서 탄소발자국 카드 30장이 될 수 있는 활동들의 조합은 다음 2가지 경우가 있다.

경우 ①

표 10-9 ‖ 탄소발자국 카드 30장을 만들 수 있는 활동 조합 1

자전거 발전 체험
20장
2명
캠페인 참여
20장
2명

↔

쓰레기 분리 수거 방법 OX판 꾸미기
10장
4명

이 경우 자전거 발전 체험과 캠페인 참여를 끝낸 학생들이 쓰레기 분리 수거 방법 OX판 꾸미기를 하고, 쓰레기 분리 수거 방법 OX판 꾸미기를 했던 학생 4명이 각각 2명씩 나뉘어 자전거 발전 체험과 캠페인 참여를 하면 20분 동안 최대 8명이 동시에 탄소발자국 카드 30장을 소비할 수 있게 된다. 환경 사랑 배지는 20분 동안 8개의 환경 사랑 배지가 필요하다. 계산을 쉽게 하기 위해 1시간 당으로 바꾸면 8×3=24개가 필요하다.

경우 ②

표 10-9 ‖ 탄소발자국 카드 30장을 만들 수 있는 활동 조합 2

에코 수첩 만들기	재활용 화분 만들기	기후변화 체험
15장	5장	10장
2명	2명	2명

이 경우 에코 수첩 만들기, 재활용 화분 만들기, 기후변화 체험을 순환식으로 체험하게 하면 30분 동안 최대 6명이 동시에 탄소발자국 카드 30장을 소비할 수 있게 된다. 환경 사랑 배지는 30분 동안 6개의 환경 배지가 필요하다. 1시간 당 총 6×2=12개가 필요하게 된다.

따라서 두 경우를 합하면, 1시간에 총 36개가 필요하게 되며, 총 전시시간이 6시간이므로 전체 필요한 환경 사랑 배지는 216개가 된다.

10.3.4.2 준-비구조화된 문제 (6-2-SI)

민주의 하루 스케줄을 참고하여 발생한 탄소량과 필요한 소나무 수를 구하는 문제이다.

표 10-11 | 민주의 하루 스케줄에 따른 탄소 발생량과 필요한 소나무 수

하루 동안 한 일	탄소 발생량	비고
아침에 마신 오렌지 주스	① 오렌지 수스 $(200mL)\times\frac{360}{250}=288g(1mL\ 당)$	
학교 갈 때 지각해서 엄마가 자가용으로 데려다주심	② 자가용 이용 6km×210g=1260g	왕복 6km
간식으로 과자 2봉지를 사먹음	③ 과자 2봉지 250g×2봉지=500g	320g
버스 타고 학원에 감	④ 버스 이용 27.7g×10km=277g	왕복 10km
집에 돌아와 샤워를 함	⑤ 샤워 20분 82g×2=164g	
컴퓨터를 함	⑥ 컴퓨터 사용 $(2시간)\times\frac{9000}{100}=180g$	
학교 과제를 위해 A4용지로 프린트를 함	⑦ 프린트 10매 $(10매)\times\frac{720}{250}=28.8g$	
학원에서 돌아와 잘 때까지 형광등을 켜고 있었음	⑧ 형광등 $(4시간)\times\frac{3400}{1000}=13.6g$	

각각의 식에 대입해보면 민주가 하루 동안 발생시킨 총 탄소량은 2711.4g이 된다.

따라서 필요한 소나무 그루 수는 $2711.4g\times\frac{1}{50}=54.228$ 이며 소수점 이하 올림이므로 약 55그루가 된다. 이 문제를 해결할 때 학생들이 정한 기준량에 따라 식은 다소 차이가 있을 수 있으므로 과정과 결과가 합당하다면 이를 정답으로 인정할 수 있다.

Part Ⅳ

非구조화된 문제 적용 및 분석

본 편은 연구발표(김민경, 박은정, 2013; 김민경, 이지영, 홍지연, 주현정, 2012; 김민경, 허지연, 박은정, 2014; 김민경, 허지연, 조미경, 박윤미, 2012; Kim & Cho, 2014)의 일부를 요약, 수정보완하며 본 편의 내용 구성에 부합하게 종합 기술한.

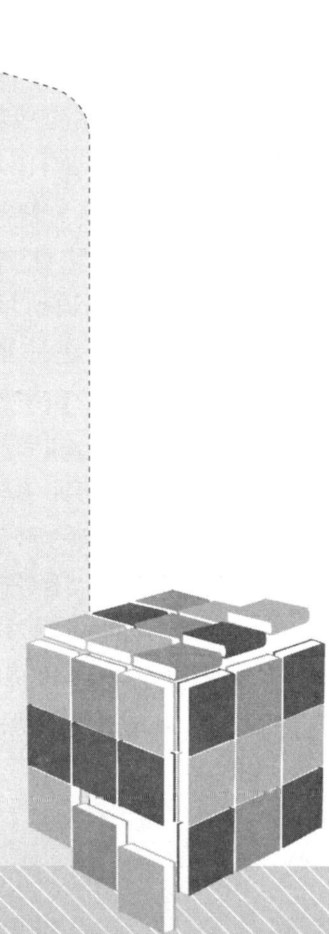

본 Part에서는 비구조화된 문제를 초등학교 4, 5, 6학생들과 예비교사들에게 적용한 후 창의적 문제해결력 및 정의적 관점에서 분석한 결과를 정리하였다. 우선, 초등학교 학생들과 예비교사가 비구조화된 문제를 해결하는 과정을 살펴보기 위해 창의적 문제해결력에 대한 선행연구 및 관련 문헌을 정리하였다. 그리고 초등학교 4, 5, 6학년 학생들에게 비구조화된 문제를 적용한 후, 학생들의 창의적 문제해결 과정을 다양한 관점에서 분석하였고, 비구조화된 문제를 현장에 적용하는 주체가 될 예비교사를 대상으로 비구조화된 문제를 해결할 때 나타나는 특징을 분석하여 비구조화된 문제를 현장에 적용하는 데 시사점을 제시하였다.

본 Part의 구성은 11장 비구조화된 문제의 창의적 문제해결관점, 12장 4학년 적용 및 분석, 13장 5학년 적용 및 분석, 14장 6학년 적용 및 분석, 15장 4, 5, 6학년 적용 및 분석, 마지막으로 16장 예비초등교사 적용 및 분석으로 이루어져 있다. 먼저 11장에서는 비구조화된 문제의 적용 및 분석을 위한 이론적 배경으로 비구조화된 문제의 창의적 문제해결관점에 대해서 기술하였다. 이에 4, 5, 6학년의 적용 및 분석의 관점에 해당하는 수학적 문제해결력, 수학적 의사소통능력, 수학적 추론 및 비례추론, 의사결정 창의적 인성에 대해 기존의 선행연구 자료를 바탕으로 정리하였다.

12장에서 14장은 각 학년별로 하나 이상의 관점을 가지고 비구조화된 문제를 학생들에게 적용하고 분석한 결과를 담고 있다. 12장에서는 초등학교 4학년 학생들이 비구조화된 문제상황에서 어떻게 문제를 해결하는지 알아보고자 하였고 13장에서는 비구조화된 문제를 해결하는 과정에서 초등학교 5학년 학생들에게 나타나는 의사결정과정을 알아보았다. 14장에서는 초등학교 6학년 학생들의 비례추론의 발달 단계를 분석하여 비례추론의 발달 단계에 비례문제의 유형과 문제의 비구조화된 정도가 어떠한 영향을 주는지 알아보았다. 15장은 초등학교 현장에서 새로운 문제해결 경험의 단초가 될 수 있는 비구조화된 문제해결 모형 및 문제를 제시하며, 비구조화된 문제해결의 경험을 통해 나타난 학습의 의미를 인지적 측면에서의 문제해결력과 수학적 추론 부분을, 정의적 측면에서는 창의적 인성을 중심으로 파악하고 문제개발뿐 아니라, 바람직한 비구조화된 문제해결의 지도방안에 시사점을 제공하였다.

마지막으로 16장은 복잡하고 빠른 속도로 변화하는 미래 사회에서 여러 가지 문제를 해결해야 하는 학생들뿐만 아니라 그 학생들을 가르치게 될 예비교사들에게 비구조화된 문제를 적용하여 동기와 수학적 태도의 수준에 따른 초등예비교사들의 비구조화된 문제해결과정을 분석하였다. 이를 통해 학생들이 실세계에서 일어나는 문제해결에 도움이 될 수 있도록 학생들의 학습을 이끌어갈 예비교사 교육에 시사점을 제공하고자 하였다.

Part IV 非구조화된 문제 적용 및 분석

11 非구조화된 문제의 창의적 문제해결관점

11.1 수학적 문제해결력

최근 들어 문제해결력에 대해 관심이 높아지면서, 문제를 해결한다는 것은 해결하기 위한 방법을 찾거나 정답을 찾는 것만이 아닌 살아가는 방법에 대한 관점과 태도에 대한 것으로 의미가 확장되고 있다. 2012 PISA 평가에 대한 기사(여성신문, 2014년 4월 2일자)에서 보듯이 우리나라 초등학생의 문제해결력은 1위이나 문제를 해결하는 끈기와 개방성은 부족하다고 지적하고 있다. 문제해결은 사람들이 살아가는 데 필요한 기능으로, 수학적 관점에서 문제해결을 살펴본다면, 학교에서 학생들은 수학적 개념을 이해하고 새로운 수학적 관계를 발견하며, 수학과 다른 교과를 연결하기 위해서 문제를 해결하는 것이다. 또한 학생뿐만 아니라 어른들도 각자의 인생에서 시민·소비자·일하는 사람으로서 수학적인 문제에 직면하고 해결책을 모색하게 된다 (Rey 외, 2012).

Freudenthal(1991)에 따르면, 수학을 학습한다는 것은 직관과 상식에서 출발해서 이를 의식화하고 반성하여 형식하고 이를 다시 발전된 직관과 상식으로 만드는 활동이라고 하였다(남진영, 2008에서 재인용). 이는 수학적 문제해결력이 사고의 발달뿐만 아니라 정의적 요소까지 포함된다는 것이라고 할 수 있다. 일반적으로 실생활과 관련한 문제를 해결하기 위하여 수학을 이용하면 다음과 같은 문제해결과정을 거치게 된다(Verschaffel & De Corte, 1997a).

첫째, 문제상황을 이해하고, 둘째, 상황들과 관련한 본질을 나타내주는 수학적 모델을 만드는 것이다. 셋째, 미지수들을 알아내기 위하여 수학적 모델이나 연산을 재조직하고, 넷째, 수학적 모델의 기초인 실제적인 상황으로 계산결과를 해석하고 검토하게 된다. 마지막으로 문제해결을 통해 획득된 결과에 대해 의사소통을 하게 된다.

김홍원 외(1996)에 따르면, 수학 문제해결과정에서는 비판적 사고와 창의적 사고, 수렴적 사고와 확산적 사고, 의식적 사고와 무의식적 사고와 같은 다양한 사고가 작용하여 일어난다고 보고하고 있다. 이때 문제해결은 단계적, 절차적 과정보다는 상호작용적, 순환적인 과정을 거쳐서 진행된다고 한다. 이렇듯 문제해결은 단순히 문제를 풀어가는 것뿐만이 아닌 일련의 사고과정을 포함하고 있으며 최근 들어 수학교육의 중요한 목표로서 개념과 원리에 대한 이해를 바탕으로 문제해결력을 신장시키는 것을 강조하고 있다. 제7차 수학과 교육과정과 2007 개정 수학교육과정에서도 문제해결력을 강조하면서 교육과정에서 문제해결과정과 전략을 전 영역에서 지속적으로 지도하도록 제시하고 있다. NCTM(2000)에서는 문제해결을 모든 수학학습의 핵심적인 부분으로 수학프로그램에서 문제해결을 독립적으로 다루지 않도록 권고하고 있다. 수학에서의 문제해결은 다음에 제시된 규준에 기술된 내용 영역을 포함해야 하며 교육목표는 다음과 같다.

첫째, 문제해결을 통해 새로운 수학적 지식을 만들어낼 수 있다.
둘째, 수학과 다른 교과상황에서 나타나는 문제를 해결할 수 있다.
셋째, 문제를 해결하기 위하여 다양하고 적절한 전략을 적용하고 채택할 수 있다.
넷째, 수학 문제해결과정을 관찰하고 반성할 수 있다.

또한 문제해결을 위한 능력에는 문제이해능력, 문제해결능력, 계획수립능력, 검증능력, 일반화 능력 등이 포함된다. 이러한 과정은 문제해결을 통해 이루어지는데 문제해결은 문제상황을 분석하여 여러 가지 방법이나 전략, 관찰 등을 활용하여 문제를 해결하는 과정을 말한다.

Rey 외(2012)는 문제해결은 학생들이 수학을 행하는 모든 기본적인 과정들인 추론하기, 의사소통하기, 연결하기, 표현하기에 참여할 수 있도록 하기 때문에 교수·학습 방법이라고 강조하였다. 즉 문제해결에서는 학생들에게 문장제를 제시하는 것 이상으로 수학 학습에 접근하도록 촉진하는 방법이 포함되어야 한다고 지적하였다. 문제해결력 향상을 위해서는 형식적으로 문제를 풀기보다는 실생활과 관련지은 수학활동을 통해 수학화를 경험하는 것이 중요하다(장혜원, 2002). Freudenthal(1991)은 기본적인 수학화 과정을 '수학적 수단에 의한 현실 세계의 구조화'로 개념화하였는데, 그러한 교육의 방법으로 '회고적 학습(retrospective learning)과 '전진적 학습(prospective learning)'을 제안하였다. 여기서 '회고적 학습'은 일련의 수학적 내용을 학습한 후에 과거의 학습 소재를 좀 더 광범위하고 높은 관점에서 다시 반성하는 것이다. 이런 과정에서 학생들의 수학적 활동은 직관에서 출발하여 추상화, 체계화, 공리화, 형식화되면서 수학을 이해하게 되는 것이다(남진영, 2008에서 재인용). 그렇기 때문에 수학교육에 있어 실생활을 수학적 상황과 연계시키고 수학적으로 표현하는 단계는 수학화 과정에서 매우 중요한 과정이라고 볼 수 있다.

Spiro 외(1992)는 학습의 실패 원인으로 비현실적으로 단순화되고 구조화된 방식으로 제시되는 교수설계를 언급하였다. 실생활과 관련한 문제가 학생에게 제시되지 않으면 상위 인지인 '문제해결능력'을 신장시킬 수 없다고 강조하였다. 또한 Palm(2007)은 문제에서 실생활의 중요한 조건을 무시하는 것은 학교 밖에서의 중요한 면을 무시하는 것과 같다고 언급하면서 실세계에 대한 고려는 문제를 개발할 때 심각하게 고려해야 할 요소로 제안하였다.

실세계 문제해결능력에 대한 연구를 살펴보면, 김종명(2002)은 실세계 문제상황을 기초로 한 수학화 경험집단이 전통적 학습 집단의 학생들보다 문제해결력 향상에 더 효과적이라고 보고하고 있으며, Palm(2007)은 실제성이 학습자의 현실 세계의 지식 사용에 미치는 영향을 조사하였는데 학생들이 문제를 해결할 때에 문제에서 묘사된 상황과 불일치하는 해결책을 제시하는 주요 원인으로 피상적인 해결전략의 사용, 문제에 대한 학생의 신념을 들고 있다.

문제를 해결하기 위해서는 학생들에게 단순한 연습문제만이 아닌 진짜 문제에 대한 많은 경험을 제공해야 한다. 문제해결을 통해 수학을 지도하는 지침으로 Reys 외(2012)는 첫째, 학생들에게 문제가 되는 수학을 허용하기, 둘째, 문제를 해결하기 위해 사용한 방법에 초점을 맞추기, 셋째, 적절한 시간에 적절한 것을 말하기를 제시하고 있다. 또한 문제를 통한 효과적인 지도를 위해 적절한 기능을 점검하고 적절한 난이도를 가지는 문제를 선택하여 제시하고, 좋은 문제를 발견하며, 학생들이 문제를 만들어 보게 하고, 계산기와 컴퓨터를 적절하게 사용하는 것이 필요하다고 제언하였다.

문제해결을 효율적으로 수행하는 학생들은 다음과 같은 특성을 가지고 있으므로, 교사들은 학생들의 특성을 파악하는 것이 필요하다. 그러한 학생들은 우선적으로 수학적 용어로 상황을 주의깊게 분석하려는 경향을 자연스럽게 가지고 있고, 자신이 이해하는 상황에 근거하여 문제를 제기하려는 경향을 가지고 있다. 또한 복잡한 문제를 해결하기 위해 먼저 간단한 경우를 고려하지만 좀 더 복잡한 분석도 생각해 본다(NCTM. 2000). 한편으로 훌륭한 문제해결자는 자신이 하고 있는 것에 대해 지속적으로 점검하고 조정한다. 그리고 자기 평가를 통해 전략을 수정하기도 한다(Bransford et al, 1999; NCTM 2000에서 재인용).

11.2 수학적 의사소통

현대는 정보의 시대로서 컴퓨터가 인간의 많은 일을 대신하지만, 이 모든 과정들도 수학적 모델하에서 가능하며, 상대방의 의견을 명확하게 전달받지 못하거나 본인의 의견을 상대방이 이해하도록 하지 않으면 수학적 의사소통은 전혀 이루어질 수 없을 것이다. NCTM(2000)에서는 “의사소통은 수학과 수학교육의 중요 부분이다”라고 언급하면서, 학습에 있어 강조하는 5개 주요 기준 중 하나로 ‘의사소통’을 제시하였다. 이때, 의사소통 기준은 동료와 교사 간의 수학적 사고의 소통을 중요시하고, 수학적 용어의 사용과 수학적 아이디어의 표현을 강조한다. NCTM(2000)에서 설명하는 의사소통 규준의 교육목표는 다음과 같다.

첫째, 의사소통을 통해서 학생들의 수학적인 생각을 조직하고 통합시켜야 한다.
둘째, 친구, 교사 및 다른 사람들과 일관성 있고 명백하게 학생 자신의 수학적인 생각을 의사소통하게 해야 한다.
셋째, 다른 사람들의 수학적인 생각과 전략들을 분석하고 평가하게 한다.
넷째, 수학적 아이디어를 정확하게 표현하기 위하여 수학 언어를 사용하게 한다.

수학에서 의사소통은 수학을 읽기, 말하기, 듣기, 쓰기 그리고 의미와 생각을 해석하는 능력을 포함하며 학생들의 수학적인 힘을 길러주는 데 매우 중요하다. 수학 과제에 대한 의사소통은 과제에 대한 정보와 수업 둘 다를 위해 다른 사람들에게 접근하는 수단으로써 필수적이다(Pimm, 1996).

교사는 수학과 언어 사이의 연계성을 만들어야 하는데(Rubenstein & Thompson, 2002; Schmidt, 2004; Smith, 1999; Stigler & Hiebert, 2004), 이러한 연계성은 교사가 학생들이 이미 알고 있는 것을 상세화하여 그들의 아이디어들을 이야기할 수 있도록 도울 때 더욱 잘 반영된다. Bessie와 Dilek(2005)의 수학적 의사소통과 관련된 연구에 따르면, 초등학교 교사는 학생들이 서로 상호작용하도록 독려하는 환경을 조성하고 편안한 분위기를 만듦으로써 수학 언어를 향상시킬 수 있다고 제시하면서 수학 언어를 사용하는 모델로서의 교사역할을 강조하였다. 교사가 제시하는 적절한 질문은 학생들의 추론 능력을 자극하고, 교사는 이전 수학 경험과 새로운 경험을 서로 연결하는 기회를 제공(Galllenstein, 2003)하게 된다고 하였다.

수학적 의사소통은 학생으로 하여금 비형식적이고 직관적인 사고와 수학의 추상적인 언어와 기호를 연결할 수 있게 하기 위해, 수학적 개념이나 상황을 구체물, 그림, 다이어그램, 그래프, 글이나 말로써 명료화하고 일상의 언어를 수학적 언어 및 기호와 연관지을 수 있도록 하는 것이다. 또한 수학을 표현하고 토론하고 읽고 쓰고 듣는 것이 수학에서 중요하다는 것을 교사와 학생 모두 인지하는 것이 필요하다. 수학적인 아이디어를 서로 토론하고 일반적으로 해석하며, 수학적 기호와 수학적 사고의 발달에서 기호의 역할을 음미하는 것은 물론 이를 수업과 실생활에서 행할 수 있어야 한다. 수학적 의사소통을 통해 학생과 교사가 수학적 지식을 교환하게 되며, 이런 의사소통을 통해 수업과 평가의 실제도 마련된다(조완영, 권성룡, 1999). 이러한 의사소통은 학생들이 자신의 수학적 생각을 분명히 하는 데 도움이 되므로 학생들은 수학적 상황과 관계되는 다양한 기회를 가져야 하고 교사는 그런 기회를 많이 제공하도록 노력해야 할 것이다.

수학적 의사소통에 관한 연구들을 살펴보면 우선 박병서(1999)는 계산전략 게임을 적용할 경우, 게임마다 나타난 표현양식이 다양하나 수학적 상황을 인지하여 알맞은 연산자를 선정하고 자기 경험을 기록함에 있어 수와 수학적 개념을 바르게 사용하는 등 수학적 의사소통이 점차 정확하고 신속하며 간결해졌다고 보고하고 있다. 또한 최혜령, 백석윤(2005)은 문제의 종류에 따라 아동마다 지니고 있는 특유의 수학적 태도가 나타난다는 연구결과를 제시하였다. 이 연구에 따르면, 학생들은 프로젝트 문제유형 중 게임형과 도구활용형 문제를 더 선호하며 그러한 문제들을 해결할 때, 더 적극적으로 수학적 의사소통에 참여한다고 보고하였다.

한편 Mumme와 Shepherd(1990)는 의사소통이 다음과 같은 교육적 역할을 갖고 있다고 주장하였다.

첫째, 의사소통은 학생들로 하여금 수학의 이해를 증진시키도록 돕는다.
둘째, 의사소통은 수학에 대해 공유하고 있는 이해를 확고히 하도록 돕는다.
셋째, 의사소통은 학생들로 하여금 학습자로서의 권한을 강화시킬 수 있다.
넷째, 의사소통은 학습에 편안한 환경을 조성한다.
다섯째, 의사소통을 통해 교사는 학생들의 사고에 관한 정보는 얻을 수 있다.

Reys 외(2012)에 따르면, 학생들은 수학적 아이디어에 대해 서로 의사소통하면서 자신의 사고를 확인하고 명료하게 조직하고 정확하게 확장하게 된다. 반성과 의사소통은 서로 연결되어 있으며 의사소통은 어떤 종착점이 아닌 과정이라고 할 수 있다.

요약한다면 학생들이 자신의 아이디어에 대해 말하고 쓰는 과정을 통해 그들 자신의 생각이 명료화될 뿐 아니라, 학습자 자신들이 수학을 하는 사람이라는 주체의식을 지님으로써 수학적 이해를 더욱 증진시킨다. 그리고 수학적 이해를 확고히 하는 과정을 지켜보는 교사는 이를 통해 교육적인 결정을 내리는 데 필요한 가치있는 정보를 얻을 수 있을 것이다.

11.3 수학적 추론

추론은 주어진 전체들로부터 결론의 도출을 위해 생각하거나 논증하는 것으로(이성범, 2001), Polya(2005)는 수학에 사용되는 두 종류의 추론을 논증적 추론과 개연적 추론으로 구분하였다. 논증적 추론은 수학적 증명에 사용되는 추론으로써 연역을 기초로 하여 전제가 옳으면 결론이 항상 옳고 엄밀한 수학을 말한다. 개연적 추론은 엄밀한 논증이 갖는 확실성이 결여되어 있고, 본질적으로 새로운 지식 획득 및 지식의 발견에 유용하고 필수적인 것으로 보고 있다. 또한 Peirce(1978)에 따르면, 추론은 귀납법, 연역법, 가추법의 세 가지 형식으로 분류되며, 인간의 모든 정신적 활동은 이 세 가지 논증형태에 의존한다(Fischbein, 2010에서 재인용). 이와 반해 Fischbein (2010)은 추론을 의식적 통제가 어려운 자동적 과정으로 흡사 수영을 하는 것과 유사하다고 비유하였다. 즉 그동안 획득된 자동 피드백 체계에 따라서 사고하는 사람의 전략적 목적에 따라 전체적으로 그러나 그 세세한 부분에 있어서는 자동적으로 이루어진다고 제시하였다. 그렇기 때문에, 사후분석을 통해 학생들이 자신의 사고과정을 통제하고 더 나아가 메타인지능력을 개발할 필요가 있다고 언급하였다.

이러한 수학적 추론에 관하여 NCTM(2000)은 수학을 알고 행하는 근본을 추론으로 보고, 학생들이 세상의 의미를 이해하는 강력한 수단으로 수학을 이해하고 접근할 수 있도록 추론을 강조해야 한다고 보았다. NCTM(2000)에서 제시하는 유아원/유치원부터 12학년 학생들을 위한 추론과 증명 규준은 다음과 같다.

첫째, 추론과 증명을 수학의 가장 근본적인 측면으로써 인식할 수 있다.

둘째, 수학적 추측을 만들고 조사할 수 있다.

셋째, 수학적 논쟁과 증명 능력을 개발하고 평가할 수 있다.

넷째, 다양한 유형의 추론과 증명 방법을 선택하고 사용할 수 있다.

수학 대수와 관련된 '문자와 식' 및 '규칙성과 함수' 영역을 통합하여 '규칙성과 문제해결' 영역으로 바꾸었고(교육인적자원부, 2008b), 최근에는 '규칙성'으로 통합(교육과학기술부, 2013)되었다. 개정안에서는 문제해결이 과정적 성격을 띠고 있으므로 전 영역에서 다루도록 하고, 영역명을 '규칙성'으로 설정하였다. 규칙성 영역의 주요 변화로는 각 학년에 분산되어 있던 규칙찾기 활동이 통합되면서 탐구 활동 및 놀이활동을 활용하도록 하였다. 다만 창의 수학활동에서 수학적 창의력을 강조하면서 문제해결 능력, 의사소통 능력, 추론 능력 등과 같은 수학적 과정의 능력이 종합적으로 형성되도록 지도할 것을 제언하고 있다(교육과학기술부, 2013).

수학적 추론의 유형은 학생들이 문제를 해결하는 과정과 전략에 따라 모방적 추론(imitative reasoning)과 창의적 추론(creative reasoning)으로 구분지을 수 있다. 모방적 추론은 문제를 해결하는 데 있어 연습된 경험이나 익숙한 내용의 기억을 상기시켜가는 추론으로 기억된 추론(memorized reasoning)과 알고리즘 추론(algorithmic reasoning)으로 구분된다(Bergqvist, Lithner, Sumpter, 2006; Lithner, 2000).

기억된 추론은 수학적 문제해결 전략의 선택에 있어 답을 외우고 그것을 회상하는 것으로 전략을 실행하여 문제를 해결하는 과정이 외운 것을 받아 적는 것에 그치며, 이전의 부분을 고려하지 않고 답을 적는 것만 생각하는 한계를 보인다. 이에 비해 알고리즘 추론은 수학적 문제해결 전략의 선택에 있어서 기억된 추론처럼 전체 답을 외우는 것이 아니라 적절한 해결책이라고 판단되는 것을 선택하여 활용하는 것이다. 예를 들어 과일가게의 모든 과일 숫자를 구하는 문제를 해결한 후에 학교에 있는 전체 4학년 학생 수를 구하기 위해 모든 반 학생 수를 더하는 문제를 해결하는 것과 같이 학습자가 적절한 문제해결이 알고리즘을 인식하고 선택하여 문제를 해결하는 것을 말한다.

또 다른 추론의 유형인 창의적 추론은 문제에 대한 창의적인 추론을 학습자가 스스로 이끌어내는 것으로 이 과정은 독창성, 유창성, 타당성, 수학적 기초인 네 가지 조건이 만족될 때 이루질 수 있다. 즉, 문제해결 방법의 추론에 대한 새로운 관계와 순서를 생성하거나 잊고 있던 관계의 연결고리를 생성할 수 있는 독창성(novelty), 문제상황에 다른 접근이나 적용방법을 인정하지만 문제해결의 발전을 맞는 고정화된 생각을 가지지 않는 유창성(flexibility), 결론이 왜 참이고 타당한지를 자극하면서 전략의 선택과 실행에서 논증을 지지하는 이유를 제시할 수 있는 타당성(plausibility), 추론에 포함된 본질적인 수학적 특성을 기반으로 해야 하는 수학적 기초(mathematical foundation)의 모든 조건이 만족되어야 한다. 예를 들어 삼각형의 넓이를 구하는 것을 학습하지 않은 상황에서, 사각형의 넓이를 구하는 방법을 활용하여 삼각형의 넓이를 구했다면 이는 새로운 방법으로 다양한 접근을 시도해서 타당하게 수학적인 근거를 들어서 추론을 했기 때문에 창의적 추론을 했다고 볼 수 있다.

초등학교에서의 수학적 추론과 관련된 연구를 살펴보면, 강문봉(1996)은 초등학생 대상으로 수학적 추론을 지도할 수 있는지를 살펴보면서 수학적 추론 중 귀납추론의 지도방법에 대해 논의하였다. 남승인(1999)의 연구에서는 초등수학교육에 있어서 추론방법을 귀납, 연력, 유비 추론의 측면에서 살펴보고 귀납 추론의 필요성 및 구체적 적용사례를 제시하였다. 한편 수학교과에 대한 정의적 특성과 수학적 문제해결력, 추론 능력 간의 상호관계를 규명한 연구(이영주, 전평국, 1999)와 초등학교 6학년 학생들을 중심으로 하여 수학적 문제해결력 및 추론 능력과 관련된 아동의 정의적 요소에 대한 연구(박경옥, 박영희, 2003)의 연구 등이 있다.

그 외 다른 연구를 살펴보면 김선희 외(2002)는 수학적 추론 유형을 중심으로 학교 현장에서 교사들에게 수학적 추론이 어떻게 이해되고 지도 및 평가되는지를 연구하였다. 또한 전평국, 김은희와 김원경(2002)은 학교 현장에서 학생들의 문제해결과정에 수학적 추론 능력을 분석하고 평가할 수 있는 귀납적, 유비적, 연역적 추론 능력에 대한 평가기준을 제시하였다. 한편 서동엽(2006)은 수학의 형식과 대상에 다른 수학적 추론 지도 수준에 관한 연구에서 학습자들이 대상으로부터 점진적으로 분리되고 형식적 논리를 학습할 수 있도록 추론 지도 수준을 구분하고 이에 따라 수학적 추론을 지도할 것을 제안하였다.

NCTM(2000)은 모든 학년 수준에서 학생들은 규칙성과 특정사례로부터 귀납적 추론을 할 수 있으며, 점차 연역적 주장을 효과적으로 만들어내도록 학습하는 것이 필요하다고 강조하고 있다. 또한 학생들이 다른 학생들의 주장에 대한 교실토론을 통해서 추론을 학습하도록 조언하고 있다. 학생들의 다양한 아이디어는 각 아이디어가 가지고 있는 결함으로 인해 좋은 논쟁거리가 될 수 있고 학생들은 자신의 아이디어를 다른 학생들의 것과 비교하면서 수정, 결합, 강화하는 과정을 경험하게 된다. 학생들이 자신의 생각을 발표하고 서로의 생각을 평가할 수 있는 기회가 주어지는 교실환경은 수학적 추론을 학습하기 위해 풍부한 환경이 될 수 있다. 저학년에서는 비형식적인 추론이 이루어지게 되지만 학년이 올라가면서 학생들은 획득한 지식과 정보 등을 결합하여 자신의 주장을 좀 더 체계적이고 논리적인 추론으로 발전시키게 된다.

수학적 추측에 대한 증명을 하도록 격려하는 환경을 만들기 위해 초등교사가 고려할 사항에 대해 Russell(1999)은 다음과 같은 네 가지 주요 요점을 제시하였다. 첫째, 추론은 일반화하는 과정이다. 둘째, 추론을 통해 일반화라는 세계로 나갈 수 있다. 셋째, 추론을 통해 관계에 기초한 수학적 기억에 이르게 된다. 넷째, 추론을 통한 학습에는 실수가 발생하며 그 실수를 통해 학습하는 것으로 교사는 학생들이 스스로 자신과 타인의 사고에 대해서 점검하고 잘못된 추론을 감지하고 이해할 수 있도록 지원해야 할 것이다(Reys 외, 2012 재인용).

11.4 비례추론

일상생활에서 많이 사용되는 추론 중 하나인 비례추론은 지도의 축적, 쇼핑할 때의 가격 비교, 환자의 체중에 따른 투약량 결정 등 상황에서 나타난다(Valverde & Castro, 2012). 비례추론에 대한 다양한 정의를 살펴보면, 비례추론을 일차함수로 관계된 두 변수 사이의 추론으로 보거나(Karplus, Pulos & Stage, 1983), 공변과 다중비교를 포함한 수학적 추론의 한 형태라고 정의(Lesh, Post & Behr, 1988)하며 수학적 체계 속에서 구조적 유사성과 불변의 성질을 인지하는 것을 가장 중요한 특징으로 언급하였다. 여러 문헌 연구(Karplus 외, 1983; Lamon, 2007)에서도 비례추론이 학생들의 인지적 발달에 중요하며, 특히 함수, 그래프, 대수식, 측정 등과 관련된 개념의 발달에 기초가 됨을 주장하고 있다.

하지만 비례추론의 기본 개념이 되는 비의 개념은 매우 추상적이며, 비를 배울 때 두 양과 두 수를 다루면서 또 다른 하나의 대상을 파악해야 하기 때문에 초등학생 대부분이 어려워하는 부분이다(정은실, 2003). TIMSS 2007에 대한 결과분석에서도 싱가포르 학생과 우리나라 학생의 점수를 비교한 결과 싱가포르 학생에 비해 상대적으로 낮은 점수를 보인 문항이 비, 비례식, 백분율로 나타났다(김경희, 백희수, 2010). 이러한 연구결과는 우리나라 학생들의 비례 추론 능력에 대한 정확한 진단과 비례 추론에 어려움을 보이는 데에 관한 원인 규명이 필요함을 나타낸다.

여러 선행 연구에서는 학생들이 비례문제를 해결하는 데 영향을 주는 요인으로 비례 문제에서 주어진 수, 비례 문제의 유형, 비례 문제의 맥락에 주목하였다(Lamon,

1993; Lo & Watanabe, 1997; Singh, 2000; Van Dooren, De Bock, Evers & Verschaffel, 2009). 하지만 Nunes 외(1993)의 연구에서 학교 교육을 받지 않은 십장 및 어부들이 비례 문제를 해결하는 절차적 과정을 학습한 학생에 비해 상황에 유연하게 대처하고 의미있는 전략을 도출해낸 것(박정숙, 2009에서 재인용)은 실생활에서의 비례 문제를 해결하는 데는 교과서의 전형적인 문제를 해결한 경험만으로는 충분하지 않음을 시사한다. 이는 학생들이 다양한 상황 속에서 능숙하게 비례문제를 해결하기 위해서는 비례 문제가 얼마나 현실의 문제상황을 잘 반영하고 있는지에 대한 고민이 필요함을 의미한다.

학교 교과에서 제시된 정형화된 문제와는 달리 현실 맥락에서부터 시작되어 학습자가 문제를 정의하고 해결에 요구되는 정보 및 기술을 스스로 결정하도록 하는 문제로 비구조화된 문제와 그 교육적 의미를 생각해 볼 수 있다(Bransford 외 2007; Chi & Glaser, 1985; Ge & Land, 2003; Ng, Cheung & Hew, 2010). PISA 2009의 연구결과에 따르면 우리나라의 많은 학생들이 정형화된 문제 풀이에 치중된 학교 교육으로 인하여 수학적 개념을 일상생활의 맥락과 연계함으로써 해결해야 하는 문제에서 어려움을 느끼는 것으로 나타났다(임해미, 김수진, 김경희, 2012). 이는 특히 우리나라의 학교 수학이 수학적 지식을 실제적 맥락에 연결 짓고 복합적인 문제상황을 유연하게 해결할 수 있는 능력으로 신장시키는 방향으로 변화되어야 함을 강조하며 비구조화된 문제의 필요성을 더욱 부각시키고 있다.

비례성의 발달을 오랫동안 연구해온 Piaget와 그 동료들(1997)은 청소년들의 비례성에 대한 이해능력은 다음과 같은 단계를 가진다고 제시했다. 문제 정보의 일부분만 사용하는 질적 반응, 변수 사이의 관계에 주목하기 시작하는 직관적 반응, 체계적인 방식으로 변수 사이의 관계를 계량화하는 가법적 전략, 두 양의 곱셈 관계에 주목하는 승법적 전략을 이용하는 단계로 발달하며 그 후에 비례법칙을 인지하는 형식적 단계로 발달한다고 하였다. 마지막 단계는 수치적 비례 관계를 인식하는 단계로 a'=na, b'=nb로부터 b'/b=a'/a라는 비례성을 인식하는 단계이다. 또한 가법적 사고방식을 비례식의 영변의 구조적 동형을 인지하지 않은 채 옳은 답을 구하는 과정을 전비례성이라고 부르며 비례성과 구분하였다. Piaget가 제시한 비례추론의 발달단계는 이후 연구자들이 비례추론의 발달단계를 연구하는 데 기초가 되었다(박정숙, 2009에서 재인용).

Lesh 외 (1988)는 Piaget가 제시한 발달단계와 비슷한 단계를 지시하며 발달단계라는 용어 대신 개념화라는 용어를 사용하여 비례추론의 발달 단계를 5단계로 구분하여 제시하였다. 이를 발전시킨 Koellner-Clark과 Lesh(2003)는 비례추론의 발달단계를 다음과 같은 5단계로 설명하였다.

- 1단계 : 문제의 해석에 기초하는 단계로 학생들은 문제상황에 관련된 두 양 중에서 한 부분에만 초점을 맞추고 해결하려 한다.
- 2단계 : 문제상황으로부터 질적인 관계에만 기초하는 단계로써 질적 추론을 통해 문제를 해결할 수 있지만, 양적 추론을 필요로 하는 문제는 해결하지 못한다.
- 3단계 : 덧셈적 관계에 근거하여 추론할 수 있는 단계로, 전 단계에서의 질적 추론을 수량화하게 되지만 이 단계에서는 곱셈적 관계를 인식하지 못하고 대신에 합이나 차와 같은 덧셈적 관계에 초점을 두게 된다. 비례추론 모델에서 비교, 감소, 증가와 같은 규칙을 적용할 수 있게 된다.
- 4단계 : 패턴을 인지하고 반복 계산하는 것이 가능한 단계로써 이 단계의 학생들은 문제해결을 위해 징검다리 구성 전략을 사용하기도 한다. 이때의 징검다리 구성하기 전략은 주어진 정보를 활용 가능하도록 조직할 때 나타나며, 비례표 이용 등을 통하여 발견된 규칙으로 문제를 해결할 수 있게 된다.
- 5단계 : 둘 또는 그 이상 사이의 비 관계를 포함하고 비교하는 각각의 상황에 기초해 비례적으로 추론하는 단계이다.

위와 관련하여 김민경과 박은정(2013) 연구에 따르면, 초등학교 6학년 학생들의 비례추론의 발달단계를 분석한 결과, 과반수의 학생이 모든 문제에서 비례적 추론 단계 유형이라고 보고하였다. 또한 문제에 따라 서로 다른 다양한 비례추론의 발달단계를 나타냈는데, 특히 수리적 비교 문제보다 미지값 구하기 문제에서 과도기·비례적 추론의 발달단계가 더 높은 비율로 나타났다고 보고하였다.

Karplus 외(1983)는 레몬에이드 퍼즐문제에 기초하여 비를 비교하는 문제로 사용하여 학생들의 수행을 크게 네 가지 범주로 분류하여 제시하였다. 범주 I(불완전, 비논리적)는 어떠한 설명이 제공되지 않거나 비논리적 방법으로 자료를 사용, 혹은 적합하지 않은 방법으로 연산을 사용한 경우이다. 범주 Q(질적)는 더 많다/적다/같다와 같이 질적 표현을 사용하여 값을 비교하며 주어진 네 가지 용어를 사용하여 그들의 답을 정당화한다. 범주 A(덧셈적)는 주어진 값에 뺄셈을 적용하여 답을 얻는다. 범주 P(비례적)는 비록 계산상 오류를 보이더라도 답을 얻기 위해 주어진 모든 자료의 비례적 관계를 적용하며 세 가지 하위범주로 구분한다. 이와 관련해서 Carpenter, Gomez,

Rousseau, Steinthorsdottir, Valentine와 Wagner(1999)는 학생들의 비례추론을 4개의 수준으로 구분하여 설명하였다.

- **1수준** : 주어진 문제를 비례적으로 풀지 못하는 단계로 임의로 계산하거나 덧셈적인 차이에 초점을 둔다.
- **2수준** : 비를 개별적인 단위(나눌 수 없는 단위)로 보는 단계로 반복적으로 더하거나 정수 배를 하여 비로 나타낼 수 있지만 주어진 비가 5 : 45 = 7 : x와 같이 비정수비라면 비례 문제를 해결하지 못한다.
- **3수준** : 주어진 비를 나눌 수 있는 단위로 보는 단계로 이전 단계에서는 비를 단위 전체로 생각하는 데 비해 이 수준에서는 비정수비로 비를 변형시킬 수 있다. 따라서 학생들은 정수비, 비정수비의 관계를 가지는 문제를 해결할 수 있다.
- **4수준** : 비를 단위 양으로 생각하고 곱셈 관계로 비를 이해하며, 비율내, 비율간 관계를 알고 비와 비례문제를 유연하게 해결할 수 있다.

표 11-1 ‖ 비례상황의 문제 유형(Singh, 2000)

문제유형	설명
Missing value problems (미지값 문제)	세 개의 수 정보가 주어지고 하나의 미지수를 찾는 문제(a/b=c/x에서 a, b, c의 값이 주어지고 x의 값 찾기)
	〈예〉 Mr Short의 키를 button으로 재었을 때 4buttons이고, Mr Tall의 키는 6buttons였다. 이들의 키를 paper clip으로 재었을 때 Mr Short의 키는 6paper clips이라면 Mr Tall의 키는 몇 paper clips이겠는가?
Numerical comparison problems (수리적 비교 문제)	두 개의 완전한 비율이 주어지면, 비율을 비교해야 하는 문제(a, b, c, d가 주어지고, a/b와 c/d를 비교하여 더 큰지, 더 빠른지, 더 비싼지 등 비율 비교하기)
	〈예〉 John과 Mary는 각각 설탕과 레몬주스의 양을 다르게 혼합하여 서로 다른 레몬에이드를 만든다. John이 레몬주스 12스푼에 설탕 3스푼을 넣었다면 Mary는 레몬주스 13스푼에 설탕 4스푼을 넣었다. 누구의 레몬에이드가 더 달겠는가?
Qualitative prediction and comparison problems (질적 추측 및 비교 문제)	어떤 특정한 수리적 값에 의존하지 않고 비교해야 하는 문제로, 비례적 사고의 부분이며 학생들이 비와 비례의 의미를 이해하는 것을 기초로 함
	〈예〉 한 학급에 여학생은 전체의 3/5이다. 만약 6명의 여학생과 9명의 남학생이 더 들어왔다면 이 학급의 여학생 수와 남학생 수는 어떻게 되겠는가? a. 여학생이 더 많다. b. 남학생이 더 많다. c. 같다. d. 정보가 충분하지 않다.

기존의 선행연구를 살펴보면 1960년대에서 1980년대 사이에서는 비례 상황의 문제유형을 물리, 비율, 혼합 문제로 구분하여 연구하였다면 최근에는 미지값 문제, 수리적 비교문제, 질적인 추측과 비교에 관한 문제로 구분하고 있다(Singh, 2000).

한국교육현황을 살펴보면 정은실(2003), 정영옥(2006)이 현행 수학교과서의 문제점으로 지적한 것처럼 비례식이라는 식을 능숙하게 풀 수 있는 알고리즘의 지도에 중점을 두면서 비례식을 이용하여 문제를 해결할 수 있는 미지값 구하기 문제가 대부분을 차지하고 있다. 최근 들어 김용익(2009)은 제7차 교육과정 교과서에서 비와 비율, 비례식, 비율그래프 등 비례문제가 제시된 상황을 분석한 결과, 비와 비례를 도입하는 상황이 빈약함을 지적한 바 있다. 이는 현행 교과서에서도 마찬가지로 비례문제의 유형을 중심으로 살펴보았을 때, 현행교과서에서 제시되고 있는 비례문제의 유형은 미지값 구하기 문제와 수리적 비교문제만이 제시되고 있으며, 질적 추측 및 비교 문제는 찾아볼 수 없는 실정이다. 성창근과 이광호(2012)는 비례문제 해결에 영향을 주는 인지적 변인을 분석연구하면서, 비례 문제 해결 능력의 계발을 위해 비구조화된 문제의 적극적인 활용을 제안하였다.

11.5 의사결정

여러 가지 실세계 맥락의 비구조화된 문제들을 해결함에 있어 학생들은 수학적으로 의사소통하며 의사결정을 하는 과정을 거치게 된다. 그렇지만 Sierpinska(2010)는 수학교실에서 사용되는 언어의 복잡성을 지적하면서, 학생들이 수학을 배우는 맥락은 다차원적이며 책에 쓰이거나 교사가 말한 단어에 의해서 결정되지 않는다고 지적하였다. 그렇기에 수학적으로 의사소통하며 의사결정을 하는 과정은 쉽지 않은 과정이라고 할 수 있다. Venville, Rennie와 Wallace(2004)는 학생들이 통합된 교수·학습 상황에서 열린 과제(open-ended task)를 해결할 때, 문제상황에 유용한 지식과 정보를 찾아내고 활용함으로써 문제해결을 위한 중요한 의사결정을 할 뿐만 아니라 이러한 학생들의 의사결정은 학급 내 전체와 학급 간의 확장된 학습사회에서 고양된다고 언급하고 있다.

Stillman과 Gabraith(1998)는 실세계 맥락의 문제를 해결하는 학생들의 소집단 활동 모습을 분석함으로써 학생들의 문제해결과정을 다음과 같이 설명하면서 그 안에서 이루어지는 의사소통에 주목하였다. 학생들은 문제를 해결함에 있어서 적응활동(orientation activities), 조직활동(organization activities), 실행활동(execution activities), 확인활동(verification activites)의 과정을 거치면서 메타인지적 행동과 수학적 프로세스 사이의 상호작용을 통해 문제해결을 위한 의사결정을 한다고 보았다. 이들의 견해에 따르면, 학생들은 우선 적응활동 단계에서 자신들이 이미 구성하였던 문제 진술이나 표상(표현)에 초점을 두고, 주어진 과제가 무엇과 관련된 것인지를 이해하고 그런 과제들과의 유사성을 평가하려고 노력한다. 다음으로 조직활동 단계에서는 학생들은 문제에 대한 전체 목적 및 세부 목적을 확인하고 전체적인 계획, 그리고 전체적인 계획을 실행하기 위한 국부적인 계획을 수립한다. 다음으로 이루어지는 실행활동 단계는 학생들이 국부적인 행동에 대한 수행을 조정하기 위하여 전략에 관한 지식을 적용하고 부분적이고 전체적인 계획에 대한 진행 및 경과를 모니터링하면서, 기존의 결정들을 수정하는 단계이다. 마지막 확인활동 단계에는 적응활동과 조직활동, 실행활동을 평가하는 단계로 학생들은 이러한 평가의 메커니즘을 통하여 자신들이 계획을 세우게 된다. 또한 모니터링하면서 진행과정을 확인하는 것에 대한 필요 및 이러한 인지적 활동의 조정을 위한 메타지식을 발전시키는 것에 대한 인식을 높이도록 한다.

Goos(2004)는 학생들은 전형적으로 짝이나 소그룹으로 힘든 과제가 주어질 때, 그들끼리의 비공식적이고 부정확한 언어를 사용하여 문제를 해결하며 학급 전체가 다시 모여 그들의 해결방법에 대하여 이야기할 때, 그들은 종래의 관습적인 수학적 언어를 사용함으로써 그들의 추론과 의사결정과정을 충분히 설명한다고 보고하였다. 이와 더불어 과제해결 시 소그룹을 통한 학생들끼리의 상호작용의 중요성을 강조하면서 학생들이 수학활동 시간에 아이디어를 설명하고 정당화하며 의사결정하는 모습을 5가지로 보았다.

- 1단계 : 수학적 사고가 감각적 이해로 이루어지며, 특수화(specialization), 일반화(generalization), 추측(conjecture)의 프로세스에 의존하는 단계이다. 이 단계에서 학생들은 추측화 정당화를 제공하기 시작하며 학급 전체 토의에서 논쟁을 시작하게 된다.
- 2단계 : 개인적 반성 및 자기-모니터링(self-monitor)의 습관들에 의해 수학적 탐구의 프로세스가 수반되는 단계로써, 여기서 학생들은 그들 자신과 다른 사람들의 오류를 지적하고 수정한다. 또한 자신들의 이해를 명확히 하기 위해서 교과서 및 사례들을 찾아본다.

- 3단계 : 탐구 프로세스에 관한 교사의 스캐폴딩(scaffolding)을 통해 수학적 사고가 발전하는 단계로, 이 단계에서 학생들은 자발적으로 설명, 정교화, 비평, 정당화를 제공하고 전략적 단계들을 제안하고 선수지식과 연결해 간다.
- 4단계 : 동료집단 내의 참여를 통해 수학적 사고가 발생될 수 있고 테스트될 수 있는 단계로 여기서 학생들은 비공식적인 그룹을 형성하여 자신들의 향상에 대해 모니터하고 아이디어에 대한 피드백을 찾으며 또 다른 아이디어에 대하여 설명한다.
- 5단계 : 친숙하고 형식적인 지식이 섞이면서 학생들이 수학적 의사소통에 대한 관례를 쓰게 되는 단계로, 이 단계에서 학생들은 상징적 관습들에 대한 적절성과 상대적 이익에 대해 토론하기 시작한다.

이와 유사한 맥락에 있어서 Wood(1999)는 문제를 해결하는 동안의 학급토의가 학생들을 자신의 수학적 사고를 설명하고 정당화하며 확인하는 수학적 활동으로 이끈다고 보았다. 그러면서 학생들이 문제해결과정에서 상호작용하며 의사결정을 하는 모습을 다음의 7가지 패턴으로 정리하였다.

(1) 학생은 문제에 대한 자신의 해결방법에 대하여 설명한다.
(2) 설명이 끝나면 앞선 해결방법에 동의하지 않는 다른 학생들은 이의를 제기하게 되는데, 이때 이의를 제기한 학생은 자신이 왜 동의하지 않는지에 대해서는 말할 수도, 말하지 않을 수도 있다.
(3) 이에 처음에 자신의 방법을 설명했던 학생은 자신의 설명에 대한 정당화를 제공한다.
(4) 여기에서 이의를 제기한 학생은 그 설명을 받아들이거나 혹은 자신의 입장에 대한 좀 더 심화된 설명이나 논리를 제공하며 동의하지 않을 수 있다.
(5) 처음의 설명자는 계속해서 자신의 해결책에 대한 심화된 정당화를 제공한다.
(6) 이 프로세스는 계속되며 다른 학생들은 때때로 모순을 해결하는 데 기여한다.
(7) 의견의 불일치가 해결된 것에 대해 학급의 구성원 모두가 만족할 때까지 이 과정이 계속된다.

비구조화된 문제해결 적용에 대한 초등학교 5학년 의사결정과정 연구(김민경 외, 2012)에 따르면, 상위 수준의 학생들의 경우에서 자신의 견해를 확립하고, 타인의 의견을 검토하고, 문제해결에 적절한 견해를 결정하고 실행하는 유형이 나타났다고 보고하였다. 이는 의사결정이 단순히 말을 잘하는 것을 뛰어넘어 어느 정도 이상의 인지적 능력과 학습수준이 필요하다는 것이라 할 수 있다. 그렇지만 학생들이 다양한 문제유형을 접하는 과정에서 단순한 소통을 넘어서 논리적으로 의견을 표현하고 결정을 하는 기회를 접하게 된다면, 학생들의 의사결정 능력도 향상될 수 있을 것이다.

문제해결과정에서 나타나는 의사결정 과정에 대한 이와 같은 견해들을 종합해 보면, 학생들은 문제를 해결함에 있어서 우선 특수화, 일반화, 추측 등을 통해 자신의 이해를 확립하고 모니터링을 통해 자신의 오류를 찾아 수정하여 자신의 견해를 설명하고 있음을 알 수 있다. 이때, 타인의 오류를 지적하거나 타인의 지적에 대해 자신의 생각을 정당화하며, 제시된 여러 방법들 중에서 문제해결에 알맞은 것을 선택하여 그것을 문제상황에 적용해 본 후 적용된 방법을 다시 모니터링하면서 의사결정을 하게 된다고 정리할 수 있다.

김민경 외(2012)의 연구에서 지적하듯이 현재 수학교과서에서는 학생들이 다양한 의사결정과정을 보여줄 수 있는 문제가 거의 나타나지 않는다는 점에서 학생들의 수학적 문제해결능력 향상을 위해서는 실세계 문제상황을 담고, 학생들이 다양한 생각을 할 수 있는 열린 유형의 문제가 소개되어야 할 것이다.

11.6 창의적 인성

지식정보화시대에서는 하루에도 너무나 많은 정보가 생성되고 유통되고 있기에 이러한 지식과 정보들을 어떤 관점으로 선택하고 그를 기반으로 새로운 아이디어를 생산해내는 능력이 중요시되고 있다. 이와 관련하여 하주현(2000)은 문제를 발견하는 것은 매우 중요하다고 지적하면서 새로운 가능성을 모색하고 오래된 문제들을 새로운 각도로 발견하는 데서 발전이 일어난다고 제시하고 있다. 이런 문제발견 능력은 상황을 판단하고 상황 속의 정보를 해석하는 관점과 연관되어 있다고 할 수 있다. 김혜숙(2006)은 자신의 활동에 대한 평가 및 분석의 기회를 제공하는 것이 개인의 창의적 수행을 증진시킬 수 있는지에 대한 연구를 통해 평가활동이 제공하는 정보적 기능 및 형성적 기능이 개인의 창의적 능력과 향상을 유도한다고 보고하였다. 이는 상황맥락 속에서 개인이 어떻게 평가를 받아들이는가에 대한 것이 중요하며 창의적 인성을 키우는 것이 창의적 산물출의 결과에도 영향을 미치게 됨을 나타내는 것이다.

창의성에 대한 관점과 접근 방법 및 연구동향은 시대에 따라서 많은 변화가 있었는데, 지금까지 개인의 사고능력을 측정하려고 시도했던 연구를 넘어서 창의적 사고과정에는 개인의 성격도 큰 영향을 미치고 있다는 관점이 대두되고 있다. 창의적 성격의 연구방법으로는 창의적 분야에서 직업적 성공을 이루었으면서 동시에 동료나 그 영역의 전문가들이 지명한 사람들을 연구하거나 창의적 사고역량 검사(즉, 발산적 사고검사)에서 높은 점수를 기록한 '평범한' 개인들을 연구(MacKinnon, 1962; Feist, 1993)할 수 있다. Guilford(1950)는 창의적 사람들에 대한 이해를 높이기 위해 성격을 조사하는 방법을 제시하면서 창의적 사고능력을 측정할 수 있는 검사 문항들을 고안하여 개발하였다. 이를 시작으로 많은 연구자들이 창의적 잠재력과 성취, 창의적인 사람들의 특징을 평가하기 위한 다양한 기법을 만들어내고 사용했다. 먼저 창의적인 성취와 잠재력을 평가하기 위한 척도로는 개인이 자신의 분야에서 획득한 명성을 알아내는 방법이 있다(Weisberg, 2006). 또한 어떤 개인의 창의성에 대한 정보를 얻기 위해서 다른 사람들로 하여금 그 개인의 창의성 등급을 평가하도록 하거나 실제 생산물의 창의성에 등급을 매길 수도 있다(Amabile, 1983). Dellas와 Gaier(1970)의 연구결과에 따르면 창의적인 개인은 새로운 것을 생산하고 평범한 것으로부터 일탈을 지향하는 성격을 가졌고, 자신의 인지 역량을 사용해 과제를 성취하는 사람이라고 정의하였다. 이렇게 시작된 심리측정학적 관점은 현대로 오면서 창의적 사고능력검사에 더 큰 관심을 가지게 되었다.

Joy(2004)의 연구에 따르면 창의성과 성격 간의 관계에서 다르고자 하는 욕구(Need-to-be-different)가 사람마다 서로 다르며, 이러한 성격적 특징이 창의성이 나올 수 있는 상황을 포함한 모든 상황에서 그들의 행동에 영향을 미친다고 하였다. 또한 다르고자 하는 욕구는 경험에 대한 개방성이라는 특징과도 긍정적인 상관관계가 있으며, 발산적 사고척도를 조사하기 위한 문항에는 단어연상, 색다른 연상, 사회적 변화에 따른 결과예측과 관련된 항목이 포함되었는데, 다양한 발산적 사고점수와 그림에 대한 창의성 등급은 모두 다르고자 하는 욕구의 등급과 상관이 있다고 보고하였다. 이 외 개방성이 창의적 생산과 상관이 있고(Martindale, 1989), 개방성이 높은 사람들에게서 창의적 성취가 보이는 경우는 오로지 발산적 사고검사로 측정되는 경우(King et al, 1996)의 연구들이 있다. 최근에는 창의성에 대해 (1) 경험에 대한 개방성이라는 성격 특징, (2) 창의적 성취, (3) 잠재적 억제라는 인지적 과정을 함께 연결하는 연구들이 수행되고 있다(Weisberg, 2006).

한편 교육과학기술(2009)에서는 새로운 가치를 창출하고 더불어 살 줄 아는 '창조적 인적 자본' 양성을 위해 '창의·인성교육 기본방안'을 발표하고 학생들로 하여금 학교 안팎에서의 다양하고 실질적인 창의적 체험활동을 경험하도록 강조하고 있다. 미래사회에서 요구되는 교육은 '집어넣은 교육'이 아니라 '끄집어 내는 교육'이 중심이 되어야 한다고 언급하면서 학생들의 바람직한 가치관과 잠재력을 찾도록 하는 '창의적 인성교육을 제시하고 있다. 특히 교과활동에서의 창의·인성교육을 강조하고 있으나 초등학교에서 각 교과별로 창의적 인성의 특성에 대한 구체적인 언급이 없이 '문제를 찾아 창의적으로 해결하는 어린이'로 제시하고 있는 실정이다. 초등학교의 각 교과별로 요구되는 창의인성교육을 구현하는 데 있어 우선적으로 창의적 인성 함양 교육과 관련된 기초연구가 요구된다.

2013년도부터 보급되고 있는 초등 수학용 교사용 지침서에서는 수학교육에서 생각해 볼 수 있는 인성적 요소를 다음과 같이 네 가지를 제시하고 있다(교육과학기술부, 2013). 첫째, 상대방의 수학적 생각에 대한 존중심, 둘째, 자신의 수학적 생각을 상대에게 이해시키려는 배려심, 셋째, 서로의 수학적 생각을 나누고자 하는 공유심, 넷째, 수학적 사고를 유연하게 실행하려고 하는 개방심으로 이러한 수학적 인성과 함께 창의성을 함양하도록 요구하고 있다.

앞서 언급한 PISA 2012 연구결과에서 보듯이, 한국의 중·고등학교 학생들이 문제해결력이 높지만, 문제에 집착하는 끈기와 문제에 다양한 정보를 적용하는 개방성이 부족하다는 것을 살펴볼 때, 창의성 인성에 대한 함양이 궁극적으로는 수학적 문제해결력을 신장시키는 데 도움이 된다고 할 수 있다.

12 4학년 적용 및 분석 : 문제해결과정 및 추론

12.1 개요

본 내용은 초등학교 4학년 학생들이 비구조화된 문제상황에서 어떻게 문제를 해결하는지 알아보고자 한다. 이를 위해 학생들에게 비구조화된 문제를 제시한 후, 문제해결과정과 문제이해 정도에 따라 문제해결이 어떻게 달라지는지, 그리고 해결과정 속에서 어떤 추론의 유형이 나타나는지를 모둠별로 분석함으로써 향후 수학교육에서 비구조화된 문제의 활용 가능성을 탐색해보고자 한다.

12.2 연구 방법

12.2.1 분석 대상

본 연구의 대상은 서울의 S 초등학교 4학년 한 반의 학생들 중 참여의사를 밝힌 12명을 대상으로 하였다. 이재돈, 김호중(2006)이 수준별 이동식 수업에서 각 반에는 수준이 비슷한 학생들끼리 모여 있음으로 인하여 자신감을 가지고 수업에 임할 수 있고 수업에 대한 호기심과 의지가 강화되었다고 밝힌 연구 결과에 기초하여 비구조화된 문제를 해결하는 데에 학습자의 학업 성취도별로 모둠을 구성함으로써 비구조화된 문제의 결과가 어떻게 다르게 나오는지 비교·분석하였다. 각 모둠은 담임교사의 도움을 받아 수학 교과의 학업성취도에 따라 A, B, C 세 모둠으로 정하였고 모둠별로 2, 5, 5명이 참여하였다. 학업성취도를 기준으로 할 때 A 모둠은 상 수준, B 모둠은 중 수준에, C 모둠은 중하 수준에 해당하는 모둠인데, 참여의사를 밝힌 신청자를 대상으로 연구가 진행되었기에 하 수준에 해당하는 모둠은 구성할 수 없었음을 밝혀둔다.

12.2.2 분석틀 및 분석 방법

본 연구는 연구대상자들이 비구조화된 문제해결에 참여하는 동안 각 모둠별 지도교사(박사과정생 2인과 담임교사 1인)가 배치되어 연구 실험 전에 진행방식에 대한 설명 및 논의를 충분히 한 후 실험을 실시하였다. 전체 문제해결은 학습자가 주도적으로 이뤄졌고, 교사는 문제상황을 제시하고, 필요시에 적절한 질문을 하여 문제해결을 촉진시켜주는 역할을 하였다. 각 모둠별 진행 속도는 차이가 있었으나 기본적인 진행은 [그림 12-1]과 같이 비구조화된 문제해결 절차에 따라 이뤄졌다. 모둠별 학생들의 활동 모습은 비디오와 녹음기를 이용하여 촬영과 녹음하였고, 지도교사의 관찰자료 및 학생들의 활동지를 수집하여 분석하였다.

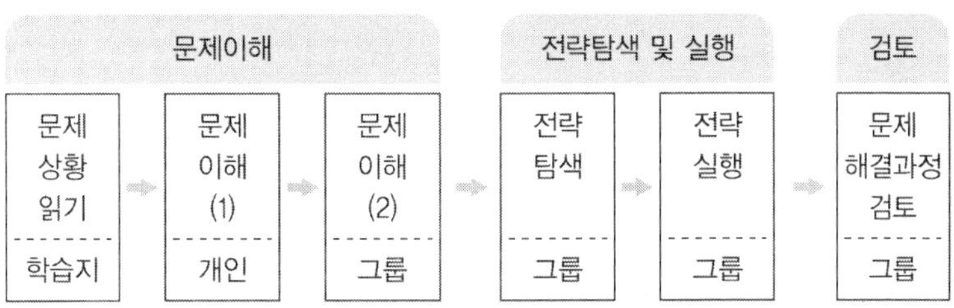

그림 12-1 비구조화된 문제해결 절차

모둠별 비구조화된 문제해결결과가 어떻게 다른지 알아보기 위해서 문제해결과정에 따라 분석하였다. 문제이해 단계에서는 문제해결과정 속에서 학생들이 문제에 제시된 요소와 문제의 구조를 정확하게 인식하고 있는지를 기준으로 분석하였다. 전략탐색 및 실행 단계에서는 요소들을 바탕으로 어떻게 문제를 해결하는지를, 검토 단계에서는 문제를 해결한 후, 문제해결에 대한 근거를 어떻게 설명하고 다른 조건일 경우 문제를 어떻게 해결하는지를 분석하였다.

또한 문제해결과정 속에서 나타나는 추론 유형을 알아보기 위해 학생들의 해결과정과 전략에 따라 어떠한 추론의 형태를 보이는지에 대해 분석하고자 Lithner(2000)가 제시한 추론의 유형을 기준으로 삼았다(<표 12-1> 참조). Lithner는 추론의 유형을 모방적 추론(AR)과 창의적 추론(CR)의 유형으로 제시하였고, 모방적 추론은 기억된 추론과 알고리즘 추론으로 세분화하였다. 또한 창의적 추론은 독창성, 유창성, 타당성, 수학적 기초의 네 가지 조건을 기준이 모두 충족되었을 경우에 이뤄질 수 있다고 제시하였고, 본 연구에서도 이와 같은 방법을 기준으로 삼아 분석하였다.

표 12-1 | 문제해결과정 및 추론의 유형 분석 기준

문제해결과정	추론의 유형
• 문제이해 • 전략탐색 및 실행 • 검토	• 모방적 추론(기억된 추론, 알고리즘 추론) • 창의적 추론

본 연구에서는 '어린이 북카페가 생겼어요!'라는 주제로 주어진 정보를 활용하여 회원으로 가입하는 것이 더 나은 선택이 되도록 회원가격을 결정하는 과제로 ① 북카페에 갈 수 있는 요일, ② 회원의 금액 두 가지 요소를 변인으로 하여 문제를 해결하는 과정을 살펴보았다.

12.3 분석 결과

모둠별 비구조화된 문제해결과정 및 문제해결과정에서 나타나는 추론의 유형을 각각 살펴보면 아래와 같다.

12.3.1 A 모둠의 문제해결 및 문제해결과정에서 나타나는 추론의 유형

A 모둠의 학생들은 문제해결에 필요한 개념, 규칙, 원리들이 어떻게 조직되는지가 불확실하고 하나 이상의 문제 요소들이 모호하게 정의되고, 여러 개의 답과 해결 전략을 가질 수 있다는 비구조화된 문제가 갖는 특성을 인식하였다. [그림 12-2]와 [그림 12-3]과 같이 그 과정에서 문제해결을 위해서 고려해야 할 요소 ① 북카페에 갈 수 있는 요일과 ② 회원의 금액 두 가지를 정해야 문제가 해결될 수 있음을 찾아냈다. 이 후 두 가지의 요소를 어떻게 문제해결에 활용할 것인지를 문제해결전략을 탐색하였고, 각 요소를 변인화하여 문제를 해결하였고, 후에 문제해결에 필요한 요소를 어떻게 변인화시키는지에 따라 문제해결 결과가 달라질 수 있음을 인지하여 가능한 모든 방법대로 변인화하여 문제해결을 시도하였다. 이는 학생들이 문제해결에 활용한 전략상의 구조를 인지하고 다른 상황에도 전이시킨 것으로 볼 수 있어 문제상황에 대한 이해도가 높은 것으로 분석된다.

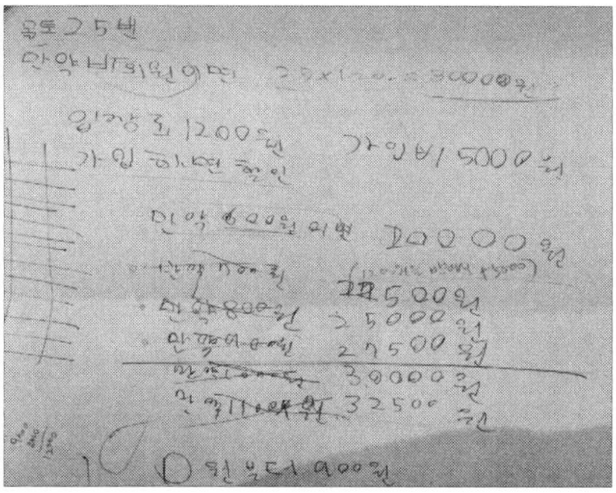

그림 12-2 ‖ A 모둠 학생의 문제해결과정 1

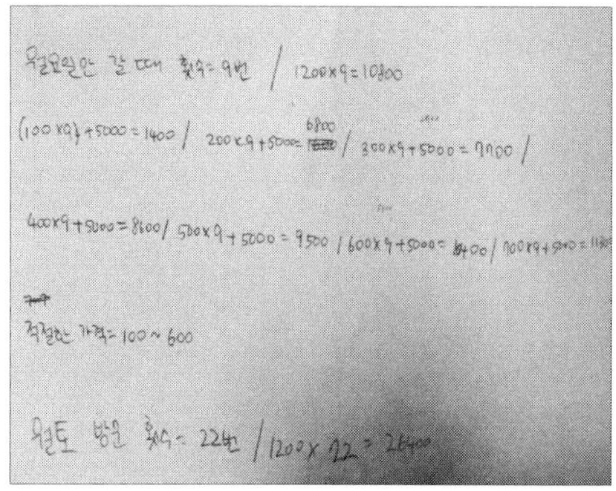

그림 12-3 ‖ A 모둠 학생의 문제해결과정 2

A 모둠 학생들이 문제해결과정에서 나타나는 추론의 유형을 살펴보면 우선 문제해결을 위한 두 가지의 요소를 찾아낸 후, 이를 순차적으로 해결하였다. 그리고 A 모둠의 학생들은 간단한 계산과정을 통해 회원의 금액을 정하였다. 학생들은 각 경우에 대한 회원 값에 세 달 동안 가야 하는 날을 곱한 후 가입비를 더해야 하는 기본 식을 정한 후, 모든 경우를 대입하여 적절한 회원 가격을 찾아내는 방법을 활용하였고, 몇몇의 값을 계산으로 알아본 후 규칙을 추측하여 계산을 하지 않고도 그 다음 값을 알아내는 모습을 보였다. 이는 학생들이 어떤 식에서 하나의 다른 값이 일정하게 변하면, 결과 값도 달라진다는 연산의 알고리즘을 이해하고 있고, AR의 형태의 추론으로 문제를 해결하였음을 알 수 있다. 또한 A 모둠 학생들은 모든 경우에 해당하는 답으로 정리를 하기는 했지만, 학생들은 하나의 경우만을 고려하지 않고, 가능한 모든 경우를 생각하려고 하였다. 이는 CR의 요소를 모두 충족시키고 있는 것으로 보아 A 모둠의 학생들은 CR 형태의 추론을 하고 있음을 확인할 수 있다.

12.3.2 B 모둠의 문제해결 및 문제해결과정에서 나타나는 추론의 유형

B 모둠의 두 학생들은 비구조화된 문제상황을 읽은 후 토의를 하였는데, 비구조화의 문제상황이 너무 길다보니 문제해결을 어떻게 시작해야 할지 어렵게 느끼는 경향이 있었다. 개인별 문제이해를 정리한 후, 집단별 토의를 시작했을 때, 한 명의 학생만이 문제에서 해결해야 할 사항이 무엇인지 [그림 12-4]와 같이 정확하게 이해하고 있었다. 나머지 학생들은 회원가입을 할 것인지, 말 것인지만을 선택하는 문제해결의 핵심적이지 않은 사항에 중점을 두고 있었으며 무엇을 구해야 하는 것인지 [그림 12-5]처럼 이해하지 못하였다. 이후, 문제해결에 필요한 요소들을 변인하시키기 위해

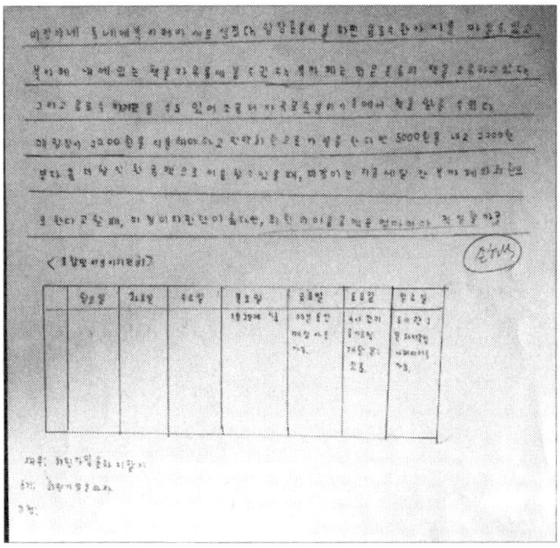

그림 12-4 ❙ 문제상황을 이해한 B 모둠 학생의 문제해결과정

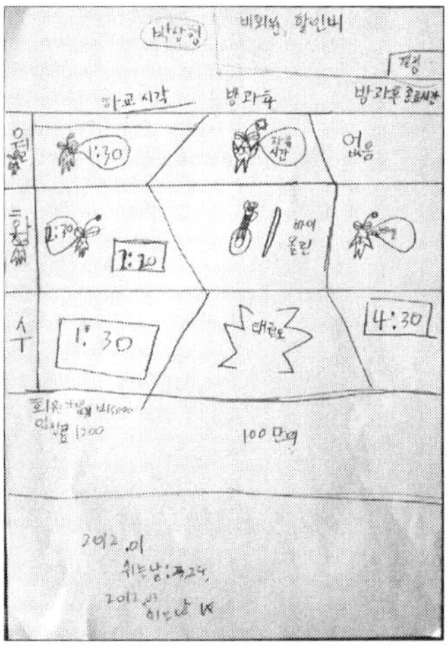

그림 12-5 ❙ 문제상황을 제대로 이해하지 못한 B 모둠 학생의 문제해결과정

전략과 함께 탐색을 하였으나, 어떻게 변인화를 시켜야 하는지를 몰라 교사의 도움으로 하나의 경우만을 고려하여 대수적으로 해결하려고 시도하였으나 실패하고, 회원의 금액을 일일이 대입하여 총 드는 비용을 구하여 문제의 조건과 대비시켜 보는 전략으로 바꾸어 문제를 해결하였다. 추가적으로 다른 경우의 회원 금액을 알아보라는 문제에 대해 한 학생을 제외하고는 문제를 해결하지 못하였다.

B 모둠의 학생들은 문제해결을 위한 두 가지의 요소를 고려하여 문제를 해결하였으나, A 모둠과 달리 교사의 도움을 받아 진행되었다. 학생들은 ① 북카페에 가는 횟수를 결정한 후, 문제해결을 실행하는 과정에서 비회원가격을 기준으로 적절한 ② 회원의 가격을 결정하려고 시도하였으나 나눗셈 후 몫을 가격으로 결정하는 과정에서 100단위로 어떻게 나타내야 하는지를 고려하지 못하여 문제를 해결하지 못하고 회원가격을 목록화하는 방법으로 문제를 해결하였다. 그 후 결정한 회원의 가격과 몫을 비교하여 어떻게 몫을 회원 가격으로 결정해야 하는지를 물었을 때, 10의 자리와 1의 자리의 값을 어떻게 어림해야 하는지에 대한 판단을 하지 못하여 회원 가격을 임의로 결정하여 요일을 곱한 값과 비회원 가격의 비교를 통해 바르게 어림을 했는지의 여부를 확인하였다. 이 과정에서 B 모둠의 학생들은 AR 추론 유형을 활용하였으나, 문제해결과정에서 필요한 부분적인 수학적 지식에 대한 개념적인 이해가 부족하여 적절한 상황에 적용을 하지 못하고 있음을 확인할 수 있다. 문제해결 후, 북카페에 가는 요일을 변화시켰을 경우 적절한 회원의 금액이 어떻게 될 것인지에 대한 교사의 물음에 B 모둠의 학생 중 단 1명의 학생만이 답을 하였다.

12.3.3 C 모둠의 문제해결 및 문제해결과정에서 나타나는 추론의 유형

C 모둠의 학생들은 비구조화된 문제상황을 읽은 후, A 모둠의 학생들과 마찬가지로 복잡한 문제상황 속에 제시된 문제해결에 필요한 요소들을 정리해야 할 필요성을 느끼고 있었다. 그리고 문제상황에 제시된 정보들에 초점을 두고 문제를 해결에 필요한 요소들을 문제해결과 관련지으려는 모습을 보였다. 그러나 정보들을 변인화시키는 과정에서 논리적이지 않고, [그림 12-6]처럼 억지스러운 면이 있어 문제이해를 제대로 하지 못하고 있음을 확인할 수 있었다. 이후 문제에서 필요한 요소들로 전략을 세우고 [그림 12-7]처럼 대수적인 접근 방법으로 문제를 해결하였는데, 교사의 도움이 컸다. C 모둠의 학생들은 전반적으로 스스로 문제상황을 이해한 것이라기보다는 교사의 안내가 많아 해결 전략을 탐색하고 실행하는 데 있어 교사에게 의존적이었다.

C 모둠의 학생들 역시 B 모둠의 학생들과 마찬가지로 교사의 도움을 받아 두 가지의 요소를 고려하여 문제를 해결하였다. 문제해결과정 속에서 학생들은 ① 북카페에 가는 횟수를 결정한 후, 비회원 가격을 기준으로 ② 회원의 가격을 결정하려는 대수적인 접근을 하였지만, 적절한 회원 가격을 결정하는 데 있어서는 회원 가격을 기준으로 목록화하여 확인하는 방법을 활용하였다. 또한 문제를 해결한 후, 추후 교사가 다른 조건일 경우의 회원 가격을 결정해 보도록 요구했을 때, 표를 활용하여 문제를 해결하려고 했으나, 모든 경우를 나타내야 함에 있어, 간단하게 정리될 수 있는 값을 앞의 계산과정을 활용하여 추측하지 못하였고, 간단한 계산과정조차도 잦은 실수가 있음을 확인할 수 있었다. 이는 학생들이 알고리즘을 활용하여 문제를 해결하는 AR 유형으로 나타나지만, 불완전한 형태의 추론을 보임을 확인할 수 있다.

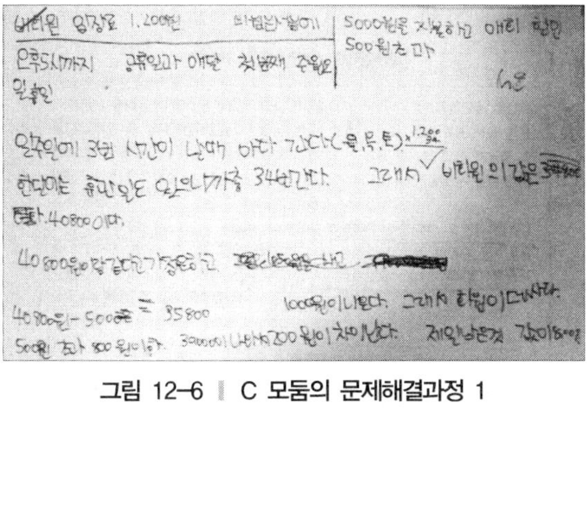

그림 12-6 | C 모둠의 문제해결과정 1

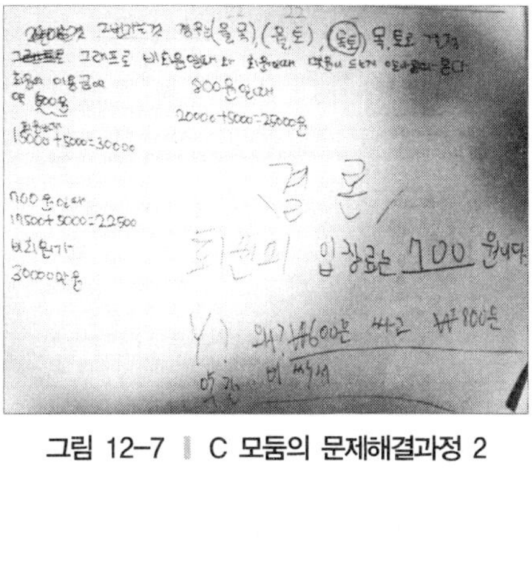

그림 12-7 | C 모둠의 문제해결과정 2

12.3.4 모둠 간의 차이

모둠별 비구조화된 문제해결단계를 보면, 공통적인 특징이 있다. 첫째 단계는 문제상황을 읽은 후 문제상황을 인식하고 이해하는 단계이다. 이 단계에서는 비구조화된 문제의 특성을 인식하는 특징이 나타났는데, 문제해결을 돕기 위해 문제상황을 알아보기 쉽게 정리해야 할 필요성을 느끼고 비구조화된 문제의 특성상 문제상황에서 알아야 할 필요한 정보들을 변인화시킬 필요가 있음을 찾아내었다. 둘째 단계는 앞 단계에서 찾아낸 정보들을 변인화시키기 위해 어떻게 조작할 것인지를 탐색하고 그것을 실행시켰다. 첫째 단계에서 문제상황을 제대로 이해한 집단일수록 변인화시킬 방법을 쉽게 찾아낼 수 있었고, 탐색과 실행이 선형적인 순서로 이루어지는 것이 아니라 순환적으로 이루어지면서 문제상황에 대한 이해가 깊어지는 것을 알 수 있었다. 셋째 단계는 문제상황과 관련지어 문제해결결과를 제시하며 개인별, 모둠별로 문제해결과정 평가가 이루어졌다.

일반적인 문제해결의 단계와 차이가 없는 것으로 보이지만, 비구조화된 문제의 특성을 고려하면 첫째 단계에서 문제상황을 인식하고 이해하는 정도가 문제상황의 정보들을 변인화시킬 근거를 문제상황 속에서 찾아내느냐 찾아내지 못하느냐로 이어지는 둘째 단계에 영향을 미쳐 변인의 변화에 따라 문제해결전략 실행의 다양화가 가능한지, 셋째 단계에서 변인 변화에 따라 결과를 제시할 수 있는지에 영향을 미침을 볼 수 있었다. 본 연구의 대상이었던 세 모둠 중에서 A 모둠만이 문제상황을 제대로 이해하여 문제상황에서 제시한 정보들을 변인화시켜 변인이 변함에 따라 다양하게 전략을 실행할 수 있었고, 문제상황을 제대로 이해하지 못했던 B, C 모둠은 변인 변화에 따른 한두 가지의 해결전략을 실행하는 한계를 보였다.

비구조화된 문제를 해결하는 데 있어서 문제이해 단계가 중요함을 알 수 있다. A 모둠의 학생들은 문제이해를 학생들 스스로 하여서 문제해결결과가 문제상황에서 제시하는 정보들의 변인 변화에 따라 다양하게 나타났고, B 모둠의 학생들은 문제이해가 제대로 이루어지지 않아 교사의 안내에 따라 한 가지 조건으로 문제해결을 시도한 후 다른 조건으로 문제해결을 시도해보도록 했을 때 해결하지 못했고, C 모둠의 학생들도 문제이해가 스스로 이루어지지 않고 교사의 안내에 따라 이루어졌기에 문제해결이 계획을 세운대로 실행되지 못해 결과를 문제상황과 결부지어 제시하지 못하였다. 복잡성을 띠고 있는 비구조화된 문제상황을 잘 이해하는 학생일수록 문제해결에 필요한 요소를 골라내고 그에 따른 해결전략을 세워 다양한 답을 찾기 위해 문제해결을 실행할 수 있는 것으로 분석된다. 이는 문제이해의 단계가 비구조화된 문제해결결과에 큰 영향을 끼치는 것으로 분석된다.

또한 모둠별 추론의 유형에 차이가 나타남을 확인할 수 있었다. 모든 모둠에서 문제를 해결하는 데 있어 북카페에 가는 횟수를 결정한 후 적절한 회원 가격을 결정하는 순서로 문제를 해결하였으나, 그 해결과정에 있어서는 차이를 보였다. A 모둠의 경우, 요일에 대한 변수에 따른 회원 가격을 목록화하여 간단한 계산과정을 거쳐 문제를 해결하였으며, 더 나아가 모든 경우에 대한 적절한 회원의 금액을 찾아 AR과 CR의 유형을 모두 보여주었다. 이에 비하여 B와 C 모둠은 A 모둠과 달리 북카페에 가는 요일을 정하는 데 많은 시간을 보냈고, 해결 방법을 대수적으로 접근하는 AR 유형을 보이지만, 계산과정에서 개념적 지식의 부족으로 인한 어려움을 겪었다. 그리고 요일에 대한 변수를 일반화시키지 못하고, 특별한 경우의 회원의 금액만을 결정하는 모습을 보였다.

12.4 논의

본 연구는 국내외적으로 최근 수학교육에서 강조되고 있는 수학적 문제해결력을 신장시키기 위한 하나의 방법으로 비구조화된 문제를 개발하여 적용한 후, 비구조화된 문제해결은 어떤 과정으로 이루어지고 그 과정에서 나타나는 추론의 유형을 분석하고자 하였다. 연구 결과에 기초하여 다음과 같은 결론 및 시사점을 찾아보았다.

첫째, 모둠별 비구조화된 문제해결과정을 비교한 결과, 문제상황에 대한 이해도가 높을수록 문제상황을 텍스트가 아니라 상황 자체로 받아들이는 경향이 있었으며 문제해결에 필요한 문제상황의 요소들을 변인화하여 다양한 결과를 도출시켰다. 이에 비해 문제상황의 복잡성을 잘 이해하지 못한 모둠은 다양한 문제해결의 결과를 도출하지 못했고, 문제해결의 결과와 문제상황을 관련지어 해석하지 못하였다. 이는 비구조화된 문제의 특성을 고려하였을 때, 문제상황에 대한 이해의 정도가 문제해결에 영향을 미치는 것이라 볼 수 있다. 따라서 문제해결력 증진을 목표로 비구조화된 문제를 수학 수업에 활용할 때에는 문제상황을 이해하도록 돕는 방법을 찾았던 기존의 연구들에 기초하여, 문장제와는 달리 개방성, 복잡성, 실제성을 지닌 비구조화된 문제상황을 잘 이해할 수 있도록 도울 수 있는 방안에 관한 후속 연구가 필요하다.

둘째, 비구조화된 문제해결과정에서 나타나는 추론의 유형을 분석한 결과, 문제상황을 잘 이해한 모둠은 AR과 CR의 유형을 모두 보여준 것과 달리, 문제상황을 잘 이해 못한 모둠일수록 AR 유형만 보여주는 한계를 나타내었다. 이는 Bergqvist, Lithner와 Sumpter(2008)가 개념적 이해가 부족한 학생들은 문제해결과정에서 CR 유형을 시도하지 않았다고 하며, 개념적 이해와 창의적 추론의 출현 여부가 서로 관련되었다고 밝힌 것과 같은 결과로 볼 수 있겠다. 따라서 비구조화된 문제상황을 잘 이해하지 못하고 다양한 해결 결과를 내지 못하는 학생들에게는 문제상황과 관련된 수학의 개념적 지식의 이해에 도움을 주어 궁극적으로 문제해결력을 증진시킬 수 있도록 지도해야 할 것이다.

셋째, 비구조화된 문제를 해결함으로써 학생들은 수학적 추론과 의사소통을 경험하게 되며, 궁극적으로 문제해결력을 포함한 수학적 힘의 신장에 기여할 것으로 기대된다. 이제까지는 앞서 밝힌 바와 같이 김은혜·박만구(2011)의 연구처럼 영재학생들을 대상으로 하는 수업에서 주로 개방형 문제를 활용하고 그것의 유용성과 가치를 확인한 연구들이 주로 이루어졌었다. 따라서 개방성의 특징을 지닌 비구조화된 문제를 일반 학생들을 대상으로 하는 초등학교 수학교실에서 활용할 수 있는 구체적인 방안을 연구하여 수학적 힘을 신장시킬 수 있는 노력이 이루어져야 할 것이다.

13 5학년 적용 및 분석: 의사결정

13.1 개요

본 내용은 비구조화된 문제를 해결하는 과정에서 초등학교 5학년 학생들에게 나타나는 의사결정과정을 알아보고자 한다. 이를 위해 학생들에게 비구조화된 문제를 ABCDE 모형에 따라 제시하고, 학생들이 각 단계에서 어떠한 의사결정과정을 보이고, 어떠한 문제해결방법을 최종적으로 채택했는지, 그리고 그 방법을 왜 선택하게 되었는지 두 모둠을 중점적으로 알아보았다. 이를 통해 향후 수학교육에서 의사결정력 향상과 관련하여 대안을 모색해보고, 실생활에서 요구하는 의사결정력 함양을 위한 비구조화된 문제의 가능성을 살펴보고자 한다.

13.2 연구 방법

13.2.1 분석 대상

본 연구를 위하여 서울시 강동교육청 내에 있는 C 초등학교를 대상으로 5학년 한 개 반을 무작위로 선정하여 연구를 실시하였다. C 초등학교의 경우 사회·경제적 수준이 낮은 학생들이 다수 있는 학교로, 학습 부진아 비율이 높은 편이다. 연구는 남학생 13명, 여학생 12명 총 25명의 학생을 대상으로 비구조화된 문제를 제시하여 학생들이 이를 해결하는 과정을 살펴보았으며, 연구자가 수업을 직접 실시하여 관찰하였다.

13.2.2 분석틀 및 분석 방법

연구 진행은 사전검사, 본 수업, 사후검사 순서로 진행되었다. 사전검사와 사후검사는 서술형문항으로, 5학년 2학기 <6. 자료의 표현과 해석> 단원과 관련된 내용이 제시되었으며, 사전·사후문항은 각각 총 3문항으로 같은 수준의 연산을 요구하나 문제의 소재나 내용을 조금 변형한 동형문항을 출제하였다. 문항개발에는 교육 현장에 속해있으면서 대학원 석/박사 과정에 재학 중인 연구자가 참여하였으며, 3인이 공동으로 개발한 문항을 교직경력이 높은 또 다른 교사가 검토하는 방식으로 진행되었다.

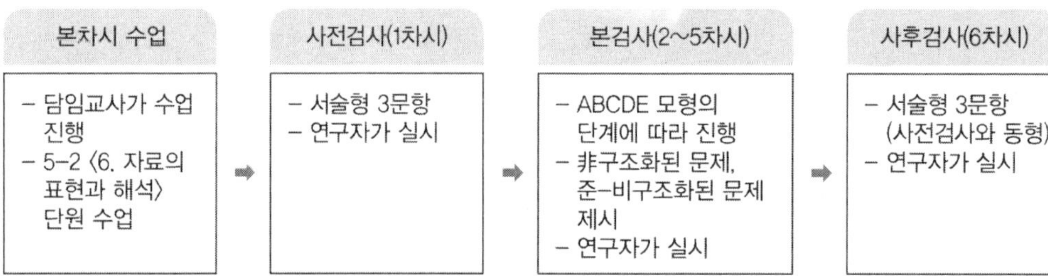

그림 13-1 | 연구 진행 순서

사전검사부터 본검사, 사후검사에 이르는 수업은 수업이 가능한 3일을 선택하여 일주일 기간 내에서 이루어졌으며, 1차시를 40분으로 하여 1일차에 사전검사(1차시), 본검사(2, 3차시)를 진행하였고, 2일차에 본검사(4, 5차시)를 진행한 후, 3일차에 사후검사(6차시)를 진행하였다. 학생들의 의사결정의 과정의 경험이 어떠한 의미가 있는지 살펴보기 위한 한 방법으로써, 사전·사후검사를 진행하였다. 사전·사후검사는 서술형문항으로써 본 연구에서 제시하는 비구조화된 문제 수준이 제시되지는 않았고, 교과서 수준이나 교과서 수준에서 난이도를 조금 상향 조정한 문제를 제시하고, 풀이과정에 대한 기술을 자세히 할 것을 요구하였다. 사전·사후검사에서는 학생들이 자신의 사고를 타인에게 설명하고, 정당화하면서 최선의 해결 방안을 찾는 과정을 경험한 후 자신의 문제해결에서 풀이과정을 기술함에 있어 좀 더 수학적인 내용으로 채점자를 설득할 수 있는 수준의 내용이 될 수 있는지를 살펴보고자 하였다. 학생의 정답률보다 풀이과정의 변화에 초점이 있었으므로, 동형문항이 적합하다고 보았다. 본검사의 결과가 사후검사에 영향을 미치는 것은 본 연구에서 어느 정도 예상한 바이며, 사후검사는 사전검사와 동형문항이기에 사전검사의 영향을 받을 수는 있으나, 사전검사 후 어느 정도의 시간이 흐른 후 사후검사를 진행하기 때문에 연구에 큰 영향을 미칠만한 영향이 없을 것으로 예상하였고, 분석하고자 한 부분이 풀이과정 기술에 있었기에 연구를 계획함에 큰 문제가 없는 것으로 판단하였다. 수업은 사전·사후검사 시간을 제외하고 총 4차시가 진행되었으며, 비구조화된 문제와 관련하여 개발한 ABCDE 모형에 따라 5단계(Part Ⅱ 참조)로 진행하였다.

분석은 ABCDE 모형의 각 단계에서 의사결정과정이 어떻게 나타나는지 분석틀을 개발하여 질적인 분석을 하였다. 앞서 언급된 의사결정 관련 연구들(Goos, 2004; Stillman & Galbraith, 1998; Venville, Rennie & Wallace, 2004; Wood, 1999)에 따르면, 학생들은 문제를 해결함에 있어서 의사결정을 하는 경우 특수화, 일반화, 추측 등으로 자신의 이해를 확립하고 모니터링 등으로 자신의 오류를 수정하여 자신의 견해를 설명하는 과정과 타인의 오류를 지적·비평하거나 타인의 지적에 대하여 자신의 견해를 정당화하는 과정, 그리고 여러 견해들 중 문제해결에 적절한 견해를 선택하여 적용하고 이를 모니터하는 과정을 거치게 된다. 본 연구에서는 이러한 연구들의 내용을 종합하고 수정·보완하여 [그림 13-2]와 같은 의사결정과정 분석틀을 마련하고 이에 따라 비구조화된 문제해결에 나타나는 학생들의 의사결정과정을 분석하였다.

1. 자신의 견해 확립하기		2. 타인의 견해 검토하기		3. 문제해결에 적절한 견해를 결정하고 실행하기
1) 특수화, 일반화, 추측, 확신을 통해 자신의 이해를 확립하기 2) 자기반성 및 자기 모니터링을 통해 자신의 오류를 찾아내고 수정하기 3) 자신의 견해를 설명하기	➡	1) 타인의 오류를 지적하고 비평하기 2) 타인의 지적에 대하여 자신의 견해를 정당화하기	➡	1) 제시된 여러 견해들 중 문제해결에 적절한 견해 선택하기 2) 결정된 견해를 문제해결에 적용하기 3) 문제해결에 적용된 견해를 모니터하기

그림 13-2 ‖ 본 연구에 사용된 의사결정과정 분석틀

학생들이 이전에 비구조화된 문제의 형태를 전혀 경험한 적이 없고, 특히 C 초등학교의 경우 부진아 비율이 높은 학교라는 점을 감안해볼 때 비구조화된 문제를 한 번 풀어본 경험으로 수학 점수가 향상된다거나 능력에 큰 변화를 기대하는 것은 굉장히 무리가 있었다. C 초등학교 학생들이 평균적인 학생들 혹은 그 이하인 학생들이 많다는 점을 생각해 볼 때, 비구조화된 문제를 처음 경험하는 학생들이 어떤 의사결정과정을 보이는지 그 과정을 질적으로 우선 살펴볼 필요가 있다고 판단하였다. 사전·사후검사의 경우도 정답률을 비교하는 것이 아니라, 의사결정과정 경험 후 풀이과정을 기술할 때 자신의 견해를 이전과 비교했을 때 더 설득적으로 제시할 수 있는지에 초점을 맞추어서 질적으로 살펴보고자 하였다.

본 연구에서는 '나도 심사위원이라면'이라는 주제로 주어진 5명의 심사위원 점수를 보고 가장 공정하게 1등을 주는 방법을 결정하는 관계로, 비구조화된 문제해결에서 사용할 수 있는 ABCDE 모형의 단계를 활용하여 각 단계에서 의사결정과정이 어떻게 나오는지 살펴보았다.

13.3 분석 결과

비구조화된 문제는 C 초등학교 5학년 25명에게 제시되었으며, 총 6 모둠을 구성하여 각 모둠별로 문제를 해결하였다. 모둠별로 문제를 해결하는 과정에서 비구조화 문제 해결에 어려움을 겪는 한 개 모둠에게 준-비구조화문제를 제시하여 문제를 끝까지 해결할 수 있도록 하였다. 학생들이 처음 경험하는 문제였지만 6개 모둠 중 2개 모둠이 비교적 ABCDE 모형의 단계에 맞추어 활동이 잘 진행되었으며, 본 연구에서는 이 두 모둠(통칭 A 모둠, B 모둠)에서 나타난 의사결정과정을 중점적으로 분석하였다.

13.3.1 학생들의 의사결정과정

13.3.1.1 A 단계에서 나타난 의사결정과정

A 단계는 제시된 문제를 분석하는 단계로, 직접적으로 문제를 해결하기 위한 논의가 이루어지는 단계는 아니었지만, 학생들이 문제에 대하여 이해한 바를 나타내는 단계였다. A 단계에서는 의사결정의 3단계 중 '자신의 견해를 확립하는 단계'가 주로 나타났는데, 문제해결을 위한 직접적인 방법이 나열된 단계는 아니었지만 문제해결을 위한 기초적인 단계로써 문제 내용에 대한 모둠별 분석이 나타났다. [그림 13-3]은 A 모둠과 B 모둠의 A 단계에서의 활동지 예시이다.

문제지와 활동지를 배부 받고, 활동에 대한 설명을 들은 뒤 활동지를 기록하는 과정에서부터 학생들의 의사결정이 시작되었다. A 모둠의 경우 표를 활용하여 문제분석을 하기로 합의한 후 기록을 시작하였고, B 모둠의 경우 순서대로 항목을 제시하면서 개괄적으로 문제분석을 시도하는 데 합의하였다. 이렇게 처음 문제분석에서 합의된 분석의 형식은 이후 단계의 기술에도 영향을 미쳤다. [그림 13-3]의 A 모둠의 활

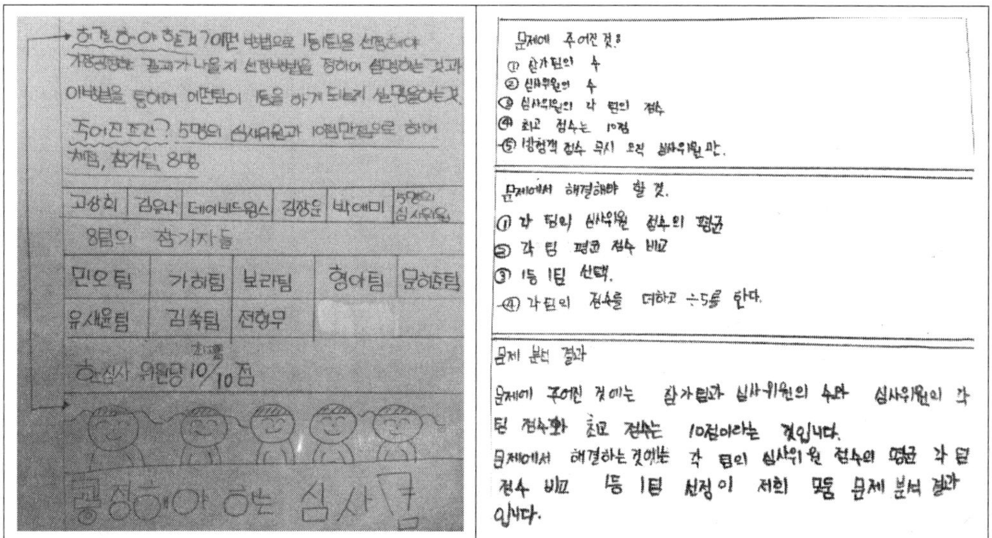

A 모둠 B 모둠

그림 13-3 ‖ A 모둠, B 모둠의 비구조화 활동 A 단계에서의 활동지 예시

동지를 살펴보면, A 모둠의 경우 문제에서 해결해야 할 것과 주어진 조건에 대하여 문제에 제시된 내용을 바탕으로 모둠원이 합의하여 해결에 필요한 내용을 기록하였고, 표와 그림을 사용하여 주어진 내용을 정리하여 기술하였다. B 모둠의 활동지를 살펴보면 A 모둠과는 다른 부분을 볼 수 있는데, 우선 A 모둠은 문제분석 단계에 맞추어 문제만 분석하였는 데 반해, B 모둠의 경우 문제에서 제시된 내용 이외에 모둠원들과 논의한 내용을 추가 기술하였다. B 모둠의 활동지에서 '문제에서 해결해야 할 것' 부분에 '각 팀의 심사위원 점수의 평균', '각 팀 평균 점수의 비교', '1등 1팀 선택', '각 팀의 점수를 더하고 ÷5를 한다'를 기술하였는데, 이 내용은 문제분석 이후의 과정임에도 불구하고 문제분석과정에서 해결과 관련한 논의 내용 일부가 기록된 것으로 보였다. 또한 A 모둠과는 다르게 '문제분석 결과'를 추가하였으나, 이 내용은 A 모둠에서의 '문제에서 해결해야 할 것'과 크게 다르지는 않았다. A 단계는 문제에서 제시된 내용을 바탕으로 분석이 이루어지는 부분이었기 때문에 특수화, 일반화, 추측, 확신이 명확히 드러나지는 않았으나 학생들이 문제에 대해 이해하고 합의한 바가 나타났으며 나름대로 문제에서 중요하다고 생각되는 조건 등에 대해 모둠원별로 설명하는 부분이 보였다. 그러나 단계의 특성상 A 단계에서는 본격적인 의사결정이 이루어졌다고 보기는 어려웠으며, 앞으로의 의사결정을 위해 기술하는 방식이나 문제를 어떻게 바라볼지에 대한 기초적인 합의가 이루어졌다고 할 수 있겠다.

13.3.1.2 B 단계에 나타난 의사결정과정

B 단계는 제시된 문제해결을 위한 논의가 진행되는 단계로, 문제해결에 필요한 수학적 내용이나 정보를 생각해보고 검토해보면서 학생들의 논의가 본격적으로 시작되었다. B 단계에서는 의사결정의 3단계 중 ‘자신의 견해를 확립하는 단계’와 ‘타인의 견해 검토하기’ 단계가 주로 나타났는데, A 단계가 문제에서 제시된 내용만을 가지고 논의했던 것과는 달리 B 단계에서는 문제해결과 관련한 수학적 내용을 학생들 스스로 생각해보고 논의하는 부분이었기 때문에 좀 더 학생들의 생각이 제시되는 것을 볼 수 있었다. 또한 다음 [그림 13-4]는 A 모둠과 B 모둠의 B 단계에서의 활동지 예시를 나타낸다.

A 모둠의 경우, 이전에 배웠던 수학적 내용을 생각해보면서 문제에 적용 가능한 수학적 내용을 가능한 많이 제시하려고 하였다. A 모둠 나름대로의 해결방법을 생각해보면서 생각한 방법에 필요한 연산을 B 단계에 제시하였는데, 자신들이 알고 있는 특정한 연산을 점수를 매기는 과정에서 일반화하기 위한 여러 가지 방법을 제시하였고, 공정한 점수에 초점을 맞추어 ‘제일 낮은 점수’와 ‘제일 높은 점수’를 가지고 사칙연산을 적용하여 방법을 찾아보려는 모습이 보였다. 이 과정에서 ‘제일 낮은 점수’와 ‘제일 높은 점수’에 무조건 사칙연산을 적용하는 것에 대한 다른 학생의 지적에 대해 수학적으로 안 맞을 수도 있다는 점을 인정하면서도 여러 가지 방법을 제시하는 것에 더 강조점을 두겠다는 부분을 의견으로 제시하여 [그림 13-4]에 제시된 활동지에서와 같이 3, 4, 5, 6번을 하나의 의견으로 제시하였다. 또한 A 모둠의 7번 응답과 관련하여 제일 낮은 점수를 빼는 의견을 제일 낮은 점수를 준 심사위원의 점수를 아예 빼고 4명의 심사위원 점수를 가지고 심사하자는 의견으로 합의하는 것을 볼 수 있었다.

A 모둠과 마찬가지로 B 모둠도 일부 제시된 의견이 수학적으로 순위를 선정하기에 좋지 않은 방법임을 오류 지적을 통해 인식하고는 있으나 문제해결방법의 다양성에 초점을 맞추어 제시하는 모습을 볼 수 있었다. 특별히 자신의 주장을 수학적으로 정당화하기보다는 ‘실제로 계산해보고 결정하자’는 식의 주장으로 활동이 진행되었다. 이러한 과정을 통해 [그림 13-4]에 나타난 B 모둠의 활동지를 살펴보면, 문제를 풀기 위해 총점, 평균, 줄기와 잎 그림, 반올림, 대진표, 차트와 같은 방법을 제시하는 것 외에 ‘친한 사이, 서로의 감정 등은 빼 버린다’라던가 수학적 지식으로 ‘필산과 암산’, ‘글씨 쓸 때의 정확성과 판단력’과 같은 내용을 기록한 것을 볼 수 있다. 이는 활동지에 굳이 기록할 필요가 없는 내용임에도 불구하고 기록되었으며, 모둠 간의 합의가 있었다기보다는 기록하는 아동이 주도적으로 모둠 간의 의사결정을 진행하면서

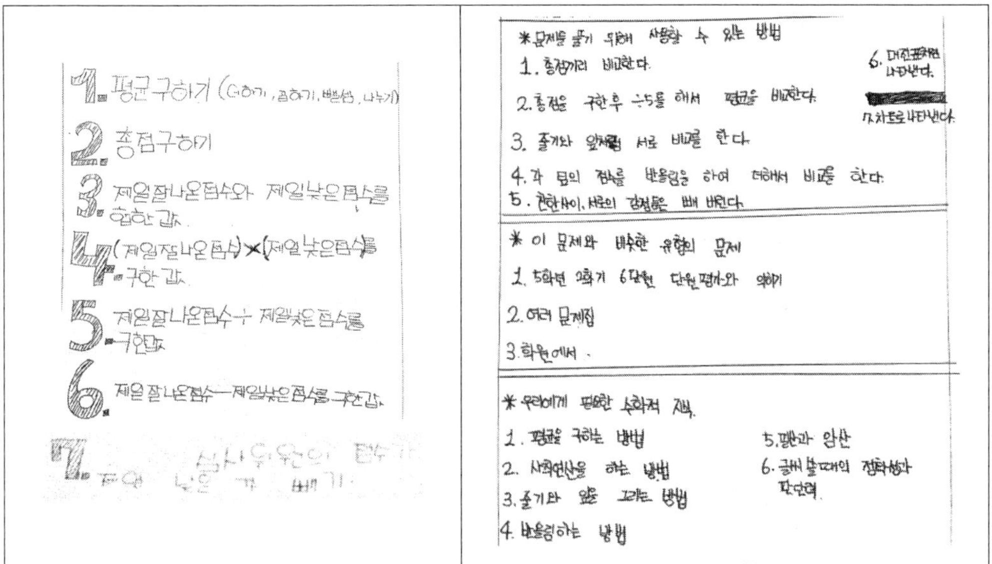

A 모둠　　　　B 모둠

그림 13-4 A 모둠, B 모둠의 비구조화 활동 B 단계에서의 활동지 예시

자신의 의견을 활동지에 추가 기록한 것이었다. B 모둠은 모둠 간의 의사소통은 활발히 일어나는 것처럼 보였으나, 활동을 주도하는 아동의 역할이 크게 부각되어 오류를 지적하고 비평하며, 오류를 수정하는 일련의 의사결정과정이 잘 이루어지지는 못하였다. 그래서 결국 활동지에는 그 방법이 수학적으로 심사점수를 산출하기에 괜찮은 방법인지 여부가 제대로 논의되지 못한 채 다양한 의견이 그대로 제시만 되었고, 대부분의 의견은 한 아동이 제시한 방법이었다.

A 모둠과 B 모둠 모두 B 단계에서 해결에 필요한 수학적 지식들을 나름대로 제시하였고, 이에 대해 학생들 나름의 피드백이 제시되었으나 높은 수준의 피드백이 제시되지는 못하였다. 또한 제시한 피드백에 대해 수학적으로 적절한 견해를 설명했다고 보기는 어려웠다. 학생들이 이전에 '수학적으로 논의하는 경험'이 없었기 때문에, 다른 학생들이 제시한 오류 지적에 대해 적절히 대응하지는 못했던 것으로 보이며, 실제로 계산을 수행하기 전에 자신의 의견을 확신하는 것에 어려움이 있었다. 이는 대부분 학생들이 수학적으로는 안 맞을 수도 있겠지만 우선 방법에 넣어서 계산을 해보고 나서 이야기해보자는 반응을 보인 것을 통해 살펴볼 수 있었다. 이러한 초보적인 수준의 의사결정과정에 대한 경험이 축적될 때 의사결정과정으로 제시한 3가지 단계에 더욱 근접할 수 있을 것으로 보였다.

13.3.1.3 C 단계에 나타난 의사결정과정

C 단계는 본격적으로 문제해결과 관련한 내용이 나타나는 단계로, B 단계에서 필요한 수학적 지식을 근거로 하여 여러 가지 해결방법을 만들어내는 활동이 이루어졌다. C 단계에서는 의사결정의 3단계 중 거의 모든 단계가 나타났는데, 의사결정과정이 일방향적인 과정이 아니라 반복적이고 순환적인 과정이었기 때문에 3가지 단계가 복합적으로 나타나는 것을 볼 수 있었다. [그림 13-5]와 [그림 13-6]은 A 모둠과 B 모둠의 C 단계에서의 활동지 예시를 나타낸다.

A 모둠의 경우 7가지 해결방법에 필요한 수학적 지식과 해결방법을 B 단계에 서술한 후, C 단계에서는 [그림 13-5]와 같이 각각의 해결방법에 대해 계산한 결과를 표로 제시하였으며, B 모둠의 경우 B 단계에서 제시했던 내용들 중 5가지 방법에 대한 계산 결과를 다양한 방식으로 [그림 13-5]와 [그림 13-6]과 같이 제시하였다. 5가지 방법은 다수결을 통해 선정하였으며, 이 과정에서 '대진표' 방법에 대해 좋지 않은 방법이라는 의견을 제시한 학생들도 있었으나 다수결 결정으로 인해 해당 학생들의 의견이 별 다른 영향력을 미치지는 못하였다.

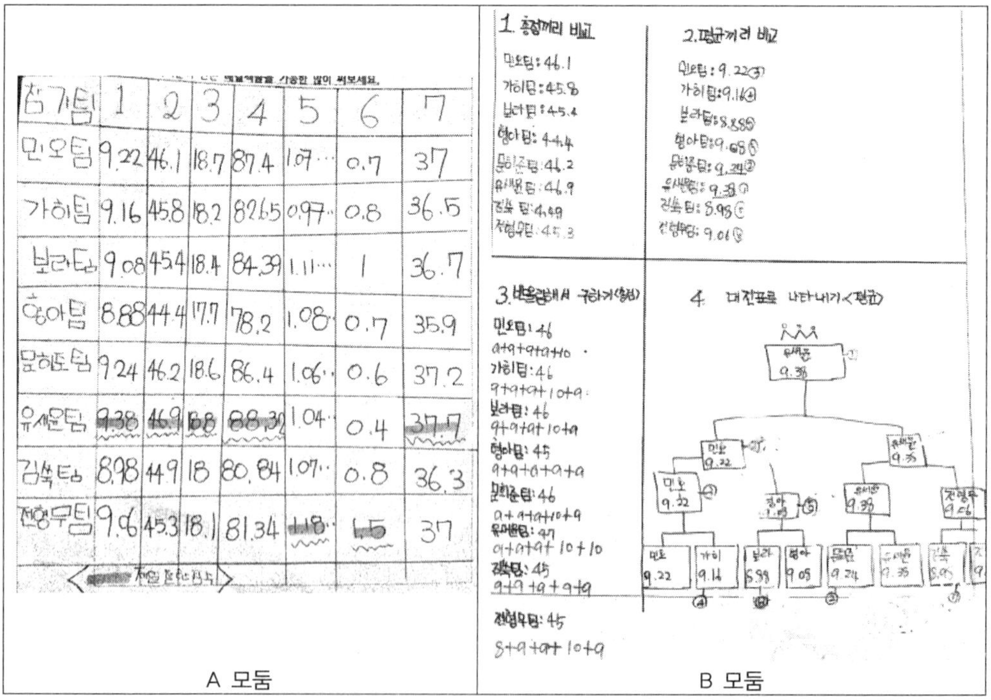

A 모둠 B 모둠

그림 13-5 ‖ A 모둠, B 모둠의 비구조화 활동 C단계에서의 활동지 예시

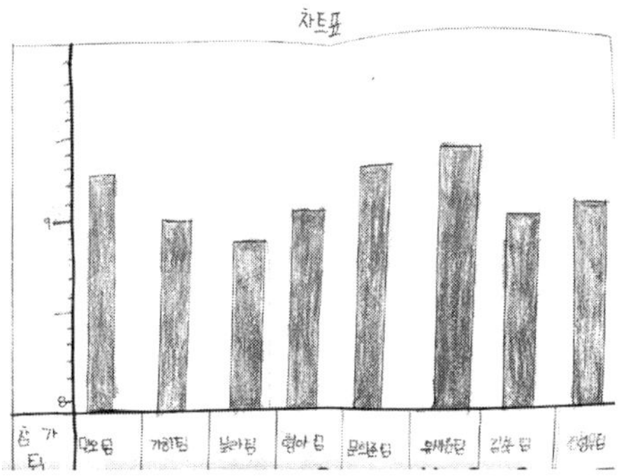

그림 13-6 ‖ B 모둠 학생들이 그린 차트표

C 단계에서는 학생들의 의견이 좀 더 분명히 드러났다. 직접 계산을 수행하면서 자신들이 제시한 방법에 대해서 다시 생각해보고, 모둠 내에서 다른 모둠원의 의견에 대해서 지적하는 부분을 볼 수 있었다. A 모둠의 경우 수학적으로 안 맞을 수도 있다고 생각했던 방법에 대해 다른 모둠원들의 지적이 다시 이어졌고, 수학적으로 정당화할 근거가 특별히 없었기 때문에 3, 4, 5, 6번 방법을 삭제하는 데에 합의하였다. 그리고 남은 1, 2, 7번에 대해 어떠한 방법이 가장 공정한지에 대해 고민하는 부분을 볼 수 있었고, A 모둠의 경우 이러한 고민의 결과가 다음의 D 단계에서 나타났다. B 모둠의 경우 의사소통을 주도한 학생이 제시한 대진표, 차트표에 대한 질문이 이어졌는데 결과적으로 두 방법 모두 채택되었지만 오류에 대해서 서로 논의하는 과정을 엿볼 수 있었다. 대진표와 차트표 모두 평균점수를 가지고 대진표와 차트표로 나타내는 것이었기 때문에, 표현 방식으로는 제시될 수 있어도 선정방법으로는 적합하지 않았음에도 불구하고 이를 주장한 학생이 강하게 밀고나가는 모습을 볼 수 있었다. 이에 대해 다른 학생들이 끝까지 이의제기를 하지 않고 결국 다수결의 논리에 의해 C 단계가 지나갔지만 다른 학생들도 어느 정도 자신들의 견해를 나타내고, 수정을 요구하는 모습이 나타났다. B 모둠의 경우 수학적으로 논리적인 주장에 근거하여 해결방법에 합의를 한다기보다는, 주로 의견을 제시하는 아동의 주장에 수긍하였기 때문에, 이러한 부분은 좀 더 학생들이 이러한 문제에 익숙해지거나 어느 정도 수학적 지식이 비슷한 아동들이 논의를 할 때 더 활발한 의사결정과정이 진행될 수 있을 것으로 보였다.

A 모둠과 B 모둠 모두 이전 단계보다는 C 단계에서 해결방법이 더 구체화되는 것을 볼 수 있었으며, 다른 모둠원들의 견해를 비평하는 모습이 나타났다. 다만, A 모둠의 경우 견해에 대한 비평 후 제시된 해결방법에 대해 수정하는 모습을 보인 반면, B 모둠의 경우 비평이 제기되긴 하였으나 결과적으로 별다른 수정 없이 단계가 마무리

되는 것이 차이점으로 나타났다. 상대적으로 A 모둠이 B 모둠에 비해서는 견해에 대한 의견을 받아들이고, 문제분석에서 파악했던 것을 근거로 해결방안을 생각하는 점에서 모니터링이 더 잘 이루어지고 있다고 보았다.

13.3.1.4 D 단계에 나타난 의사결정과정

D 단계는 C 단계에서 제시되었던 여러 해결방법 중 가장 적합하다고 생각되는 선정방법을 최종 결정하는 단계로, 왜 이러한 결정을 하게 되었는지에 대한 수학적 주장을 포함할 것을 요구하였다. D 단계에서는 의사결정의 3단계 중 주로 2, 3단계가 나타났으며, C 단계와 마찬가지로 여러 단계의 의사결정이 반복적으로 되풀이되어 나타났다. [그림 13-7]은 A 모둠와 B 모둠의 D 단계에서의 활동지 예시를 나타낸다.

A 모둠의 경우, 제시한 7가지 해결 방법 중 7번째 방법을 선정하였다. '공정한 심사'를 위하여 기존에 알고 있던 평균 개념을 활용하였지만, 모든 심사위원의 점수를 더하지는 않고, 점수가 가장 낮은 심사위원의 점수를 빼기로 최종 결정을 하였다. A 모둠의 학생들의 경우, 한 심사위원이 8팀 중 6팀이나 가장 낮은 점수를 주었기 때문에, 그리고 낮은 점수를 빼고 평균을 구해도 심사 점수에 수학적으로는 큰 지장이 없다는 판단 아래에서 이와 같은 결정을 내렸다. B 모둠의 경우, C 단계에서 제시했던 5가지 방법을 더 추려내어 4가지 방법으로 정리하였고, 각 방법이 왜 좋은지에 대한

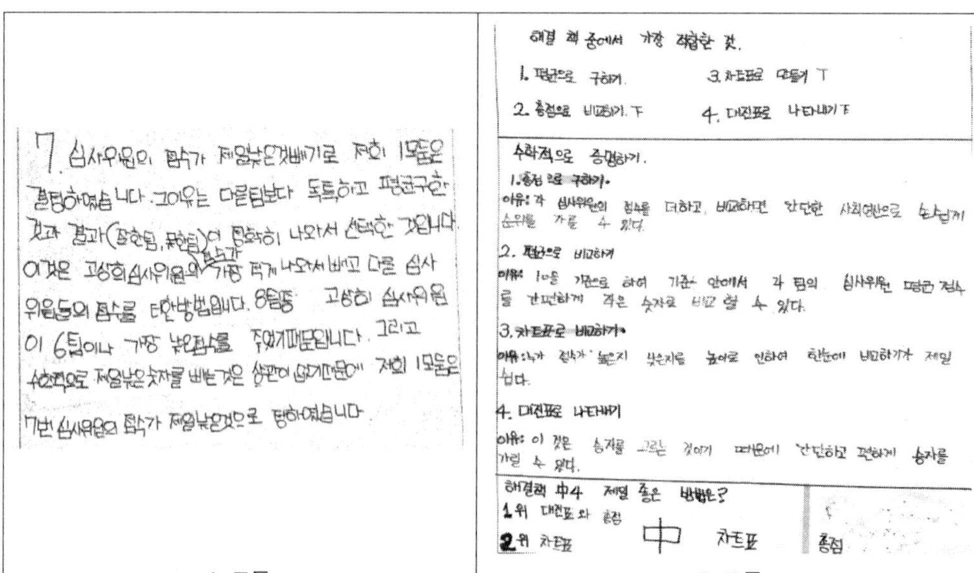

그림 13-7 | A 모둠, B 모둠의 비구조화 활동 D 단계에서의 활동지 예시

이유를 제시하였다. 그러나 방법을 선정할 때, 특정 학생의 주도하에 의사결정이 이루어진 점이 있어 수학적인 이유보다는 그 학생이 주장하는 바에 따라 방법이 채택되었다. 특히 차트표나 대진표의 경우 직접 그린 자료를 근거로 설명하였는데, 자료의 적절성을 제대로 판단하지 못하고 특정 학생이 주장하는 바에 다른 학생이 결국 따라간 모습을 보였다. 대진표는 1위를 선택하는 선정방법이 아니라 표현방법으로 제시할 수 있다는 점에서 적절한 해결책이 아님에도 이를 선호하였으며, 차트표의 경우도 해결한 결과를 나타낼 수는 있으나 이 자체로 해결방법이 되지는 못하는데도 최종 선택이 차트표가 된 것은 아쉬움이 있었다. [그림 13-7]의 활동지를 보아도, 해결책 중 제일 좋은 방법은 대진표와 총점임에도 불구하고 최종 선택은 2위인 차트표가 선정된 것은 특정 학생의 주장이 강하게 작용한 결과였다. 견해를 선택함에 있어, 특정 학생이 견해를 주도하지 않도록 평소에 의사결정과 관련한 많은 경험이 있어야 할 것으로 보인다.

결정된 견해를 문제해결에 적용하는 과정은 두 모둠 모두 문제해결방법을 채택한 후에 이루어졌는데, 어느 정도 C 단계에서 여러 해결방법에 대한 결과를 예상하면서 문제해결을 해보았기 때문에 수월하게 이루어졌다. 각자의 해결방법을 사용하여 두 모둠은 같은 팀을 1등으로 선정해야 한다고 응답하였다. 문제해결에 관하여 이미 수차례 모둠원들의 합의를 거쳐 왔기 때문에, 적용과정에서는 별도의 의사결정과정이 있다기보다는 합의한 방법이 실행되었다.

13.3.1.5 E 단계에 나타난 의사결정과정

E 단계는 학생들이 해결방법을 다른 모둠에게 발표하고 이를 평가하는 단계로, 이 과정에서 학생들이 해결방법의 적절성이나 오류와 관련한 질문을 제기하였고 질문을 받는 학생이 이에 대한 답변을 하는 방식으로 이루어졌다. 다른 모둠보다도 중점적으로 관찰한 두 모둠이 이 과정에서 다른 모둠에 대해 활발히 질문하는 모습을 볼 수 있었다. 다만, 다른 모둠 학생들이 두 모둠에 대해 활발한 질문을 하지 않아서 두 모둠이 제시된 질문에 어떻게 적절히 대응하는지 살펴볼 수 없었다는 점이 아쉬웠다. E 단계에서는 의사결정의 3단계 중 2, 3단계가 나타났으나 3단계 중에서도 '문제해결에 적용된 견해를 모니터하기' 부분이 주로 나타났다. [그림 13-8]은 A 모둠과 B 모둠의 E 단계에서의 활동지 예시를 나타낸다.

A 모둠의 경우 '공정한 방법'에 초점을 두어 각 모둠의 발표 내용을 평가하였다. 대부분 1위로 선정한 답이 같은 팀을 지목하였지만, 방법은 조금씩 달랐는데, A 모둠

의 경우 단순하게 평균만 구한 모둠에 대해서 '공정하지 않다'라고 평가하면서 여러 가지 공정하지 않은 상황을 상정하여 평가에 참고하였다. B 모둠의 경우 공정한 결과보다는 계산이 복잡한지 여부나 정확성에 더 많은 관심을 지니고 다른 모둠을 평가하였는데, 특히 다른 모둠 중 숫자를 보고 추측으로 해결한다는 모둠에 대해서 신랄한 질문을 하는 모습을 볼 수 있었다. 두 모둠 모두 다른 모둠의 발표 내용에 대해서 자신들이 수긍하지 못하는 부분, 궁금한 점에 대해서 활발히 질문하였고, 자신들 나름대로의 근거를 제시하면서 적용된 해결방법에 대하여 논의하였다. 다음은 E단계에서 다른 모둠의 발표내용에 대해 질문하는 A 모둠과 B 모둠의 반응이다.

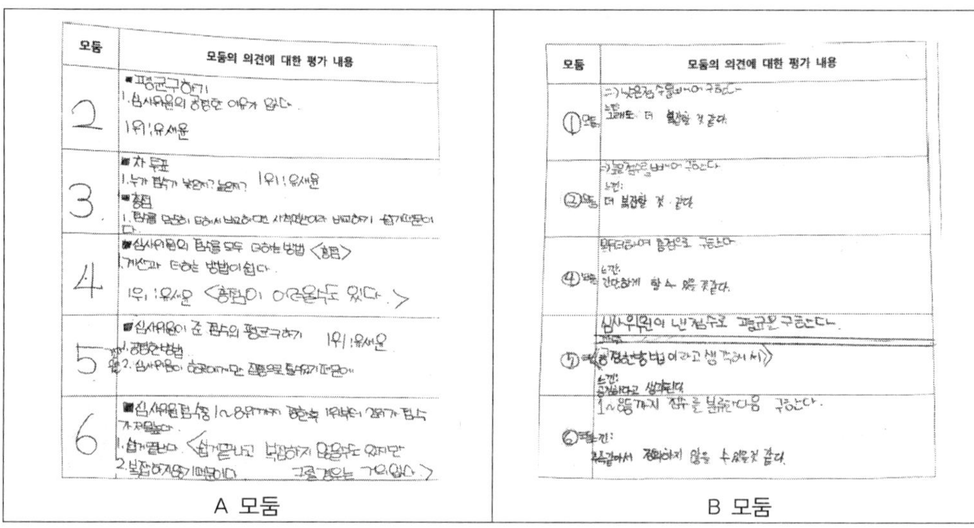

그림 13-8 ▍A 모둠, B 모둠의 비구조화 활동 E 단계에서의 활동지 예시

이와 같이 A에서 E 단계에 이르기까지 학생들의 의사결정과정은 순차적으로 진행된 부분도 있고, 순환적으로 진행된 부분도 있었다. 모둠 내에서 자신의 견해를 확립하는 부분, 타인의 견해를 검토하는 부분은 계속해서 순환적으로 나타났으며, 전체적으로 볼 때, 자신의 견해를 확립하고, 타인의 견해를 검토하고, 문제해결에 적절한 견해를 결정하고 실행하는 일련의 과정이 A 단계에서 E 단계의 흐름으로 자연스럽게 이어졌다. A 모둠과 B 모둠 모두 비구조화 모형에 따라 의사결정과정 3단계의 내용을 모두 보였으나 그 활동 과정에서 결론을 도출해내는 과정에서는 차이를 보였다. A 모둠의 경우 비교적 모둠원들의 의견 제시 기회의 차이가 크게 나지 않았으나, B 모둠의 경우 일부 학생들의 의견 제시 비중이 높아 상대적으로 다른 모둠원들의 발언

기회가 적었다. 발언 기회는 서로의 견해를 모니터링하는 과정에 영향을 미쳤기 때문에, 수학적으로 바람직한 방법인지 논의하는 과정에서 결과 도출의 차이를 낳았다. A 모둠의 경우 문제에서 제시한 '공정한 방법'과 사용할 수 있는 '수학적 방법'을 적절히 연관지어 생각함으로써 제시한 결과가 수학적으로 바람직한 방법이 될 수 있다고 볼 수 있으나, B 모둠의 경우 논의가 매우 활발히 이루어지긴 하였으나, 특정 학생 주도로 이루어졌고 특정 학생의 생각에 맞지 않는 주장은 해결방법으로 채택이 되지 않았다. 또한, 다른 모둠원들이 채택된 방법에 대해 적절한 피드백을 제시하지 못해 바람직한 해결방법이 채택되지도 못하였다. 비구조화 문제의 모형의 단계를 충실히 진행하였음에도 불구하고, 의사결정과정에서 나타난 의사소통 방식의 차이에 따라 결과가 두 모둠이 다르게 나타난 것을 볼 수 있었다. <표 13-1>은 A 모둠과 B 모둠이 의사결정과정에서 나타낸 반응을 비구조화된 모형과 관련지어 정리한 내용이다.

표 13-1 ∥ A 모둠과 B 모둠의 의사결정과정

의사결정과정		관련 모형	A 모둠	B 모둠
1. 자신의 견해 확립하기	1) 특수화, 일반화, 추측, 확신을 통해 자신의 이해를 확립하기	A~C 단계	• 문제에서 필요한 정보를 바탕으로 문제해결을 위한 기초적인 이해를 확립함. • 자신들이 알고 있는 특정한 수학적 정보를 가지고 문제에 적용할 수 있는 방법들을 생각해냄. • 확신은 부족하나 추측을 통해 여러 가지 해결방법을 제시하려고 함.	• 제시된 문제에서 문제해결에 필요한 요소를 이해한 바를 근거로 하여 기술함. • 자신들이 알고 있는 특정한 수학적 정보를 토대로 문제해결방법을 생각해냄. • 문제해결방법을 논의하면서 대부분 추측의 방법으로 해결방법의 가짓수를 좁혀나갔음.
	2) 자기반성 및 자기 모니터링을 통해 자신의 오류를 찾아내고 수정하기	B~C 단계	• 자신이 제시한 견해에 대해 수학적으로 맞지 않는 부분을 생각하였고, 계산 수행 후 맞지 않는 부분은 해결방법에서 삭제함.	• 모둠원들과 논의하는 과정에서 의견의 설득력을 높이기 위해 스스로 반성하였으나 오류를 수정하기보다는 오류를 정당화하였음.
	3) 자신의 견해를 설명하기	A~E 단계	• 1위 선정방법 설명하고, 왜 그 방법이 수학적으로 의미있는지에 대해 언급함.	• 모든 모둠원이 자신의 견해를 설명하기보다는 일부 학생들이 견해를 설명하는 모습이 보임.

2. 타인의 견해 검토하기	1) 타인의 오류를 지적하고 비평하기	B~E 단계	• 모둠 내에서 모둠원들이 제시한 방법에 대한 평가가 이루어졌음. • 모둠 간 평가에서 '공정한 심사'에 초점을 맞추어 평가하려는 모습이 엿보임.	• 모둠 내에서 특정학생들의 주장에 대한 오류 지적 및 비평이 있었으나 결과적으로 별다른 영향을 미치지는 못하였음. • 모둠 간 평가에서 계산의 복잡성 등에 대한 오류 평가를 하였음.
	2) 타인의 지적에 대하여 자신의 견해를 정당화하기	B~E 단계	• 모둠 내에서 다른 모둠원들이 지적한 사항에 대해서 근거가 없는 경우 견해를 수정하였음. • 모둠간 평가에서 별다른 지적이 없어 정당화할 기회가 적었음.	• 모둠 내에서 대부분 학생들이 제대로 정당화하지 못하여 방법이 선택되지 못하는 경우가 많았음. • 특성 학생의 방법에 대해 비평이 있었으나 수학적 주장으로 정당화가 이루어지지 않았고, 최선의 방법이라는 식으로 넘기는 모습이 나타남. • 다른 모둠의 별다른 지적이 없어 정당화할 기회가 적었음.
3. 문제해결에 적절한 견해를 결정하고 실행하기	1) 제시된 여러 견해들 중 문제해결에 적절한 견해 선택하기	D 단계	• 수학적으로 타당하다고 생각되는 방법을 모둠원들의 논의 끝에 결정하였고, 이에 대한 정당화를 기록하였음.	• 특정 학생의 주도로 논의가 이루어져 문제해결 방법이 아니라, 표현방법이 해결방법으로 채택되어 적절한 선택이 이루어지지 않았음.
	2) 결정된 견해를 문제해결에 적용하기	C~D 단계	• C 단계에서 다양한 해결책을 제시하면서 각 견해를 문제해결에 적용한 결과를 기록하였음. • D 단계에서 최종 적용 결과가 나타났음.	• C 단계에서 생각했던 다양한 해결책 중 다수결로 해결방법을 몇 가지 선택하여 적용하였음. • 최종 적용 결과를 D 단계에 기록하였음.
	3) 문제해결에 적용된 견해를 모니터하기	C~E 단계 (주로 E 단계)	• 스스로 모니터하는 과정이 전 과정에서 나타났으나, 주로 E 단계에서 타인의 견해를 통해 자신들의 견해를 모니터하는 부분이 보였음.	• 문제해결에 적용된 견해를 모니터하는 부분이 특정 학생 주도로 이루어졌음. • 주도하는 학생들의 의견에 반하는 모니터 내용이 거의 나타나지 않음.

이상의 비구조화된 문제 실행내용을 살펴볼 때, 현재 7차 개정교육과정에서 강조하고 있는 수학적 의사소통능력의 신장을 위해 단순히 수학 문제를 개인적으로 풀거나 혹은 짝끼리 답을 비교하는 경험보다는 이와 같이 하나의 문제라도 모둠원들의 논의 과정을 거쳐 여러 가지 근거와 해결방법이 있는 문제를 경험할 수 있도록 하는 것이 필요할 것으로 보이며, 학생들이 의사결정을 하는 과정에서 모둠원들의 발언 기회가 일부 학생들에게 편중되지 않도록 학생들의 논의 과정을 교사가 끊임없이 관찰하고, 필요한 경우 바람직한 방향으로 논의가 이어지도록 도움을 주는 부분이 필요할 것으로 보인다. 이러한 고려를 통해 비구조화 문제해결에서 자신의 견해를 제시하고 정당화하는 과정에서 학생들이 문제를 좀 더 수학적으로 생각하고, 타인에게 설득적인 견해를 제시할 수 있을 것으로 보인다.

13.3.2 사전 · 사후검사에서 나타난 문제해결

비구조화 수업을 진행하기 전에 학생들이 풀었던 사전검사와 수업 진행 후 사후검사에서 학생들의 점수는 눈에 띄게 향상되었다거나 하지는 않았다. 사전·사후검사는 1~4점으로 총 4단계로 나누어 연구자 3인이 채점을 하였고, 채점결과 자체는 큰 의미가 없었다. 본 연구에서 비구조화된 문제를 한 문제 풀었다고 해서 모든 학생들에게 변화가 일어난 것은 아니었지만, 몇몇 학생의 경우 비구조화된 문제를 푼 후 풀이과정 기술에 변화가 생긴 것을 볼 수 있었다. 총 25명의 학생 중 6명의 학생(24%)이 풀이과정 기술에서 기존 기술과 차이를 나타낸 것을 볼 수 있었으며, 두 번째 문제에서는 3명(12%), 세 번째 문제에서는 8명(32%)의 학생이 풀이과정 기술의 변화를 나타내었다. 본 연구에서는 사전·사후검사의 3개의 문항 중 각각 학생 한 명씩(순서대로 A 학생, B 학생으로 명명)을 예시로 선택하여 분석을 하였다.

A 학생의 경우([그림 13-9] 참조) 사전검사에서 거의 풀이과정을 생략하여 기술한 반면, 사후검사에서 쓴 풀이과정에서는 좀 더 구체적인 풀이를 제시하려고 했던 점이 보인다. 사전검사에 비해 풀이과정에서의 논리적인 비약이 적었으며, 문제해결과정을 수학적인 표현으로 기술하려고 한 점이 보였다. B 학생([그림 13-10] 참조)은 사전검사의 경우 논리적 비약이 심하고, 풀이과정에서 생략한 부분이 많아서 어떠한 방법으로 문제를 풀었는지에 대해 논리적인 설명이 부족했으나, 사후검사에서는 어떠한 과정으로 문제를 풀었는지에 대해 생략한 부분이 줄어들었다. 사전검사의 경우 문제를 어떻게 푸는지는 알고 있으나 풀이를 기술할 때 논리적인 정리가 되지 못했던 반면,

사후검사에서는 기술하는 내용이 어느 정도 순서를 갖추고 있고, 풀이과정에 따른 답을 기술하는 데 있어서도 문제에서 요구하는 답을 기술하였다. 사전검사의 경우 문제에서 요구하는 답 이외의 내용도 기술하였는데, 사후검사에서 좀 더 문제를 정확히 파악하여 푸는 모습을 볼 수 있었다. C 학생이 푼 줄기와 잎 그림은 본 연구에서 풀어본 비구조화 문제와 직접적으로 관련이 되는 개념은 아니었지만, 풀이과정에서 학생들이 기술하는 방식에서 약간의 변화가 나타난 것을 살펴볼 수 있었다. C 학생의 경우([그림 13-11] 참조) 사전검사에서 풀이과정에 내용을 적긴 하였으나, 그 내용이 풀이과정이라기보다는 답을 기술한 것에 가까워 논리적 비약이나 생략이 심하게 나

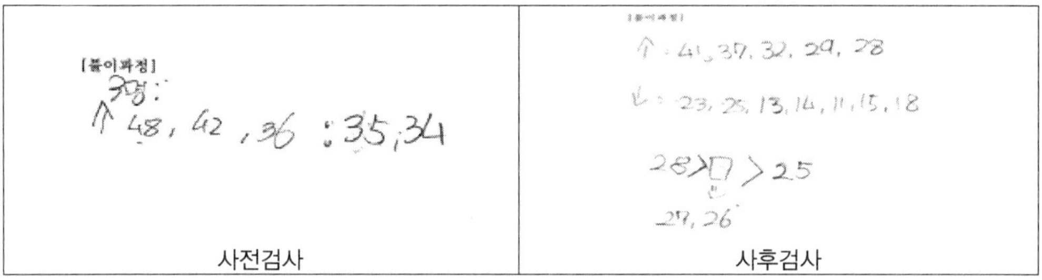

그림 13-9 ▮ A 학생의 사전 · 사후검사 예시

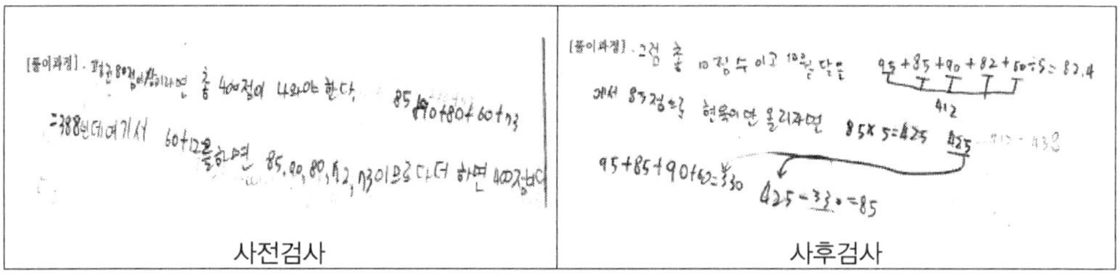

그림 13-10 ▮ B 학생의 사전 · 사후검사 예시

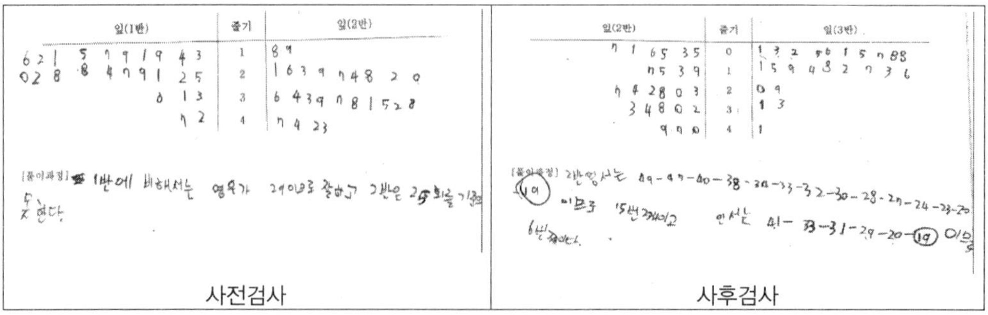

그림 13-11 ▮ C 학생의 사전 · 사후검사 예시

타나고, 수학적인 기술이 이루어지지 않았다고 할 수 있으나 사후검사에서는 순서가 몇 번째인지에 대하여 사전검사처럼 답을 풀이과정에 적은 것이 아니라, 수를 순서대로 나열하여 몇 번째라는 것을 풀이과정에 보임으로써 푼 내용을 수학적으로 설명하려는 모습이 보인다.

13.4 논의

본 연구는 최근 시대적 요구 및 수학 교육의 동향에 맞추어 실세계 문제해결력 증진을 위해 비구조화된 문제를 실제 학습에 적용하여 학생들의 의사결정과정이 어떻게 나타나는지, 이러한 점에 비추어 실세계에 필요한 의사결정능력 함양을 위해 비구조화된 문제가 어떤 기여를 할 수 있을지 시사점을 찾는 것을 목적으로 하였다. 본 연구에서 ABCDE 비구조화된 수업모형을 통해 비구조화된 문제를 초등학교 5학년 학생들에게 적용해본 결과, 6개의 모둠 중 2개의 모둠이 비교적 활발한 논의를 통해 문제를 단계에 따라 해결해 나갔으며, 그 중 3개 모둠은 어려움은 있었으나 나름의 논리로 문제해결방법을 한두 가지 정도 찾아나갔고, 1개 모둠은 해결에 어려움이 있어 준-비구조화 문제지를 통해 비구조화된 문제를 해결하였다.

본 연구에서는 사전·사후검사에서 동형문제를 제시하였기 때문에 사전검사가 사후검사에 영향을 미칠 수 있다는 점에서는 한계가 있다. 또한 사전·사후검사가 3일간이란 짧은 기간에 이루어짐으로써 사전검사가 사후검사에 영향을 주었다고도 할 수 있겠으나, 본 연구에서 사후검사가 사전검사와 정답률에서는 큰 차이가 없었기 때문에 사전검사가 사후검사에 큰 영향을 미쳤다고 보기는 어려웠다. 학생들은 사후검사에서 사전검사와 거의 동일한 방식으로 문제를 해결하였고, 일부 학생들의 풀이과정을 살펴봤을 때, 사후검사에서 좀 더 논리적 비약이 줄어든 것을 관찰할 수 있었다. 또한 본 연구는 담임선생님이 아닌 연구자가 별도로 수업을 진행하였기 때문에 학생을 파악하고, 의사소통하고, 그 결과를 해석하는 부분에서 연구의 한계점이 있었을 수도 있으며, 비구조화된 문제가 장기간에 걸쳐 수업에 적용되었기 보다는 학교 교육과정 운영상 일주일 기간 안에 3일차로 이루어진 점에서 비구조화된 문제의 교육적 효과성이 짧은 기간 내에 나타나지 않았다고 보여진다. 좀 더 학생의 수준을 잘 파악하는 교사에 의해 비구조화된 문제가 제시되고, 수업이 연속적으로 진행된다면 이와는 다른 결과를 낳을 수도 있을 것으로 보이며, 사전·사후검사의 경우 본 연구에서 의도하는 의사결정과는 직접적인 관련은 없지만, 학생들이 비구조화된 문제를 접하고 난 후 문제풀이를 좀 더 분명히 기술하는 점에서 수학문제해결에서 의사결정의 경험이 지속적으로 제시된다면 아동들의 문제해결서술에도 영향을 미칠 수 있을 것으로도 보인다.

Venville, Rennie와 Wallace(2004)가 언급하였던 것처럼 본 연구에서 비구조화된 문제를 해결하는 과정에서 학생들은 문제해결을 위한 의사결정과정을 경험하면서 문제상황에 유용한 지식과 정보를 찾아내어 활용하였고, Goos(2004), Wood(1999), Stillman과 Galbraith(1998)이 언급하였던 의사결정과정, 학생들의 문제해결과정처럼 다양한 의사결정과정 모습을 보여주었다. 김민경 외(2011)에서도 언급했듯이, 현재 수학교과서에서는 이와 같은 비구조성을 지닌 문제가 부족한 실정이고, 학생들이 다양한 의사결정과정을 보여줄 수 있는 문제가 거의 나타나지 않는다는 점에서 학생들의 수학적 문제해결능력 향상을 위해서는 비구조화된 문제와 같이 실세계 문제상황을 담고, 학생들이 다양한 생각을 할 수 있는 열린 문제가 교육과정에 제시되어야 할 필요가 있는 것으로 보인다.

또한, 사전검사와 사후검사를 진행하면서 평소에 수학을 가르침에 있어서도 교사가 어떠한 인식을 가지느냐에 따라 학생들이 문제에 대해 가지는 개념과 생각에 차이가 있는 것으로 보였는데, 현장에 있는 교사들이 비구조화된 문제에 대한 관심을 가지고, 심화과정으로써 학교 현장에서 이를 적절히 활용한다면 학생들이 좀 더 다양한 학습 경험을 하는 데 크게 기여할 수 있을 것으로 보였다. 특히 2007 개정 교육과정에서 추구하고 있는 수학적 소양 함양을 위해서도 현장 교사들의 인식의 전환, 그리고 관심이 매우 필요할 것이며, 이를 위해 비구조화된 문제를 현장에 적용하고, 이를 수정 및 보완해 나가는 작업이 계속적으로 진행되어야 할 것이다. 또한 현장 교사와의 협력적인 관계 속에서 많은 교사들이 참고하고 실제로 실행이 가능한 프로그램의 개발 및 보급이 후속으로 이루어져야 할 것이다.

14 6학년 적용 및 분석: 비례추론

14.1 개요

본 내용은 초등학교 6학년 학생들의 비례추론의 발달 단계를 분석하고자 한다. 이를 위해 서로 다른 비례문제를 적용하여 비례 추론의 발달 단계에 비례문제의 유형과 문제의 비구조화된 정도가 어떠한 영향을 주는지 학생들의 구체적인 문제해결과정을 통해 살펴보고자 한다. 이처럼 각 문제의 특성에 따라 나타나는 비례추론의 발달 단계를 분석함으로써 초등학교 학생들의 비례추론 능력의 발달을 도모할 수 있는 교수·학습과 비례문제의 개발에 시사점을 제공하고자 한다.

14.2 연구 방법

14.2.1 분석 대상

본 연구에서는 수도권의 K 초등학교 6학년 학생(24명)과 S 초등학교 6학년 학생(26명) 총 50명을 대상으로 연구 과제를 적용하였다. 하지만 연구에 참여한 인원 50명 중 연구 기간 중 1일 이상 결석한 경우나 학습지에 이름이 미기재된 경우 등 6개 모든 과제에 대한 문제해결 결과를 수집할 수 없는 경우 분석대상에서 제외시켰다. 이에 최종적으로 분석 대상이 된 학생은 경기도 소재 K 초등학교 20명, 서울 소재 S 초등학교 19명으로 총 39명만을 대상으로 하였다. 이들은 6학년 1학기 때 비와 비율과 관련된 단원을 이미 학습한 상태였으며 연구 적용 기간 바로 전에 6학년 2학기 7단원 정비례와 반비례의 단원의 학습을 마쳤다.

14.2.2 분석틀 및 분석 방법

본 연구에서는 학생들의 비례추론 능력에 영향을 주는 요인으로 비례문제 유형 및 문제의 비구조화된 정도를 선정하였으며 이를 위해 비례문제 유형이 다른 수리적 비교문제와 미지값 구하기 문제, 문제의 비구조화된 정도가 다른 구조화된 문제와 비구조화된 문제로 각각 개발하였다. 개발된 과제는 박사과정생 2인과 전문가 1인의 검토를 받았다. 특히, 과제를 수일에 걸쳐 적용해야 했기 때문에 이전의 문제해결 경험이 이후의 문제해결에 영향을 줄 수 있음을 고려하여 구조화된 문제 중 수리적 비교문제와 미지값 구하기 문제는 각각 2세트씩 개발하여 비구조화된 문제를 적용하기 이전과 이후에 모두 적용할 수 있도록 하였다.

표 14-1 ❙ 비례문제의 특성

	비례문제의 유형	문제의 비구조화된 정도
과제 1	수리적 비교 문제	구조화된 문제
과제 2	수리적 비교 문제	
과제 3	수리적 비교 문제	비구조화된 문제
과제 4	미지값 구하기 문제	구조화된 문제
과제 5	미지값 구하기 문제	
과제 6	미지값 구하기 문제	비구조화된 문제

본 연구에서 초등학교 6학년 학생들의 비례상황 문제해결에서 나타나는 비례추론의 발달 단계를 분석하기 위해 기존의 선행연구(Piaget 외, 1977; Karplus 외, 1983; Carpenter 외, 1999; Clark & Lesh, 2003)에서 제시하고 있는 비례추론의 발달 단계를 바탕으로 크게 비례적추론 단계, 과도기적 단계, 비비례적추론 단계로 구분하였으며, 비비례적추론 단계를 학생들이 문제해결에서 보인 전략을 중심으로 다시 세 부분으로 세분화하여 구분하였다. 이러한 비례추론의 발달 단계를 기준으로 학생들의 문제해결과정을 분석하였다(<표 14-2> 참조).

표 14-2 ‖ 비례추론의 발달 단계 분석 기준

<table>
<tr><th colspan="2">비례추론의 발달단계</th><th>설명</th></tr>
<tr><td rowspan="6">비비례적추론단계</td><td rowspan="2">I : (Incomplete, Illogical reasoning)
불완전, 비논리적단계</td><td>문제해결과정에 어떠한 설명도 제공되지 않아 비례추론의 정도를 판단할 수 없으며 비논리적인 방법으로 자료를 사용하거나 부적합한 방법으로 연산을 적용한 경우이다.</td></tr>
<tr><td>ex) 무응답
ex) 오렌지 분말 2컵과 물 3컵을 섞어 주스를 만든 것은 5컵이 나오는데 오렌지 분말 3컵과 물 4컵을 섞어 주스를 만든 것은 7컵이 나와서 더 진하다.</td></tr>
<tr><td rowspan="2">Q : (Qualitative reasioning)
질적 추론 단계</td><td>문제를 해결하는데 더 적게, 더 많이, 같은 양으로와 같이 질적인 표현을 사용하여 여러 대상의 관계를 비교하는 경우이다.</td></tr>
<tr><td>ex) 오렌지 분말 2컵과 물 3컵을 섞어 주스를 만든 것과 오렌지 분말 3컵과 물 4컵을 넣은 주스 중 분말 3컵을 넣은 주스가 더 진하다.</td></tr>
<tr><td rowspan="2">A : (Additive reasoning)
덧셈적 추론 단계</td><td>덧셈적 관계에 근거하여 추론할 수 있는 단계로 곱셈적 관계를 인식하지 못하고, 합이나 차와 같은 덧셈적 관계에 초점을 두어 여러 대상의 관계를 비교하는 경우이다.</td></tr>
<tr><td>ex) 오렌지 분말 2컵과 물 3컵을 섞어 주스를 만든 것은 1컵 차이가 나고, 오렌지 분말 3컵과 물 4컵을 넣은 주스도 1컵 차이가 나기 때문에 두 주스는 진하기가 같다.</td></tr>
<tr><td colspan="2" rowspan="2">T : (Transition)
과도기적 단계</td><td>두 변수 사이의 패턴을 인지하고 곱셈 관계에 주목하기 시작하는 단계이다. 반복적으로 더하거나 정수 배를 하여 비로 나타낼 수 있으나 주어진 가 비정수비라면 비례문제를 해결하는 데 어려움을 보인다.</td></tr>
<tr><td>ex) 오렌지 분말 2컵과 물 3컵을 섞어 주스를 만든 것(가)과 오렌지 분말 3컵과 물 4컵을 넣어 주스를 만든 것(나)을 다음과 같은 표로 나타내면 (나)주스가 (가)주스보다 물이 더 적기 때문에 진하다.
<table>
<tr><td rowspan="2">가</td><td>오렌지 분말</td><td>2</td><td>4</td><td>6</td><td>8</td></tr>
<tr><td>물</td><td>3</td><td>6</td><td>9</td><td>12</td></tr>
<tr><td rowspan="2">나</td><td>오렌지 분말</td><td>3</td><td>6</td><td>9</td><td>12</td></tr>
<tr><td>물</td><td>4</td><td>8</td><td>12</td><td>16</td></tr>
</table></td></tr>
<tr><td colspan="2" rowspan="2">P : (Proportional reasoning)
비례적추론 단계</td><td>둘 또는 그 이상 사이의 비 관계를 비교하는 각각의 상황에 기초해 비례적으로 추론하는 단계이다. 비정수비인 비를 이해하며 두 양의 곱셈 관계를 다른 두 양에도 적용하여 동치인 비를 만들 수 있다. 비를 단위 양으로 생각하고 곱셈 관계로 비를 이해하며 비율 내, 비율 간 관계를 알고 비와 비례문제를 유연하게 해결할 수 있다.</td></tr>
<tr><td>ex) (가)주스의 경우 물에 대한 오렌지 분말의 양이 $\frac{2}{3}$라면 (나)주스의 경우 물에 대한 오렌지 분말의 양이 $\frac{3}{4}$이 되어 (나)주스가 더 진하다.</td></tr>
</table>

14.3 분석 결과

초등학교 6학년 학생들의 비례문제 해결에서 나타나는 비례추론의 발달 단계를 분석하기 위해 학생들로 하여금 비례문제의 유형 및 문제의 비구조화된 정도에 차이가 있는 6개의 과제를 해결하도록 하였다. 학생들의 문제해결결과를 비례추론의 발달 단계 I, Q, A, T, P 5단계로 분류하고, 비례추론의 발달 단계에 따라 학생들이 과제별로 보인 사례를 분석하였다.

14.3.1 과제별 비례추론의 발달 단계

과제별로 학생들의 비례추론의 발달단계를 분석한 결과는 다음과 같다. 먼저 전체적으로 학생들의 비례추론의 발달단계를 살펴보면 비례적추론단계(P)가 가장 높은 비율로 나타났고, 그 다음으로는 불완적, 비논리적단계(I), 과도기적 단계(T), 질적단계(Q), 덧셈적단계(A) 순으로 높은 비율을 차지했다. 이처럼 비례적추론단계(P)가 가장 높은 비율로 나타난 것은 연구 대상이 이미 비와 비율을 학습했으며 연구 시기 또한 6학년 2학기 7단원 정비례와 반비례의 학습시기와 맞물려 있기 때문인 것으로 보인다. 이러한 결과를 비례문제의 유형 및 비례문제의 비구조화된 정도에 따라 구분하여 살펴보면 <표 14-3>과 같다.

표 14-3 ∥ 과제별 비례추론의 발달 단계

명(%)

과제 구분 \ 비례추론 단계			I	Q	A	T	P	계
수리적 비교	구조화	과제 1	6(15.4)	3(7.7)	0(0.0)	3(7.7)	27(69.2)	39(100.0)
		과제 2	3(7.7)	5(12.8)	1(2.6)	4(10.3)	26(66.7)	39(100.0)
	비구조화	과제 3	3(7.7)	3(7.7)	3(7.7)	0(0.0)	30(76.9)	39(100.0)
미지값 문제	구조화	과제 4	4(10.3)	0(0.0)	0(0.0)	4(10.3)	31(79.5)	39(100.0)
		과제 5	3(7.7)	0(0.0)	1(2.6)	6(15.4)	29(74.4)	39(100.0)
	비구조화	과제 6	5(12.8)	0(0.0)	1(2.6)	1(2.6)	32(82.1)	39(100.0)
전체			24(10.3)	11(4.7)	6(2.6)	18(7.7)	175(74.8)	39(100.0)

먼저 비례문제의 유형에 따라 학생들의 비례추론의 발달 단계를 살펴보면 수리적 비교 문제는 (P)−(I)−(Q)−(T)−(A) 단계 순으로 학생들의 발달 단계가 높게 나타났다. 미지값 구하기 문제의 경우 (Q)단계가 전혀 나타나지 않고, (P)단계 다음 순으로 (I)단계와 (T)단계가 높게 나타났다. 또한 수리적 비교 문제에 비해 미지값 구하기 문제에서 (T)단계나 (P)단계가 높은 비율로 나타났으며 비비례적추론단계는 더 낮은 비율로 나타났다. 이러한 결과는 비례를 학습한 9학년 학생을 대상으로 실시한 연구(Singh, 2000)에서 성취 정도가 [미지값 구하기] > [수리적 비교]로 나타난 것과 일치하는 결과이다. 특히, 현행 우리나라의 교과서에서 비례식의 내항의 곱과 외항의 곱이 같다는 알고리즘을 이용하여 문제를 해결할 수 있는 미지값 구하기 문제가 대부분의 비례문제로 제시되고 있는 것을 고려할 때 학생들에게 친숙한 미지값 구하기 문제를 학생들이 좀 더 쉽게 해결하는 것은 당연한 결과이기도 하다. 특히 미지값 문제에서는 질적 추론 단계가 전혀 나타나지 않은 것은 수리적 비교와 같이 '많다, 적다, 크다, 작다'와 같은 관계 비교만으로는 미지값 문제를 해결할 수 없기 때문에 질적인 추론 단계를 보이지 않은 것으로 보인다.

표 14-4 | 비례문제의 유형에 따른 비례추론의 발달 단계

명(%)

과제 구분	I	Q	A	T	P	계
수리적 비교	12(10.3)	11(9.4)	4(3.4)	7(6.0)	83(70.9)	117(100)
미지값 구하기	12(10.3)	0(0.0)	2(1.7)	11(9.4)	92(78.6)	117(100)

둘째로 문제의 비구조화된 정도에 따라 학생들의 비례추론의 발달 단계를 살펴보면, 구조화된 문제와 비구조화된 문제 사이에서 (I)단계는 동일하게 나타났으며 (Q)단계와 (A)단계의 차이가 크지 않은 반면 (P)단계는 비구조화된 문제에서 다소 높은 비율로 나타났고, (T)단계는 비구조화된 문제에서는 더 낮은 비율로 나타났다.

표 14-5 | 비례문제의 비구조화된 정도에 따른 비례추론의 발달 단계

명(%)

과제 구분	I	Q	A	T	P	계
구조화된 문제	16(10.3)	8(5.1)	2(1.3)	17(10.9)	113(72.4)	156(100)
비구조화된 문제	8(10.3)	3(3.8)	4(5.1)	1(1.3)	62(79.5)	78(100)

14.3.2 학생별 비례추론의 발달 단계

학생별 비례추론의 발달 단계를 살펴보면 한 학생에게서 같은 유형의 비례추론의 발달 단계가 나타나기도 하지만 같은 학생일지라도 과제별로 상이한 비례추론의 발달 단계를 보이는 경우가 있다. 이처럼 학생들이 보인 비례추론의 발달 단계를 모든 과제에서 동일한 발달 단계를 보이는 학생과 각 과제에 따라 다른 발달 단계를 보이는 학생으로 구분하여 살펴본 결과 <표 14-6>과 같은 결과를 얻었다.

표 14-6 ▎ 학생별 비례추론의 발달 단계

학생 구분	수리적 비교 문제			미지값 문제		
	구조화	구조화	비구조화	구조화	구조화	비구조화
	과제 1	과제 2	과제 3	과제 4	과제 5	과제 6
A	I	Q	Q	P	P	P
B	P	P	P	T	T	P
C	I	A	P	P	T	P
D	P	P	P	T	T	P
E	P	P	Q	P	P	I
F	I	P	A	P	P	I
G	P	P	P	P	P	P
H	I	I	P	I	I	I
I	P	P	P	P	P	P
⋮	⋮	⋮	⋮	⋮	⋮	⋮

모든 과제에서 동일한 발달 단계를 보이는 경우는 (I)단계와 (P)단계 두 경우로만 나타났으며 총 53.9%로 각각의 과제에서 다른 발달 단계를 보이는 학생 수와 비슷한 비율(46.1%)로 나타났다. 특히 동일한 발달 단계를 보이는 학생 중에서 모든 과제에서 (I)단계를 보인 학생의 비율은 매우 낮은 반면 모든 과제에서 (P)단계를 보인 학생의 비율은 매우 높게 나타났다. 그리고 각각의 문제에서 서로 다른 발달 단계를 보인 학생의 경우(다양한 추론 I~P) 비례적추론을 보이지 않으며 곱셈적 사고를 하지 못하는 학생이나 비례적추론으로 문제를 해결하나 간혹 과도기적 추론을 보이는 학생, 문

제에 따라 불완전·비논리적 추론부터 비례적추론까지 다양한 범위의 발달 단계를 보이는 학생 등 다양한 유형의 학생들로 나타났다.

표 14-7 ‖ 학생별 비례추론의 발달 단계

명(%)

단계	불완전·비논리적추론(I)	다양한 추론(I~P)	비례적추론(P)	계
학생 비율	1(2.6)	18(46.1)	20(51.3)	39(100)

14.3.3 비례문제 유형에 따른 학생별 비례추론의 발달 단계의 차이

비례문제의 유형에 따라 학생별 비례추론의 발달 단계에 차이가 있는지 살펴보기 위해 문제의 유형별로 학생들의 발달 단계를 분석하여 문제의 유형이 변하더라도 동일한 발달 단계를 보이는 학생(21명, 53.9%)이나 어느 특정한 발달 단계를 보이지 않고, 다양한 추론을 보이는 학생(11명, 28.2%)을 제외하고 특정한 문제 유형에 있어서만 비례적 추론을 보이는 학생(7명, 18%)을 분석하여 <표 14-8>과 같은 결과를 얻었다. 수리적 비교 문제에서는 다양한 추론(I~P)이나 과도기적 추론(T~P)을 보였으나 미지값 문제에서는 비례적추론을 보인 학생의 비율이 그 반대의 경우보다 높게 나타났다.

표 14-8 ‖ 비례문제의 유형에 따른 비례적추론의 발달 단계의 변화

명(%)

비례추론의 발달 단계의 변화	Level up (I~P ⇒ P)	
	수리적 비교 ⇒ 미지값 문제	미지값 문제 ⇒ 수리적 비교
학생 비율	6(15.4)	1(2.6)

문제의 비구조화된 정도에 따른 학생별 발달 단계 차이를 살펴본 결과(<표 14-9> 참조), 구조화된 문제에서는 비례적추론을 잘 하였으나 비구조화된 문제에서 어려움을 보인 학생이나 구조화된 문제에서는 어려움을 보였으나 오히려 비구조화된 문제에서 비례적 추론을 보인 학생의 비율이 거의 비슷하게 나타났다. 이는 비구조화된 문제가 비례추론에 도움을 주기도 하지만 비례적추론을 방해하며 어려움을 줄 수도 있음을 의미한다.

표 14-9 비례문제의 비구조화된 정도에 따른 비례적추론의 발달 단계의 변화

명(%)

<table>
<tr><th rowspan="3">단계의 변화</th><th colspan="4">Level up (I~P ⇒ P)</th></tr>
<tr><th colspan="2">구조화된 문제 ⇒ 비구조화된 문제</th><th colspan="2">비구조화된 문제 ⇒ 구조화된 문제</th></tr>
<tr><th>I~A → P</th><th>T → P</th><th>I~A → P</th><th>T → P</th></tr>
<tr><td rowspan="2">학생 비율</td><td>2(5.1)</td><td>3(7.7)</td><td>8(10.3)</td><td>0</td></tr>
<tr><td colspan="2">5(12.8)</td><td colspan="2">8(10.3)</td></tr>
</table>

14.4 논의

학생들의 문제해결과정에서 나타난 비례추론의 발달 단계를 분석한 결과로부터 다음과 같은 내용을 생각해 볼 수 있다.

첫째, 급변하는 현실 세계에 살고 있는 학생들이 어떠한 복잡하고 어려운 문제상황에서라도 실질적이고도 효율적인 문제해결 함양을 위하여 우선적으로 교과서에 다양한 비례문제 유형을 제시하여 학생들로 하여금 어떠한 유형에서도 비례적 추론을 적용하여 문제해결을 할 수 있도록 해야 할 것이다. 이를 위해서는 본 연구에서 적용한 미지값 구하기 문제나 수리적 비교 문제 이외에도 특정한 수리적 값에 의존하지 않고 비교해야 하는 문제인 질적 추측 및 비교 문제의 포함도 고려해 볼 필요가 있다.

둘째, 단순한 알고리즘 연습 위주의 구조화된 문제에서 벗어나 학생들에게 현실 상황을 모델화하여 맥락적이며 실제적인 비구조화된 문제에서의 해결 경험을 제공하기 위해 초등학교 수학 교과서에 비구조화된 문제들이 포함되는 방안을 제안한다. 더불어 비구조화된 문제를 적용하는 데 있어서 어려움을 보이는 학생들에게 도움을 줄 수 있도록 적절한 교사의 발문이나 협력적인 의사소통 활동과 같은 비구조화된 문제를 적용한 교수 학습 측면에 있어서 더 활발한 연구가 필요할 것으로 보인다.

15 4, 5, 6학년 적용 및 분석: 창의적 인성 및 동기의 변화

15.1 개요

본 연구에서는 다음과 같은 연구문제를 갖고, 초등학교 현장에서 새로운 문제해결 경험의 단초가 될 수 있는 비구조화된 문제해결 모형 및 문제를 제시하며, 비구조화된 문제해결의 경험을 통해 나타난 학습의 의미를 문제해결력, 창의적 인성, 수학적 추론을 중심으로 파악하고 문제 개발뿐 아니라, 바람직한 문제해결의 지도방안에 대한 시사점을 제공하고자 한다.

15.2 非구조화된 문제해결 모형 설계

비구조화된 문제를 학생들에게 적용하기 위한 문제해결 모형 설계를 위해 선행 연구들에서의 공통점을 토대로 ABCDE 단계를 구성하였다. 본 연구에서 설계한 비구조화된 문제해결 ABCDE 모형은 여러 학자들이 제시한 비구조화된 문제해결과정의 공통된 요소들을 바탕으로 구성하였고, 현장 적용 결과를 토대로 수정·보완하여 모형을 완성하였다.

모형의 첫째 단계인 문제의 명료화 및 표상 형성 단계는 'Analyze'로, 비구조화된 문제상황을 명료하게 구조화하기 위해 토의하는 활동을 하며, 다음 단계인 'Browse'에서는 학습자들은 문제의 조건과 제한점을 고려하여 문제해결에 필요한 정보들을 수집하도록 구성하며, 어떠한 수학적 지식을 쓸 것인가에 대하여 함께 고려한다. 'Create'에서는 다양한 해결책 도출에서는 모둠별 토의를 통해 동료의 다양한 견해를 듣고 여러 해결책을 모색해보는 활동으로 다른 사람의 의견을 주의깊게 들을 수 있는 안내가 필요하다. 'Decision-Making'에서는 해결책 점검 및 적용에서는 최적의 해결책을 도출하고 적용해봄으로써 모둠에서 도출한 해결안에 대하여 정당화하는 과정으로 잘못된 해결책이 발견되면 다시 'Browse'와 'Create'의 과정으로 돌아가 문제를 다시 해결하게 된다. 마지막으로 'Evaluate' 단계에서는 문제상황의 조건, 해결 과정 및 해결안 전체에 대하여 성찰과 동료 평가가 이루어진다. 또한 서로의 의견을 발표하고 경청하면서 문제해결과정을 반추, 반성해 보면서 여러 모둠의 의견을 듣고 좋은 부분과 보완해야 할 부분을 정리해보는 활동은 비구조화된 문제상황을 다각도로 분석하여 해결하는 기회를 제공해 줄 수 있다.

표 15-1 비구조화된 문제해결 ABCDE 모형의 활동 내용

모형 단계		활동 내용
Analyze	A	• 문제를 분석적으로 검토 • 주어진 조건이 무엇인지 파악 • 해결해야 할 내용을 자신만의 용어/그림/표로 간단히 다시 표현하기(문제에 대한 표상의 다양성)
Browse	B	• 필요한 조건이 무엇인지 파악 • 알고 있어야 할 수학적 내용이 무엇인지 파악 • 문제해결을 위해 필요한 정보나 자료 수집, 탐색
Create	C	• 여러 조건을 만족시키는 문제해결책들을 생성 • 문제해결책을 다양하게 생성하기
Decision-Making	D	• 가장 적합한 문제해결책을 결정하고 이를 수학적으로 정당화하기
Evaluate	E	• 다른 모둠의 해결책(아이디어)을 평가하고 나의 문제해결과정과 비교해보며 반추하기 • 다른 모둠의 더 좋은 아이디어들을 보고 나의 해결책을 수정/보완하기

비구조화된 문제해결 ABCDE 모형을 학생들에게 비구조화된 문제를 적용해 본 결과 모형을 적용하는 데 있어 효과적인 방법이 요구되었다. 우선, 비구조화된 문제가 구조화된 문제보다 문제상황을 서술한 내용이 길고, 조건들이 다양하게 제시되어 있어 학생들이 문제를 이해하는 A와 B의 단계에서 어려움을 겪었고, C 단계에서 다양한 해결방법을 고안하지 못하고 문제를 해결하지 못하는 경우를 선행연구에서 확인할 수 있었다. 이는 문제를 해결하는 데 있어 문제상황을 어떻게 이해하고 있는지가 문제를 해결하는 데 중요한 단계(지재근, 오세열, 2000; Alice & Shirel, 1999)라는 연구에서도 알 수 있듯이 학생들에게 비구조화된 문제상황을 충분히 이해할 수 있는

시간을 주는 것이 필요하다고 보았다. 학생들에게 비구조화된 문제를 해결하는 데 있어 문제를 이해하고 조건들을 파악하여 해결책을 충분히 끌어낼 수 있는 방향으로 비구조화된 문제해결 ABCDE 모형 적용방법을 수정하였다.

즉, 비구조화된 문제해결 ABCDE 모형을 적용과정은 <Part Ⅱ [그림 7-4] 참조>처럼 개인활동, 모둠활동, 전체활동 순으로 이뤄진다. 먼저 개인별로 문제 분석, 탐색, 가능한 해결책 모색의 활동을 해보게 함으로써 '문제의 이해' 과정을 충분히 경험한다. 다음으로 모둠활동을 통해 완성되지 않은 각자의 결과물을 가지고 모둠별로 토의하면서 다시 문제를 분석, 탐색, 가능한 해결책 모색, 정당화, 해결책에 대한 평가의 과정을 거치게 한다. 마지막으로 전체 활동으로 모둠활동의 결과를 논의하고 정당화하고, 해결책에 대한 발표를 통해 서로의 결과를 비교하고 평가하는 과정을 거치며 비구조화된 문제를 해결하게 된다. 이러한 과정은 선형적으로 이루어지는 것이 아니라 순환적, 유기적으로 이뤄진다.

15.3 연구 방법

15.3.1 분석 대상

본 연구는 비구조화된 문제를 적용하기 위한 모형을 개발하고 비구조화된 문제가 학생들의 문제해결력과 수학적 추론, 창의적 인성에 어떠한 영향을 미치는지를 알아보고자 하였다. 본 연구를 위해 서울과 경기도에 위치한 3개의 초등학교 4, 5, 6학년을 대상으로 하였다. 4학년은 학생들의 결석으로 인하여 비구조화된 문제를 적용한 대상이 1차는 25명, 2차는 23명이었으며, 5학년은 33명, 6학년은 23명으로 1, 2차 모두 동일하였다. 수업은 본 연구에 참여하고 있는 교사가 담당 학급의 학생을 대상으로 진행하여 학생들을 관찰하였다.

15.3.2 분석틀 및 분석 방법

15.3.2.1 문제해결력

비구조화된 문제를 적용하기 전과 후에 학생들로 하여금 서술형 평가문항을 풀어 보도록 함으로써 학생들의 문제해결력을 알아보고자 하였다. 본 연구에서는 학년별로 적용될 프로그램에 대하여 사전검사 문항과 사후검사 문항을 개발하였으며, 이를 채점하기 위한 채점 루브릭을 개발하였다. 문제해결력을 위한 평가문항은 서술평 평가문항으로 개발하였으며, 사전 사후 동형검사의 형태로 개발하였다. 비구조화된 문제 각각에 대해 사전검사 3문항, 사후검사 3문항으로 구성되었으며, 4 · 5 · 6학년 각 6문항씩 총 18개의 문항이 개발되었다. 채점 루브릭은 사전검사와 사후검사 문항을 <표 15-2>처럼 문제이해, 문제해결과정, 의사소통의 세 영역으로 나누어 분석적으로 채점할 수 있도록 제작되었으며, 문제이해 영역 2점, 문제해결과정 영역 6점, 의사소통 영역 2점으로 총 10점으로 채점하도록 개발되었다.

표 15-2 | 평가문항의 채점 루브릭의 개요

평가 준거	문제이해(2점)	문제해결과정(6점)	의사소통(2점)
의미	• 문제에 내포된 수학적 개념을 이해하는 정도 • 문제를 해결하기 위해 문제에 제시된 정보를 이해하고 활용하는 정도	• 문제해결 전략을 세워 실행하는 정도의 정확성 • 타당한 추론을 통해 문제를 해결하는 정도 • 전략 수행 후, 문제상황에 맞게 답을 기술하거나 해석하는 정도	• 풀이과정에 드러난 수학적 내용과 아이디어, 기호 등의 표현이 정확, 명확하거나 세련된 정도 • 문제해결과정 설명이 충분한가의 정도

15.3.2.2 수학적 추론

학생들이 비구조화된 문제를 해결하는 과정 속에서 보이는 수학적 추론 능력을 알아보기 위해 선행연구들을 바탕으로 수학적 추론의 구성요소를 추출하여 분석틀을 개발하였다. 수학적 추론의 구성요소는 증명의 구성요소를 기본으로 하여 자료의 정확한 해석, 기본적인 원리의 이용, 기호화, 검토의 다양성 및 완전성의 네 가지로 추출하였다(Galbraith, 1981; 서동엽, 2006; 송상호 · 장혜원 · 정영옥, 2006). 수학적 추론의 네 구성요소는 각각 요소의 수준을 구별하여 0~2점의 상중하로 구분지의 점수를 <표 15-3>과 같이 부여하였다.

표 15-3 ‖ 추론의 요소별 배점기준

추론의 요소	분석 내용	평점
자료의 정확한 해석	문제에 주어진 자료의 내용을 정확하게 이해하지 못하고, 주어진 자료와 무관한 사고 과정을 보임.	0
	문제에 주어진 자료의 내용을 부분적으로 추론하는 가운데 적용함.	1
	문제에 주어진 자료의 내용을 정확하게 이해하고, 주어진 자료를 해석한 결과를 바탕으로 추론함.	2
기본적인 원리의 이용	이미 알고 있는 사실이나 원리를 이용하여 필요한 성질이나 조건을 이끌어내지 못함.	0
	이미 알고 있는 사실이나 원리를 이용하여 추론하는 과정을 보이나 부분적으로 잘못된 성질이나 조건을 이끌어냄.	1
	이미 알고 있는 사실이나 원리를 이용하여 필요한 성질이나 조건들을 이끌어냄.	2
기호화	추론 과정을 정확한 기호나 언어를 사용하여 표현하는 데 미흡함.	0
	추론 과정을 표현할 수는 있으나 수학적 기호보다는 문장으로 표현함.	1
	수학적 기호를 사용한 문장으로 추론 과정을 정확하게 표현함.	2
검토의 다양성 및 완전성	추론 과정에서 검토의 필요성을 인식하지 못함.	0
	추론 과정에서 검토의 필요성을 인식하나 불충분한 근거에 기초하거나 특별한 경우에 한해서만 선택적으로 검토함.	1
	추론 과정에서 검토의 필요성을 인식하고 엄밀한 논리에 따라 검토하여 추론의 완전성이 나타남.	2

15.3.2.3 창의적 인성

비구조화된 문제를 해결하는 경험이 학생들의 정의적인 측면, 즉 창의적 인성에 어떠한 영향을 미치는지 알아보기 위해 창의적 인성 요인을 선행연구들을 통해 추출하였다. 하주현(2000)은 송인섭, 김혜숙(1999), Torrance(1981), Martindale(1989)의 연구를 토대로 호기심, 자기확신, 상상, 인내/집착, 유머, 독립성, 모험심, 개방성의 8개의 요인을 제시하였다. 각 요인별 특징을 바탕으로 본 연구에서는 창의적 인성으로 고려할 하위 요인을 호기심, 과제집착, 독립성, 위험감수, 사고의 개방성, 심미성 6개로 규정하였다. 각각의 하위 요인에 대한 조작적 정의 및 창의적 인성 검사지 문항은 하위요인별 4~5개의 문항으로 총 27개의 문항으로 구성하였고, 각 문항은 5점 척도로 하였다(<표 15-4> 참조).

표 15-4 ∥ 창의적 인성의 하위 요인

하위 요인	개념적 정의	문항
과제집착	어려움이 있더라도 과제를 끝까지 해내려는 성향	10, 13, 18, 23, 26
호기심	호기심이 많으며, 궁금한 것은 관찰하고 알고자 하는 성향	1, 4, 8, 16, 20
심미성	예술적 활동을 좋아하고, 감수성이 뛰어남	3, 12, 14, 21, 25
사고의 개방성	새로운 경험이나 생각을 기꺼이 수용하려는 성향	7, 17, 24, 27
독립성	다른 사람의 생각이나 평가에 의지하지 않고 혼자서 일을 하려는 성향	6, 9, 11, 22
위험감수	실패할 가능성을 무릅쓰고 하고 싶은 일을 하려는 성향	2, 5, 15, 19

15.4 분석 결과

15.4.1 문제해결력

비구조화된 문제가 4, 5, 6학년 학생들의 문제해결력에 어떠한 영향을 미치는지 알아보기 위하여 서술형 평가를 실시하였다. 서술형 평가는 동형의 사전 사후 문항을 개발하여 각 문항별 10점 만점을 기준으로 채점 루브릭에 따라 채점하여 결과를 나타내었다. 서술형 평가를 통해 문제해결력을 측정한 결과는 <표 15-5>와 같다. 4, 5, 6학년 문제해결력 검사 결과 4학년은 0.46점(6.39→6.85), 5학년은 0.43점(5.49→6.92), 6학년은 0.78점(6.18→6.96)으로 사전검사에 비하여 각 학년의 사후검사의 문제해결력 평균 점수가 모두 향상되었다. 이는 정형화의 구조화된 문제해결에 대한 경험에 익숙해 있는 학생들에게 새롭게 주어진 비구조화된 문제해결의 경험이 문제해결력 향상에 긍정적인 영향이 있었다고 보여진다.

표 15-5 ∥ 4, 5, 6학년 문제해결력 결과

학년	문제이해(2점)		문제해결과정(6점)		의사소통(2점)		총합	
	사전	사후	사전	사후	사전	사후	사전	사후
4	1.38	1.46	3.77	4.10	1.00	1.30	6.39	6.85
5	1.18	1.50	3.15	4.01	1.18	1.40	5.49	6.92
6	1.25	1.27	3.76	4.19	1.17	1.50	6.18	6.96

학생들의 문제해결력 결과를 문제이해, 문제해결과정, 의사소통의 3개의 영역으로 나누어 살펴보면, 문제이해와 문제해결과정의 경우 5학년에서 0.32점과 0.86점의 점수 향상을 보였고, 4, 6학년도 0.2~0.3점 이내의 향상을 보였다. 의사소통의 경우 4, 5, 6학년에서 모두 0.3점 내외의 향상된 점수를 보였다. 세 영역 모두 모든 학년에서 사전검사보다 사후검사의 점수가 높게 나타났다.

15.4.2 수학적 추론

4, 5, 6학년 학생들이 비구조화된 문제를 해결하면서 나타낸 수학적 추론 능력을 분석한 결과는 <표 15-6>과 같다. 이는 학생들이 비구조화된 문제를 해결하면서 나타낸 수학적 추론 능력을 각 추론의 구성 요소별로 평점화하여 평균을 낸 결과이다. 각 학년별로 수학적 추론 능력의 평점 결과를 살펴보면 0.9~1.1 사이의 점수로 큰 점수 차이를 보이지는 않았으나 문제 1, 2의 수학적 추론 능력의 구성 요소별 점수를 모두 합한 점수의 평균은 학년이 올라갈수록 더 높게 나타났다. 하지만 5학년의 비구조화된 문제 1의 수학적 추론 능력의 점수가 4.4로 가장 높게 나타난 것으로 보아 학생들의 수학적 추론 능력에 학년뿐만 아니라 과제의 특성 또한 영향을 미치는 것으로 보인다. 추론의 구성 요소별 평점 결과를 살펴보면 자료의 정확한 해석이나 기호화 부분보다 검토의 다양성 및 완전성 측면에서의 점수가 더 낮게 나타났다.

표 15-6 ‖ 비구조화된 문제에 대한 수학적 추론 능력 점수 결과

학년	비구조화된 문제 1					비구조화된 문제 2					문제 1, 2 평균
	자료의 정확한 해석	기본 적인 원리의 이용	기호화	검토의 다양성 및 완전성	합계	자료의 정확한 해석	기본 적인 원리의 이용	기호화	검토의 다양성 및 완전성	합계	
4	1.2	0.8	0.8	0.7	3.5	1.0	0.9	1.0	0.7	3.6	3.55
5	1.3	1.2	1.5	0.4	4.4	1.1	1.0	1.2	0.3	3.6	4.00
6	1.1	1.1	1.4	0.4	4	1.3	1.3	1.3	0.4	4.3	4.15
전체	1.20	1.03	1.23	0.50	3.96	1.13	1.07	1.17	0.47	3.84	3.90

학생들이 비구조화된 문제해결에서 나타낸 수학적 추론 능력을 구체적인 사례를

통해 살펴보기 위해 학생들의 수학적 추론 능력을 수학적 추론 능력의 구성 요소별 점수의 총합을 기준으로 4가지 범주로 구분하였다. 0점에서 8점까지의 점수를 2점을 기준으로 4개의 범주로 나누어 가장 높은 점수 범주부터 낮은 점수 범주 순으로 A, B, C, D와 같이 4 범주로 구분하였다. 각 학년별로 각 범주별 인원을 살펴본 결과(<표 15-7> 참조), 4학년의 경우 D, A, B, C 순으로 높게 나타났고, 5학년은 C, B, A, D 순으로, 6학년은 C, B, A, D 순으로 높게 나타났다.

표 15-7 | 비구조화된 문제해결에서 나타난 수학적 추론 능력의 범주별 인원

명(%)

범주 구분	점수 범위	4학년			5학년			6학년		
		문제 1	문제 2	합	문제 1	문제 2	합	문제 1	문제 2	합
A	6 이상~8 이하	6(24.0)	7(30.4)	13(54.4)	5(15.2)	8(24.2)	13(39.4)	5(21.8)	8(34.8)	13(56.6)
B	4 이상~6 미만	8(32.0)	4(17.4)	12(49.4)	8(24.2)	13(39.4)	21(63.6)	7(30.4)	5(21.7)	12(52.1)
C	2 이상~4 미만	2(8.0)	4(17.4)	6(25.4)	15(45.4)	9(27.3)	24(72.7)	9(39.1)	7(30.4)	16(69.5)
D	0 이상~2 미만	9(36.0)	8(34.8)	17(70.8)	5(15.2)	3(9.1)	8(24.3)	2(8.7)	3(13.1)	5(21.8)
합계		25(100)	23(100)	48(200)	33(100)	33(100)	66(200)	23(100)	23(100)	46(200)

15.4.3 창의적 인성

4, 5, 6학년 학생들이 비구조화된 문제해결과정이 창의성 인성에 미치는 결과를 알아보기 위해 사전·사후검사를 실시한 결과는 <표 15-8>과 같다. 각 학년별로 사전·사후검사 결과를 비교해 보면 사전보다 사후의 평균값이 4학년은 약 3.2점, 5학년은 1.5

표 15-8 | 창의적 인성 검사 결과

		평균	표준편차	t	p
4학년	사전	113.0	11.116	−3.210**	.004
	사후	117.8	11.766		
5학년	사전	103.5	15.65	−1.740	.092
	사후	105.0	15.55		
6학년	사전	100.3	16.07	−1.905	.069
	사후	102.6	13.75		

** $p < 0.01$

점, 6학년은 2.3점 상승한 것으로 나타났다. 그러나 비구조화된 문제해결과정이 창의적 인성에 긍정적인 영향을 주었다고 보여지는 학년은 4학년 한 학년으로 나타났다 ($p < .05$).

유의미한 결과로 나타난 4학년 결과를 바탕으로 비구조화된 문제해결과정이 창의적 인성의 어떤 하위 요소에 영향을 미쳤는지에 대한 결과는 <표 15-9>와 같다. 창의적 인성 능력의 하위 요소 중 모든 요소들에서 사후의 평균 점수가 높게 나타난 것을 확인할 수 있다. 그러나 유의수준(<.05) 기준 시 심미성, 사고의 개방성의 2개의 하위요소만이 통계적으로 유의미하며 다른 요소들은 통계적으로는 유의미하지 않게 나타났다.

표 15-9 ‖ 4학년의 창의적 인성 하위요소별 결과

하위요소	사전-사후	평균	표준편차	t	p
과제집착	사전	20.63	2.551	-.1661	.110
	사후	21.38	2.916		
호기심	사전	21.29	2.694	-1.806	.084
	사후	22.00	2.949		
심미성	사전	19.92	3.438	-2.737**	.012
	사후	21.21	2.431		
사고의 개방성	사전	17.42	2.041	-2.788**	.010
	사후	18.25	1.847		
독립성	사전	16.54	1.615	-1.297	.207
	사후	17.04	2.349		
위험감수	사전	17.21	2.126	-1.969	.061
	사후	17.83	2.099		

** $p < 0.01$

15.5 논의

본 연구에서는 이상의 연구 결과를 토대로 비구조화된 문제를 현장에 적용하기 위한 교수 학습 방법 측면에서의 다음의 제언을 하고자 한다.

첫째, 비구조화된 문제해결과정 모형에 따라 학교 현장에서 비구조화된 문제를 적용하고자 할 때 교사의 적절한 발문이나 피드백뿐만 아니라 학생들의 소집단이나 전체 토의 활동이 강조되어야 한다. 일반적으로 비구조화된 문제는 다양한 해결책 중에서 문제와 그 제한점에 근거하여 가장 적합하다고 생각하는 것을 하나 선택해야 하기 때문에 학생들로 하여금 문제를 조직하고, 문제의 해결책을 찾는 것을 어렵게 만든다(Ge & Land, 2003). 하지만 이러한 비구조화된 문제는 학생들이 흥미를 느끼고, 문제의 복잡성 속에서 맥락을 제공해 주는 가치 있는 수학적 과제로써 학생들 간에 문제해결을 위한 풍부한 상호작용을 유도할 수 있다(Alice & Shirel, 1999). 또한 이러한 과제를 소집단 활동 속에서 경험하는 것은 학생들이 다른 학생들에게 질문하고, 문제해결에 필요한 구체적인 설명을 유도하고, 서로 피드백을 줄 수 있다는 점에서 수학적 추론의 기회를 제공하는 자연스러운 배경이 된다. 소집단 토의 활동뿐 아니라 전체 활동도 학급 전체를 대상으로 자신의 추론 과정을 설명하여 발표할 기회를 갖고, 자신의 생각과 다른 사람의 생각을 공유함으로써 자신의 해결과정을 정당화해야 하는 자연스러운 상황에 놓이게 해 준다(Carolyn, 2009). 또한 2009 개정교육과정에서 새로운 교수 학습 방법으로 도입한 스토리텔링은 이야기가 수학교육에 적용됨으로 인해 수학의 개념·원리·법칙에 쉽게 접근하도록 안내하고, 수학 내용을 효과적으로 전달·기억하게 하고, 문제해결에 도움을 줄 수 있다(서보억, 2013)는 점에서 비구조화된 문제해결에 활용될 수 있을 것이다. 본 연구 결과에서 비구조화된 문제를 적용한 이후의 창의적 문제해결력에서 더 높은 점수를 보였던 것은 비구조화된 문제를 소집단 토의 활동을 통해 적절히 현장에서 적용하였을 때 학생들의 문제해결력에 도움이 될 수 있음을 나타낸다. 더불어 학생 개개인이 보였던 수학적 추론 능력 또한 소집단 토의 활동을 통해 수정되고 발전된다면 좀 더 높은 수준의 추론 능력을 보여줄 것으로 기대해 볼 수 있다.

둘째, 비구조화된 문제는 일상생활에서 접할 수 있는 문제상황을 제시하고, 여러 가지 해결 방법이 존재하거나 문제해결을 평가하는 다양한 준거를 가지는 특징이 있기 때문에 비구조화된 문제를 해결하기 위해서는 문제에서 요구하는 내용과 문제에 내포되어 있는 여러 조건들을 파악하는 것이 중요하다. Greeno(1978)가 언급하였듯이 문제해결에서 문제를 이해하는 과정이 해결계획을 구상하고 문제를 해결하는 데 중요하며, 올바른 이해가 바탕이 되어야 문제를 해결할 수 있는 행로를 찾을 수 있을 것이다. 본 연구의 결과 수학적 추론 능력을 분석한 결과에서 추론 능력 점수가 높은 학생들은 문제를 정확하게 이해한 학생들이 문제를 성공적으로 해결해 가는 과정을 볼 수 있었다.

종합적으로, 학생들이 접해 본 경험이 적은 비구조화된 문제를 해결하기 위해서는 문제에서 제공하고 있는 정보뿐 아니라 전체적인 흐름을 파악하며, 문제에서 주어진 자료의 정확한 해석을 통해 학생들이 논리적으로 문제해결 절차를 계획할 수 있도록 지도하는 방안 및 체계적인 후속연구를 기대해 본다.

16 예비초등교사 적용 및 분석

16.1 개요

본 내용은 동기와 수학적 태도의 수준에 따른 초등예비교사들의 비구조화된 문제해결과정을 살펴보고자 한다. 이를 위해 예비 초등교사들의 동기와 수학적 태도에 대한 사전검사 결과를 토대로 모둠을 편성하여 비구조화된 문제해결과정에서 나타나는 특징들을 분석하였다. 이를 통해 학생들이 실세계에서 일어나는 문제해결에 도움이 될 수 있도록 학생들의 학습을 이끌어갈 예비교사 교육에 시사점을 제공해 주고자 한다.

16.2 연구 방법

16.2.1 분석 대상

본 연구에 참여한 예비초등교사는 서울시에 소재한 한 종합대학교 사범대학 초등교육과에서 재학 중인 17명의 학생들이다. 연구대상자들의 소모둠 구성은 사전검사의 결과인 동기와 수학적 태도에 대한 검사결과를 활용하여 동기와 수학적 태도의 점수에 따라 상(high-high), 중(high-low, low-high), 하(low-low) 모둠으로 각 모둠별 3~4명으로 구성하였다. 이 중에서 본 연구에서는 상, 하 모둠의 자료들만을 분석 대상으로 하였다.

표 16-1 ‖ 연구대상자들의 모둠별 구성

(명)

구분	high-high	low-low	합
1학년	4 (A 모둠)	4 (D 모둠)	8
3학년	3 (B 모둠)	3 (E 모둠)	6
	3 (C 모둠)	3 (F 모둠)	6
합	10	10	20

16.2.2 분석틀 및 분석 방법

본 연구는 사전검사, 비구조화된 문제해결에의 참여, 사후검사 순서로 진행하였다 ([그림 16-1] 참조).

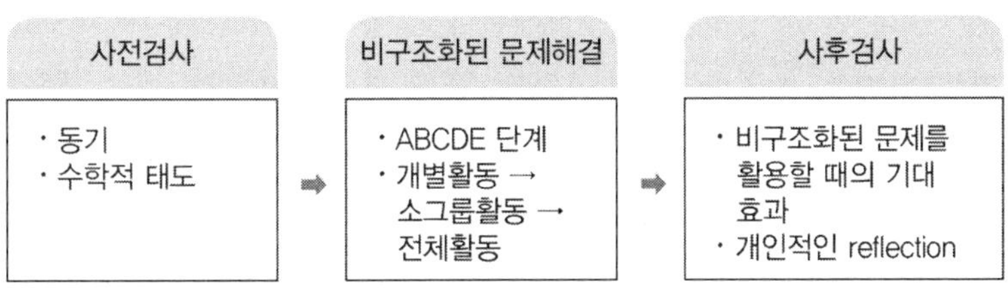

그림 16-1 ‖ 본 연구의 연구절차

사전검사는 수학적 태도와 동기를 측정하였는데, 수학적 태도는 수학에 대한 흥미, 수학의 사회적 가치, 수학 및 수학자에 대한 인식의 3개 하위 요소로 구성하였다(배민옥, 2012). 동기는 봉미미 외(2012)의 SMILES에서 동기성향(motivational dispositions), 인지적 관여(cognitive engagement), 학업적 자기조절(academic self-regulation)에 관한 문항을 활용하였다.

비구조화된 문제해결은 앞서 살펴본 비구조화된 문제의 해결절차에 기반하여 정립된 ABCDE(Analyze/Browse/Create/Decision-Making/Evaluate) 모형에 따라 5단계(7장 참조)로 진행하였다. 비구조화된 문제해결과정에서 어떤 특징이 나타나는가를 분석하기 위하여, 비구조화된 문제해결 절차를 분석단위로 하였다. 그러나 1차 분석 결과, Analyze와 Browse 단계는 명확하게 구분이 되지 않고 동시에 이루어지는 것으로 나타나, 최종 분석은 동기와 수학적 태도의 수준에 따른 모둠별 문제해결과정을 Analyze & Browse, Create, Decision-Making, Evaluation의 네 단계(<표 16-2> 참조)에 따라 분석하고 각 단계에서 어떤 특징이 나타났는지를 찾아내었다.

표 16-2 ▌ 문제해결 분석 관점

단계	분석 관점
Analyze & Browse	문제상황에서 제시하는 정보에 근거하여 문제 분석 문제 분석에 기초하여 문제상황 이해하기
Create	문제해결 계획 생성하기
Decision-Making	문제해결 계획을 선택하고 실행하면서 도출된 해결책 중 가장 적절한 해결안에 대한 의사결정 후 최선의 해결책 도출하기
Evaluate	문제해결과정 및 최종 해결책 평가하기

마지막으로, 사후검사에서는 초등학교 수학교실에서 비구조화된 문제를 활용할 때의 기대 효과에 대한 설문(items 수=9, Likert 5 scale)을 실시하였다. 또한 비구조화된 문제해결 활동에 대한 개인적인 반성을 적어보도록 하였다.

본 연구에서 활용한 비구조화된 문제해결에 활용한 연구과제는 '어린이 북카페가 생겼어요!'라는 과제로 초등학교 4학년의 수학과 교육과정에서 큰 수, 혼합계산에 해당하는 내용을 중심으로 설계된 상황맥락적 과제이다. 문제상황에서 미경이는 동네에 새로 생긴 북카페의 회원으로 가입하는 것이 비용 효율적이라고 생각하여, 주간 스케줄에 따라 북카페 이용 계획을 세우고 그 계획에 따라 회원과 비회원의 비용을 비교하여 회원일 때의 적절한 이용 금액을 구하여야 한다. 미경이의 이용 계획에 따른 회원의 적절한 금액을 선정하여 문제를 해결하기 위해서는 회원과 비회원의 비용을 비교하여야 한다. 비용은 운영 계획과 1회 이용 금액에 따라 결정되는데, 이용 계획은 주간 스케줄에 근거하여 북카페에 갈 수 있는 요일을 선정하는 방법에 따라 다양할 수 있으며 이용 계획에 따라 세 달 동안의 이용 횟수와 드는 비용이 달라진다. 본 과제는 비용을 비교하는 과정에서 변하는 부분과 변하지 않는 부분을 구분하여 관련된 식을 세워 문제 구조에 대한 이해를 하는 대수적 사고로의 발전이 이어질 수 있다는 특징을 지니고 있다.

16.3 분석 결과

본 연구에서는 모둠별 문제해결과정의 Analyze, Browse 단계로 포함시킬 수 있는 것으로 보고, 비구조화된 문제해결의 과정을 분석하였다. 그리고 동기 및 수학적 태도의 수준에 따라 각 모둠별로 비구조화된 문제해결의 단계에서 나타나는 특징을 찾아 모둠들 간의 차이를 분석하였다.

16.3.1 동기 및 수학적 태도에 따른 모둠별 비구조화된 문제해결

16.3.1.1 동기 및 수학적 태도가 상(high-high)인 모둠

동기 및 수학적 태도가 상(high-high)에 해당하는 A, B, C 세 모둠은 문제상황을 읽고 주간 스케줄에 관한 정보를 이해하고 분석하여 '일주일에 갈 수 있는 요일'을 선택하는 활동으로부터 문제이해가 시작되었다. '일주일에 갈 수 있는 요일'들 중에서 미경이라면 어느 요일을 이용하는 것으로 정할 것인지에 대한 논의를 거치고, 각각의 경우(사흘 가는 경우, 이틀 가는 경우, 하루 가는 경우)에 따라 세 달 동안 이용하게 되는 횟수를 찾아 비용을 비교하는 방법으로 문제를 해결하였다. 모둠에 따라 각각의 경우를 통합하여 수렴된 결과를 내기도 하고, 요일 선정 방식에 따라 다양한 결과를 모두 제시하기도 하거나 미경이의 입장뿐만 아니라 북카페의 입장을 고려하여 최종적으로 회원의 이용 금액을 정하였다. 이들의 문제해결과정을 간단하게 도식으로 나타내면 아래 [그림 16-2]와 같다.

주간 스케줄에 대한 이해와 분석을 통한 북카페에 갈 수 있는 요일 찾기

⬇

논의를 통하여 북카페에 갈 수 있는 요일 선정

⬇

선정한 요일에 따른 세 달 동안의 이용 가능한 횟수 확인 : 조건의 다양화

⬇

요일과 횟수에 따른 회원과 비회원의 비용 비교

⬇

회원의 적절한 이용 금액 선정과 정당화

그림 16-2 ∥ 동기 및 수학적 태도가 상(high-high)인 모둠의 문제해결과정

대표적으로 A 모둠의 문제해결과정을 구체적으로 제시해보고자 한다. 학생들의 예에서 확인해 보면, A 모둠은 회원과 비회원의 비용을 비교하는 전략을 세우고, 그 전

략을 수행하기 위해 문제상황에서 주간스케줄을 분석하여 일주일에 몇 일을 갈 수 있는지에 따라 다양한 계획별 회원의 일일입장료를 구하여 비교하고 있다. A 모둠의 문제해결과정을 분석한 결과, 비구조화된 문제는 구조화된 문제와 달리 문제 공간이 넓어 문제를 여러 관점에서 생각하고 다양한 판단과 해석이 가능하고, 다양한 조작이 가능하다는 개방성(openness)의 측면이 문제해결과정에서 나타나는 것을 볼 수 있다.

16.3.1.2 동기 및 수학적 태도가 하(low–low)인 모둠

동기 및 수학적 태도가 하(low-low)에 해당하는 D, E, F 세 모둠은 문제상황을 읽고 주간 스케줄에 관한 정보를 이해하고 분석하여 방과 후 시간이 넉넉한 요일들(월, 목, 토요일)에 모두 북카페를 이용하는 섯(전략 1) 또는 문제상황에서 제시하는 주간 스케줄에 상관없이 일주일 내내 모두 북카페를 이용하는 것(전략 2)으로 생각하여 문제를 해결하였다. 이들의 문제해결과정을 간단하게 도식으로 나타내면 아래와 같다([그림 16-3] 참조).

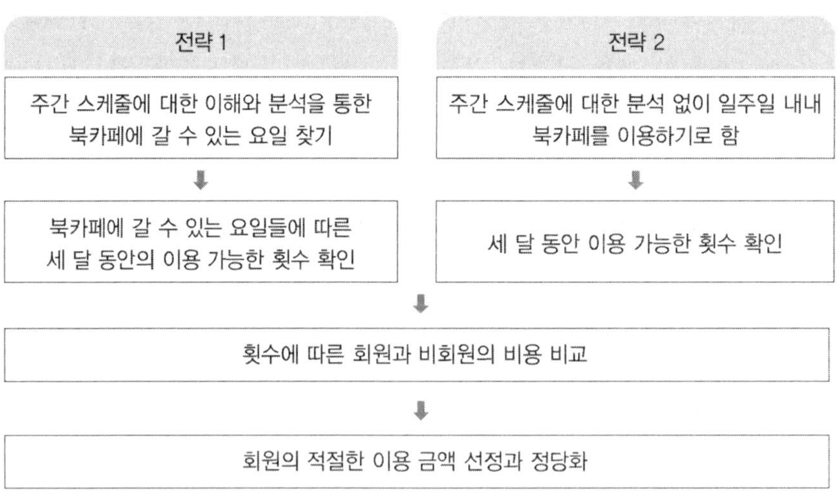

그림 16–3 ǁ 동기 및 수학적 태도가 하(low–low)인 모둠의 문제해결과정

[그림 16-3]을 보면, 세 달 동안 이용하는 횟수에 따른 회원과 비회원의 비용 비교 전략으로 문제를 해결하고는 있으나, 주간 스케줄에 따라 다양한 결과가 나올 수 있다는 점을 인식하지 못한 채로 문제해결이 진행되는 것을 볼 수 있다. 주간 스케줄에 대한 심도 있는 분석이 이루어지지 못한 채로 일주일에 갈 수 있는 요일에 대한 해석이 불분명한 채로 문제해결이 진행되는데, 이는 문제상황을 다양한 관점에서 바라볼

수 있거나 현실 세계의 복잡성과 어느 정도로 비슷한가에 관한 복잡성(complexity)이나 문제를 여러 관점에서 생각하고 다양한 판단과 해석이 가능하거나 다양한 조작이 가능한가에 관한 개방성(openness)의 측면이 비구조화된 문제해결에서 드러나지 못한 것으로 볼 수 있다.

16.3.2 동기 및 수학적 태도에 따른 모둠별 비구조화된 문제해결의 단계별 특징

비구조화된 문제해결은 Analyze, Browse, Create, Decision-Making, Evaluation의 단계로 이루어지는데, 1차적으로 문제해결의 과정을 단계에 나눠 분석한 결과 Analyze와 Browse의 단계는 동시적으로 진행되는 것으로 나타나 <표 16-2>와 같이 Analyze & Browse, Create, Decision-Making, Evaluation의 4단계에 따라 각 단계별 특징을 분석하였다.

16.3.2.1 동기 및 수학적 태도가 상(high-high)인 모둠

[그림 16-2]에서 제시한 동기 및 수학적 태도가 상(high-high)인 모둠의 문제해결과정을 비구조화된 문제해결 단계에 따라 분석한 결과, 아래와 같이 각 단계별로 공통적인 특징이 나타났다([그림 16-4] 참조).

Analyze & Browse 단계에서는 문제상황에 호기심을 갖고 문제상황을 심층적으로 분석하였다. 문제상황에서 제시하는 주간 스케줄에 대한 이해와 분석을 통해 북카페에 갈 수 있는 요일을 찾는데, 이때 문제상황과 유사한 자신의 경험을 예로 들며 자신의 삶과 관련짓거나 자신이 알고 있는 상황처럼 빗대어서 설명하는 방식으로 호기심을 드러냈다. 이러한 방식으로 구성원들 간의 이해를 도울 수 있었고, 문제에 대한 심층적인 분석이 이루어졌다.

Create 단계에서는 심층적 분석에 기반하여 다양한 아이디어로 해결책을 생성하고자 하였고, 필요에 따라 Analyze, Browse 단계로 순환하여 문제상황에 대한 추가적인 분석과 이해가 이루어지면 또 다른 아이디어를 도출해 내기도 하였다. 또한 자신들이 생성해낸 전략의 적절성을 스스로 점검하기도 하였다. 북카페를 이용할 수 있는 요일들 중에서 어느 요일을 선택하여 북카페 이용 계획을 세울 것인지에 대한 논의를 펼치고, 그 이용 계획에 따라 세 달 동안의 이용 가능한 횟수를 확인하였다. 이때, 요일을 선택하는 방법에 따라 조건을 다양화시켰는데, 요일을 선택할 때 Analyze와 Browse 단계에서 문제상황에 제시된 정보를 자신의 경험을 예로 들어 설명한 것과

단계	문제해결과정	특징
Analyze Browse	주간 스케줄에 대한 이해와 분석을 통한 북카페에 갈 수 있는 요일 찾기	· 자신과의 관련성을 통한 호기심 표출 · 심층적인 분석
Create	논의를 통하여 북카페에 갈 수 있는 요일 선정 ⬇ 선정한 요일에 따른 세 달 동안의 이용 가능한 횟수 확인 : 조건의 다양화	· 다양한 아이디어로 해결책 생성 · AB 단계로 순환 · 전략의 적절성 점검
Decision-Making	요일과 횟수에 따른 회원과 비회원의 비용 비교 ⬇ 회원의 적절한 이용 금액 선정과 정당화	· C 단계로 순환 · 전략에 대한 지속적인 점검에 기반한 최적안 선정
Evaluation	그룹의 문제해결과정과 결과 공유	· ABCD 단계의 관련성 고려

그림 16-4 | 동기 및 수학적 태도가 상(high-high)인 모둠의 비구조화된 문제해결 단계별 특징

관련지어 생각해보는 점검 과정을 거치면서 요일 선택에 대한 전략의 적절성을 스스로 검토하고자 하였다.

Decision-Making 단계에서는 생성해 낸 전략들의 적절성에 대해 구성원들이 스스로 점검하였고, 점검 결과에 기반하여 최적안을 선정하는 의사결정이 이루어졌다. 선정한 요일에 따른 이용계획별 회원과 비회원의 비용을 비교하고, 적절한 회원 금액을 선정하여 정당화하였다. 이때, Create 단계에서 생성해 낸 아이디어들의 적절성에 대해 모둠의 논의 과정에서 적절성에 대한 점검이 지속적으로 이루어졌다.

Evaluation 단계에서는 다른 모둠의 구성원들에게 자신이 속한 모둠의 해결책을 정당화하는데, Analyze, Browse, Create, Decision-Making의 단계들이 서로 관련지어 설명됨으로써 정당화되었다.

동기 및 수학적 태도가 상(high-high)에 속하는 A, B, C 세 모둠의 비구조화된 문제해결과정과 단계별 특징을 종합해보면, 비구조화된 문제해결 절차의 ABCDE 단계가 선형적으로 연결되기보다는 문제상황에 대해 Analyze, Browse한 것에 기초하여 다양한 해결책을 생성해(Create) 내는데, 생성한 해결책들을 문제상황의 정보와 관련지어 보는 점검 과정을 지속적으로 행하면서 문제상황을 재분석하는 절차가 일어나고, 이를 통해 미처 생각하지 못했던 또다른 해결책을 생성해 내기도 하거나 최적안으로 Decision-Making하는 절차로 연결이 되는 것으로 나타났다. 따라서 비구조화된 문제해결의 ABCD 단계는 각 단계에서 지속적으로 점검하는 과정이 이루어지고, 필요에 따라 상호 순환적으로 연결되는 것으로 볼 수 있다. 이러한 특징은 QCA(2004)가 문제해결의 수준이 높아질수록 문제해결과정을 점검하고 결과를 분석하여 선택한 문제해결 전략의 효과성을 평가하고, 또한 좀 더 바람직한 문제해결 방안을 찾기 위해 노력하는 특징이 나타난다고 밝힌 부분과 같은 특징을 보인 것으로 볼 수 있다. 또한 Rowland(1992)가 밝힌 전문가의 문제해결의 특징인 문제이해 단계에서 주어진 정보에 기초하여 추론을 통해 더 많은 정보를 추가하며 상황에 대한 탐구가 이루어지고, 문제 분석 단계에서 문제이해 단계에서 신중을 기하며 해결 방안에 대해 생각하는 시간을 오래 갖고, 문제표상 단계에서 상황에 대한 고려를 반영하여 상황 요소들 간의 관계 파악에 몰두하며, 문제해결 단계에서 자신이 생각한 해결책의 변형 가능성을 염두에 두고 문제해결의 실행 단계로의 이행을 천천히 한다고 밝힌 특징과 유사하다.

16.3.2.2 동기 및 수학적 태도가 하(low–low)인 모둠

[그림 16-3]에서 제시한 동기 및 수학적 태도가 하(low-low)인 모둠의 문제해결과정을 비구조화된 문제해결 단계에 따라 분석한 결과, 아래와 같이 각 단계별로 공통적인 특징이 나타났다.

Analyze & Browse 단계에서는 문제상황에서 제시하는 정보들을 표면적으로만 분석하는 경향이 나타났다. 이는 문제해결자들이 문제상황에 호기심을 갖지 못하거나 주도적으로 문제해결과정에 참여하지 않기 때문인 것으로 볼 수 있다. 또한 문제상황을 표면적으로만 분석하다 보니, 모둠 구성원들 각자가 문제상황에 대한 이해를 자세하게 표현하지 않게 되며 논의할 거리가 부족해 문제해결책 생성의 단계로 급히 진행되었다.

Create 단계에서는 아이디어가 도출되기는 하였으나, 문제상황에 대한 분석과 이해가 표면적으로만 이루어지다 보니 문제상황에서 제시하는 정보들의 조건을 다양화하기보다는 한 가지 방법만을 생각해 내는 것에 그쳐 문제해결책도 다양하게 생성되지 못하였다. 그러다 보니 문제해결책 실행의 단계로 급히 진행되게 되었고, 문제해결책 생성에 대해 점검의 기회도 갖지 못하였다.

Decision-Making 단계에서는 Create 단계에서 생각해낸 한 가지의 문제해결책을 실행하고, 그것이 문제해결의 전부라고 생각하는 경향이 나타났다.

단계	문제해결과정		특징
	전략 1	전략 2	
Analyze Browse	주간 스케줄에 대한 이해와 분석을 통한 북카페에 갈 수 있는 요일 찾기	주간 스케줄에 대한 분석 없이 일주일 내내 북카페를 이용하기로 함	· 표면적인 분석 · C 단계로 급히 진행
Create	북카페에 갈 수 있는 요일들에 따른 세 달 동안의 이용 가능한 횟수 확인	세 달 동안 이용 가능한 횟수 확인	· 단일한 문제 해결책 생성 · D 단계로 급히 진행
Decision-Making	횟수에 따른 회원과 비회원의 비용 비교 ↓ 회원의 적절한 이용 금액 선정과 정당화		· C 단계에서 생성해낸 해결책 실행
Evaluation	그룹의 문제해결과정과 결과 공유		· 정당화 부족

그림 16-5 ▮ 동기 및 수학적 태도가 하(low-low)인 모둠의 비구조화된 문제해결 단계별 특징

Evaluation 단계에서는 다른 모둠의 구성원들에게 자신이 속한 모둠의 해결책을 설명하고 정당화하기보다는, ABCD 단계를 거치면서 자기들이 수행한 문제해결과정과 결과를 보고하는 수준에 그쳤다.

동기 및 수학적 태도가 하(low-low)인 모둠의 문제해결과정을 비구조화된 문제해결 단계별 공통적인 특징을 간단하게 정리하면 [그림 16-5]와 같다.

동기 및 수학적 태도가 하(low-low)에 속하는 D, E, F 세 모둠의 비구조화된 문제해결과정과 단계별 특징을 종합해보면, 전체적으로 모둠 구성원들 간의 협의가 충분히 일어나지 않았다. 문제상황에 대한 분석과 이해가 표면적으로 이루어지고 단일한 해결책만을 생성하는 것과 같이 비구조화된 문제해결의 각 단계에서 다음 단계로 성급하게 진행되는 경향이 나타났고, 이는 각 단계가 의미있게 진행되지 못하는 것으로 볼 수 있다. 이러한 특징은 QCA(2004)가 밝힌 바와 같이, 문제해결의 수준이 낮은 경우에는 주어진 문제를 한 가지의 방법으로만 해결하는 경향이 있는 것과 Rowland(1992)가 초보자의 문제해결은 문제이해에서 주어진 문제상황 자체로만 받아들이고 상황 자체에 대한 탐구는 거의 없고, 문제분석 단계에서 문제상황에 대해 간단한 분석을 마치고 바로 문제해결 실행 단계로 이행하며, 문제표상 단계에서 표면적인 특징에만 관심을 갖고, 문제해결 단계에서 문제상황의 특정 부분에 초점을 맞추어 문제해결계획을 세우고 바로 실행하는 경향이 있다고 밝힌 것과 같은 특징이다.

16.4 논의

본 연구는 수학 교육 현장을 개선하고 수학 교수·학습 과정에 변화를 추구하여 학생들의 창의적인 문제해결능력을 기르는 데에 비구조화된 문제를 활용할 수 있다는 것을 전제하고, 동기 및 수학적 태도의 수준에 따라 구성된 예비초등교사들의 모둠별 비구조화된 문제해결과정을 분석하여 문제해결 단계별 특성을 찾아보았다.

동기 및 수학적 태도의 수준에 따라 나타난 각 단계별 특징을 비교하면 다음과 같다. Analyze와 Browse 단계에서는 문제상황과 자신의 경험과의 관련성을 찾는 것과 같이 호기심을 갖느냐 갖지 않느냐에 따라 문제상황에 대한 심층적인 또는 표면적인 분석과 이해가 이루어진다. Analyze 단계와 Browse 단계에서 심층적인 분석과 이해가 될수록 Create 단계에서 다양한 아이디어에 기반한 해결책이 생성되는 것으로 나타났다. 또한 Create 단계에서 Analyze, Browse 단계로 순환하면서 지속적인 점검의 과정이 나타날 때 다양한 아이디어의 도출이 가능했다. Decision-Making 단계에서는 도출한 아이디어들에 대한 점검을 통해 최적안을 선정하였다. Evaluation 단계에서 자신들의 문제해결과정과 결과를 정당화할 수 있다는 것은 문제 분석과 이해의 단계에서부터 해결책을 고안해내고 최적안을 선택하기까지의 유기적인 관계를 이해할 수 있을 때 가능하였다.

또한, 동기와 수학적 태도의 수준이 높은 모둠에서는 비구조화된 문제해결의 각 단계에서 구성원들 간의 협의가 원활하게 이루어지고 각 단계에서 할 일들이 유의미하게 진행되었다. 구성원들 간의 협의를 통해 문제상황의 분석이 심도있게 이루어지면 아이디어도 다양하게 생성낼 수 있었고, 다양한 아이디어들을 비교하여 최적안을 선정하게 되었다. 이 과정에서 구성원들 간의 협의가 잘 이루어질 수 있도록 비구조화된 문제해결의 각 단계도 유기적인 관계를 맺고 각 단계가 의미있게 진행될수록 더 높은 수준의 총체적인 문제해결이 이루어질 수 있었다.

이상의 논의에 비추어서, 예비교사교육의 관점에서 비구조화된 문제해결에 대한 교육적 시사점을 찾아보고자 한다.

먼저, 비구조화된 문제해결의 과정을 단계별로 분석한 것을 종합해 보면, 문제분석과 이해가 어느 정도 수준으로 이루어졌느냐에 따라 뒤따르는 단계의 질이 결정되는 것을 볼 수 있었다. Hong(1998), 김민경 외(2012) 등의 연구에서 문제상황 속에 담긴 문제 해결에 필요한 요소들이 불확실하여 모호하게 정의되거나 복잡하고 상황맥락으로 주어지기 때문에 문제를 이해하는 것이 비구조화된 문제를 해결하는 데 중요한 것으로 나타났다. 따라서 예비교사교육에서 실제적인 상황맥락을 활용하여 문제를 구성하여 개발하는 것의 필요성을 깨닫고, 일상 수학으로부터 수학적 잠재성을 발견하여 수학화하여 학문적 수학으로 연계할 수 있는 경험을 제공할 필요가 있다.

둘째, 본 연구에서는 모둠으로 구성하여 비구조화된 문제해결을 실행하였다. 그리고 앞선 분석 결과에 기초해 본다면, 비구조화된 문제해결의 각 단계가 유의미하게 진행되기 위해서는 모둠별 구성원들 간의 협의가 충분하게 이루어져야 함을 찾아볼 수 있었다. 실제로 실생활의 많은 문제해결이 개인보다는 팀을 중심으로 수행되는 경우가 많다는 것에 대응할 수 있도록 최근 학교에서는 프로젝트기반학습, 탐구중심학습, 문제중심학습 등의 협력을 통한 학습을 확대하고 있다. 또한 OECD는 협력적 문제해결력을 미래 사회를 살아가기 위한 중요한 능력으로 간주하고 PISA 2015에는 협력적 상황에서 개인적 문제해결력을 평가하는 '협력적 문제해결력' 평가를 도입하였다. 이상의 연구들에 기초해 본다면, 비구조화된 문제해결은 소모둠 구성원들 간에 이루어지는 협력이 영향을 미치는 요인인 것으로 볼 수 있으므로, 예비교사교육에서 모둠 구성과 모둠에서의 협력적 문제해결에 대한 것도 간과할 수 없을 것으로 생각된다.

셋째, 본 연구에서는 동기 및 수학적 태도의 수준에 따라 비구조화된 문제해결의 수준이 극명한 차이가 나타났다. 문제해결의 수준이 다르게 나타났다는 것은 낮은 문제해결의 수준은 높은 수준으로 끌어올릴 필요가 있음을 함께 생각해볼 필요가 있다. 이때, 전문가와 초보자와의 문제해결과정을 분석하여 차이를 설명하였던 Rowland (1992)이나 학생들의 비구조화된 문제를 해결하도록 촉진하는 question prompts의 활용과 효과성에 대해 언급하였던 Ge & Land(2003)의 연구에서 보듯이 교사의 도움으로 문제해결 수준의 발달을 도울 수 있다. 따라서 예비교사교육에서 문제해결의 발달을 도울 수 있는 방법적 측면에 관한 교육, 즉 교사가 문제해결을 돕기 위해 어느 정도로 어떻게 도움을 주고 학생 활동을 안내할 수 있을까에 대한 구체적인 교육이 필요할 것으로 생각된다.

마지막으로 Auguste, Kihn과 Miller(2010)의 조사결과처럼 한국의 교사들은 높은 성취를 갖는 인력이지만, 실세계에서 경험할 만한 것과 가장 유사한 복잡성, 실제성, 개방성을 가지는 비구조화된 문제해결에 대한 경험이 전무후무하다는 것은 눈여겨볼 필요가 있다. 이 본 연구에 참여한 예비교사들이 작성한 비구조화된 문제해결 활동에 대한 반성에서도 비구조화된 문제해결에 대한 새로운 경험에 대해 처음에는 당황함을 나타내기도 하였지만, 궁극적으로는 예전에 접해 보지 못한 새로운 경험에 대해 매우 긍정적인 피드백이 나타나기도 하였다. 교실에서 수업을 이끌어가는 주체가 될 예비교사의 문제해결의 수준이나 관련된 경험은 수업에 참여하는 학습자의 문제해결에도 영향을 미칠 수 있음을 고려할 필요가 있다.

복잡하고 빠른 속도로 변화하는 미래 사회에서 여러 가지 문제를 해결해야 하는 학생들뿐만 아니라 그 학생들을 가르치게 될 예비교사들에게 현실 세계의 모습과 같은 실제성, 복잡성, 개방성을 특징으로 하는 비구조화된 문제를 해결하도록 하는 경험은 중요할 것으로 여겨진다. 학교 교육이 학교 안에서의 학습에 그치지 않고 자신이 살아가는 실세계를 이해하고 실세계에서 일어나는 문제해결에 도움이 될 수 있도록, 학생들의 학습을 이끌어갈 예비교사들에게도 이와 관련한 교육이 필요하다.

강문봉 (1996). 초등학교에서의 수학적 추론의 지도에 관하여-추론 지도의 가능성과 귀납적 추론 지도를 중심으로. 대한수학교육학회논문집, 6(2), 71-85.

교육과학기술부 (2008a). 초등학교 교사용지도서 수학 4-1. 서울: 두산동아.

교육과학기술부 (2008b). 초등학교 교육과정 해설(Ⅳ)-수학, 과학, 실과. 서울: 대한교과서 주식회사.

교육과학기술부 (2013). 초등학교 수학 1~2학년군 교사용 지도서. 서울: 교육과학기술부.

교육인적자원부 (2007). 초등학교 교육과정. 서울: 교육인적자원부.

교육과학기술부 (2009). 창의와 배려의 조화를 통한 인재 육성-창의·인성 교육 기본 방안-. 서울: 교육과학기술부.

김경희, 박은정 (2013). 비구조화된 정도에 따른 비례 유형에서 나타난 초등학생의 비례추론에 관한 연구. 한국학교수학회논문집, 16(4), 719-743.

김경희, 백희수 (2010). 비와 비율 영역에 대한 우리나라와 싱가포르 교육과정 및 교과서 비교 -TIMSS 평가목표와 공개문항을 중심으로. 학교수학, 12(4), 473-491.

김민경, 이지영, 홍지연, 김은경 (2011). 초등학교 수학 교과서에서 나타난 '문제'의 비구조성에 관한 연구. 학습자중심교과교육연구, 11(2), 1-21.

김민경, 이지영, 홍지연, 주현정 (2012). 자료분석에 관한 비구조화된 문제해결모형 적용에서 나타난 초등학교 5학년 학생들의 의사결정에 관한 연구, 수학교육논문집, 26(2), 221-249.

김민경, 허지연, 조미경, 박윤미 (2012). 초등학교 4학년 학생들의 비구조화된 문제에서 나타난 해결 과정 및 추론 분석. 수학교육, 51(2), 95-114.

김민경, 박은정 (2013). 비구조화된 정도에 따른 비례 유형에서 나타난 초등학생의 비례 추론에 관한 연구. 한국학교수학회논문집, 16(4), 719-743.

김민경, 허지연, 박은정 (2014). 초등수학에서의 비구조화된 문제해결 모형 설계, 적용 및 그 교육적 의미. 한국초등수학교육학회지, 18(2), 189-209.

김선희, 이종희 (2002). 학교 현장에서 수학적 추론에 대한 실태조사: 수학적 추론 유형을 중심으로. 수학교육, 41(3), 273-289.

김용익 (2009). 비례상황에 기초한 비의 지도 방법 연구. 한국교원대학교 대학원 박사학위논문.

김은혜, 박만구 (2011). 수학 영재교육 대상 학생과 일반 학생의 개방형 문제 해결 전략 및 행동 특성 분석. 한국초등수학교육학회지, 15(1), 19-38.

김종명 (2002). 실생활 문제상황을 기초로 한 기하학습 내용의 수학화 구성방안 연구. 한국교원대학교대학원 석사학위논문.

김혜숙, 오미정 (2006). 미술 활동을 통한 수학교육의 실제. 어린이교육, 8, 57-72.

김홍원, 김명숙, 송상헌 (1996). 수학영재 판별 도구 개발연구(I). - 연구보고 CR 96-26 -. 서울: 한국교육개발원.

남승인 (1999). 초등수학교육에 있어서의 추론 방법. 수학교육논문집, 8, 45-63.

남진영 (2008). 수학적 지식의 구성. 서울: 경문사.

박경옥, 박영희 (2003). 수학적 문제해결력 및 추론 능력과 관련된 정의적 요소와 그 차이에 관한 분석: 6학년 아동을 중심으로. 초등수학교육, 7(2), 101-116.

박병서 (1999). 계산 전략 게임이 수학적 의사소통 능력 신장에 미치는 영향. 초등수학교육, 3(2), 133-142.

박정숙 (2009). 학생의 비례추론의 분석 모형과 특성 분석. 서울대학교대학원 박사학위논문.

배민옥 (2012). 초등학교 교사들의 수학 수업에 대한 불안 요인과 수학에 대한 태도 조사. 대구교육대학교교육대학원 석사학위논문.

봉미미, 김성일, Johnmarshll, R. 외 (2012). Student Motivation in the Learning Environment Scales. 서울: The Brain and Motivation Research Institute, Korea University.

서동엽 (2006). 수학의 형식과 대상에 따른 수학적 추론 지도 수준. 수학교육학연구, 16(2), 95-113.

서보억 (2013). 수학교육에서의 스토리텔링(storytelling)에 대한 문헌 분석 연구. 수학교육, 52(1), 65-82.

성창근, 이광호 (2012). 비례 문제 해결에 영향을 주는 인지적 변인 분석. 수학교육학연구, 22(3), 331-352.

송상헌, 장혜원, 정영옥 (2006). 초등학교 6학년 수학영재들의 기하 과제 증명 능력에 관한 사례 분석. 수학교육학연구, 16(4), 327-344.

송인섭, 김혜숙 (1999). 창의성 개념정립을 위한 탐색적 연구-암시적 창의성 이론을 중심으로-. 교육심리연구, 13(3), 93-117.

이성범 (2001). 초집단 토론학습의 효과적인 방법 개선. 교육연구, 21(12), 72-76.

이영주, 전평국 (1999). 초등학교 고학년 아동의 정의적 특성, 수학적 문제 해결력, 추론능력간의 관계. 수학교육논문집, 8, 137-150.

이재돈, 김호중 (2006). 수준별 이동식 수업이 문제 해결력 신장에 미치는 영향. 교육연구, 2(1), 71-97.

임해미, 김수진, 김경희 (2012). 국가수준 학업성취도 평가와 국제 학업성취도 평가의 연계를 통한 우리나라 학생들의 수학 성취 특성 분석. 수학교육학연구, 22(1), 1-22.

전평국, 김은희, 김원경 (2002). 수학적 추론 능력 평가 기준에 관한 연구. 수학교육논문집, 13(2), 425-455.

장혜원 (2002). 수학 학습을 위한 상황문제의 활용. 학교수학, 4(3), 483-494.

정영옥 (2006). 초등학교에서 비와 비례식 지도에 대한 고찰 -한국, 미국, 일본, 중국을 중심으로-. 과학교육논총, 1, 13-28.

정은실 (2003). 비 개념에 대한 교육적 분석. 수학교육학연구, 13(3), 247-265.

조완영, 권성룡 (1999). 수학적 의사소통의 지도. 수학교육논문집, 8, 165-177.

지재근, 오세열 (2000). 문장제에 대한 이해 정도가 문제해결력 신장에 미치는 영향에 대한 연구-중학교 방정식과 부등식 단원을 중심으로. 한국학교수학회논문집, 3(1), 189-200.

최혜령, 백석윤 (2005). 프로젝트형 문제해결 과정에서 보이는 수학적 의사소통 활동과 수학적 태도

분석. 한국초등수학교육학회지, 10(1), 43-66.

하주현 (2000). 창의적 인성 검사 개발. 교육심리연구, 14(1), 187-210.

Alice, F. A., & Shirel, Y. F. (1999). Mathematical reasoning during small group problem solving. In NCTM, Developing mathematical reasoning in Grades K-12 (pp.115-126). Reston, VA: Author.

Amabile (1983). *The social psychology of creativity*. New York: Springer-Verlag.

Bergqvist, T., Lithner, J., & Sumpter, L. (2008). Upper secondary students' task reasoning. *International Journal of Mathematical Education in Science and Technology, 39*(1), 1-12.

Bessie. D. C. & Dilek. B. (2005). Mathematical Communication in the classroom: A Teacher Makes a Difference. *Early Childhood Education Journal, 32*(6), 365-369.

Bransford, J. D., Borwn, A. L. & Cocking, R. R. (2007). 학습과학 - 뇌, 마음, 경험 그리고 교육 - (신종호 외 3인 공역). 서울: 학지사. (원서 1999)

Carolyn, A. M. (2009). Children's reasoning: Discovering the idea of mathematical proof. In D. A. Stylianou, M.L., Blanton, & D. J. Knuth (Eds.), *Teaching and learning proof across the grades: A K-16 perspectives*. Routledge.

Carpenter, T., Gomez, C., Rousseau, C., Steinthorsdottir, O., Valentine, C. & Wagner, L. (1999). An analysis of student construction of ratio and proportion understanding. Paper presented at the American educational Research Association, Montreal, Canada.

Chi, M. T., & Glaser, R. (1985). Problem solving ability. In R. J. Sternberg (Ed.), *Human abilities: an information processing approach* (pp.227-250). New York, NY: W. H. Freeman.

Dellas, M. & Gaier, E.L. (1970). Identification of creativity in the individual. *Psychological Bulletin, 73*, 55-73.

Feist, G, J. (1993). A structural model of scientific eminence. *Psychological Science*, 4, 366-371.

Freudenthal, H. (1991). *Revisiting mathematics education. China Lectures*. Kluwer Academic Publishers.

Fischbein. E. (2010). 수학 과학 학습과 직관(우정호 외 공역). 서울: 경문사. (원저 1987)

Galbraith, P. L. (1981). Aspects of proving: A clinical investigation of process. *Educational Studies in Mathematics, 12*(1), 1-28.

Gallenstein. N. (2003). Creative discovery through classificati*on. Teaching Children Mathematics, 11*(2), 103-108.

Garofalo, J., & Lester, F. (1985). Metacognition, cognitive monitoring, and mathematical performance. *Journal for Research in Mathematics education, 16*(3), 163-176.

Ge, X., & Land, S. M. (2003). Scaffolding students' problem-solving processes in an ill-structured task using question prompts and peer interactions. *Educational Technology Research and Development, 51*(1), 21-38.

Goos, M. (2004). Learning mathematics in a classroom community of inquiry. *Journal for Research in Mathematics Education, 35*(4), 258-291.

Greeno, J. (1978). Natures of problem-solving abilities. In W. Estes (Ed.), *Handbook of learning and cognitive processes* (pp. 239-270). Hillsdale, NJ: Lawrence Erlbaum Associates.

Guilford, J. P. (1950). Creativity. *American Psychologist*, 5, 444-454.

Hong, N. S. (1999). *The relationship between well-structured and ill-structured problem solving in multimedia simulation.* The Pennsylvania State University.

Joy, S. (2004). Innovation Motivation: The need to be different. *Creativity Research Journal, 16*, 313-330.

Karplus, R., Pulos, S., & Stage, E. K. (1983). Proportional reasoning of early adolescents. In R. Lesh & M. Landau (Eds.), *Acquisition of mathematics concepts and processes* (pp. 45-90). Orlando : Academic Press, Inc

Kim, M. K., & Cho, M. K. (2014, Pending). Pre-service elementary teachers' ill-structured problem solving according to motivation and attitude towards mathematics.

King, L. A., Walker, L. M., & Broyles, S. J. (1996). Creativity and the five-factor model. *Journal of Research in Personality, 30*, 189-203.

Koellner-Clark, K., & Lesh, R. (2003). Whodunit Exploring proportional reasoning through the footprint problem. *School Science & Mathematics, 103*(2), 92-99.

Lamon, S. J. (1993). Ratio and proportion: Children's cognitive and metacognitive processes. In T. P. Carpenter, E. Fennema, & T. A. Romberg (Eds.), *Rational number: An integration of research* (pp.131-156). Lawrence Erlbaum Associates.

Lamon, S. J. (2007). Rational numbers and proportional reasoning. In F. K. Lester (Ed.), *Second handbook of research on mathematics teaching and learning* (pp.629-667). Charlotte, NC : Information Age Publishing.

Lesh, R., Post, T., & Behr, M. (1988). Proportional reasoning. In M. Behr & J. Hilbert (Eds.), *Number concepts & operations for the middle grades* (pp.93-118). Hillsdale, NJ : Lawrence Erlbaum Associates.

Lithner, J. (2000). Mathematical reasoning in task solving. *Educational Studies in Mathematics, 41*, 165-190.

Lo, J. J. & Watanabe, T. (1997). Developing ratio and proportion schemes: A story of a fifth grader. *Journal for Research in Mathematics Education, 28*(2), 216-236.

Mackinnon, D. W. (1962). The personality correlates of creativity: A study of american architects, In G. S. Nielsen (Ed.), Proceedings of the 14th International Congress of Applies Psychology (pp.11-39). Copenhagen, Denmark: Munksgaard.

Martindale, C. (1989). Personality, situation, and creativity. In J. A. Glover, R. R. Ronnning, & C. R. Reynolds (Eds.), *Handbook of creativity* (pp.279-301). Cambridge, MA: MIT Press.

Mumme, J., Shepherd, N. (1990) Implementing the standards. Communication in Mathematics. *Arithmetic Teacher, 38*(1). 18-22.

National Council of Teachers of Mathematics. (2000). *Principles and standards for school mathematics*. Reston, VA: Author.

Ng, C. S. L., Cheung, W. S., & Hew, K. F. (2010). Solving ill-structured problem in asynchronous online discussions: Built-in scaffolds vs no scaffolds. *Interactive Learning Environments, 18*(2), 115-134.

Palm, T. (2007). Impact of authenticity on sense making in word problem solving. *Educational Studies in Mathematics, 67*(1), 37-58.

Pimm. D. (1996). Modern times: The symbolic surfaces of language, mathematics and art. *Proceedings of PME conference, 20*(1), 35-52

Polya, G. (2005). 수학적 발견 Ⅰ(우정호 외 역). 서울: 교우사. (원저 1981)

Qualification and Curriculum Authority (2004). *The key skills qualifications standards and guidance: Working with others, improving own learning and performance and problem solving*. London, Qualification and Curriculum Authority.

Reys, R. E., Lindquist, M. M., Lamdin, D. V., & Smith, N. L. (2012). 초등교사를 위한 수학과 교수법. (박성선 외 공역). 서울: 경문사. (원저 2009).

Rowland, G. (1992). What do instructional designers actually do? An initial investigation of expert practice. *Performance Improvement Quarterly, 5*(2), 65-86.

Ronald, F., & Herbert, A.S. (1999). A study of how individuals solve complex and ill-structured problems. *Policy Sciences, 32*, 225-245.

Rubenstein, R. N., & Thompson, D. R. (2002). Understanding and Supporting Children's Mathematical Vocabulary Development. *Teaching Children Mathematics, 9*(2), 107-113.

Russell, S. J. (1999). Mathematical reasoning in elementary grade. In Developing Mathematical Reasoning in Grade K-12. Reston. VA: NCTM.

Schmidt. S. W. (2004). *Examining the relationship between scores on measures in hyperactivity and math and language achievement*. Menomoine, WI: University of Wisconsin-Stout.

Sierpinska, A. (2010). 수학에서의 이해. (권석일 외 6인 공역). 서울: 경문사. (원저 1996)

Singh, P. (2000). Understanding the concepts of proportion and ratio among grade nine students in Malaysia. *International Journal of Mathematical Education in Science & Technology, 31*(4), 579-599.

Smith, S. (1999). Qwhiz: An Interactive Tool For Math and Science Learning. *International conference on Mathematics Science Education and Technology* -CD ROM edition, 166-170.

Spiro, R. J., Feltovich, P. J., Jacobson, M. J., & Coulson, R. L. (1992). Cognitive flexibility, constructivism, and hypertext, In T. M. Duffy & D. H. Jonassen (Eds.), *Constructivism and technology of instruction* (pp. 57-78). Hove: Lawrence Erlbaum Associates.

Stigler, J. W., & Hiebert, J. (2004). A world of difference: Classrooms abroad provide lessons in teaching math and science. *Journal of Staff Development, 25*(4), 10-15.

Stillman, G. A., & Galbraith, P. L. (1998). Applying mathematics with real world connections: Matacognitive characteristics of secondary students. *Educational Studies in Mathematics, 36*, 157-189.

Torrance, E. P. (1981). Non-test of identifying the creative gifted. In J. C. Gowan, J. Khatena. & E. P. Torrance (Eds.), Creativity: *Its educational implications* (pp.165-170). Dubuque, IA: Kendal/Hunt.

Van Dooren, W., De Bock, D., Evers, M., & Verschaffel, L. (2009). Students. overuse of proportionality on missing-value problems: How numbers may change solutions. *Journal for Research in Mathematics Education, 40*(2), 187-211.

Venville, G., Rennie, L., & Wallace, J. (2004). Decision making an sources of knowledge: How students tackle integrated tasks in science, technology and mathematics. *Research in Science Education, 34*, 115-135.

Verschaffel, L., De Corte, E. (1997) Word problems: A ve hicle for promoting authentic mathematical understanding and problem solving in the primary school? In N. Terezinha & B. Peter(Eds.), Learning and teaching mathematics: An international perspective (pp. 66-97). Hove, NJ: Erlbaum.

Weisberg, R. W. (2006). *Creativity-understanding innovation in problem solving, science, invention, and the art*. NJ: Wiley.

Wood, T. (1999). Creating a context for argument in mathematics class. *Journal for Research in Mathematics Education, 30*(2), 171-191.

Part V

Beyond Ill-Structured Problems

본 Part는 단순한 개념 및 절차에 대한 단편적인 문제 풀이에서 더 나아가 급변화, 다변화, 다원화와 같은 키워드로 대변되는 21세기 지식 정보화 사회(Knowledge & Information-Based Society)에서 요구되는 변화적응력, 수학적 사고력, 창의력, 문제해결력뿐만 아니라 창의적 아이디어 창출 및 문제대처능력을 길러줄 수 있는 대안적 방법 중 하나로 '비구조화된 문제'라는 키워드로부터 시작되었다. 2012 PISA 연구결과에서도 보고하듯이 우리나라 학생들은 문제해결력은 상위수준이지만, 문제에 대한 끈기와 다양한 정보를 적용하는 개방성에서는 낮은 수준을 보이고 있다. 비구조화된 문제는 실제적인 상황에서 다양한 정보를 살펴보고 적용하는 기회를 제공하기 때문에 우리나라 학생들이 문제에 대한 끈기와 개방성을 키우는 데 도움이 되리라 기대하는 바이다.

최근 2009 개정 교육과정에 기반한 수학 교과서에서 스토리텔링을 강조한 교수·학습 방법이 강조되면서 스토리텔링은 비구조화된 문제의 활용과 혼용 혹은 혼재된 상황으로 볼 수 있다. 스토리텔링은 교수학습의 한 측면으로써 학습자에게 단일한 지식의 전달이 아니라 학습자 스스로 맥락 속에서 다양한 개념을 이끌어 내며, 문제해결에 접근할 수 있도록 도와주는 도구로 의미가 있다. 이에 비해 비구조화된 문제는 좀 더 복잡한 문제상황을 학생들에게 제공함으로써 다양한 개념과 원리, 그 적용이 복합적으로 존재하는 상황에서 학습자 스스로 문제해결의 실마리를 찾고 해결한다는 점에서 차이가 있다고 보여진다.

지금까지 비구조화된 문제의 개념 및 특징에 대한 문헌 고찰과 더불어 비구조화된 문제의 체계적인 설계 모형 제시에 따른 개발된 문제 예시 제공과 함께, 개발한 문제를 적용하면서 나타난 학습자의 수학적 문제해결력, 의사소통 능력, 의사결정 그리고 비례추론 등을 분석함으로써 비구조화된 문제의 교육적 의미와 가능성에 대해 살펴보았다. 비구조화된 문제를 적용하면서 일어나는 토의와 의사결정의 과정을 고려해볼 때, 수학교과를 지도하는 데 있어서 학습 내용의 목적에 따라 서로 다른 교수·학습 방법이 적용되듯이 비구조화된 문제 또한 모든 수학 교과 학습에 일괄적용하기보다는 학생들이 기본적인 개념이나 원리를 학습한 이후에 이를 적용하는 심화학습의 측면에서 접근한다면 더욱 효과적일 것이다.

본 고를 마무리하면서 비구조화된 문제를 학교 현장에 적용하기 위한 방안 제시를 위하여, 교육과정, 교수자, 학습자의 세 측면에서 다음과 같이 제안해 보고자 한다.

먼저 교육과정 측면에서 살펴보면 다음과 같다. 최근 융합교육이 대두되면서 교과목을 아울러 주제중심으로 융합되는 것을 강조하는 추세가 계속되고 있다. 이 흐름도 결국 실생활과 가까운 형태로 학생들의 학습을 이끌어나가고자 하는 시도로 볼 수 있는데, 비구조화된 문제도 이와 같은 융합교육의 구체적 실천방안이 될 수 있다고 본다. 현재 융합교육의 경우, STEAM교육이라고 일컬어지면서 현장에 소개되고 있지만 주로 과학을 중심으로 이루어지는 경우가 많고, 다른 교과목들이 융합되었다고는 하지만 진정한 의미의 융합이라기보다는 도구적인 성격이 강한 편이다. 비구조화된 문제는 현재 수학교과서에서 제시하고 있는 문제들의 형태와 비교해 보았을 때, 학생들에게 다양한 문제유형을 제시할 필요가 있다는 측면에서 학생들이 해결해봐야 하는 문제 중 하나이다. 이는 비구조화된 문제를 학생들이 경험함으로써 수학적 추론, 의사결정 능력, 문제해결능력, 창의적 인성 부분에서 변화가 있었다는 연구의 결과에서 확인할 수 있다. 융합교육의 한 형태로 비구조화된 문제를 접근한다면, 문제상황을 다각도로 보고 여러 대처방안을 고민하게 함으로써 수학교과에만 국한되는 것이 아닌 범교과적인 상황으로 접근할 수 있을 것이다.

비구조화된 문제는 실제성, 개방성, 복잡성을 가지고 있는 특성이 있기 때문에, 이를 개발할 때는 융합교육에 대한 요구와 관련지어 수학교과뿐만 아니라 타 교과의 내용을 함께 제시함으로써 실제성의 정도를 더 많이 반영할 수 있다고 본다. 비구조화된 문제가 현장에 많이 알려져 있지는 않지만, 학생들에게 하나의 개념을 단답식으로 제시하는 것이 아닌 열린 형태로 제시하여 다양한 방식으로 개념을 이끌어 올 수 있다는 장점이 있다. 융합이 이루어지기 위해서는 하나의 문제를 깊이있게 연구하고 스스로 성찰할 수 있는 기회를 마련해야 하는데, 현재의 교육과정에서는 창의적인 생각을 하기 어려운 실정이다. 교육과정에서도 기본 과정 외에 창의성 신장에 필요한 심화나 탐구 과정, 창의적 체험활동 등을 잘 이용하여 비구조화와 접목한다면, 학생들이 배운 개념에 대해 깊이 있게 생각할 기회를 제공하리라 기대한다.

이를 위해서는 교사들이 적용할 수 있는 다양한 유형과 영역의 비구조화된 문제의 개발이 우선적으로 필요하다고 본다. 특히 비구조화된 문제의 경우 단편적인 개념의 적용을 통한 문제해결이 아니라 복잡하게 관련된 개념과 원리를 활용해야 해결이 가능하기 때문에, 수학 교과에서 빅 아이디어(Big idea)에 해당하는 수학적 개념과 원리를 중심으로 학년별 수준에 따른 문제상황의 개발이 필요하다. 이에 본 고에서는 비구조화된 문제를 개발 및 적용하는 데 있어서 주어진 교육과정이 아닌 학습자의 수준과 동기, 교수자의 교수목적에 따라 만들어가는 교육과정의 일환으로써 구조화 정도를 달리하여 제시하려고 하였다. 이는 학습자와 교수자가 교육의 중심이 될 수 있도록 하여 교사들이 현재의 교육과정 안에서 다양한 방식으로 비구조화된 문제를 적용하는 데 도움이 되고자 하였다. 향후 여러 연구자들이 검증한 비구조화된 문제가 개발되어 현장에 보급된다면 교사가 비구조화된 문제를 활용하는 비율이 높아질 것으로 생각된다. 그렇지만 비구조화된 문제를 적용하기 위해서 학교 환경에 대한 고려가 필요하다. 비구조화된 문제는 개인적으로 모둠별로 문제를 이해하고 해결한 후, 더 나은 해결방안을 토론하는 과정들을 경험해야 하는 것이기에 하나의 문제를 해결하기 위해서는 최소 4~5시간이 필요하다. 이를 위해서는 학생들의 수업시수를 확보해야 하는데, 하나의 문제를 해결하는 데 이러한 시간을 마련하는 것이 쉬운 일은 아니므로 비구조화된 문제를 현장에서 활용할 수 있는 방안들이 구체적으로 제시되어야 할 것이다.

결과 중심의 양적평가를 보완하면서 과정 중심의 심층적인 질적평가를 위해 학습환경에 맞추어 학습자에게 의미있는 문제상황을 제공한다는 측면에서 비구조화된 문제를 기반으로 한 교육적 의미 및 효과에 대한 심층적인 분석이 필요할 것으로 보인다. 특히 비구조화된 문제를 해결하는 과정에서 학습자들의 활발한 의사개진은 일어나지만 오개념을 형성하거나 학습의 목표와 다른 방향으로 진행될 우려도 있기에 비구조화된 문제의 특성을 파악하고 학생들의 수학적 이해를 돕는 데 활용되는지에 대한 연구가 지속되어야 할 것이다.

다음으로 교수자 측면에서 다음과 같은 점들을 고려해 볼 수 있을 것이다. 비구조화는 학습자가 문제를 풀어나가는 부분이 크게 보이기 때문에 교수자의 역할이 적은 듯 보일 수 있지만, 실제 교수자는 학습자들이 문제를 해결하는 과정에서 보이는 다양한 가능성과 변수를 예측하고 이에 대응하기 위한 전략을 구축해야 한다. 문제가 비구조화된 형태로 제시되기 때문에 학생들의 수학적 지식과 논리에 따라서 다양한 답이 나올 수 있다. 이 과정에서 학생들은 다양한 질문을 하게 되고 때로는 문제해결에 어려움을 겪게 되는데, 교수자들이 각 상황에서 어떻게 대처하는가에 따라서 학생들이 문제를 끈기 있게 해결하는지가 결정된다. 교수자가 직접 비구조화 문제를 개발한다면 더욱 좋겠지만, 만약 기존에 있는 문제를 사용하는 경우에는 문제를 직접 해결해 보고 어떤 방법들이 제시될 수 있는지를 고려해야 한다. 이러한 사전 준비 작업을 통해 문제를 해결할 학생들의 수준을 고려하여 문제를 변형할 수 있어야 한다. 학습자의 수준과 특성이 다르기 때문에 같은 유형의 문제라도 소재와 정보, 난이도의 변형에 따라 학습자들의 몰입도가 달라질 수 있다.

또한 교수자가 비구조화된 문제가 무엇인지 명확하게 이해하고 실천방안을 계획하는 것이 필요하다. 앞서 연구에 참여한 교사들의 보고에 따르면, 비구조화된 문제를 적용하는 과정에서 비구조화된 문제에 대한 교사의 이해가 충분히 이뤄지지 않아서 학생들이 문제를 해결하는 데 있어서 적절한 도움을 주지 못했다는 것을 지적하고 있다. 비구조화된 문제가 실제성, 복잡성, 다양성 등의 요소를 가지고 있다는 측면을 고려해 볼 때, 개인들이 인식하는 실제성의 정도, 다양성의 한계 등은 차이가 있을 수 있다. 교수자는 비구조화된 문제를 개발하거나 적용하는 과정에서 비구조화된 문제가 가진 요소들에 대한 충분한 검토를 거쳐야 할 것이며 이는 향후 비구조화된 문제를 개발 및 적용하고자 하는 연구자들과 교사들이 함께 고민해야 할 부분이라고 본다.

비구조화된 문제를 해결하기 위해서는 교사가 비구조화된 문제가 갖는 특성을 이해하고 학생들에게 문제를 해결하는 데 도움이 되는 적절한 발문을 알고 있어야 한다. 또한 비구조화된 문제를 해결하기 위해 필요한 수업 모형 등에 대해 이해해야 한다. 그러나 교사가 이를 충분히 숙지하지 못하는 경우, 아무리 유용한 문제 자료가 제시된다고 해도 적절하게 사용하기는 어렵다. 따라서 비구조화된 문제를 해결하기 전 교사에게 비구조화된 문제를 개발하기 위한 교사교육이 선행되어야 한다. 교사교육에서는 교사들이 비구조화된 문제를 적용할 수 있도록 비구조화된 문제의 특징 및 적용 모형, 단계에 맞는 발문들을 이해할 수 있는 기회를 제공해야 할 것이다. 그리고 실제 수업에서 적용하면서 발생되는 여러 문제상황 등에 대처할 수 있도록 동료교사 또는 전문가 집단과의 네트워크를 구축하여 활발한 정보와 사례를 공유하는 것이 필요하겠다.

비구조화된 문제는 여러 가지 개념을 적용하여 만들 수 있기 때문에 활용도에 따라서 다양한 형태의 심화 학습이 가능하다. 그렇지만, 평소에 수학을 접할 때 단순 계산 또는 알고리즘 암기 등의 방식으로 접근했다면 비구조화된 문제를 처리하는 것이 쉬운 일은 아닐 것이다. 비구조화된 문제를 적용하는 데 있어서 우선적으로 평소 수학 수업을 진행하면서도 학생들이 왜 그런 계산 방법이 적용되는지 등과 같은 문제해결 방법에 대해 이해할 수 있는 기회를 제공하고 학생 스스로 자신의 해결방법에 대해 설명하거나 해결과정을 기록하는 등과 같은 활동을 경험하도록 지도해야 할 것이다.

마지막으로, 학습자 측면에서는 우선적으로 교수·학습 상황에서 학습자의 수준과 특성을 고려하는 것이 필요하다. 앞서 연구결과를 살펴보면, 학습자의 수준이 높을수록 비구조화된 문제에 더 흥미롭게 반응하는 경향을 살펴 볼 수 있었다. 수학에 대한 자신감이나 도전의식이 강할수록 그러한 경향이 엿보이는데, 비구조화된 문제를 적용하는 수업에서의 고려해야 할 부분은 학습 수준이 중간이거나 낮은 학생의 경우이다. 일반 학급에서 비구조화된 문제를 활용할 때는 몇몇 상위 학생에 의해 문제해결이 이루어지는 경우가 많았다. 모둠 내 우수한 학생이 포함된 경우에는 논의가 활발하게 이루어지고 문제해결에 대한 다양한 의견이 제시되면서 비구조화된 문제를 해결하는 모습을 보였다. 그러나 그렇지 못한 학생들의 경우는 문제 자체를 매우 어려워하거나 따분해 하기도 하였다. 이를 위해 준-비구조화된 문제를 제시하여 학생들의 참여를 유도하였으나 일부 학생들은 비구조화된 문제 자체가 생소하였기에 수업 후에 수학에 대해서 부정적인 생각을 갖게 되는 경우도 있었다. 따라서 이 부분에 대한 고려가 필요하다고 본다.

비구조화된 문제를 적용하는 수업에서 힘들어하는 학생들의 사례를 살펴보면, 문제에서 요구하는 개념과 관련하여 기초적인 계산 능력이 부족하여 어려움을 겪는 경우가 많았다. 이런 학생들에게는 개념학습이 우선적으로 진행되어야 할 것이다. 학생들의 수준에 따라 차이는 있겠지만 앞선 연구결과에 따르면, 학생들의 창의적 인성이나 동기의 정의적 영역에 있어서 비구조화된 문제가 긍정적인 영향을 주고 있으므로 비구조화된 문제를 학생들이 접할 기회를 확대하는 것이 필요하다고 본다.

비구조화된 문제가 학생들의 문제해결을 돕고 의사결정 능력과 창의적 사고를 키우는 데 도움이 되는 부분이 있지만 모든 학생들에게 일괄적으로 적용한다기보다는 학생들의 수준을 고려하여 교수자가 난이도 또는 구조화의 수준을 조정할 필요가 있다. 특히 비구조화된 문제가 긴 문장으로 제시되어 언어적 능력이 부족한 경우, 이해가 어려운 점을 고려하여 이러한 학생들에게 문제를 제시할 때는 학생들이 문제상황을 이해할 수 있도록 추가적인 설명이나 자료를 제시하는 것도 필요하다고 본다. 또한 수학수업이 아니더라도 평소에 문장제 문장에 익숙해지도록 다른 교과에서 다양한 학습활동을 경험해야 할 것이다.

앞으로 비구조화 문제의 현장 적용과 확산을 위하여 다음과 같은 후속연구를 제안하는 바이다.

먼저 학생들의 수준 및 교실 환경의 차이 등과 같은 요인들을 고려할 때, 비구조화된 문제를 지도할 수 있도록 교사를 지원하기 위한 교사연수방법과 교육내용에 대한 연구가 필요하다. 비구조화성 수준(구조화된 문제, 준-비구조화된 문제, 비구조화된 문제 등)에 따라 다양한 수준의 문제를 개발할 수 있도록 현장교사의 인식 제고가 필요하며, 이를 지원할 수 있는 교사교육 프로그램이 개발, 운영되어야 할 것이다. 본 연구에 참여한 교사들이 공통적으로 지적하듯이 비구조화된 문제가 가지는 요소에 대한 교사의 인식정도에 차이가 있으므로 그 부분에 대한 정의 및 구체적 대안이 포함된 교사연수 프로그램이 마련되어야 할 것이다.

다음으로, 비구조화된 문제에서 나타나는 학습자들의 반응과 학습양식 등 학습자의 문제해결 과정에 나타나는 특성을 살펴볼 수 있는 구체적인 연구가 필요하다. 특히 비구조화성 수준에 따른 학습자의 문제해결 실마리 찾기 전략 및 문제해결 과정, 학습자의 다양한 유형에 따른 비구조화된 문제해결 전략의 차이, 남녀 구분에 따른 비구조화된 문제해결 접근 방식의 차이, 학습자 양식에 따른 문제에 담긴 정보로부터 문제해결의 개념 구조도 완성 정도 등에 대한 연구가 필요하다.

비구조화된 문제가 학생들이 깊은 사고를 하도록 하고 창의적인 사고를 발휘하도록 돕는다는 데는 이견이 없지만 실제 학교현장에서 적용하는 과정에서 개인의 특성과 준비 정도를 고려하는 것이 반드시 필요하다. 비구조화된 문제가 수학교육의 유일한 대안이 아니고, 학생들의 장점과 잠재력을 이끌어내기 위한 하나의 방법이라는 측면에서 접근한다면, 학습자의 이해를 돕기 위한 교육의 목표를 실현시키는 데 도움이 되리라 본다.

Part | 부록

서술형 평가 개발 문항 및 평가 루브릭

1) 4학년 서술형 평가문항 및 채점 루브릭(사전검사 3문항, 사후 검사 3문항)
2) 5학년 서술형 평가문항 및 채점 루브릭(사전검사 3문항, 사후 검사 3문항)
3) 6학년 서술형 평가문항 및 채점 루브릭(사전검사 3문항, 사후 검사 3문항)

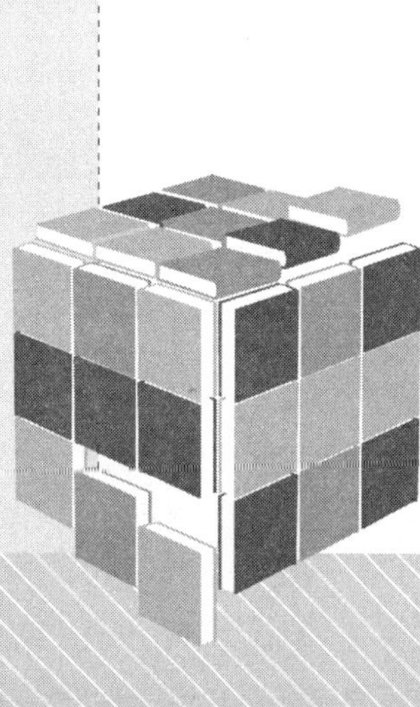

1) 4학년 서술형 평가문항 및 채점 루브릭(사전검사 3문항, 사후검사 3문항)

프로그램	어린이 북카페가 생겼어요!	사전/사후 구분	사전검사 – 1
관련 단원	4-1 1. 큰 수	내용영역	수와 연산
성취기준	네 자리 수에서 수의 값과 자리의 숫자를 알고 수 체계를 이해하여 문제를 해결할 수 있다. 자신의 문제해결과정이 타당한 이유를 논리적으로 설명할 수 있다.		
출제의도	문제상황을 읽고, 네 자리 수의 값과 수체계의 이해를 바탕으로 문제를 해결할 수 있는지 알아보도록 한다.		

◈ 정현이는 그동안 모아온 돼지 저금통의 동전들을 꺼내 보니 500원짜리 동전, 100원짜리 동전, 50원짜리 동전이 여러 개씩 있습니다.

(1) 갖고 있는 동전을 사용하여 1230원을 만들 수 있을까요?

(네, 아니오)

(2) (1)과 같이 답한 이유를 설명해 보세요.

(아니오)

- 500원의 경우, 1개 500원, 2개 1000원, 3개 1500원, 4개 2000원으로 늘어난다.
- 100원의 경우, 1개 100원, 2개 200원, 3개 300원으로 늘어난다.
- 50원의 경우, 1개 50원, 2개 100원, 3개 150원, 4개 200원으로 늘어난다.

따라서 숫자의 둘째 자리의 합은 0이나 5밖에 나올 수 없기 때문에,

1230원은 만들 수 없다.

평가 준거	문제이해	문제해결과정	의사소통
의미	- 문제 속에 내포된 수학적 개념을 이해하는 정도 - 문제를 해결하기 위해 문제에 제시된 정보를 이해하고 활용하는 정도	- 문제해결 전략을 세워 실행하는 정도의 정확성 - 타당한 추론을 통해 문제를 해결하는 정도 - 전략 수행 후, 문제상황에 맞게 답을 기술하거나 해석하는 정도	- 풀이과정에 드러난 수학적 내용과 아이디어, 기호 등의 표현이 정확 혹은 명확하거나 세련된 정도 - 문제해결과정의 설명이 충분한가의 정도

척도별 구체적인 특징

2	6	2
- 네 자리 수에서 수의 값과 수 체계를 이해하고, 문제해결에 활용함. - 문제에 제시된 여러 정보들 중에서 문제해결에 필요한 정보들을(500원, 100원, 50원의 동전의 수) 선택하여 주어진 돈을 만드는데 활용함.	- 주어진 동전을 이용하여 문제를 해결하는 과정에서 적절한 근거를 제시하며 문제를 해결함. - 문제상황에 맞게 답을 정확하게 표현함.	- 동전을 사용하여 1230원을 만들 수 없는 이유를 추측(추론)할 필요가 없을 정도로 문제해결과정을 명확하게 논리적으로 충분하게 설명함. - 문제해결과정에 사용된 수학적 용어, 기호 등의 표현이 정확함.
	4	
	- 적절한 전략과 타당한 추론을 통해 문제를 해결하였으나, 답이 부정확함. a) 계산상의 오차나 띄어 세기에 오류가 있을 때 b) 모든 동전의 경우를 설명하지 않고 일부의 동전의 경우만을 설명하였을 때 c) 답이 없을 때	
1	2	1
- 네 자리 수에서 수의 값과 수 체계를 부분적으로 이해하고, 문제해결에 활용함. - 문제에 제시된 여러 정보들 중에서 문제해결에 필요한 정보들을(500원, 100원, 50원의 동전의 수) 선택하지만, 주어진 돈을 만드는데 활용하지 못함.	- 적절한 전략을 이용하였으나 답을 구할 만큼 충분히 수행하지 않거나 타당하게 추론하지 못하여 답에 이르지 못했거나 오답을 도출함. - 정답을 제시하였지만 a) 타당하게 추론하지 않고 풀이과정을 이해할 수 없게 썼거나 과정을 나타내지 않음. b) 전략이 적절하지 못했거나 타당하게 추론하지 못해 전략의 이행이 명확하지 않음.	- 문제해결과정에 대한 설명에 부분적으로 논리적인 비약이 있음. - 문제해결과정에 사용된 수학적 용어, 기호 등의 표현이 이해하기에 불분명함.
0	0	0
- 문제에 제시된 정보를 옮겨 쓰는 수준은 넘었지만, 문제를 제대로 이해하지 못함. - 문제를 제대로 이해하지 못하여 부적절한 개념을 활용함. - 문제에 제시된 정보가 부적절하게 활용되거나 문제해결과 상관없음. - 백지 또는 오답 이외에 아무 것도 없는 경우	- 하위 목표 달성을 위한 시도는 하였으나, 정답을 유도할 만한 접근 방법을 택하지 못하여 답이 틀림. - 백지 또는 오답 이외에 아무 것도 없는 경우 - 문제해결을 전혀 시도하지 못함.	- 문제해결에 중요한 부분을 빠뜨려서 문제해결과정에 대한 설명이 불완전하거나 명료하지 않아, 문제해결과정을 이해하기 어려움. - 문제해결과정에 사용된 수학적 용어, 기호 등의 표현이 부정확하여 문제해결과정을 이해하기 어려움. - 문제해결과정에 대한 설명이 전혀 없거나, 문제해결과 관련되지 않음.

프로그램	어린이 북카페가 생겼어요!	사전/사후 구분	사전검사 – 2
관련 단원	4-1 2. 곱셈	내용영역	수와 연산
성취기준	(두 자리 수)×(두 자리 수)의 계산원리를 이해하여 문제를 해결할 수 있다. 문제상황에 적절한 문제해결과정을 설명할 수 있다.		
출제의도	문제상황을 읽고, (두 자리 수)×(두 자리 수)의 곱셈원리를 활용하여 문제를 해결할 수 있는지를 알아보도록 한다.		

◈ 다은이는 건강을 위해 3월 한 달 동안 꾸준히 윗몸일으키기를 하기로 마음먹고 아래와 같은 계획을 세웠습니다.(단 일주일은 7일임)

	윗몸일으키기 횟수
첫째 주	매일 20번씩하기(일요일은 하지 않음)
둘째 주	
셋째 주	매일 35번씩하기
넷째 주	

(1) 다은이가 4주 동안 한 윗몸일으키기의 횟수는 모두 몇 번인가요?

[풀이과정]
다은이는 첫째 주와 둘째 주에 일요일을 제외한 모든 요일은 12일이고, 하루에 20번씩 하였기에 20×12=240회를 하였다.
셋째 주와 넷째 주에는 매일 35번씩의 윗몸일으키기를 하였기 때문에, 35×14로 490회를 하였다. 따라서 다은이가 3월 한 달간 윗몸일으키기를 한 횟수는 240+490=730회이다.

[정답] 730회

평가준거	문제이해	문제해결과정	의사소통
의미	- 문제 속에 내포된 수학적 개념을 이해하는 정도 - 문제를 해결하기 위해 문제에 제시된 정보를 이해하고 활용하는 정도	- 문제해결 전략을 세워 실행하는 정도의 정확성 - 타당한 추론을 통해 문제를 해결하는 정도 - 전략 수행 후, 문제상황에 맞게 답을 기술하거나 해석하는 정도	- 풀이과정에 드러난 수학적 내용과 아이디어, 기호 등의 표현이 정확 혹은 명확하거나 세련된 정도 - 문제해결과정의 설명이 충분한가의 정도

척도별 구체적인 특징

문제이해	문제해결과정	의사소통
2	6	2
- (두 자리수)×(두 자리수)의 곱셈의 원리를 이해하고 이를 활용하여 문제를 해결함. - 문제에 제시된 여러 정보들 중에서 문제해결에 필요한 정보들(매주 실시한 윗몸일으키기의 횟수, 일주일은 7일… 등)을 선택하여 활용함.	- 곱셈의 원리를 이해하고, 주어진 조건을 활용하여 문제를 해결하는 과정에서 타당한 추론을 통해 문제를 해결하고, 계산상의 오차나 옮겨 쓰기 과정에서의 오류가 없음. - 문제상황에 맞게 답을 정확하게 표현함(730).	- 풀이과정을 이해하는 데 있어서 모든 단계나 과정을 추측(추론)할 필요가 없을 정도로 문제해결과정을 명확하게 논리적으로 충분하게 설명함. - 문제해결과정에 사용된 수학적 용어, 기호 등의 표현이 정확함.
	4	
	- 적절한 전략과 타당한 추론을 통해 문제를 해결하였으나, 답이 부정확함. a) 계산상의 오차나 옮겨 쓰기 과정에 오류가 있을 때 b) 풀이과정에서는 적절하게 계산을 하였으나 답을 제시하는 과정에서 다르게 답함. c) 답이 없을 때	
1	2	1
- 곱셈의 원리를 부분적으로 이해하여 계산상의 오류를 범함. - 문제에 제시된 여러 정보들을 부분적으로 활용하여 완전한 문제해결로 이어지지 않음.	- 적절한 전략을 이용하였으나 답을 구할 만큼 충분히 수행하지 않거나 타당하게 추론하지 못하여 답에 이르지 못했거나 오답을 도출함. - 정답을 제시하였지만 a) 타당하게 추론하지 않고 풀이과정을 이해할 수 없게 썼거나 과정을 나타내지 않음. b) 전략이 적절하지 못했거나 타당하게 추론하지 못해 전략의 이행이 명확하지 않음.	- 문제해결과정에 대한 설명에 부분적으로 논리적인 비약이 있음. - 문제해결과정에 사용된 수학적 용어, 기호 등의 표현이 이해하기에 불분명함.
0	0	0
- 문제에 제시된 정보를 옮겨 쓰는 수준은 넘었지만, 문제를 제대로 이해하지 못함. - 문제를 제대로 이해하지 못하여 부적절한 개념을 활용함. - 문제에 제시된 정보가 부적절하게 활용되거나 문제해결과 상관없음. - 백지 또는 오답 이외에 아무 것도 없는 경우	- 하위 목표 달성을 위한 시도는 하였으나, 정답을 유도할 만한 접근 방법을 택하지 못하여 답이 틀림. - 백지 또는 오답 이외에 아무 것도 없는 경우 - 문제해결을 전혀 시도하지 못함.	- 문제해결에 중요한 부분을 빠뜨려서 문제해결과정에 대한 설명이 불완전하거나 명료하지 않아, 문제해결과정을 이해하기 어려움. - 문제해결과정에 사용된 수학적 용어, 기호 등의 표현이 부정확하여 문제해결과정을 이해하기 어려움. - 문제해결과정에 대한 설명이 전혀 없거나, 문제해결과 관련되지 않음.

프로그램	어린이 북카페가 생겼어요!	사전/사후 구분	사전검사 – 3
관련 단원	4-1 6. 혼합계산	내용영역	수와 연산
성취기준	받아올림이 있는 덧셈의 계산원리를 이해하여 문제를 해결할 수 있다. 문제상황에 적절한 해결 전략을 선택하고 문제 해결 과정을 설명할 수 있다.		
출제의도	문제상황을 읽고 덧셈을 활용하여 문제를 해결할 수 있는지를 알아보도록 한다.		

◈ 초등학생을 대상으로 여가 시간에 가족과 함께 하고 싶은 것을 묻는 설문 결과이다.

종류 / 구분	운동하기	서점이나 도서관 가기	여행가기	맛있는 음식 먹기	기타
남학생	135명	111명	129명	103명	91명
여학생	105명	128명	118명	121명	85명

(1) 초등학생들이 가장 하고 싶은 것은 무엇일지 알아보기 위해서는 어떤 방법으로 문제를 해결해야 할까요?

종류별로 남학생과 여학생 수를 더하여 더한 값이 가장 큰 종류를 선택한다.

(2) 초등학생들이 가장 하고 싶은 것은 무엇일까요?

[풀이과정]
운동하기 : 135 + 105 = 240명
서점이나 도서관가기 : 111 + 128 = 239명
여행하기 : 129 + 118 = 247명
맛있는 음식 먹기 : 103 + 121 = 224명
기타 : 91 + 85 = 176명

[정답] 여행하기

평가준거	문제이해	문제해결과정	의사소통
의미	- 문제 속에 내포된 수학적 개념을 이해하는 정도 - 문제를 해결하기 위해 문제에 제시된 정보를 이해하고 활용하는 정도	- 문제해결 전략을 세워 실행하는 정도의 정확성 - 타당한 추론을 통해 문제를 해결하는 정도 - 전략 수행 후, 문제상황에 맞게 답을 기술하거나 해석하는 정도	- 풀이과정에 드러난 수학적 내용과 아이디어, 기호 등의 표현이 정확 혹은 명확하거나 세련된 정도 - 문제해결과정의 설명이 충분한가의 정도

척도별 구체적인 특징

문제이해	문제해결과정	의사소통
2	6	2
- 받아올림이 있는 덧셈의 계산원리를 완전하게 이해하고 이를 문제해결에 활용함. - 문제에 제시된 여러 정보들 중에서 각 운동종류별로 남학생 수와 여학생 수를 합하기 위하여 적절한 값을 선택하여 활용함.	- 전략 수행 과정이나 문제를 해결하는 과정에서 타당한 추론을 통해 문제를 해결하고, 계산상의 오차나 옮겨 쓰기 과정에서의 오류가 없음. - 문제상황에 맞게 답을 정확하게 표현함.	- 받아올림이 있는 덧셈의 계산원리와 관련하여 문제해결의 모든 단계나 과정을 추측(추론)할 필요가 없을 정도로 문제해결과정을 명확하게 논리적으로 충분하게 설명함. - 문제해결과정에 사용된 수학적 용어, 기호 등의 표현이 정확함.
	4	
	- 적절한 전략과 타당한 추론을 통해 문제를 해결하였으나, 답이 부정확함. a) 계산상의 오차나 옮겨 쓰기 과정에 오류가 있을 때 b) 답의 숫자 부분은 바르게 썼지만, (문제의 지시와는 다르게) 단위가 없거나 잘못 썼을 때 (여행하기로 답하지 않고 그 값인 247명이라고 답한 경우) c) 답이 없을 때	
1	2	1
- 받아올림이 있는 덧셈의 계산원리를 부분적으로 이해하는데 그침. - 문제에 제시된 여러 정보들을 부분적으로 활용하여 완전한 문제해결로 이어지지 않음.	- 적절한 전략을 이용하였으나 답을 구할 만큼 충분히 수행하지 않거나 타당하게 추론하지 못하여 답에 이르지 못했거나 오답을 도출함. (종류별 학생 수의 합을 각각 구하지 않았거나, 모든 종류에 대한 학생 수의 합을 구하지 않은 경우) - 정답을 제시하였지만 a) 타당하게 추론하지 않고 풀이과정을 이해할 수 없게 썼거나 과정을 나타내지 않음. b) 전략이 적절하지 못했거나 타당하게 추론하지 못해 전략의 이행이 명확하지 않음.	- 문제해결과정에 대한 설명에 부분적으로 논리적인 비약이 있음. - 문제해결과정에 사용된 수학적 용어, 기호 등의 표현이 이해하기에 불분명함.
0	0	0
- 문제에 제시된 정보를 옮겨 쓰는 수준은 넘었지만, 문제를 제대로 이해하지 못함. - 문제를 제대로 이해하지 못하여 부적절한 개념을 활용함. - 문제에 제시된 정보가 부적절하게 활용되거나 문제해결과 상관없음. - 백지 또는 오답 이외에 아무것도 없는 경우	- 하위 목표 달성을 위한 시도는 하였으나, 정답을 유도할 만한 접근 방법을 택하지 못하여 답이 틀림. - 백지 또는 오답 이외에 아무것도 없는 경우 - 문제해결을 전혀 시도하지 못함.	- 문제해결에 중요한 부분을 빠뜨려서 문제해결과정에 대한 설명이 불완전하거나 명료하지 않아, 문제해결과정을 이해하기 어려움. - 문제해결과정에 사용된 수학적 용어, 기호 등의 표현이 부정확하여 문제해결과정을 이해하기 어려움. - 문제해결과정에 대한 설명이 전혀 없거나, 문제해결과 관련되지 않음.

프로그램	어린이 북카페가 생겼어요!	사전/사후 구분	사후검사 – 1
관련 단원	4-1 1. 큰 수	내용영역	수와 연산
성취기준	네 자리 수 이상의 큰 수를 알고, 두 수의 크기를 비교할 수 있다. 문제상황에 적절한 해결 전략을 선택하고 문제 해결 과정을 설명할 수 있다.		
출제의도	문제상황을 읽고, 네 자리 수 이상의 수의 값과 수 체계의 이해를 바탕으로 문제를 해결할 수 있는지 알아보도록 한다.		

◈ 다음은 큰 수를 나타낼 수 있는지에 대하여 친구들이 나눈 이야기이다. 잘못 이야기한 친구를 고르고, 그 이유를 써 보시오. 그리고 그 친구가 잘못 이야기한 것을 바르게 고쳐 써보시오.

> 지은 : 나는 어제 엄마랑 시상에 가서 4500원하는 책을 100권 샀어. 그리고 나는 50000원을 냈어. 거스름돈으로 5000원을 받았어.
> 지혜 : 나는 한 달에 10000원씩 1년 동안 모은 용돈으로 아버지 생신 선물과 내가 사고 싶던 장난감을 사 드렸어. 그래서 용돈이 8000원 남았어. 나는 102000원을 사용한 거지.
> 영수 : 나는 신문에서 우리나라의 작년 1년 동안 자동차 생산대수가 2345000대라는 기사를 읽었어. 올해는 31460000대를 생산할 계획이라는 내용도 있었어. 올해 우리나라는 작년보다 8010000대의 자동차를 더 생산한다는 것을 알 수 있어 기분이 좋았어.

(1) 위의 이야기에서 잘못 이야기하고 있다고 생각되는 친구는 누구인가요?

(지혜)

(2) (1)과 같이 생각한 이유를 설명하세요.

지혜, 왜냐하면, 지혜는 10000원씩 1년(12개월)로 120000원을 가지고 있다. 아버지 선물과 장난감을 사고, 8000원만 남았으므로, 120000-8000=112000원이다. 지혜는 112000원을 사용한 것이다. 그런데 102000원이라고 하였으므로, 큰 수의 계산을 잘못 하였다.

[정답] 지혜, 지혜는 102000원을 사용한 것이 아니고, 112,000원을 사용한 것이 된다.

평가준거	문제이해	문제해결과정	의사소통
의미	- 문제 속에 내포된 수학적 개념을 이해하는 정도 - 문제를 해결하기 위해 문제에 제시된 정보를 이해하고 활용하는 정도	- 문제해결 전략을 세워 실행하는 정도의 정확성 - 타당한 추론을 통해 문제를 해결하는 정도 - 전략 수행 후, 문제상황에 맞게 답을 기술하거나 해석하는 정도	- 풀이과정에 드러난 수학적 내용과 아이디어, 기호 등의 표현이 정확 혹은 명확하거나 세련된 정도 - 문제해결과정의 설명이 충분한가의 정도

척도별 구체적인 특징

문제이해	문제해결과정	의사소통
2	6	2
- 네 자리 수 이상의 수의 크기를 비교하는 개념을 및 표현방법을 완전하게 이해하고 이를 문제해결에 활용함. - 문제에 제시된 여러 정보들 중에서 문제해결에 필요한 정보를(큰 수들 간의 관계) 선택하여 활용함.	- 주어진 큰 수들 간의 관계를 파악하여 친구가 설명하는 내용이 타당한지를 확인하며 문제를 해결하고, 계산상의 오차나 옮겨 쓰기 과정에서의 오류가 없음. - 문제상황에 맞게 답을 정확하게 표현함(지혜).	- 지혜가 바르게 계산을 하지 못한 이유를 추측(추론)할 필요가 없을 정도로 문제해결과정을 명확하게 논리적으로 충분하게 설명함. - 문제해결과정에 사용된 수학적 용어, 기호 등의 표현이 정확함.
	4	
	- 적절한 전략과 타당한 추론을 통해 문제를 해결하였으나, 답이 부정확함. a) 계산상의 오차나 옮겨 쓰기 과정에 오류가 있을 때 b) 지혜의 계산이 잘못됨을 알고 있었으나 계산상의 착오로 인하여 적절한 근거를 제시하지 못함. c) 답이 없을 때	
1	2	1
- 네 자리 수 이상의 수의 크기를 비교하는 개념을 및 표현방법을 부분적으로 이해하고 이를 문제해결에 활용함. - 문제에 제시된 여러 정보들 중에서 문제해결에 필요한 정보를(큰 수들 간의 관계) 선택하여 활용하지 못함.	- 적절한 전략을 이용하였으나 답을 구할 만큼 충분히 수행하지 않거나 타당하게 추론하지 못하여 답에 이르지 못했거나 오답을 도출함. - 정답을 제시하였지만 a) 타당하게 추론하지 않고 풀이과정을 이해할 수 없게 썼거나 과정을 나타내지 않음. b) 전략이 적절하지 못했거나 타당하게 추론하지 못해 전략의 이행이 명확하지 않음.	- 문제해결과정에 대한 설명에 부분적으로 논리적인 비약이 있음. - 문제해결과정에 사용된 수학적 용어, 기호 등의 표현이 이해하기에 불분명함.
0	0	0
- 문제에 제시된 정보를 옮겨 쓰는 수준은 넘었지만, 문제를 제대로 이해하지 못함. - 문제를 제대로 이해하지 못하여 부적절한 개념을 활용함. - 문제에 제시된 정보가 부적절하게 활용되거나 문제해결과 상관없음. - 백지 또는 오답 이외에 아무 것도 없는 경우	- 하위 목표 달성을 위한 시도는 하였으나, 정답을 유도할 만한 접근 방법을 택하지 못하여 답이 틀림. - 백지 또는 오답 이외에 아무 것도 없는 경우 - 문제해결을 전혀 시도하지 못함.	- 문제해결에 중요한 부분을 빠뜨려서 문제해결과정에 대한 설명이 불완전하거나 명료하지 않아, 문제해결과정을 이해하기 어려움. - 문제해결과정에 사용된 수학적 용어, 기호 등의 표현이 부정확하여 문제해결과정을 이해하기 어려움. - 문제해결과정에 대한 설명이 전혀 없거나, 문제해결과 관련되지 않음.

프로그램	어린이 북카페가 생겼어요!	사전/사후 구분	사후검사 – 2
관련 단원	4-1 2. 곱셈과 나눗셈	내용영역	수와 연산
성취기준	(세 자리 수)×(두 자리 수)의 계산원리를 이해하여 문제를 해결할 수 있다.		
출제의도	문제상황을 읽고, 두 자리 수 이상의 곱셈의 원리를 활용하여 알맞은 답을 구하도록 한다.		

◈ 병하네 반에서 작품전시회에 여러 개의 장미를 종이로 접어 만든 작품을 출품하기로 했습니다. 장미 한 송이를 만들기 위해 빨간색 종이가 세 장, 초록색 종이가 두 장 필요합니다. 그리고 종이 한 장의 가격은 50원입니다. 출품하기로 한 장미의 수가 총 87송이라고 할 때, 병하네 반에서 출품하기로 한 장미를 접기 위해 얼마의 재료비가 필요한가요?

[풀이과정]

장미 한 송이에 필요한 색종이의 수가 빨간색이 3장, 초록색이 2장이므로 5장의 색종이가 필요하다. 그리고 한 장의 가격이 50원이기 때문에, 장미 한 송이를 만들기 위해서는 모두 250원이 필요하다. 이에 87개의 장미를 만들기 위해서 필요한 재료비는 250원×87장이므로 총 21750원이 필요하다.

[정답] 작품전시회에 출품하기 위한 필요한 준비비는 21750원이다.

평가 준거	문제이해	문제해결과정	의사소통
의미	- 문제 속에 내포된 수학적 개념을 이해하는 정도 - 문제를 해결하기 위해 문제에 제시된 정보를 이해하고 활용하는 정도	- 문제해결 전략을 세워 실행하는 정도의 정확성 - 타당한 추론을 통해 문제를 해결하는 정도 - 전략 수행 후, 문제상황에 맞게 답을 기술하거나 해석하는 정도	- 풀이과정에 드러난 수학적 내용과 아이디어, 기호 등의 표현이 정확 혹은 명확하거나 세련된 정도 - 문제해결과정의 설명이 충분한가의 정도

척도별 구체적인 특징

문제이해	문제해결과정	의사소통
2	6	2
- (세 자리수)×(두 자리수)의 곱셈의 원리를 이해하고 이를 활용하여 문제를 해결함. - 문제에 제시된 여러 정보들 중에서 문제해결에 필요한 정보들(장미 한 송이를 접기 위해 필요한 색종이 수는 5장이고, 한 장당 가격이 50원… 등) 을 선택하여 활용함.	- 곱셈의 원리를 이해하고, 주어진 조건을 활용하여 문제를 해결하는 과정에서 타당한 추론을 통해 문제를 해결하고, 계산상의 오차나 옮겨 쓰기 과정에서의 오류가 없음. - 문제상황에 맞게 답을 정확하게 표현함(21750). **4** - 적절한 전략과 타당한 추론을 통해 문제를 해결하였으나, 답이 부정확함. a) 계산상의 오차나 옮겨 쓰기 과정에 오류가 있을 때 b) 풀이과정에서는 적절하게 계산을 하였으나 답을 제시하는 과정에서 다르게 답함. c) 답이 없을 때	- 풀이과정을 이해하는 데 있어서 모든 단계나 과정을 추측(추론)할 필요가 없을 정도로 문제해결과정을 명확하게 논리적으로 충분하게 설명함. - 문제해결과정에 사용된 수학적 용어, 기호 등의 표현이 정확함.
1	2	1
- 곱셈의 원리를 부분적으로 이해하여 계산상의 오류를 범함. - 문제에 제시된 여러 정보들을 부분적으로 활용하여 완전한 문제해결로 이어지지 않음.	- 적절한 전략을 이용하였으나 답을 구할 만큼 충분히 수행하지 않거나 타당하게 추론하지 못하여 답에 이르지 못했거나 오답을 도출함. - 정답을 제시하였지만 a) 타당하게 추론하지 않고 풀이과정을 이해할 수 없게 썼거나 과정을 나타내지 않음 b) 전략이 적절하지 못했거나 타당하게 추론하지 못해 전략의 이행이 명확하지 않음	- 문제해결과정에 대한 설명에 부분적으로 논리적인 비약이 있음. - 문제해결과정에 사용된 수학적 용어, 기호 등의 표현이 이해하기에 불분명함.
0	0	0
- 문제에 제시된 정보를 옮겨 쓰는 수준은 넘었지만, 문제를 제대로 이해하지 못함. - 문제를 제대로 이해하지 못하여 부적절한 개념을 활용함. - 문제에 제시된 정보가 부적절하게 활용되거나 문제해결과 상관없음. - 백지 또는 오답 이외에 아무 것도 없는 경우	- 하위 목표 달성을 위한 시도는 하였으나, 정답을 유도할 만한 접근 방법을 택하지 못하여 답이 틀림. - 백지 또는 오답 이외에 아무 것도 없는 경우 - 문제해결을 전혀 시도하지 못함.	- 문제해결에 중요한 부분을 빠뜨려서 문제해결과정에 대한 설명이 불완전하거나 명료하지 않아, 문제해결과정을 이해하기 어려움. - 문제해결과정에 사용된 수학적 용어, 기호 등의 표현이 부정확하여 문제해결과정을 이해하기 어려움. - 문제해결과정에 대한 설명이 전혀 없거나, 문제해결과 관련되지 않음.

프로그램	어린이 북카페가 생겼어요!	사전/사후 구분	사후검사 – 3
관련 단원	4-1 6. 혼합계산	내용영역	수와 연산
성취기준	곱셈과 덧셈의 계산원리를 활용하여 문제를 해결할 수 있다. 문제상황에 적절한 해결 전략을 선택하고 문제 해결 과정을 설명할 수 있다.		
출제의도	문제상황을 읽고 곱셈과 덧셈의 계산원리를 적절하게 활용하여 문제를 해결할 수 있는지 알아보도록 한다.		

◈ 한국 초등학교에서는 학교 학생, 학부모, 선생님 및 지역 주민들을 대상으로 '아나바다(아껴 쓰고, 나눠 쓰고, 바꿔 쓰고, 다시 쓰고)' 바자회를 열었습니다.
4학년 1반 학생들의 각 코너에서는 아래와 같이 물건들을 팔았습니다.

학용품 코너	생활용품 코너	도서 코너
✔연필 100원짜리 25자루 ✔지우개 150원짜리 10개 ✔공책 200원짜리 15권	✔비누 150원짜리 12개 ✔수건 100원짜리 20장 ✔양말 200원짜리 20켤레	✔만화책 100원짜리 12권 ✔과학책 150원짜리 15권 ✔동화책 200원짜리 20권

물건을 팔아 가장 많이 번 코너는 어느 코너인가요?

[풀이과정]

학용품 코너 : $100\times25+150\times10+200\times15=2500+1500+3000=7000$원
생활용품 코너 : $150\times12+100\times20+200\times20=1800+2000+4000=7800$원
도서 코너 : $100\times12+150\times15+200\times20=1200+2250+4000=7450$원

[정답] 생활용품코너

평가 준거	문제이해	문제해결과정	의사소통
의미	- 문제 속에 내포된 수학적 개념을 이해하는 정도 - 문제를 해결하기 위해 문제에 제시된 정보를 이해하고 활용하는 정도	- 문제해결 전략을 세워 실행하는 정도의 정확성 - 타당한 추론을 통해 문제를 해결하는 정도 - 전략 수행 후, 문제상황에 맞게 답을 기술하거나 해석하는 정도	- 풀이과정에 드러난 수학적 내용과 아이디어, 기호 등의 표현이 정확 혹은 명확하거나 세련된 정도 - 문제해결과정의 설명이 충분한가의 정도

척도별 구체적인 특징

문제이해	문제해결과정	의사소통
2	6	2
- 곱셈과 덧셈의 계산원리를 완전하게 이해하고 이를 문제해결에 활용함. - 문제에 제시된 여러 정보들 중에서 문제해결에 필요한 정보들(각 코너별 판매한 물건의 개수와 가격)을 선택하여 활용함.	- 곱셈과 덧셈의 계산원리를 이해하고 문제를 해결하는 과정에서 타당한 추론을 통해 문제를 해결하고, 계산상의 오차나 옮겨 쓰기 과정에서의 오류가 없음. - 문제상황에 맞게 답을 정확하게 표현함.	- 풀이과정을 이해하는 데 있어서 문제해결의 모든 단계나 과정을 추측(추론)할 필요가 없을 정도로 문제해결과정을 명확하게 논리적으로 충분하게 설명함. - 문제해결과정에 사용된 수학적 용어, 기호 등의 표현이 정확함.
	4	
	- 적절한 전략과 타당한 추론을 통해 문제를 해결하였으나, 답이 부정확함. a) 계산상의 오차나 옮겨 쓰기 과정에 오류가 있을 때 b) 희연이의 스티커 개수를 바르게 구했으나, 문제의 지시와는 다르게 답함(생활용품 코너라고 답하지 않고 그 값인 7800원을 답한 경우). c) 답이 없을 때	
1	2	1
- 곱셈과 덧셈의 계산원리를 부분적으로 이해하는데 그침. - 문제에 제시된 여러 정보들을 부분적으로 활용하여 완전한 문제해결로 이어지지 않음.	- 적절한 전략을 이용하였으나 답을 구할 만큼 충분히 수행하지 않거나 타당하게 추론하지 못하여 답에 이르지 못했거나 오답을 도출함. - 정답을 제시하였지만 a) 타당하게 추론하지 않고 풀이과정을 이해할 수 없게 썼거나 과정을 나타내지 않음. b) 전략이 적절하지 못했거나 타당하게 추론하지 못해 전략의 이행이 명확하지 않음.	- 문제해결과정에 대한 설명에 부분적으로 논리적인 비약이 있음. - 문제해결과정에 사용된 수학적 용어, 기호 등의 표현이 이해하기에 불분명함.
0	0	0
- 문제에 제시된 정보를 옮겨 쓰는 수준은 넘었지만, 문제를 제대로 이해하지 못함. - 문제를 제대로 이해하지 못하여 부적절한 개념을 활용함. - 문제에 제시된 정보가 부적절하게 활용되거나 문제해결과 상관없음. - 백지 또는 오답 이외에 아무 것도 없는 경우	- 하위 목표 달성을 위한 시도는 하였으나, 정답을 유도할 만한 접근 방법을 택하지 못하여 답이 틀림. - 백지 또는 오답 이외에 아무 것도 없는 경우. - 문제해결을 전혀 시도하지 못함.	- 문제해결에 중요한 부분을 빠뜨려서 문제해결과정에 대한 설명이 불완전하거나 명료하지 않아, 문제해결과정을 이해하기 어려움. - 문제해결과정에 사용된 수학적 용어, 기호 등의 표현이 부정확하여 문제해결과정을 이해하기 어려움. - 문제해결과정에 대한 설명이 전혀 없거나, 문제해결과 관련되지 않음.

2) 5학년 서술형 평가문항 및 채점 루브릭(사전검사 3문항, 사후검사 3문항)

관련 프로그램	내가 심사위원이라면	사전/사후	사전검사 - 1
관련 단원	5-2 6. 자료의 표현과 해석	내용영역	확률과 통계
성취기준	줄기와 잎 그림의 표현 및 해석 방법을 알고, 이를 활용하여 문제를 바르게 해결할 수 있다.		
출제의도	줄기와 잎 그림의 표현 및 해석 방법을 문제상황에 활용하여 알맞은 답을 구하도록 한다.		

◈ 다음은 준영이와 친구들이 1분 동안 줄넘기를 한 횟수를 나타낸 줄기와 잎 그림이며, 줄기와 잎 그림의 □는 준영이의 줄넘기 횟수를 나타내고 있습니다. 준영이보다 줄넘기 횟수가 더 많은 학생이 3명이라고 할 때, 준영이의 줄넘기 횟수가 될 수 있는 수를 모두 찾아 쓰시오. (풀이과정을 쓰고 답을 쓰시오.)

1분 동안의 줄넘기 횟수 (13 | 2는 132회)

줄기	잎
13	4 5
14	3 7 9
15	6 0 2 3 □
16	8 2

[풀이과정]

준영이의 줄넘기 횟수는 150~159회 중 하나인데, 준영이보다 줄넘기를 많이 한 학생이 3명이라고 했으므로, 준영이의 줄넘기 횟수는 156회보다는 적고, 153회보다는 많거나 같아야 한다. 그러므로 진선이의 윗몸일으키기 횟수로 가능한 수는 153, 154, 155이며, □안에 들어갈 수 있는 수는 3, 4, 5이다.

[정답] 3, 4, 5

평가 준거	문제이해	문제해결과정	의사소통
의미	- 문제 속에 내포된 수학적 개념을 이해하는 정도 - 문제를 해결하기 위해 문제에 제시된 정보를 이해하고 활용하는 정도	- 문제해결 전략을 세워 실행하는 정도의 정확성 - 타당한 추론을 통해 문제를 해결하는 정도 - 전략 수행 후, 문제상황에 맞게 답을 기술하거나 해석하는 정도	- 풀이과정에 드러난 수학적 내용과 아이디어, 기호 등의 표현이 정확 혹은 명확하거나 세련된 정도 - 문제해결과정의 설명이 충분한가의 정도

척도별 구체적인 특징

문제이해	문제해결과정	의사소통
2	6	2
- 줄기와 잎 그림의 개념 및 표현방법을 완전하게 이해하고 이를 문제해결에 활용함. - 문제에 제시된 여러 정보들 중에서 문제해결에 필요한 정보들(준영이보다 줄넘기 횟수가 더 많은 학생 수 : 3명, 줄넘기 횟수의 순서 168, 162156, □, 153, … 등)을 선택하여 활용함.	- 주어진 줄기와 잎 그림을 해석하여 문제를 해결하는 과정에서 타당한 추론을 통해 문제를 해결하고, 계산상의 오차나 옮겨 쓰기 과정에서의 오류가 없음. - 문제상황에 맞게 답을 정확하게 표현함(3,4,5).	- 줄기와 잎 그림과 관련하여 문제해결의 모든 단계나 과정을 추측(추론)할 필요가 없을 정도로 문제해결과정을 명확하게 논리적으로 충분하게 설명함. - 문제해결과정에 사용된 수학적 용어, 기호 등의 표현이 정확함.
	4	
	- 적절한 전략과 타당한 추론을 통해 문제를 해결하였으나, 답이 부정확함. a) 계산상의 오차나 옮겨 쓰기 과정에 오류가 있을 때 b) 희연이의 스티커 개수를 바르게 구했으나, 문제의 지시와는 다르게(153,154,155) 답함. c) 답이 없을 때	
1	2	1
- 줄기와 잎 그림의 개념 및 표현방법을 부분적으로 이해하는 데 그침. - 문제에 제시된 여러 정보들을 부분적으로 활용하여 완전한 문제해결로 이어지지 않음.	- 적절한 전략을 이용하였으나 답을 구할 만큼 충분히 수행하지 않거나 타당하게 추론하지 못하여 답에 이르지 못했거나 오답을 도출함. - 정답을 제시하였지만 a) 타당하게 추론하지 않고 풀이과정을 이해할 수 없게 썼거나 과정을 나타내지 않음. b) 전략이 적절하지 못했거나 타당하게 추론하지 못해 전략의 이행이 명확하지 않음.	- 문제해결과정에 대한 설명에 부분적으로 논리적인 비약이 있음. - 문제해결과정에 사용된 수학적 용어, 기호 등의 표현이 이해하기에 불분명함.
0	0	0
- 문제에 제시된 정보를 옮겨 쓰는 수준은 넘었지만, 문제를 제대로 이해하지 못함. - 문제를 제대로 이해하지 못하여 부적절한 개념을 활용함. - 문제에 제시된 정보가 부적절하게 활용되거나 문제해결과 상관없음. - 백지 또는 오답 이외에 아무 것도 없는 경우	- 하위 목표 달성을 위한 시도는 하였으나, 정답을 유도할 만한 접근 방법을 택하지 못하여 답이 틀림. - 백지 또는 오답 이외에 아무 것도 없는 경우 - 문제해결을 전혀 시도하지 못함.	- 문제해결에 중요한 부분을 빠뜨려서 문제해결과정에 대한 설명이 불완전하거나 명료하지 않아, 문제해결과정을 이해하기 어려움. - 문제해결과정에 사용된 수학적 용어, 기호 등의 표현이 부정확하여 문제해결과정을 이해하기 어려움. - 문제해결과정에 대한 설명이 전혀 없거나, 문제해결과 관련되지 않음.

관련 프로그램	내가 심사위원이라면	사전/사후	사전검사 - 2
관련 단원	5-2 6. 자료의 표현과 해석	내용영역	확률과 통계
성취기준	주어진 상황에 알맞게 평균을 구하고, 평균을 토대로 원자료의 총합을 계산할 수 있다.		
출제의도	주어진 상황에 알맞게 평균을 구하고, 평균을 토대로 원자료의 총합을 계산하도록 한다.		

◈ 선영이가 5월 달에 본 단원평가 점수는 다음과 같습니다.

과목	국어	수학	사회	과학	영어
점수(점)	85	90	80	73	60

선영이는 다음달 6월 시험에서 영어 점수를 올려 전과목 평균이 80점 이상을 목표로 세웠습니다. 6월 시험에서 영어는 몇 점 이상 받아야 할까요? (다른 과목은 5월의 단원평가 점수를 유지한다고 가정합니다.) (풀이과정을 쓰고 답을 쓰시오.)

[풀이과정]

선영이의 6월 평가 점수를 모두 더하면 388이고, 이를 과목 수대로 나누면 5로 나누어서 평균이 77.6점이 된다. 80점이 되기 위해서는 총점이 400점이 필요하므로, 총 12점을 더 올려야 한다. 그러므로 선영이는 6월 시험에서 영어 점수가 12점 이상 올라 72점이 되어야 평균이 80점이 된다.

[정답] 72점 이상을 받아야 한다.

평가 준거	문제이해	문제해결과정	의사소통
의미	- 문제 속에 내포된 수학적 개념을 이해하는 정도 - 문제를 해결하기 위해 문제에 제시된 정보를 이해하고 활용하는 정도	- 문제해결 전략을 세워 실행하는 정도의 정확성 - 타당한 추론을 통해 문제를 해결하는 정도 - 전략 수행 후, 문제상황에 맞게 답을 기술하거나 해석하는 정도	- 풀이과정에 드러난 수학적 내용과 아이디어, 기호 등의 표현이 정확 혹은 명확하거나 세련된 정도 - 문제해결과정의 설명이 충분한가의 정도

척도별 구체적인 특징

문제이해	문제해결과정	의사소통
2	6	2
- 평균의 개념 및 표현방법을 완전하게 이해하고 이를 문제해결에 활용하여 답(12점 이상)을 구함. - 문제에 제시된 여러 정보들 중에서 문제해결에 필요한 정보들(과목별 점수 - 85, 90, 80, 73, 60점 및 목표 평균점수 80점 등) 을 선택하여 활용함.	- 평균의 개념이 활용된 전략 수행 과정이나 문제 해결 과정에서 타당한 추론을 통해 문제를 해결하고, 계산상의 오차나 옮겨 쓰기 과정에서의 오류가 없음. - 문제상황에 맞게 답을 정확하게 표현함(72점 이상).	- 평균과 관련하여 문제해결의 모든 단계나 과정을 추측(추론)할 필요가 없을 정도로 문제해결과정을 명확하게 논리적으로 충분하게 설명함. - 문제해결과정에 사용된 수학적 용어, 기호 등의 표현이 정확함.
	4	
	- 적절한 전략과 타당한 추론을 통해 문제를 해결하였으나, 답이 부정확함. a) 계산상의 오차나 옮겨 쓰기 과정에 오류가 있을 때 b) 답의 숫자 부분은 바르게 썼지만, (문제의 지시와는 다르게) 단위가 없거나 잘못 썼을 때 c) 답이 없을 때	
1	2	1
- 평균의 개념 및 표현방법을 부분적으로 이해하는 데 그침. - 문제에 제시된 여러 정보들을 부분적으로 활용하여 완전한 문제해결로 이어지지 않음.	- 적절한 전략을 이용하였으나 답을 구할 만큼 충분히 수행하지 않거나 타당하게 추론하지 못하여 답에 이르지 못했거나 오답을 도출함. - 정답을 제시하였지만 a) 타당하게 추론하지 않고 풀이과정을 이해할 수 없게 썼거나 과정을 나타내지 않음. b) 전략이 적절하지 못했거나 타당하게 추론하지 못해 전략의 이행이 명확하지 않음.	- 문제해결과정에 대한 설명에 부분적으로 논리적인 비약이 있음. - 문제해결과정에 사용된 수학적 용어, 기호 등의 표현이 이해하기에 불분명함.
0	0	0
- 문제에 제시된 정보를 옮겨 쓰는 수준은 넘었지만, 문제를 제대로 이해하지 못함. - 문제를 제대로 이해하지 못하여 부적절한 개념을 활용함. - 문제에 제시된 정보가 부적절하게 활용되거나 문제해결과 상관없음. - 백지 또는 오답 이외에 아무 것도 없는 경우	- 하위 목표 달성을 위한 시도는 하였으나, 정답을 유도할 만한 접근 방법을 택하지 못하여 답이 틀림. - 백지 또는 오답 이외에 아무 것도 없는 경우 - 문제해결을 전혀 시도하지 못함.	- 문제해결에 중요한 부분을 빠뜨려서 문제해결과정에 대한 설명이 불완전하거나 명료하지 않아, 문제해결과정을 이해하기 어려움. - 문제해결과정에 사용된 수학적 용어, 기호 등의 표현이 부정확하여 문제해결과정을 이해하기 어려움. - 문제해결과정에 대한 설명이 전혀 없거나, 문제해결과 관련되지 않음.

관련 프로그램	내가 심사위원이라면	사전/사후	사전검사 - 3
관련 단원	5-2 6. 자료의 표현과 해석	내용영역	확률과 통계
성취기준	주어진 상황을 줄기와 잎 그림을 나타내고, 정보를 찾아낼 수 있다.		
출제의도	주어진 문제상황을 줄기와 잎 그림으로 알맞게 나타내고, 이를 해석하여 필요한 정보를 찾아낼 수 있다.		

◈ 다음은 한샘이네 반과 승준이네 반의 학생들이 한 달 동안 받은 칭찬스티커 개수를 나타낸 표입니다.

한샘이네 반

13	25	14	22	21
19	11	47	33	19
17	15	11	29	42
27	24	28	31	28
12	22	16	20	38

승준이네 반

36	34	33	39	21
26	37	47	44	19
23	29	18	38	42
27	24	28	31	43
35	22	32	20	38

한샘이와 승준이는 각각 칭찬스티커를 29개 받았습니다. 각 반에서 한샘와 승준이의 칭찬스티커 성적은 높은지 낮은지 아래 줄기와 잎 그림을 완성하여 설명해보시오. (풀이과정과 답을 쓰시오.)

잎(한샘이네 반)	줄기	잎(승준이네 반)
	1	
	2	
	3	
	4	

[풀이과정]

잎(한샘이네 반)	줄기	잎(승준이네 반)
3 4 9 1 9 7 5 1 2 6	1	9 8
5 2 1 9 7 4 8 8 2 0	2	1 6 3 9 7 4 8 2 0
3 1 8	3	6 4 3 9 7 8 1 5 2 8
7 2	4	7 4 2 3

줄기와 잎 그림의 분포도를 보면, 한샘이네 반의 경우 스티커 개수가 29개를 넘는 학생이 5명이지만, 승준이네 반의 스티커 개수가 29개 이상인 학생이 14명이 있기 때문에 한샘이네 반에서 한샘이는 칭찬스티커 성적이 높은 편이지만, 승준이네 반의 승준이는 칭찬스티커 성적이 낮은 편이 된다.

[정답] 각 반에서 한샘이는 칭찬스티커 성적이 높은 편이고, 승준이는 낮은 편이다.

평가 준거	문제이해	문제해결과정	의사소통
의미	- 문제 속에 내포된 수학적 개념을 이해하는 정도 - 문제를 해결하기 위해 문제에 제시된 정보를 이해하고 활용하는 정도	- 문제해결 전략을 세워 실행하는 정도의 정확성 - 타당한 추론을 통해 문제를 해결하는 정도 - 전략 수행 후, 문제상황에 맞게 답을 기술하거나 해석하는 정도	- 풀이과정에 드러난 수학적 내용과 아이디어, 기호 등의 표현이 정확 혹은 명확하거나 세련된 정도 - 문제해결과정의 설명이 충분한가의 정도

척도별 구체적인 특징

문제이해	문제해결과정	의사소통
2	6	2
- 줄기와 잎 그림의 개념 및 표현방법을 완전하게 이해하고 이를 문제해결에 활용함. - 문제에 제시된 여러 정보들 중에서 문제해결에 필요한 정보들(각 반 학생들의 1달 동안의 칭찬스티커 개수 및 한샘이와 승준이의 칭찬스티커 개수 29개 등) 을 선택하여 활용함.	- 주어진 데이터를 줄기와 잎 그림으로 표현하고, 표현된 줄기와 잎 그림을 해석하여 문제를 해결하는 과정에서 타당한 추론을 통해 문제를 해결하고, 계산상의 오차나 옮겨 쓰기 과정에서의 오류가 없음. - 문제상황에 맞게 답을 정확하게 표현함(한샘: 높은 편, 승준: 낮은 편).	- 줄기와 잎 그림을 그리고 해석하는 것과 관련하여 문제해결의 모든 단계나 과정을 추측(추론)할 필요가 없을 정도로 문제해결과정을 명확하게 논리적으로 충분하게 설명함. - 문제해결과정에 사용된 수학적 용어, 기호 등의 표현이 정확함.
	4	
	- 줄기와 잎 그림을 그리고 해석하는 적절한 전략과 타당한 추론을 통해 문제를 해결하였으나, 답이 부정확함. a) 계산상의 오차나 옮겨 쓰기 과정에 오류가 있음. b) 각 반에서의 한샘이와 승준이의 칭찬스티커 성적을 바르게 구했으나, 문제의 지시와는 다르게 답함. c) 답이 없음.	
1	2	1
- 줄기와 잎 그림의 개념 및 표현방법을 부분적으로 이해하는데 그침. - 문제에 제시된 여러 정보들을 부분적으로 활용하여 완전한 문제해결로 이어지지 않음.	- 적절한 전략을 이용하였으나 답을 구할 만큼 충분히 수행하지 않거나 타당하게 추론하지 못하여 답에 이르지 못했거나 오답을 도출함. - 정답을 제시하였지만 a) 타당하게 추론하지 않고 풀이과정을 이해할 수 없게 썼거나 과정을 나타내지 않음. b) 전략이 적절하지 못했거나 타당하게 추론하지 못해 전략의 이행이 명확하지 않음.	- 문제해결과정에 대한 설명에 부분적으로 논리적인 비약이 있음. - 문제해결과정에 사용된 수학적 용어, 기호 등의 표현이 이해하기에 불분명함.
0	0	0
- 문제에 제시된 정보를 옮겨 쓰는 수준은 넘었지만, 문제를 제대로 이해하지 못함. - 문제를 제대로 이해하지 못하여 부적절한 개념을 활용함. - 문제에 제시된 정보가 부적절하게 활용되거나 문제해결과 상관없음. - 백지 또는 오답 이외에 아무 것도 없는 경우	- 하위 목표 달성을 위한 시도는 하였으나, 정답을 유도할 만한 접근방법을 택하지 못하여 답이 틀림. - 백지 또는 오답 이외에 아무 것도 없는 경우 - 문제해결을 전혀 시도하지 못함.	- 문제해결에 중요한 부분을 빠뜨려서 문제해결과정에 대한 설명이 불완전하거나 명료하지 않아, 문제해결과정을 이해하기 어려움. - 문제해결과정에 사용된 수학적 용어, 기호 등의 표현이 부정확하여 문제해결과정을 이해하기 어려움. - 문제해결과정에 대한 설명이 전혀 없거나, 문제해결과 관련되지 않음.

관련 프로그램	내가 심사위원이라면	사전/사후	사후검사 - 1
관련 단원	5-2 6. 자료의 표현과 해석	내용영역	확률과 통계
성취기준	줄기와 잎 그림의 표현 및 해석 방법을 알고, 이를 활용하여 문제를 바르게 해결할 수 있다.		
출제의도	줄기와 잎 그림의 표현 및 해석 방법을 문제상황에 활용하여 알맞은 답을 구하도록 한다.		

◈ 다음은 희연이와 친구들이 모은 스티커의 개수를 나타낸 줄기와 잎 그림이며, 줄기와 잎 그림의 □는 희연이의 스티커 개수를 나타내고 있습니다. 희연이보다 더 많은 스티커를 모은 학생이 5명이라고 할 때, 희연이의 스티커 개수가 될 수 있는 수를 모두 찾아 쓰시오. (풀이과정을 쓰고 답을 쓰시오.)

스티커의 개수 (1 | 2는 12회)

줄기	잎
1	3 4 1 5 8
2	3 5 8 9 □
3	2 7
4	1

[풀이과정]

스티커의 개수가 많은 순서대로 5개를 쓰면, 41, 37, 32, 29, 28이고, 희연이의 스티커 개수는 6번째로 많이 모은 개수가 되어야 하므로 7번째 스티커개수보다 많고, 28보다 적으면 된다. 7번째 스티커개수는 25이므로, 희연이의 스티커개수가 될 수 있는 수는 26, 27이다. 그러므로 □에 들어갈 수 있는 수는 6, 7이다.

[정답] 6, 7이 들어갈 수 있다.

평가 준거	문제이해	문제해결과정	의사소통
의미	- 문제 속에 내포된 수학적 개념을 이해하는 정도 - 문제를 해결하기 위해 문제에 제시된 정보를 이해하고 활용하는 정도	- 문제해결 전략을 세워 실행하는 정도의 정확성 - 타당한 추론을 통해 문제를 해결하는 정도 - 전략 수행 후, 문제상황에 맞게 답을 기술하거나 해석하는 정도	- 풀이과정에 드러난 수학적 내용과 아이디어, 기호 등의 표현이 정확 혹은 명확하거나 세련된 정도 - 문제해결과정의 설명이 충분한가의 정도

척도별 구체적인 특징

문제이해	문제해결과정	의사소통
2	6	2
- 줄기와 잎 그림의 개념 및 표현방법을 완전하게 이해하고 이를 문제해결에 활용함. - 문제에 제시된 여러 정보들 중에서 문제해결에 필요한 정보들(희연이보다 더 많은 스티커를 모은 학생 수 : 5명, 스티커 개수의 순서 41, 37, 32, 29, 28, □, 25, … 등) 을 선택하여 활용함.	- 주어진 줄기와 잎 그림을 해석하여 문제를 해결하는 과정에서 타당한 추론을 통해 문제를 해결하고, 계산상의 오차나 옮겨 쓰기 과정에서의 오류가 없음. - 문제상황에 맞게 답을 정확하게 표현함(6,7). 4 - 적절한 전략과 타당한 추론을 통해 문제를 해결하였으나, 답이 부정확함. a) 계산상의 오차나 옮겨 쓰기 과정에 오류가 있을 때 b) 희연이의 스티커 개수를 바르게 구했으나, 문제의 지시와는 다르게(26, 27) 답함. c) 답이 없을 때	- 줄기와 잎 그림과 관련하여 문제해결의 모든 단계나 과정을 추측(추론)할 필요가 없을 정도로 문제해결과정을 명확하게 논리적으로 충분하게 설명함. - 문제해결과정에 사용된 수학적 용어, 기호 등의 표현이 정확함.
1	2	1
- 줄기와 잎 그림의 개념 및 표현방법을 부분적으로 이해하는데 그침. - 문제에 제시된 여러 정보들을 부분적으로 활용하여 완전한 문제해결로 이어지지 않음.	- 적절한 전략을 이용하였으나 답을 구할 만큼 충분히 수행하지 않거나 타당하게 추론하지 못하여 답에 이르지 못했거나 오답을 도출함. - 정답을 제시하였지만 a) 타당하게 추론하지 않고 풀이과정을 이해할 수 없게 썼거나 과정을 나타내지 않음. b) 전략이 적절하지 못했거나 타당하게 추론하지 못해 전략의 이행이 명확하지 않음.	- 문제해결과정에 대한 설명에 부분적으로 논리적인 비약이 있음. - 문제해결과정에 사용된 수학적 용어, 기호 등의 표현이 이해하기에 불분명함.
0	0	0
- 문제에 제시된 정보를 옮겨 쓰는 수준은 넘었지만, 문제를 제대로 이해하지 못함. - 문제를 제대로 이해하지 못하여 부적절한 개념을 활용함. - 문제에 제시된 정보가 부적절하게 활용되거나 문제해결과 상관없음. - 백지 또는 오답 이외에 아무 것도 없는 경우	- 하위 목표 달성을 위한 시도는 하였으나, 정답을 유도할 만한 접근방법을 택하지 못하여 답이 틀림. - 백지 또는 오답 이외에 아무 것도 없는 경우 - 문제해결을 전혀 시도하지 못함.	- 문제해결에 중요한 부분을 빠뜨려서 문제해결과정에 대한 설명이 불완전하거나 명료하지 않아, 문제해결과정을 이해하기 어려움. - 문제해결과정에 사용된 수학적 용어, 기호 등의 표현이 부정확하여 문제해결과정을 이해하기 어려움. - 문제해결과정에 대한 설명이 전혀 없거나, 문제해결과 관련되지 않음.

관련 프로그램	내가 심사위원이라면	사전/사후	사후검사 – 2
관련 단원	5-2 6. 자료의 표현과 해석	내용영역	확률과 통계
성취기준	주어진 상황에 알맞게 평균을 구하고, 평균을 토대로 원자료의 총합을 계산할 수 있다.		
출제의도	주어진 상황에 알맞게 평균을 구하고, 평균을 토대로 원자료의 총합을 계산하도록 한다.		

◈ 창수네 모둠원들의 10월 수학점수는 다음과 같습니다.

모둠원	창수	아영	선진	영훈	현욱
점수(점)	95	85	90	82	60

창수네 모둠은 다음달 11월 평가에서 평균을 85점으로 올리려고 합니다. 현욱이의 점수를 올려 평균을 높이고자 할 때, 현욱이의 성적은 몇점 이상이 되어야 합니까? (다른 모둠원들의 10월 성적은 유지한다고 가정합시다) (풀이과정을 쓰고 답을 쓰시오.)

[풀이과정]

창수네 모둠원들의 점수를 모두 합하면, 95+85+90+82+60=412이고, 이를 5로 나누면 평균이 82.4가 된다. 평균이 85점이 되려면 총점이 425점이 필요한데, 현재 창수네 모둠원들의 총점을 425에서 빼면 13이 된다. 그러므로, 다른 모둠원들의 10월 점수가 유지된다고 할 때, 현욱이의 성적은 13점 이상이 되어야 하므로 73점 이상이 되어야 한다.

[정답] 현욱이의 성적은 73점 이상이 되어야 한다.

평가 준거	문제이해	문제해결과정	의사소통
의미	- 문제 속에 내포된 수학적 개념을 이해하는 정도 - 문제를 해결하기 위해 문제에 제시된 정보를 이해하고 활용하는 정도	- 문제해결 전략을 세워 실행하는 정도의 정확성 - 타당한 추론을 통해 문제를 해결하는 정도 - 전략 수행 후, 문제상황에 맞게 답을 기술하거나 해석하는 정도	- 풀이과정에 드러난 수학적 내용과 아이디어, 기호 등의 표현이 정확 혹은 명확하거나 세련된 정도 - 문제해결과정의 설명이 충분한가의 정도

<table>
<tr><th colspan="3">척도별 구체적인 특징</th></tr>
<tr><td>2</td><td>6</td><td>2</td></tr>
<tr><td rowspan="3">- 평균의 개념 및 표현방법을 완전하게 이해하고 이를 문제해결에 활용하여 답을 구함(현욱이의 점수 73점 이상을 구함).
- 문제에 제시된 여러 정보들 중에서 문제해결에 필요한 정보들(모둠원들의 수학점수 95, 85, 90, 82, 60점 및 목표 평균점수 85점 등) 을 선택하여 활용함.</td><td>- 평균의 개념이 활용된 전략 수행과정이나 문제 해결 과정에서 타당한 추론을 통해 문제를 해결하고, 계산상의 오차나 옮겨 쓰기 과정에서의 오류가 없음.
- 문제상황에 맞게 답을 정확하게 표현함(73점 이상).</td><td rowspan="3">- 평균과 관련하여 문제해결의 모든 단계나 과정을 추측(추론)할 필요가 없을 정도로 문제해결과정을 명확하게 논리적으로 충분하게 설명함.
- 문제해결과정에 사용된 수학적 용어, 기호 등의 표현이 정확함.</td></tr>
<tr><td>4</td></tr>
<tr><td>- 적절한 전략과 타당한 추론을 통해 문제를 해결하였으나, 답이 부정확함.
a) 계산상의 오차나 옮겨 쓰기 과정에 오류가 있을 때
b) 답의 숫자 부분은 바르게 썼지만, (문제의 지시와는 다르게) 단위가 없거나 잘못 썼을 때
c) 답이 없을 때</td></tr>
<tr><td>1</td><td>2</td><td>1</td></tr>
<tr><td>- 평균의 개념 및 표현방법을 부분적으로 이해하는데 그침.
- 문제에 제시된 여러 정보들을 부분적으로 활용하여 완전한 문제해결로 이어지지 않음.</td><td>- 적절한 전략을 이용하였으나 답을 구할 만큼 충분히 수행하지 않거나 타당하게 추론하지 못하여 답에 이르지 못했거나 오답을 도출함.
- 정답을 제시하였지만
a) 타당하게 추론하지 않고 풀이과정을 이해할 수 없게 썼거나 과정을 나타내지 않음.
b) 전략이 적절하지 못했거나 타당하게 추론하지 못해 전략의 이행이 명확하지 않음.</td><td>- 문제해결과정에 대한 설명에 부분적으로 논리적인 비약이 있음.
- 문제해결과정에 사용된 수학적 용어, 기호 등의 표현이 이해하기에 불분명함.</td></tr>
<tr><td>0</td><td>0</td><td>0</td></tr>
<tr><td>- 문제에 제시된 정보를 옮겨 쓰는 수준은 넘었지만, 문제를 제대로 이해하지 못함.
- 문제를 제대로 이해하지 못하여 부적절한 개념을 활용함.
- 문제에 제시된 정보가 부적절하게 활용되거나 문제해결과 상관없음.
- 백지 또는 오답 이외에 아무 것도 없는 경우</td><td>- 하위 목표 달성을 위한 시도는 하였으나, 정답을 유도할 만한 접근방법을 택하지 못하여 답이 틀림.
- 백지 또는 오답 이외에 아무 것도 없는 경우
- 문제해결을 전혀 시도하지 못함.</td><td>- 문제해결에 중요한 부분을 빠뜨려서 문제해결과정에 대한 설명이 불완전하거나 명료하지 않아, 문제해결과정을 이해하기 어려움.
- 문제해결과정에 사용된 수학적 용어, 기호 등의 표현이 부정확하여 문제해결과정을 이해하기 어려움.
- 문제해결과정에 대한 설명이 전혀 없거나, 문제해결과 관련되지 않음.</td></tr>
</table>

관련 프로그램	내가 심사위원이라면	사전/사후	사후검사 - 3
관련 단원	5-2 6. 자료의 표현과 해석	내용영역	확률과 통계
성취기준	주어진 상황을 줄기와 잎 그림을 나타내고, 정보를 찾아낼 수 있다.		
출제의도	주어진 문제상황을 줄기와 잎 그림으로 알맞게 나타내고, 이를 해석하여 필요한 정보를 찾아낼 수 있다.		

◈ 다음은 2반과 3반의 1년 동안의 독서량을 나타낸 표입니다.

2반

23	5	3	32	20
19	13	25	5	6
28	1	15	17	40
30	47	22	38	24
7	34	27	49	33

3반

11	1	3	31	15
19	2	14	5	6
18	1	12	17	33
3	5	13	20	16
7	8	8	41	29

2반의 영서와 3반의 인선이는 책을 19권 읽었습니다. 각 반에서 영서와 인선이의 독서량은 몇 번째인지 아래 줄기와 잎 그림을 완성하여 설명해보시오. (풀이과정과 답을 쓰시오.)

잎(2반)	줄기	잎(3반)
	0	
	1	
	2	
	3	
	4	

[풀이과정]

잎(2반)	줄기	잎(3반)
5 3 5 6 1 7	0	1 3 2 5 6 1 4 5 7 8 8
9 3 5 7	1	1 5 9 4 8 2 7 3 6
3 0 5 8 2 4 7	2	0 9
2 0 8 4 3	3	1 3
0 7 9	4	1

2반에서는 영서보다 많이 읽은 학생이 15명이 있으나, 3반에서는 인선이보다 많이 읽은 학생이 5명이므로, 2반에서 영서의 독서량은 16번째이고, 3반에서 인선이의 독서량은 6번째이다.

[정답] 2반에서 영서의 독서량은 16번째이고, 3반에서 인선이의 독서량은 6번째이다.

평가준거	문제이해	문제해결과정	의사소통
의미	- 문제 속에 내포된 수학적 개념을 이해하는 정도 - 문제를 해결하기 위해 문제에 제시된 정보를 이해하고 활용하는 정도	- 문제해결 전략을 세워 실행하는 정도의 정확성 - 타당한 추론을 통해 문제를 해결하는 정도 - 전략 수행 후, 문제상황에 맞게 답을 기술하거나 해석하는 정도	- 풀이과정에 드러난 수학적 내용과 아이디어, 기호 등의 표현이 정확 혹은 명확하거나 세련된 정도 - 문제해결과정의 설명이 충분한가의 정도

척도별 구체적인 특징

문제이해	문제해결과정	의사소통
2	6	2
- 줄기와 잎 그림의 개념 및 표현방법을 완전하게 이해하고 이를 문제해결에 활용함. - 문제에 제시된 여러 정보들 중에서 문제해결에 필요한 정보들(각 반 학생들의 1년 동안의 독서량 및 영서와 인선이의 독서량 19권 등)을 선택하여 활용함.	- 주어진 데이터를 줄기와 잎 그림으로 표현하고, 표현된 줄기와 잎 그림을 해석하여 문제를 해결하는 과정에서 타당한 추론을 통해 문제를 해결하고, 계산상의 오차나 옮겨 쓰기 과정에서의 오류가 없음. - 문제상황에 맞게 답을 정확하게 표현함(영서: 16번째, 인선: 6번째).	- 줄기와 잎 그림을 그리고 해석하는 것과 관련하여 문제해결의 모든 단계나 과정을 추측(추론)할 필요가 없을 정도로 문제해결과정을 명확하게 논리적으로 충분하게 설명함. - 문제해결과정에 사용된 수학적 용어, 기호 등의 표현이 정확함.
	4	
	- 줄기와 잎 그림을 그리고 해석하는 적절한 전략과 타당한 추론을 통해 문제를 해결하였으나, 답이 부정확함. a) 계산상의 오차나 옮겨 쓰기 과정에 오류가 있음. b) 희연이의 스티커 개수를 바르게 구했으나, 문제의 지시와는 다르게(26, 27) 답함. c) 답이 없음.	
1	2	1
- 줄기와 잎 그림의 개념 및 표현방법을 부분적으로 이해하는데 그침. - 문제에 제시된 여러 정보들을 부분적으로 활용하여1완전한 문제해결로 이어지지 않음.	- 적절한 전략을 이용하였으나 답을 구할 만큼 충분히 수행하지 않거나 타당하게 추론하지 못하여 답에 이르지 못했거나 오답을 도출함. - 정답을 제시하였지만 a) 타당하게 추론하지 않고 풀이 과정을 이해할 수 없게 썼거나 과정을 나타내지 않음. b) 전략이 적절하지 못했거나 타당하게 추론하지 못해 전략의 이행이 명확하지 않음.	- 문제해결과정에 대한 설명에 부분적으로 논리적인 비약이 있음. - 문제해결과정에 사용된 수학적 용어, 기호 등의 표현이 이해하기에 불분명함.
0	0	0
- 문제에 제시된 정보를 옮겨 쓰는 수준은 넘었지만, 문제를 제대로 이해하지 못함. - 문제를 제대로 이해하지 못하여 부적절한 개념을 활용함. - 문제에 제시된 정보가 부적절하게 활용되거나 문제해결과 상관없음. - 백지 또는 오답 이외에 아무 것도 없는 경우	- 하위 목표 달성을 위한 시도는 하였으나, 정답을 유도할 만한 접근 방법을 택하지 못하여 답이 틀림. - 백지 또는 오답 이외에 아무 것도 없는 경우 - 문제해결을 전혀 시도하지 못함.	- 문제해결에 중요한 부분을 빠뜨려서 문제해결과정에 대한 설명이 불완전하거나 명료하지 않아, 문제해결과정을 이해하기 어려움. - 문제해결과정에 사용된 수학적 용어, 기호 등의 표현이 부정확하여 문제해결과정을 이해하기 어려움. - 문제해결과정에 대한 설명이 전혀 없거나, 문제해결과 관련되지 않음.

3) 6학년 서술형 평가문항 및 채점 루브릭(사전검사 3문항, 사후검사 3문항)

프로그램	현명한 피자 선택 / 탄소발자국 줄이기	사전/사후 구분	사전검사 - 1
관련 단원	6-1-7. 비례식	내용영역	규칙성과 문제해결
성취기준	비례상황을 이해하고 단위당 값을 구하여 문제를 해결할 수 있다.		
출제의도	일상생활에서 쉽게 접할 수 있는 비례상황을 이해하고, 단위당 값을 구하여 문제를 해결할 수 있다.		

◈ 민수는 어머니 심부름으로 마트에서 세탁세제를 사려고 합니다. 민수는 여러 가지 세탁세제 중에서 친환경세제 두 가지를 골랐습니다. 민수는 성능이 비슷한 두 개의 세탁세제 중에서 더 저렴한 세제를 사기로 결정했습니다. 어떤 세탁세제가 더 저렴한지 선택하고, 그 이유를 설명하시오.

세제의 용량과 가격

세제 종류	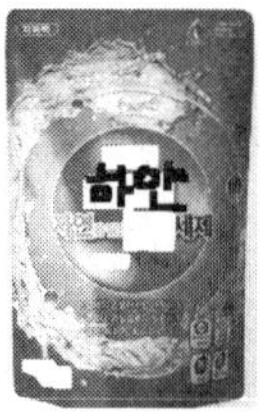 하얀세제	 부드란세제
용량	1.2kg	1.8kg
가격	7500원	12000원

[풀이과정]

두 세제의 가격 당 세제의 용량을 비교하면
하얀세제의 경우 1200g÷7500원=0.16g/원
부드란세제의 경우 1800g÷1200원=0.15g/원으로
하얀세제가 가격당 세제의 용량이 많기 때문에 더 저렴한 세제이다.

[정답] 하얀세제

평가준거	문제이해	문제해결과정	의사소통
의미	- 문제 속에 내포된 수학적 개념을 이해하는 정도 - 문제를 해결하기 위해 문제에 제시된 정보를 이해하고 활용하는 정도	- 문제해결 전략을 세워 실행하는 정도의 정확성 - 타당한 추론을 통해 문제를 해결하는 정도 - 전략 수행 후, 문제상황에 맞게 답을 기술하거나 해석하는 정도	- 풀이과정에 드러난 수학적 내용과 아이디어, 기호 등의 표현이 정확 혹은 명확하거나 세련된 정도 - 문제해결과정의 설명이 충분한가의 정도

척도별 구체적인 특징

2	6	2
- 세제에 들어있는 용량과 1봉지당 가격을 모두 고려해야 함을 완전하게 이해하고 이를 문제해결에 활용함.	- 타당한 추론을 통해 문제를 해결하고, 계산상의 오차나 옮겨 쓰기 과정에서의 오류가 없음. - 문제상황에 맞게 답을 정확하게 표현함. 예시) 세제의 용량과 가격의 비를 (가격에 대한 용량의 비 혹은 용량에 대한 가격의 비) 정확한 값으로 계산하여 문제해결에 적절하게 활용함.	- 문제해결의 모든 단계나 과정을 추측(추론)할 필요가 없을 정도로 문제해결과정을 논리적으로 충분하게 설명함. - 문제해결과정에 사용된 수학적 용어, 기호 등의 표현이 정확함.
	4	
	- 적절한 전략과 타당한 추론을 통해 문제를 해결하였으나, 답이 부정확함. a) 계산상의 오차나 옮겨 쓰기 과정에 오류가 있을 때 b) 계산식이나 과정에 오류가 없으나 답이 없을 때	
1	2	1
- 세제의 가격을 단순 비교함. - 문제에 제시된 여러 정보들을 부분적으로 활용하여 완전한 문제해결로 이어지지 않음.	- 적절한 전략을 이용하였으나 답을 구할 만큼 충분히 수행하지 않거나 타당하게 추론하지 못하여 답에 이르지 못했거나 오답을 도출함. - 정답을 제시하였지만 a) 타당하게 추론하지 않고 풀이과정을 이해할 수 없게 썼거나 과정을 나타내지 않음. b) 전략이 적절하지 못했거나 타당하게 추론하지 못해 전략의 이행이 명확하지 않음.	- 문제해결과정에 대한 설명에 부분적으로 논리적인 비약이 있음. - 문제해결과정에 사용된 수학적 용어, 기호 등의 표현이 이해하기에 불분명함.
0	0	0
- 문제를 제대로 이해하지 못하여 관련이 없는 수학적 개념을 활용함. - 문제에 제시된 정보가 부적절하게 활용되거나 문제해결과 상관없음. - 백지 또는 오답 이외에 아무 것도 없는 경우	- 시도는 하였으나, 정답을 유도할 만한 접근 방법이 완전히 틀린 경우 - 백지 또는 오답 이외에 아무 것도 없는 경우 - 문제해결을 전혀 시도하지 못함.	- 문제해결과정에 대한 설명이 불완전하거나 명료하지 않아, 문제해결과정을 전혀 이해할 수 없음. - 문제해결과정에 사용된 수학적 용어, 기호 등의 표현이 부정확하여 문제해결과정을 전혀 이해할 수 없음. - 문제해결과정에 대한 설명이 전혀 없거나, 문제해결과 관련되지 않음.

프로그램	현명한 피자 선택 / 탄소발자국 줄이기	사전/사후 구분	사전검사 – 2
관련 단원	6-1-7. 비례식	내용영역	규칙성과 문제해결
성취기준	비와 비율의 개념을 알고 문제를 해결할 수 있다.		
출제의도	일상생활에서 비와 비율이 활용되는 상황을 이해하고 개념을 적용하여 문제를 해결하도록 한다.		

◈ 우리 반에서는 반티에 넣을 로고 공모전을 열어서 다음과 같은 로고가 선정되었습니다. 이 로고를 확대해서 반티 뒷면에 넣으려고 합니다. 가로를 60cm로 확대한다면 세로는 얼마가 되어야 하는지 구하고, 풀이과정을 쓰시오.

24cm

13cm

[풀이과정]

가로 : 세로 = 확대된 가로 : 확대된 세로를 이용하여 확대된 세로를 구하면

24 : 13 = 60 : □이므로

13×60 = 24×□가 되어

□ = 60×13÷24 = 32.5

확대된 세로는 32.5cm가 된다.

[정답] 세로 32.5cm

평가 준거	문제이해	문제해결과정	의사소통
의미	- 문제 속에 내포된 수학적 개념을 이해하는 정도 - 문제를 해결하기 위해 문제에 제시된 정보를 이해하고 활용하는 정도	- 문제해결 전략을 세워 실행하는 정도의 정확성 - 타당한 추론을 통해 문제를 해결하는 정도 - 전략 수행 후, 문제상황에 맞게 답을 기술하거나 해석하는 정도	- 풀이과정에 드러난 수학적 내용과 아이디어, 기호 등의 표현이 정확 혹은 명확하거나 세련된 정도 - 문제해결과정의 설명이 충분한가의 정도

척도별 구체적인 특징

문제이해	문제해결과정	의사소통
2	6	2
- 문제에 제시된 정보 속에서 비례관계에 있는 대상을 정확하게 찾아냄. - 문제를 해결하기 위해 비례관계가 있는 상황을 비례식으로 정확하게 표현하여 풀이함.	- 비례식을 바르게 세우고 '내항의 곱=외항의 곱'임을 이용하여 정답을 구함. - 비례식을 바르게 세우고 비례식에 대한 정확한 이해를 바탕으로 타당한 추론을 통해 문제를 해결하고, 계산상의 오차나 옮겨 쓰기 과정에서의 오류가 없음. - 문제상황에 맞게 답을 정확하게 표현함.	- 문제해결의 모든 단계나 과정을 추측(추론)할 필요가 없을 정도로 문제해결과정을 명확하게 논리적으로 충분하게 설명함. - 문제해결과정에 사용된 수학적 용어, 기호 등의 표현이 정확함.
	4	
	- 적절한 전략과 타당한 추론을 통해 문제를 해결하였으나, 답이 부정확함. a) 비례식을 바르게 세우고 '내항의 곱=외항의 곱'임을 이용하여 풀이하였으나 계산상의 오류로 답을 도출한 경우 b) 비례식을 바르게 세우고 타당한 추론을 통해 비례식의 성질을 이용하여 풀이하였으나 계산상의 오류로 답을 도출한 경우 c) 옮겨 쓰기 과정에 오류가 있는 경우 d) 풀이 과정이 올바르게 이행되었으나 답이 없는 경우	
1	2	1
- 비례식을 바르게 세우지 않고 답을 도출함.	- 비례식을 바르게 세웠으나 '내항의 곱=외항의 곱'임을 이용하지 못하여 오답을 도출함. - 정답을 제시하였지만 a) 타당하게 추론하지 않고 풀이 과정을 이해할 수 없게 썼거나 과정을 나타내지 않음. b) 전략이 적절하지 못했거나 타당하게 추론하지 못해 전략의 이행이 명확하지 않음.	- 문제해결과정에 대한 설명에 부분적으로 논리적인 비약이 있음. - 문제해결과정에 사용된 수학적 용어, 기호 등의 표현이 이해하기에 불분명함.
0	0	0
- 문제를 제대로 이해하지 못하여 문제에서 제시된 정보를 비례식과 연관 짓지 못하여 문제 해결과 상관없게 기술된 경우 - 백지 또는 오답 이외에 아무 것도 없는 경우	- 백지 또는 오답 이외에 아무 것도 없는 경우 - 문제해결을 전혀 시도하지 못함.	- 문제해결에 중요한 부분을 빠뜨려서 문제해결과정에 대한 설명이 불완전하거나 명료하지 않아, 문제해결과정을 이해하기 어려움. - 문제해결과정에 사용된 수학적 용어, 기호 등의 표현이 부정확하여 무제해결과정을 이해하기 어려움. - 문제해결과정에 대한 설명이 전혀 없거나, 문제해결과 관련되지 않음.

프로그램	현명한 피자 선택 / 탄소발자국 줄이기	사전/사후 구분	사전검사 – 3
관련 단원	6-1-7. 비례식	내용영역	규칙성과 문제해결
성취기준	비례식의 성질을 이용하여 비례식의 미지항의 값을 구할 수 있다.		
출제의도	미지항이 있는 비례식에서 비례식을 성질을 이용하여 미지항의 값을 구하게 한다.		

◈ 은수는 아침에 바쁘게 학교 갈 준비를 하느라 아침을 거르는 일이 많아졌습니다. 그래서 어머니께서 아침 식사대용으로 먹는 씨리얼을 주셨습니다. 은수는 요즘 체중 관리를 하는데 관심이 있어서 어떤 음식을 먹던지 영양성분표시를 확인합니다. 씨리얼의 영양성분 표시가 다음과 같을 때 은수가 <u>씨리얼을 한 대접(50g)</u> 가득 먹고 갔다면 <u>씨리얼만으로 몇 kcal의 열량을 섭취한 것</u>이 되는지 구하고, 풀이 과정을 쓰시오.

영양성분표

1회 제공량(40g), 총 10회 제공량

	1회 제공량당 함량
열량 kcal	140
탄수화물 g	32(10%)
당류 g	8
단백질 g	2(3%)
지방 g	0.2(0%)
포화지방 g	0(0%)

[풀이과정]

씨리얼 1회 제공량 : 1회 제공량 당 열량 = 씨리얼 섭취량 : 열량 섭취량으로 비례식을 세우면 다음과 같다.
40(g) : 140(kcal) = 50(g) : □(kcal)
내항의 곱은 외항의 곱과 같으므로
140×50 = 40×□
7000 = 40×□이다. 양 변을 40으로 나누어 미지수를 구하면
□ = 175 미지수는 175가 된다. 곧, 씨리얼 한 대접을 먹었을 때 섭취하게 되는 열량은 175kcal가 된다.

[정답] *175kcal*

<table>
<tr><th>평가
준거</th><th>문제이해</th><th>문제해결과정</th><th>의사소통</th></tr>
<tr><td>의미</td><td>- 문제 속에 내포된 수학적 개념을 이해하는 정도
- 문제를 해결하기 위해 문제에 제시된 정보를 이해하고 활용하는 정도</td><td>- 문제해결 전략을 세워 실행하는 정도의 정확성
- 타당한 추론을 통해 문제를 해결하는 정도
- 전략 수행 후, 문제상황에 맞게 답을 기술하거나 해석하는 정도</td><td>- 풀이과정에 드러난 수학적 내용과 아이디어, 기호 등의 표현이 정확 혹은 명확하거나 세련된 정도
- 문제해결과정의 설명이 충분한가의 정도</td></tr>
</table>

<table>
<tr><th colspan="3">척도별 구체적인 특징</th></tr>
<tr><td>2</td><td>6</td><td>2</td></tr>
<tr><td rowspan="3">- 문제에 제시된 정보 속에서 비례관계에 있는 대상을 정확하게 찾아냄.
- 문제를 해결하기 위해 비례관계가 있는 상황을 비례식으로 정확하게 표현하여 풀이함.</td><td>- 비례식을 바르게 세우고 ‘내항의 곱=외항의 곱’임을 이용하여 정답을 구함.
- 비례식을 바르게 세우고 비례식에 대한 정확한 이해를 바탕으로 타당한 추론을 통해 문제를 해결하고, 계산상의 오차나 옮겨 쓰기 과정에서의 오류가 없음.
- 문제상황에 맞게 답을 정확하게 표현함.</td><td rowspan="3">- 문제해결의 모든 단계나 과정을 추측(추론)할 필요가 없을 정도로 문제해결과정을 명확하게 논리적으로 충분하게 설명함.
- 문제해결과정에 사용된 수학적 용어, 기호 등의 표현이 정확함.</td></tr>
<tr><td>4</td></tr>
<tr><td>- 적절한 전략과 타당한 추론을 통해 문제를 해결하였으나, 답이 부정확함.
a) 비례식을 바르게 세우고 ‘내항의 곱=외항의 곱’임을 이용하여 풀이하였으나 계산상의 오류로 답을 도출한 경우
b) 비례식을 바르게 세우고 타당한 추론을 통해 비례식의 성질을 이용하여 풀이하였으나 계산상의 오류로 답을 도출한 경우
c) 옮겨 쓰기 과정에 오류가 있는 경우
d) 풀이 과정이 올바르게 이행되었으나 답이 없는 경우</td></tr>
<tr><td>1</td><td>2</td><td>1</td></tr>
<tr><td>- 비례식을 바르게 세우지 않고 답을 도출함.</td><td>- 비례식을 바르게 세웠으나 ‘내항의 곱=외항의 곱’임을 이용하지 못하여 오답을 도출함.
- 정답을 제시하였지만
a) 타당하게 추론하지 않고 풀이과정을 이해할 수 없게 썼거나 과정을 나타내지 않음.
b) 전략이 적절하지 못했거나 타당하게 추론하지 못해 전략의 이행이 명확하지 않음.</td><td>- 문제해결과정에 대한 설명에 부분적으로 논리적인 비약이 있음.
- 문제해결과정에 사용된 수학적 용어, 기호 등의 표현이 이해하기에 불분명함.</td></tr>
<tr><td>0</td><td>0</td><td>0</td></tr>
<tr><td>- 문제를 제대로 이해하지 못하여 문제에서 제시된 정보를 비례식과 연관 짓지 못하여 문제 해결과 상관없게 기술된 경우
- 백지 또는 오답 이외에 아무 것도 없는 경우</td><td>- 백지 또는 오답 이외에 아무 것도 없는 경우
- 문제해결을 전혀 시도하지 못함.</td><td>- 문제해결에 중요한 부분을 빠뜨려서 문제해결과정에 대한 설명이 불완전하거나 명료하지 않아, 문제해결과정을 이해하기 어려움.
- 문제해결과정에 사용된 수학적 용어, 기호 등의 표현이 부정확하여 문제해결과정을 이해하기 어려움.
- 문제해결과정에 대한 설명이 전혀 없거나, 문제해결과 관련되지 않음.</td></tr>
</table>

프로그램	현명한 피자 선택 / 탄소발자국 줄이기	사전/사후 구분	사후검사 – 1
관련 단원	6-1-7. 비례식	내용영역	규칙성과 문제해결
성취기준	비와 비율의 개념을 알고 문제를 해결할 수 있다.		
출제의도	일상생활에서 비와 비율이 활용되는 상황을 이해하고 개념을 적용하여 문제를 해결하도록 한다.		

◈ 민지는 과자를 살 때 영양성분 표시를 확인하고 삽니다. 다음의 두 과자 중 똑같은 양을 먹었을 때 지방함량이 적은 과자는 어느 것일지 근거를 들어 설명하세요.

과자에 들어 있는 영양 성분

과자이름	새우맛짱 과자	빅초코 과자
1봉지 함량	180g	150g
지방	10g	9g

[풀이과정]

지방의 양만을 비교한다면 빅초코 과자가 더 적지만, 1봉지 함량이 다름을 고려해야한다. 새우맛짱 과자에 들어있는 지방의 함량을 퍼센트로 구해보면, $100\times\frac{10}{180}$ =약5.6%이고 빅초코 과자에 들어있는 지방의 함량을 퍼센트로 구해보면, $100\times\frac{9}{150}$ = 6%이므로 민지가 선택할 과자는 새우맛짱 과자이다.

[정답] 새우맛짱 과자

평가 준거	문제이해	문제해결과정	의사소통
의미	- 문제 속에 내포된 수학적 개념을 이해하는 정도 - 문제를 해결하기 위해 문제에 제시된 정보를 이해하고 활용하는 정도	- 문제해결 전략을 세워 실행하는 정도의 정확성 - 타당한 추론을 통해 문제를 해결하는 정도 - 전략 수행 후, 문제상황에 맞게 답을 기술하거나 해석하는 정도	- 풀이과정에 드러난 수학적 내용과 아이디어, 기호 등의 표현이 정확 혹은 명확하거나 세련된 정도 - 문제해결과정의 설명이 충분한가의 정도

척도별 구체적인 특징

문제이해	문제해결과정	의사소통
2	6	2
- 과자에 들어있는 영양성분과 1봉지당 함량을 모두 고려해야 함을 완전하게 이해하고 이를 문제해결에 활용함. - 문제에 제시된 여러 정보들 중에서 문제해결에 필요한 정보인 지방 함량만을 선택하여 활용함.	- 타당한 추론을 통해 문제를 해결하고, 계산상의 오차나 옮겨 쓰기 과정에서의 오류가 없음. - 문제상황에 맞게 답을 정확하게 표현함. 예시 1) 퍼센트로 구한 경우 새우맛짱 과자의 지방함량 $100\times\frac{10}{180}$=약 5.6% 빅초코 과자의 지방함량 $100\times\frac{9}{150}=6\%$ 예시 2) 1봉지당 함량과 지방 함량을 분수 또는 비로 비교한 경우 새우맛짱 $\frac{10}{180}$ <빅초코 과자 $\frac{9}{150}$	- 문제해결의 모든 단계나 과정을 추측(추론)할 필요가 없을 정도로 문제해결과정을 논리적으로 충분하게 설명함. - 문제해결과정에 사용된 수학적 용어, 기호 등의 표현이 정확함.
	4	
	- 적절한 전략과 타당한 추론을 통해 문제를 해결하였으나, 답이 부정확함. a) 계산상의 오차나 옮겨 쓰기 과정에 오류가 있을 때 b) 계산식이나 과정에 오류가 없으나 답이 없을 때	
1	2	1
- 과자에 들어있는 영양 성분에서 1봉지 함량 당 지방량을 비교하는 것이 아니라 지방량을 단순비교함. - 문제에 제시된 여러 정보들을 부분적으로 활용하여 완전한 문제해결로 이어지지 않음.	- 적절한 전략을 이용하였으나 답을 구할 만큼 충분히 수행하지 않거나 타당하게 추론하지 못하여 답에 이르지 못했거나 오답을 도출함. - 정답을 제시하였지만 a) 타당하게 추론하지 않고 풀이과정을 이해할 수 없게 썼거나 과정을 나타내지 않음. b) 전략이 적절하지 못했거나 타당하게 추론하지 못해 전략의 이행이 명확하지 않음.	- 문제해결과정에 대한 설명에 부분적으로 논리적인 비약이 있음. - 문제해결과정에 사용된 수학적 용어, 기호 등의 표현이 이해하기에 불분명함.
0	0	0
- 문제를 제대로 이해하지 못하여 관련이 없는 수학적 개념을 활용함. - 문제에 제시된 정보가 부적절하게 활용되거나 문제해결과 상관없음. - 백지 또는 오답 이외에 아무 것도 없는 경우	- 시도는 하였으나, 정답을 유도할 만한 접근 방법이 완전히 틀린 경우 - 백지 또는 오답 이외에 아무 것도 없는 경우 - 문제해결을 전혀 시도하지 못함.	- 문제해결과정에 대한 설명이 불완전하거나 명료하지 않아, 문제해결과정을 전혀 이해할 수 없음. - 문제해결과정에 사용된 수학적 용어, 기호 등의 표현이 부정확하여 문제해결과정을 전혀 이해할 수 없음. - 문제해결과정에 대한 설명이 전혀 없거나, 문제해결과 관련되지 않음.

프로그램	현명한 피자 선택 / 탄소발자국 줄이기	사전/사후 구분	사후검사 – 2
관련 단원	6-1-7. 비례식	내용영역	규칙성과 문제해결
성취기준	비와 비율의 개념을 알고 문제를 해결할 수 있다.		
출제의도	일상생활에서 비와 비율이 활용되는 상황을 이해하고 개념을 적용하여 문제를 해결하도록 한다.		

◈ 시혁이는 여름휴가로 가족과 함께 국립공원에 놀러 갔습니다. 국립공원입구에는 자연보호를 위해 공원에서 쓰레기를 50g을 가져오면 국립공원에서 사용할 수 있는 포인트 125점 적립해 준다고 적혀있었습니다. 시혁이는 공원에서 놀고 나오면서 시혁이가 버린 쓰레기와 길거리에 버려진 쓰레기를 주워서 가지고 나왔습니다. 시혁이가 가지고 온 쓰레기의 무게가 720g이라면 시혁이는 얼마의 포인트를 받을 수 있을까요? 그렇게 생각한 까닭은 무엇인가요?

[풀이과정]

쓰레기의 양과 포인트 점수의 비를 표현하면 50(g) : 125(점)으로 나타낼 수 있다.
쓰레기의 양과 포인트 점수의 비를 이용하여 시혁이의 포인트를 계산하면
50 : 125 = 720 : □가 되어
□ = 125×720÷50 = 1800
즉, 1800점이 된다.

[정답] 1800점

평가 준거	문제이해	문제해결과정	의사소통
의미	- 문제 속에 내포된 수학적 개념을 이해하는 정도 - 문제를 해결하기 위해 문제에 제시된 정보를 이해하고 활용하는 정도	- 문제해결 전략을 세워 실행하는 정도의 정확성 - 타당한 추론을 통해 문제를 해결하는 정도 - 전략 수행 후, 문제상황에 맞게 답을 기술하거나 해석하는 정도	- 풀이과정에 드러난 수학적 내용과 아이디어, 기호 등의 표현이 정확 혹은 명확하거나 세련된 정도 - 문제해결과정의 설명이 충분한가의 정도

척도별 구체적인 특징

문제이해	문제해결과정	의사소통
2	6	2
- 문제에 제시된 정보 속에서 비례관계에 있는 대상을 정확하게 찾아냄. - 문제를 해결하기 위해 비례관계가 있는 상황을 비례식으로 정확하게 표현하여 풀이함.	- 비례식을 바르게 세우고 '내항의 곱=외항의 곱'임을 이용하여 정답을 구함. - 비례식을 바르게 세우고 비례식에 대한 정확한 이해를 바탕으로 타당한 추론을 통해 문제를 해결하고, 계산상의 오차나 옮겨 쓰기 과정에서의 오류가 없음. - 문제상황에 맞게 답을 정확하게 표현함.	- 문제해결의 모든 단계나 과정을 추측(추론)할 필요가 없을 정도로 문제해결과정을 명확하게 논리적으로 충분하게 설명함. - 문제해결과정에 사용된 수학적 용어, 기호 등의 표현이 정확함.
	4	
	- 적절한 전략과 타당한 추론을 통해 문제를 해결하였으나, 답이 부정확함. a) 비례식을 바르게 세우고 '내항의 곱=외항의 곱'임을 이용하여 풀이하였으나 계산상의 오류로 답을 도출한 경우 b) 비례식을 바르게 세우고 타당한 추론을 통해 비례식의 성질을 이용하여 풀이하였으나 계산상의 오류로 답을 도출한 경우 c) 옮겨 쓰기 과정에 오류가 있는 경우 d) 풀이 과정이 올바르게 이행되었으나 답이 없는 경우	
1	2	1
- 비례식을 바르게 세우지 않고 답을 도출함.	- 비례식을 바르게 세웠으나 '내항의 곱=외항의 곱'임을 이용하지 못하여 오답을 도출함. - 정답을 제시하였지만 a) 타당하게 추론하지 않고 풀이 과정을 이해할 수 없게 썼거나 과정을 나타내지 않음. b) 전략이 적절하지 못했거나 타당하게 추론하지 못해 전략의 이행이 명확하지 않음.	- 문제해결과정에 대한 설명에 부분적으로 논리적인 비약이 있음. - 문제해결과정에 사용된 수학적 용어, 기호 등의 표현이 이해하기에 불분명함.
0	0	0
- 문제를 제대로 이해하지 못하여 문제에서 제시된 정보를 비례식과 연관 짓지 못하여 문제 해결과 상관없게 기술된 경우 - 백지 또는 오답 이외에 아무 것도 없는 경우	- 백지 또는 오답 이외에 아무 것도 없는 경우 - 문제해결을 전혀 시도하지 못함.	- 문제해결에 중요한 부분을 빠뜨려서 문제해결과정에 대한 설명이 불완전하거나 명료하지 않아, 문제해결과정을 이해하기 어려움. - 문제해결과정에 사용된 수학적 용어, 기호 등의 표현이 부정확하여 문제해결과정을 이해하기 어려움. - 문제해결과정에 대한 설명이 전혀 없거나, 문제해결과 관련되지 않음.

프로그램	현명한 피자 선택 / 탄소발자국 줄이기	사전/사후 구분	사후검사 - 3
관련 단원	6-1-7. 비례식	내용영역	규칙성과 문제해결
성취기준	비례식의 성질을 이용하여 비례식의 미지항의 값을 구할 수 있다.		
출제의도	미지항이 있는 비례식에서 비례식을 성질을 이용하여 미지항의 값을 구하게 한다.		

◈ 시윤이네 반에서는 내일 요리 경연대회가 있습니다. 시윤이는 요리 경연대회에 참가하기 위해 핫케이크를 만들려고 합니다. 시윤이는 핫케이크를 만들 재료를 준비하기 위해 요리책을 찾아보았습니다. 요리책에는 4인분용 기준으로 재료의 양이 나와 있었습니다. 시윤이가 친구들이 모두 먹을 수 있게 35인분으로 핫케이크를 만들기 위해 준비해야 할 우유의 양은 얼마일까요? 그렇게 생각하는 이유는 무엇인가요?

4인분용 핫케이크 레시피
밀가루 200g
우유 100ml
달걀 2개

[풀이과정]

4인 : 35인 = 4인분 우유 양 : 35인분 우유 양으로 비례식을 세우면 다음과 같다.
4(인) : 35(인) = 100(g) : □(g)
내항의 곱은 외항의 곱과 같으므로
35×100 = 4×□
3500 = 4×□이다.
양 변을 4로 나누면
3500÷4 = (4×□)÷4
□ = 875ml
따라서 35인분용 핫케이크를 만들기 위해서는 우유 875ml가 필요하다.

[정답] 875ml

평가 준거	문제이해	문제해결과정	의사소통
의미	- 문제 속에 내포된 수학적 개념을 이해하는 정도 - 문제를 해결하기 위해 문제에 제시된 정보를 이해하고 활용하는 정도	- 문제해결 전략을 세워 실행하는 정도의 정확성 - 타당한 추론을 통해 문제를 해결하는 정도 - 전략 수행 후, 문제상황에 맞게 답을 기술하거나 해석하는 정도	- 풀이과정에 드러난 수학적 내용과 아이디어, 기호 등의 표현이 정확 혹은 명확하거나 세련된 정도 - 문제해결과정의 설명이 충분한가의 정도

<table>
<tr><th colspan="3">척도별 구체적인 특징</th></tr>
<tr><td>2</td><td>6</td><td>2</td></tr>
<tr><td rowspan="3">- 문제에 제시된 정보 속에서 비례관계에 있는 대상을 정확하게 찾아냄.
- 문제를 해결하기 위해 비례관계가 있는 상황을 비례식으로 정확하게 표현하여 풀이함.</td><td>- 비례식을 바르게 세우고 ‘내항의 곱=외항의 곱’임을 이용하여 정답을 구함.
- 비례식을 바르게 세우고 비례식에 대한 정확한 이해를 바탕으로 타당한 추론을 통해 문제를 해결하고, 계산상의 오차나 옮겨 쓰기 과정에서의 오류가 없음.
- 문제상황에 맞게 답을 정확하게 표현함.</td><td rowspan="3">- 문제해결의 모든 단계나 과정을 추측(추론)할 필요가 없을 정도로 문제해결과정을 명확하게 논리적으로 충분하게 설명함.
- 문제해결과정에 사용된 수학적 용어, 기호 등의 표현이 정확함.</td></tr>
<tr><td>4</td></tr>
<tr><td>- 적절한 전략과 타당한 추론을 통해 문제를 해결하였으나, 답이 부정확함.
a) 비례식을 바르게 세우고 ‘내항의 곱=외항의 곱’임을 이용하여 풀이하였으나 계산상의 오류로 답을 도출한 경우
b) 비례식을 바르게 세우고 타당한 추론을 통해 비례식의 성질을 이용하여 풀이하였으나 계산상의 오류로 답을 도출한 경우
c) 옮겨 쓰기 과정에 오류가 있는 경우
d) 풀이 과정이 올바르게 이행되었으나 답이 없는 경우</td></tr>
<tr><td>1</td><td>2</td><td>1</td></tr>
<tr><td>- 비례식을 바르게 세우지 않고 답을 도출함.</td><td>- 비례식을 바르게 세웠으나 ‘내항의 곱=외항의 곱’임을 이용하지 못하여 오답을 도출함.
- 정답을 제시하였지만
a) 타당하게 추론하지 않고 풀이 과정을 이해할 수 없게 썼거나 과정을 나타내지 않음.
b) 전략이 적절하지 못했거나 타당하게 추론하지 못해 전략의 이행이 명확하지 않음.</td><td>- 문제해결과정에 대한 설명에 부분적으로 논리적인 비약이 있음.
- 문제해결과정에 사용된 수학적 용어, 기호 등의 표현이 이해하기에 불분명함.</td></tr>
<tr><td>0</td><td>0</td><td>0</td></tr>
<tr><td>- 문제를 제대로 이해하지 못하여 문제에서 제시된 정보를 비례식과 연관 짓지 못하여 문제 해결과 상관없게 기술된 경우
- 백지 또는 오답 이외에 아무 것도 없는 경우</td><td>- 백지 또는 오답 이외에 아무 것도 없는 경우
- 문제해결을 전혀 시도하지 못함.</td><td>- 문제해결에 중요한 부분을 빠뜨려서 문제해결과정에 대한 설명이 불완전하거나 명료하지 않아, 문제해결과정을 이해하기 어려움.
- 문제해결과정에 사용된 수학적 용어, 기호 등의 표현이 부정확하여 문제해결과정을 이해하기 어려움.
- 문제해결과정에 대한 설명이 전혀 없거나, 문제해결과 관련되지 않음.</td></tr>
</table>

찾아보기

ㅈ

ㅊ

ㅎ

기타

생각의 힘을 키우는 초등수학 문제해결
-非구조화된 문제 및 문제해결-

지은이 김민경 · 김혜원 · 민선희 · 박은정 · 이지영 · 조미경 · 허지연 · 홍지연
펴낸이 박문규
펴낸곳 경문사
펴낸날 2014년 9월 15일 1판 1쇄
등 록 1979년 11월 9일 제313-1979-23호
주 소 121-818, 서울특별시 마포구 와우산로 174
전 화 (02)332-2004 팩스 (02)336-5193
이메일 kyungmoon@kyungmoon.com

값 20,000원

ISBN 978-89-6105-828-5

★ 경문사 홈페이지에 오시면 즐거운 일이 생깁니다.
http://www.kyungmoon.com

한국과학기술출판협회 회원사

※ 이 책은 2010년도 정부재원(교육과학기술부 인문사회연구역량강화사업비)으로
한국연구재단의 지원을 받아 연구되었음(NRF-2010-327-B00570)